"十四五"普通高等教育规划教材

U0955059

高级财务会计

陈文军◎主编

立信会计出版社
LIXIN ACCOUNTING PUBLISHING HOUSE

图书在版编目(CIP)数据

高级财务会计 / 陈文军主编. —上海：立信会计出版社，2021.1

ISBN 978-7-5429-6702-2

Ⅰ. ①高… Ⅱ. ①陈… Ⅲ. ①财务会计 Ⅳ. ①F234.4

中国版本图书馆 CIP 数据核字(2021)第 009709 号

策划编辑　王斯龙
责任编辑　王斯龙
封面设计　南房间

高级财务会计
Gaoji Caiwu Kuaiji

出版发行　立信会计出版社
地　　址　上海市中山西路 2230 号　　邮政编码　200235
电　　话　(021)64411389　　传　　真　(021)64411325
网　　址　www.lixinaph.com　　电子邮箱　lixinaph2019@126.com
网上书店　http://lixin.jd.com　　http://lxkjcbs.tmall.com
经　　销　各地新华书店

印　　刷　上海万卷印刷股份有限公司
开　　本　787 毫米×1092 毫米　1/16
印　　张　19
字　　数　487 千字
版　　次　2021 年 1 月第 1 版
印　　次　2021 年 1 月第 1 次
印　　数　1—3 100
书　　号　ISBN 978-7-5429-6702-2/F
定　　价　48.00 元

前　言

作为财务会计三大组成部分之一，高级财务会计在近几年受到了越来越多的关注。目前，西方国家企业会计改革方兴未艾，我国财务会计改革正在加速推进，这些都预示着高级财务会计将在经济管理领域扮演不同于以往的重要角色。

随着我国社会主义市场经济体制的不断完善以及经济全球化、市场化和信息化的不断发展，经济结构和管理方式已经发生了深刻的变化，出现了不少新的问题和新的矛盾。在新形势下，如何使我国的财务会计与国际惯例接轨，如何通过加强会计管理来提高经济效益，还没有从理论和实践的结合上得到很好的解决。我国的经济发展带来了会计事业的拓展，也为会计实践和理论提供了极大的发展余地，而且经济全球化的发展又在客观上为我国会计界提出了更高的实践要求。但是，我国现有的高级财务会计理论与国际先进的高级财务会计发展水平相比，仍然存在着很大差距。虽然我国引进了大量理论，但是还停留在基本概念和公式上，不能满足财务会计工作实践的需要，理论对实践的指导作用较滞后。因此，为了博采众长，研究适应我国国情的财务会计理论与方法，本教材试图从一个新的角度来考察新形势下我国企业财务会计的一些理论及实践问题，研究适应我国国情的高级财务会计理论，并将之用于实践，为实践提供指导。

本教材之所以冠以“高级”，是因为它主要是一本针对我国深化改革开放过程中企业会计的发展和热点问题而进行的思路发散性、理念创新性和实践联系性的多样性研究的教材。

本教材特点如下：

(1) 注重理论与实践的结合。本教材涉及的内容大多属于尚未定论的、具有探讨性的热点、难点问题，我们对此从理论上进行了较深入的研究，并提出了自己的见解；同时，在对问题的阐述中注重实用性和可操作性。

(2) 具有前瞻性。本教材就当前会计领域若干新的、难度较大的、有代表性的问题进行了论述。在论述过程中，本教材充分考虑高级财务会计的发展趋势和国际惯例，不局限于现有做法，对于在我国刚刚出现或目前尚不完善的经济业务或事项，如或有事项、资产减值等进行了系统的讨论。

(3) 课证融合，接轨考试。本教材的内容、例题和案例设置，结合了会计职称、注册会计师等考试大纲的要求，力争为读者通过上述考试奠定知识基础。

(4) 体系完整，思路清晰。本教材以客观经济环境变化引起的一系列新的、特殊经济业务为主线，分析了高级财务会计产生的理论基础，就当前突破会计假设的特殊交易和特殊事项的会计问题进行了比较系统的论述。

(5) 形式新颖,资源丰富。本教材提供PPT、参考答案、教学大纲等配套资源,便于教师教学以及提高读者的学习效率。

本教材由南京师范大学金陵女子学院陈文军教授主编。本教材参考了诸多相关文献,在此对全体文献作者表示衷心的感谢,同时还要对立信会计出版社王斯龙等各位编审人员表示特别感谢,他们为本教材的出版付出了辛勤的劳动。他们的工作不仅保证了本教材的顺利完成,还减少了教材中的错误,使本教材增色不少。

本教材可用作高等院校财经类专业本科生教材及会计实务工作者或继续教育的学习参考书。

尽管我们竭尽所能撰写本教材,但由于时间、水平和角度的局限,本教材难免存在一些问题。我们恳请读者对本教材提出批评和建议,以便及时匡正和改进。

陈文军

2021年1月

目　　录

第一章
总　　论

引导案例

高级财务会计是“最难”的会计

在某高校高级财务会计的最后一节课上，徐教授要求学生用一句话来概括本课程的特点，结果班上有90%以上的学生直接以徐教授对高级财务会计的下列界定：“高级财务会计是随着社会经济的发展，对原有的财务会计内容进行补充、延伸和开拓的一种会计，即利用财务会计的固有方法，对现有财务会计未包括的业务，或者需要深入进行论述的业务以及随着客观经济环境变化而产生的一些特殊业务进行核算和监督。高级财务会计包括特殊业务会计和特殊行业会计两部分。特殊业务会计主要是针对一些特殊的、比较深奥的会计课题展开探讨，如合并财务报表、所得税会计、套期会计、资产减值会计等；特殊行业会计是指有着鲜明行业特点的企业、事业单位的会计问题，如房地产会计、石油天然气会计、原保险会计、再保险会计等。”作为答案交给他，他们一致认为高级财务会计是“最难”的会计。

讨论并思考：

1. 什么是会计？
2. 什么是高级财务会计？
3. 高级财务会计与中级财务会计有什么不同？

第一节　高级财务会计的含义及其特征

一、高级财务会计的含义

“高级财务会计”一词源于英文的 advanced financial accounting，在国内的会计教材体系中，有关这一概念，既有谢诗芬教授所著的《高级财务会计问题研究》等的专门论著，也有散见于一般财务会计书刊之中的观点。但是，在国外教材中却没有对高级财务会计的定义性描述。通过深入分析，笔者认为，从最基础的角度给高级财务会计下一个切合实际的定义是很有必要的。

根据我国当前会计工作的实际情况，并考虑到今后的发展，我们将高级财务会计的概念定义为：高级财务会计是随着社会经济的发展，对原有的财务会计内容进行补充、延伸和开拓的一种会计，即利用财务会计的固有方法，对现有财务会计未包括的业务，或者需要深入进行论述的业务以及随着客观经济环境变化而产生的一些特殊业务进行核算和监督。高级财务会计包括特殊业务会计和特殊行业会计两部分。特殊业务会计主要是针对一些特殊的、比较深奥的会计课题展开探讨，如合并财务报表、所得税会计、套期会计、资产减值会计等；特殊行业会计是指有着鲜明行业特点的企业、事业单位的会计问题，如房地产会计、石油天然气会计、原保险会计、再保险会计等。

为适应和促进社会经济的不断发展，核算和监督在新的社会经济条件下出现的“特殊经济业务”，向企业的投资者、债权人和政府有关主管部门提供更为真实有用的相关会计信息，就必然会促使一批会计学者和实际工作者去研究、应用和修正原有的财务会计理论和方法以及创建新的会计理论和方法，用以核算和监督在新的社会经济条件下出现的“特殊经济业务”，以向外部与企业有利害关系者提供更为真实有用和相关的经济信息。这种会计学科，我们称为“高级财务会计”。

高级财务会计与中级财务会计是互相补充的，深入理解高级财务会计这一概念，还需要进行以下几个方面的说明：

(1) 高级财务会计属于财务会计系列，这是因为：①它以货币为主要计量单位进行核算和监督；②它以合法的会计凭证为记录经济业务的依据；③它依据会计凭证登记账簿，依据账簿编制对外报出的财务会计报告；④从本质上看，它也是以记录经济业务为手段而全面介入企业经营的一种管理活动。总之，高级财务会计在采用会计方法上与中级财务会计完全一致，也符合财务会计的确认、计量和报告的要求。一般地，将中级财务会计未涉及的一些特殊的交易或事项和特殊经营方式企业的特殊会计事项，单独归入高级财务会计，而将企业单位经常、普遍存在的符合会计一般特征的交易或事项安排在中级财务会计课程中加以阐述。

(2) 通过上述论述，可以将中级财务会计和高级财务会计的关系描述为财务会计中的一般与特殊的关系。这样划分，能够与国际会计惯例基本保持一致。当然，在高级财务会计中还包括对中级财务会计内容需要深入论述的部分，这些内容有一定的深度，远非中级财务会计业务所能涉及的。

(3) 高级财务会计与中级财务会计的区别还可表现在对会计业务反映的连续性、系统性和全面性三个方面。高级财务会计所反映的业务有些只发生于某一特定时期,且既可能发生于所有企业,也可能发生于部分企业,总之,其反映的是中级财务会计所不能完全包括的业务事项。将这些业务事项归为高级财务会计的内容,可以给中级财务会计以完整的外延补充,使其有更为完整、清晰的体系,也可使高级财务会计在核算范围、内容的特殊性方面得以明确体现。

高级财务会计是专门研究高级会计业务形成与发展的一门学科。西方国家是在20世纪中期以后对高级财务会计开展研究的,我国对高级财务会计的研究起步较晚,近年来,在我国会计理论界及会计学科建设中,已经开始重视对高级财务会计的研究。总之,专门对一些特殊会计业务进行研究、表述的高级财务会计弥补了中级财务会计的不足,两者互为补充、相得益彰,共同构成了财务会计学的完整体系。

二、高级财务会计的特征

高级财务会计具有以下特征:

(1) 探讨问题的视角新颖。高级财务会计探讨的问题多半是国际和国内会计学科发展过程中出现的新问题,带有一定的前瞻性,探讨问题的视角独特。

(2) 研究对象新、奇、特。高级财务会计的研究对象是那些随着会计学科的拓宽而出现的更新、更复杂的交易或事项。财务会计领域中的高、精、尖问题,不仅涉及会计核算方法,还应有一定深度的理论探讨,如人们经常提及的财务会计三大难题等。

(3) 涉及领域宽泛。高级财务会计涉及的领域不囿于特定的假设和原则,只要财务会计信息使用者需要的信息,原则上都应该提供。从财务会计报告主体看,不仅要提供反映几个单一公司组成企业集团情况的合并财务报表,还应提供和反映一个公司不同部门情况的分部报告;从报告的地域看,不仅要提供包括同一境内、同一币种的合并财务报表,还应提供包括跨国的不同币种的外币报表的折算;从财务会计报告内容的时间看,不仅要包括事后的财务会计报告,还应包括提供具有前瞻性信息的财务会计报告。

三、高级财务会计在会计学科体系中的地位

在会计学科体系中,属于财务会计领域的有“财务会计三论”,即财务会计初论(基础会计、会计学原理)、财务会计通论(中级财务会计)和财务会计专论(高级财务会计)。基础会计主要阐述会计确认、计量、报告的基本理论与方法,属于入门课程。中级财务会计着重阐述企业一般会计事项,如货币资金、应收款项、固定资产、无形资产、投资、流动负债及长期负债、收入、费用、损益、所有者权益、财务会计报告等的会计处理,是财务会计一般理论与方法的运用。高级财务会计着重研究某一行业或企业因各种原因所面临的特殊的交易或事项的会计处理。

高级财务会计之所以“高级”,是它对特殊行业会计事项和特殊会计事项的会计处理,无论是在假设和原则方面,还是在程序和方法方面,都是对中级财务会计的突破,属于财务会计的高级层次。只有在掌握基础会计和中级财务会计之后,学习和研究高级财务会计,才能对财务会计有一个比较系统的了解。

第二节　高级财务会计的研究对象

高级财务会计与中级财务会计的分界线是：在传统的会计理论框架基础上建立的是中级财务会计，在再次协调了的会计理论框架基础上建立的是高级财务会计。高级财务会计的研究对象主要包括对会计要素及其确认和计量的拓展与延伸及对会计基本假设的拓展与延伸。高级财务会计的研究对象具体包括以下五个方面。

一、跨越单一会计主体的会计业务

中级财务会计一般只讨论以一个企业为主体的会计业务，具有会计主体单一化的特点。而高级财务会计则注重论述由于会计主体假设松动而产生的多层次、多系统的会计主体及其业务。这样的业务主要表现为大型企业的分支机构会计，企业集团或跨国公司的合并财务报表、分部报告和外币报表折算会计，也可以包括国外非营利组织会计中的基金会计。

这样归类需要说明的是：一方面，大型企业、企业集团和跨国公司有很多超越中级财务会计的特殊业务，需要高级财务会计处理与解释，如总部与分部之间，母公司与子公司之间，各分部与各子公司之间的往来业务等；另一方面，在大型企业、企业集团和跨国公司会计业务中，单一会计主体的会计业务一般是在中级财务会计中讲述的，而跨越单一会计主体的会计主体之间、法人与法人之间的会计业务，应当属于高级财务会计的内容。将高级财务会计业务范围作如此划分，既有利于高级财务会计业务的具体实施，也有利于对高级财务会计的深入研究。

二、仅在某类企业中存在的特殊会计业务

在会计实践中，有些业务，如期汇、外币和租赁业务，仅在某些企业中发生，不具有普遍性，因此，将此类超越中级财务会计内容的特殊业务也归为高级财务会计。之所以进行这样的划分，其原因在于中级财务会计主要是讲述所有企业普遍存在且内容相对稳定的会计业务和事项，这样可以使中级财务会计的内容更加稳定、规范，易于深入论述，便于从具体业务中推导和归纳其基本理论、基本原则和基本方法；而对企业因经营上需要而从事的非一般会计业务，也就是较有特色的会计业务，就有必要另设课程，分开阐述。

三、在某一特定时期发生的会计业务

特定时期发生的会计业务是专指诸如企业解体、破产清算及企业合并和改组时，或者是社会发生较大的物价变动时所产生的会计业务。这类业务的特征是：虽然企业清算只是个别企业的事情，但应将这种业务在会计期间上作特殊处理，即将清算的起止日期专门作为一个特殊的会计期间处理；而物价变动虽然涉及的企业多、范围广，但在会计处理上还有“反映价格变动影响的资料”和“恶性通货膨胀经济中的财务报告”之分，因此，根据此类会计业务在时期方面的特征，将其划分为特定时期发生的会计业务。总之，此类会计业务具有时间性的特点，即只是在某个时期内才会发生的会计业务，处理此类业务的时间概念特别重要，这

也可以看成是会计环境在时间上的表现。

四、与特种经营方式企业紧密相关的特有会计业务

特种经营方式企业主要是指公司制企业，同时也包括独资企业和合伙企业。这类企业的特有会计业务主要是指公司制企业在组建和经营期间的信息披露和中期财务报告，并要紧密结合我国现行的法律、法规，突出我国公司制企业的特色，当然也应包括独资企业会计和合伙企业会计在所有者权益方面的特有内容。

五、一些特殊经营行业的会计业务

特殊经营行业并不是我国一般提及的工业、农业、商业等，而是指诸如租赁公司、期货公司及与之相类似的经纪人公司等在业务经营上有独特之处的行业。对于这些行业业务，我国的会计制度有的已经作出规范，如租赁业务；有的尚未深入涉及，如期货业务。但由于这样的会计业务与承租企业、期货投资企业等的会计业务相对应而存在，双方有着相互依存、互为补充的关系，因此，也将其纳入高级财务会计的内容。

所以，根据高级财务会计的内容要求，我们在本教材里设置了10章，并且尽可能地根据我们国家的具体实际，结合我国的会计实践和高等会计教育的现实情况，从理论与实践两个方面来探讨这些具体内容。

第三节　学习、研究高级财务会计的方法

由于按上述理论基础与研究范围建立的高级财务会计涉及领域较广，而且难度很大，因此，确定或者选择科学的学习、研究方法就显得十分必要。在学习和研究高级财务会计时，应采用以下方法。

一、以中级财务会计为起点，进行深层次的研究

高级财务会计是为会计专业高年级本科生、研究生或高层次的研讨班开设的课程，因此，高级财务会计所述内容既要与中级财务会计相区别，又要对其进行补充深化，使两者共同形成一个完整的理论方法体系。这一点不仅要表现在各章节内容的安排设置上，也要体现于各章节的具体内容之中。对每一章的内容进行必要的、更深层次的理论探讨，并按不同于中级财务会计的方式，从不同的角度进行范围更为广泛的例题演示。

二、以各个有特色的交易或事项为核心，进行专题研究

与中级财务会计不同，高级财务会计体系是由一系列专题组成的。在对每一专题进行探讨时应遵循的原则是：问题一经提出就要尽可能将其交代清楚，既不回避难点，又不故弄玄虚；如果所阐述的问题会涉及另外的交易或事项，如租赁业务的承租人与出租人，则尽量在说清一个方面的同时也把另一方面的相关内容介绍清楚；对一些内容相近但又有区别的会计业务，如企业解散清算与破产清算、外币业务与外币报表折算等，则尽量分析它们之间

的相互关系，从相同与相异两个方面说清楚，探讨实际业务处理中的特殊之处。

三、理论与实务紧密结合，重视业务分析和实例演示

与中级财务会计相比，高级财务会计在理论阐述与应用业务举例之间的关系结合方面也有其独特的一面。中级财务会计的理论大多集中于会计假设与会计原则的解释、各会计要素的说明，以及对各会计要素的确认和计量方面，这也使得中级财务会计理论部分相对集中。但是，高级财务会计不仅有着不同于中级财务会计的理论基础，而且各个专题中还有其各自的基础理论和与各专题事项相关的会计理论、特有的处理方法等。可以说，高级财务会计各专题的内容在与之相关的确认和计量等方面既有理论上的独特之处，也有与其实际业务联系紧密的、各具特色的业务处理程序和方法等。这样，各个专题就形成了一个个与传统会计理论大相径庭的专门系列。为此，恰当处理高级财务会计各专题中理论阐述与业务处理之间的关系就显得非常重要，而以业务分析为中心，侧重于实例演示应是正确的选择。

四、进行多方位比较，坚持“洋为中用”，着重分析我国的实际情况

多方位比较主要是对国外经济法规、国际会计准则、国外的其他习惯性做法与我国相关法律、法规、准则、制度进行的比较，目的是通过比较，认清各个专题的规律性和已取得共识的问题的处理程序和方法，并以此为基础进一步分析我国现行做法与国际通行做法的异同及其原因。“洋为中用”强调对国外的做法加以介绍，并在基础条件相似的情况下，尽可能吸收国外方法的优点，为我所用。按此要求，我国的高级财务会计不应是国外教材的编译本，而应是经过加工、处理后，基本上符合我国实际情况的教材。

为了更好地实现上述目的，进行高级财务会计研究时应注意以下几点：

(1) 对于国内国外都有，差异不大的业务，主要按我国的法规和制度加以解释。

(2) 对于国内国外都有，差异较大的业务，在阐述基本做法的同时进行国内国外的比较说明。

(3) 尽量按我国《企业会计准则应用指南》的要求设置、使用各个会计科目，按我国会计人员的习惯使用会计术语，使内容易读易懂。

(4) 对一些与我国现实经济生活结合紧密且我国急需引进的业务处理方式，需说透说细，并要深入、全面地阐述有关确认、计量和报告交易或事项的看法。

同步测试题

一、名词解释

1. 会计
2. 中级财务会计
3. 高级财务会计
4. 市场经济
5. 会计职业判断

6. 交易
7. 事项
8. 确认
9. 计量
10. 报告

二、单项选择题

1. 企业将融资租入的设备作为固定资产核算所体现的会计信息质量要求是（　　）。
   A. 可比性　　B. 谨慎性
   C. 实质重于形式　　D. 重要性
2. 下列各项中，不符合资产会计要素定义的是（　　）。
   A. 委托代销商品　　B. 委托加工物资
   C. 待处理财产损失　　D. 尚待加工的半成品
3. 下列经济业务中，会引起公司股东权益增减变动的是（　　）。
   A. 用资本公积金转增股本　　B. 向投资者分配股票股利
   C. 向投资者分配现金股利　　D. 用盈余公积弥补亏损
4. 某企业发生的下列经济业务，不影响其营业利润的是（　　）。
   A. 销售材料的收入　　B. 存货跌价损失
   C. 出租无形资产的收入　　D. 处置固定资产净损失
5. 下列各项中，能够引起资产总额和所有者权益总额同时变动的是（　　）。
   A. 根据经过批准的利润分配方案向股东实际发放现金股利
   B. 为企业福利部门购置医疗设备一台
   C. 以低于债务账面价值的现金清偿债务
   D. 按规定将应付可转换公司债券转换成股份
6. 对所有会计事项不分轻重主次，采取完全相同的处理方法，不符合（　　）原则。
   A. 可比性　　B. 谨慎性
   C. 相关性　　D. 重要性
7. 财务会计核算所遵循的原则，是建立在（　　）基础之上的。
   A. 会计主体前提　　B. 持续经营前提
   C. 会计分期前提　　D. 货币计量前提
8. 资产取得时的入账价值，按照（　　）原则确定。
   A. 权责发生制　　B. 配比
   C. 实际成本　　D. 谨慎性
9. 企业对融资租入固定资产采用与自有固定资产一样的方法进行会计核算，所体现的会计核算原则是（　　）。
   A. 可比性原则　　B. 重要性原则
   C. 历史成本原则　　D. 实质重于形式原则
10. 下列项目中，不属于流动资产的是（　　）。
   A. 应收账款　　B. 应收利息

C. 预付账款　　D. 预收账款

三、多项选择题

1. 根据会计基本准则的规定,所有者权益的来源包括(　　)。

A. 所有者投入的资本　　B. 直接计入所有者权益的利得

C. 直接计入所有者权益的损失　　D. 留存收益

2 下列各项中,可以作为资产要素特征的有(　　)。

A. 必须是过去的交易或事项所产生的

B. 必须是以实物形式存在的

C. 必须是企业拥有或实际控制的

D. 必须是经济资源并能以货币进行可靠计量的

3. 下列项目中,能同时引起资产和利润减少的项目有(　　)。

A. 计提发行债券的利息　　B. 计提固定资产折旧

C. 存货发生盘盈　　D. 无形资产价值摊销

4. 根据会计基本准则的规定,下列表述中,符合会计信息质量要求的有(　　)。

A. 会计核算方法一经确定不得随意变更

B. 会计核算应及时进行,不得提前或延后

C. 会计核算应当仅反映交易或事项的法律形式

D. 会计核算应当以实际发生的交易或事项为依据

5. 根据《企业会计准则》的规定,下列各项中,仅影响所有者权益内部结构发生增减变动的有(　　)。

A. 分配现金股利　　B. 分配股票股利

C. 提取法定盈余公积　　D. 用盈余公积弥补亏损

6. 按照我国会计准则规定,会计核算的基本前提包括(　　)。

A. 会计主体　　B. 持续经营

C. 复式记账　　D. 会计分期

E. 货币计量

7. 资产负债表要素包括(　　)。

A. 资产　　B. 所有者权益

C. 成本　　D. 收入

8. 下列各项中,对企业资产享有要求权的有(　　)。

A. 投资者　　B. 债权人

C. 企业员工　　D. 财政部门

9. 下列各项中,属于资本性支出的有(　　)。

A. 购置固定资产支付的增值税　　B. 购入某项专利权发生的支出

C. 支付给工程项目建设人员的工资　　D. 支付固定资产的日常修理费

E. 专利技术研制过程中发生的人员工资

10. 我国所有者权益核算的内容由(　　)构成。

A. 实收资本　　B. 留存收益

C. 盈余公积　　　　D. 资本公积

四、是非判断题

1. 财务会计也称对外报告会计。 (　　)
2. 高级财务会计也称专用财务会计。 (　　)
3. 财务会计以货币作为主要计量单位。 (　　)
4. 会计基本假设包括会计分期、会计主体、货币计量和持续经营。 (　　)
5. 管理会计和财务会计是会计的两大分支。 (　　)
6. 中级财务会计依赖大量的估计，所以，中级财务会计在某种程度上是不精确的。 (　　)
7. 资产是指由于过去的交易或事项引起的，企业拥有或控制的经济资源。 (　　)
8. 某一会计事项是否具有重要性，在很大程度上取决于会计人员的职业判断。对于同一会计事项，在某一企业具有重要性，而在另一企业则不一定具有重要性。 (　　)
9. 企业一定期间发生亏损，则其所有者权益必定减少。 (　　)
10. 法律主体必定是会计主体，会计主体也必定是法律主体。 (　　)

五、思考题

1. 简述高级财务会计的产生和发展过程。
2. 应如何定义高级财务会计？
3. 高级财务会计形成的理论基础是什么？
4. 高级财务会计的研究范围包括哪些？
5. 高级财务会计的研究方法包括哪些？
6. 如何认识高级财务会计与国际会计之间的关系？
7. 如何用科学发展观正确处理好保持中国特色与深化会计改革的关系？
8. 如何理解中国会计与国际会计惯例趋同？
9. 简述企业会计准则的创新之处。
10. 简述《企业会计准则》与高级财务会计的关系。

第二章

会计调整

引导案例

华丰公司对前期差错的处理

2020年，华丰公司发现2019年公司漏记一项固定资产的折旧费用150 000元，所得税纳税申报表中未扣除该项费用。假设2019年华丰公司适用的所得税税率为25%，无其他纳税调整事项，该公司按净利润的10%、5%分别提取法定盈余公积和任意盈余公积，公司发行的股票份额为1 800 000股，假定税法允许调整应交所得税。

讨论并思考：

1. 什么是会计政策变更？
2. 什么是会计差错？
3. 华丰公司应如何分析前期差错的影响数？

第一节　会计调整概述

一些特定情况的发生将会影响企业会计主体已经对外报出信息的可靠性、相关性与决策有用性，对此则需要进行调整。

一、相关的基本概念

(一) 会计调整

会计调整是指企业会计主体因按照法律、行政法规和企业会计准则的要求，或者在特定情况下对其原采用的会计政策、会计估计，以及发现的会计差错、发生的报告日后事项等所作的调整。

(二) 会计政策

会计政策是指企业会计主体在会计核算时所遵循的特定原则、基础，以及所采用的具体会计处理方法。特定原则，是指企业会计主体具体按照企业会计准则所制定的、适合于本企业会计主体的具体的会计处理原则；具体会计处理方法，是指企业会计主体从企业会计准则规定的诸多可供选择的会计处理方法中所选择的、适合于本企业会计主体的会计处理方法。

(三) 会计估计

会计估计是指企业会计主体对结果不确定的交易或者事项以最近可利用的信息为基础所作的判断，如固定资产、无形资产的预计使用年限等。

(四) 会计差错

会计差错是指企业会计主体在会计核算时，在确认、计量、报告等环节出现的错误，通常包括计算或记录错误、应用会计政策错误、疏忽或曲解事实产生的错误、财务舞弊等。

(五) 报告日后事项

报告日后事项是指自报告日(年度报告日通常为 12 月 31 日)至报告批准报出日之间发生的需要调整或说明的事项，包括调整事项和非调整事项两类。

二、会计政策与会计估计的确定程序

企业会计主体应当结合自身实际情况，确定自身具体的会计政策和会计估计，并履行自身内部报批程序；法律、行政法规等规定应当报送有关方面批准或备案的，从其规定。

企业会计主体的会计政策与会计估计一经确定，不得随意变更。如需变更，应重新报批，并按会计调整的规定予以处理。

第二节　会计政策及其变更

企业会计主体应当对相同或者相似的交易或事项采用相同的会计政策进行会计处理。但是，其他企业会计准则制度另有规定的除外。

一、会计政策变更的确认条件

会计政策变更是指对相同的交易或事项由原来采用的会计政策改用另一会计政策的行为。会计政策变更应符合下列条件之一：

(1) 法律或会计准则等行政法规、规章要求变更会计政策。

(2) 变更会计政策能够提供有关企业财务状况、经营成果和现金流量等更可靠、更相关的会计信息。

二、不属于会计政策变更的情况

企业在会计确认、计量和报告中所采用的新的会计政策，并非都属于会计政策变更。以下两种情形不属于会计政策变更：①本期发生的交易或事项与以前相比具有本质差异而采用新的会计政策；②对首次发生的或不重要的交易或事项采用新的会计政策。

三、会计政策变更的会计处理方法

企业依据法律或会计准则等行政法规、规章要求变更会计政策，可分别以下情况处理：

(1) 如果国家发布相关的会计处理办法，则按照国家发布相关的会计处理办法进行处理。

(2) 如果国家没有发布相关的会计处理办法，则采用追溯调整法进行会计处理。

(一) 追溯调整法

追溯调整法是指对某项交易或事项变更会计政策时，视同该项交易或事项初次发生时即采用变更后的会计政策，并以此对财务报表相关项目进行调整的方法。

追溯调整法的操作步骤如下。

第一步，计算会计政策变更的累积影响数。会计政策变更的累积影响数是指按变更后的会计政策对以前各期追溯计算的变更年度期初留存收益应有金额与现有金额之间的差额。计算会计政策变更的累积影响数时，应假设与会计政策变更相关的交易或事项在初次发生时即采用新的会计政策，由此计算的变更年度期初留存收益应有金额与现有金额之间的差额就是会计政策变更的累积影响数。在此，会计政策变更的累积影响数仅仅指因会计政策变更而对净损益的累积影响，以及由此导致的对利润分配及未分配利润的累积影响金额，不包括分配的利润或股利。这里所说的留存收益，包括法定盈余公积、法定公益金、任意盈余公积和未分配利润各项目。

累积影响数通常可以通过以下步骤计算获得：

(1) 根据新的会计政策重新计算受影响的前期交易或事项。

(2) 计算两种会计政策下的差异。

(3) 计算差异的所得税影响金额。

(4) 确定前期中的每一期的税后差异。

(5) 计算会计政策变更的累积影响数。

【例 2-1】 兴赣公司 2019 年 1 月 1 日以现金 500 万元对紫金公司进行长期股权投资，占紫金公司有表决权资本的 25%。按当时有关规定，兴赣公司采用成本法对该项股权投资进行会计处理。2020 年,国家新出台的相关会计准则规定,拥有被投资单位 20%以上有表决权股份的,应采用权益法核算长期股权投资。因此,兴赣公司从 2020 年开始对此项投资改用权益法核算。紫金公司 2019 年、2020 年实现的净利润分别为 300 000 元和 200 000 元,每年均将净利润的 80%按持股比例向投资者分配利润。兴赣公司和紫金公司均提取 10%的法定盈余公积,均按 25%计算缴纳所得税。

兴赣公司由成本法改为权益法后的累积影响数计算如表 2-1 所示。

表 2-1 累积影响数计算

单位:元

年度	权益法	成本法	税前差异	所得税影响	税后差异
2019	75 000	60 000	15 000	0	15 000
2020	50 000	40 000	10 000	0	10 000
合计	125 000	100 000	25 000	0	25 000

第二步,相关的账务处理。在对会计政策变更的累积影响数进行账务处理时,应直接调整留存收益项目及相关资产、负债项目的金额。涉及所得税的,还应同时调整递延所得税资产或递延所得税负债。

兴赣公司调整会计政策变更累积影响数的会计分录为:

借:利润分配——未分配利润 2 500

　贷:盈余公积——法定盈余公积 2 500

第三步,调整会计报表相关项目。采用追溯调整法时,会计政策变更的累积影响数应包括在变更当期期初留存收益中。如果提供可比会计报表,对于比较会计报表期间的会计政策变更,应调整各该期间净损益各项目和会计报表其他相关项目,视同该政策在比较会计报表期间一直采用。对于比较会计报表可比期间以前的会计政策变更的累积影响数,应调整比较会计报表最早期间的期初留存收益,会计报表其他相关项目的数字也应一并调整。

第四步,附注说明。通常,企业发生会计政策变更时,应在财务报表附注中披露如下有关事项:

(1) 会计政策变更的性质、内容和理由,包括对会计政策变更的简要阐述、变更的日期、变更前采用的会计政策和变更后采用的新会计政策及会计政策变更的原因。

(2) 当期和各个列报前期财务报表中受影响的项目名称和调整金额,包括采用追溯调整法时计算出的会计政策变更的累积影响数、会计政策变更对本期以及比较会计报表所列其他各期净损益的影响金额以及比较会计报表最早期间期初留存收益的调整金额。

(3) 无法进行追溯调整的,说明该事实和原因以及开始应用变更后的会计政策的时点、具体应用情况,包括在会计报表附注中披露累积影响数不能合理确定的原因以及由于会计政策变更对当期经营成果的影响金额。

(二) 未来适用法

未来适用法是指将变更后的会计政策应用于变更日以后发生的交易或者事项,或者在会计估计变更当期和未来期间确认会计估计变更影响数的方法。采用未来适用法时,既不计算政策变更累积影响数，也不必调整变更当年期初的留存收益，只在变更当年采用新的会计政策。例如，企业可计提折旧的固定资产，其有效使用年限或预计净残值的估计所发生的变更，常常影响变更当年及资产以后使用年限内各个期间的折旧费用。因此，这类会计估计的变更，应于变更当年及资产以后各期确认。

第三节　会计估计变更

一、会计估计变更的确认

会计估计变更是指由于资产和负债的当前状况及预期未来经济利益和义务发生了变化，从而对资产或负债的账面价值或者资产的定期消耗金额所进行的重估和调整。不确定性和估计是财务会计的本质特征之一。在进行会计处理时，估计是不可或缺的。这是因为，会计核算所面对的企业经营活动存在许多内在的不确定因素，许多会计报表项目不能准确地计量，只能加以估计。例如，发生的坏账、存货作废、应计折旧固定资产的使用年限等，都需要进行估计。估计过程是企业以最近可以得到的信息为基础所进行的判断过程，合理运用估计并不会削弱会计信息的可靠性和相关性。但是，估计毕竟是在现有资料的基础上对未来所作的判断。随着时间的推移，如果赖以进行估计的基础及环境发生变化，或者由于取得了新的信息、积累了更多的经验，或者经济事项和环境的发展出现了原来不曾预计到的新情况，此时就不得不对估计进行修正，这种对估计的修正就是会计估计的变更。对会计估计进行修正并不表明原来的估计方法有问题或不恰当，只是表明原来的估计已经不能适应当前新的情况，已经失去了继续应用的依据。

二、会计估计变更的会计处理方法

第一步，判断一项变更是否属于会计估计变更。会计中的变更很多，有些涉及会计政策变更，有些涉及会计估计变更。会计人员在进行账务处理时，应首先判断一项变更是否属于会计估计变更。如果属于会计估计变更，就应按照未来适用法进行相关会计处理。实际工作中，区分会计政策变更与会计估计变更有时非常困难。如果企业不能正确区分会计政策变更与会计估计变更，则应按会计估计变更进行会计处理。例如，某企业根据原会计制度规定，按应收账款余额的5%计提坏账准备，假如按国家新发布的会计制度的规定改按账龄分析法计提坏账准备，并规定坏账准备由应收账款余额百分比法改为账龄分析法，同时规定逾期3年以上尚未收回的应收账款按20%计提坏账准备，逾期2～3年尚未收回的应收账款按10%计提坏账准备，逾期2年以下未收回的应收账款按5%计提坏账准备。对于这一事项，如果从会计政策变更角度考虑，坏账准备由应收账款余额百分比法改为账龄分析法，属于会计政策变更；但如果从计提比例看，计提坏账准备的比例发生了变化，属于会计估计变更。在这种情况下，如果不易区别该变更是会计政策变更还是会计估计变更，根据《企业会计准则》的规定，该变更将被视为会计估计变更，按会计估计变更的会计处理方法进行处理。

第二步，确定会计估计变更的影响应在哪一期间进行确认。如果会计估计的变更仅影响变更当期，有关估计变更的影响应于当期确认；如果会计估计的变更既影响变更当期又影响未来期间，则有关估计变更的影响应在当期及以后各期确认。例如，对固定资产有效使用年限、预计净残值及折旧方法的估计发生变更，常常影响变更当期及资产以后使用年限内各个期间的折旧费用。因此，这类会计估计变更，应于变更当期及以后各期确认。

第三步，进行相关账务处理。根据变更的经济业务事项以及对当期或未来期间的影响，作出相应的会计处理。由于未来适用法只影响当期或未来期间相关项目的金额，因此，会计估计变更不涉及对财务报表项目的调整；企业编制的当期及以后期间的财务报表会自然反映会计估计变更的影响。

第四步，在会计报表附注中披露会计估计变更。披露事项主要包括：会计估计变更的内容和原因（包括变更的内容、变更日期以及为什么要对会计估计进行变更）；会计估计变更对当期和未来期间的影响数（包括会计估计变更对当期损益的影响金额，以及对其他各项目的影响金额）；会计估计变更的影响数不能确定的，要披露这一事实及其原因。

【例 2-2】 兴赣公司 2019 年 1 月 1 日起对管理用设备 100 000 元（不考虑净残值），按 8 年的折旧年限，采用直线法计提折旧。2020 年 1 月 1 日，根据该项固定资产的状况及技术发展趋势判断，该项管理用设备的使用年限应为 6 年。

原会计估计下，年折旧额＝100 000÷8＝12 500（元）

固定资产净值＝100 000－12 500＝87 500（元）

改变会计估计后的年应折旧额＝87 500÷（6－1）＝17 500（元）

2020 年确认折旧费用的会计分录为：

借：管理费用	17 500	
贷：累计折旧		17 500

上述折旧费用直接包含在 2020 年利润表的折旧费用中，以后相关年度也应作相同会计分录。此项会计估计变更对 2020 年以前的财务报表不会产生影响。

第四节　会计差错更正

一、重大会计差错的确认

重大会计差错是指企业会计主体发现的使本期编制的报表不再具有可靠性的会计差错，一般是指差错的性质比较严重或者差错的金额比较大。该差错会影响报表使用者对企业会计主体过去、现在或者未来的情况作出评价或者预测，则认为性质比较严重，如未遵循企业会计准则制度、财务舞弊等原因产生的差错。通常情况下，导致差错的交易或事项对报表某一具体项目的影响或者累积影响金额占该类交易或事项对报表同一项目的影响金额的 10%及以上，则认为金额比较大。

企业会计主体滥用会计政策、会计估计及其变更，属于重大会计差错。

二、本期发现的会计差错处理原则

企业会计主体在本报告期发现的会计差错，应当按照以下原则处理：

（1）本期发现的与本期相关的会计差错，应当调整本期报表相关项目。

（2）本期发现的与前期相关的重大会计差错，如影响收入、费用的，应当将其对收入、费用的影响或者累积影响调整当期期初的相关所有者权益项目，并调整其他相关项目的期初数；如不影响收入、费用的，应当调整发现当期相关项目的期初数。经上述调整后，视同该差错在差错发生的期间已经得到更正。

与前期相关的重大会计差错的影响或者累积影响不能合理确定的，企业会计主体可比照以下非重大会计差错的规定进行处理。

（3）本期发现的与前期相关的非重大会计差错，应当将其影响数调整相关项目的本期数。

三、报告日后期间发现的会计差错处理原则

企业会计主体在报告日至报告批准报出日之间发现的报告期以前期间的重大会计差错，应当视同本期发现的与前期相关的重大会计差错按规定进行处理。

企业会计主体在报告日至报告批准报出日之间发现的报告期间的会计差错及报告期以前期间的非重大会计差错，应当按照报告日后事项中的调整事项进行处理。

企业会计主体按规定编制比较财务报表的，对于比较财务报表期间的重大会计差错，应当调整该期间的收入或者费用以及其他相关项目；对于比较财务报表期间以前的重大会计差错，应当调整比较财务报表最早期间所涉及的各项所有者权益项目的期初余额，财务报表其他相关项目的金额也应一并调整。

对于比较财务报表期间和以前的非重大会计差错，以及影响或者累积影响不能合理确定的重大会计差错，应当调整相关项目的本期数。

第五节　报告日后事项

一、报告日后调整事项的会计处理

报告日以后获得新的或者进一步的证据，有助于对报告日存在状况的有关金额作出重新估计，应当作为调整事项，据此对报告日的报表进行调整。调整事项包括已证实资产发生了减损、已确定获得或者支付的赔偿、财务舞弊或者差错等。

报告日以后发生的调整事项，应当如同报告所属期间发生的事项一样进行会计处理，对报告日已编制的报表相关项目的期初数或者本期数作相应的调整，并对当期编制的报表相关项目的期初数或者上期数进行调整。

二、报告日后非调整事项的披露

报告日以后才发生或者存在的事项，不影响报告日存在状况，但不加以说明将会影响报

告使用者作出正确估计和决策，这类事项应当作为非调整事项在财务报表附注中予以披露，如自然灾害导致的资产损失、外汇汇率发生的重大变化等。

第六节 会计调整的披露

企业会计主体应当在会计报表附注中披露以下内容：

(1) 会计政策变更的内容和理由、会计政策变更的影响，以及影响或者累积影响不能合理确定的理由。

(2) 会计估计变更的内容和理由、会计估计变更对当期和未来期间的影响数。

(3) 重大会计差错的内容和重大会计差错的更正方法、金额，以及与前期相关的重大会计差错影响或者累积影响不能合理确定的理由。

(4) 与报告日后事项有关的下列信息：①财务报告的批准报出者和批准报出日。②每项重要的报告日后非调整事项的内容及其对企业会计主体财务状况、运行情况的影响；无法作出估计的，应当说明其原因。

企业会计主体在以后的会计期间不需要重复披露在以前期间的财务报表附注中已披露的会计政策变更、会计估计变更和会计差错更正的信息。

同步测试题

一、名词解释

1. 会计政策
2. 会计估计
3. 前期差错
4. 追溯调整法
5. 未来适用法
6. 资产负债表日后事项
7. 资产负债表日
8. 财务报告批准报出日
9. 调整事项
10. 非调整事项

二、单项选择题

1. 某上市公司 2019 年度的财务报告于 2020 年 4 月 30 日批准报出，2020 年 3 月 15 日，该公司发现了 2019 年度的一项重大会计差错。该公司正确的做法是(　　)。

A. 调整 2019 年度会计报表的年初余额和上期金额

B. 调整 2019 年度会计报表的年末余额和本期金额

C. 调整 2020 年度会计报表的年末余额和本期金额

D. 调整2020年度会计报表的年初余额和上期金额

2. 下列不属于前期差错事项的是（　　）。

A. 账户分类和计算错误

B. 漏记已完成的交易

C. 由于资产和负债的当前状况及预期经济利益和义务发生了变化，从而对资产或负债的账面价值或者资产的定期消耗金额进行调整

D. 疏忽或曲解事实以及舞弊产生的影响

3. 下列事项中，属于企业会计准则允许采用的会计政策的是（　　）。

A. 资产负债表日交易性金融资产按照成本计价

B. 资产负债表日存货按照成本计价

C. 资产负债表日可供出售金融资产按照公允价值计价

D. 坏账准备按照直接转销法核算

4. 下列有关前期差错的表述方法不正确的是（　　）。

A. 前期差错通常包括计算错误、应用会计政策错误、疏忽或曲解事实和舞弊产生的影响以及存货、固定资产盘盈等

B. 企业应当采用追溯重述法更正重要的前期差错，但确定前期差错累积影响数不切实可行的除外

C. 追溯重述法是指在发现前期差错时，视同该项前期差错从未发生过，从而对财务报表相关项目进行更正的方法

D. 确定前期差错影响数不切实可行的，可以从可追溯重述的最早期间开始调整留存收益的期初余额，财务报表其他相关项目的期初余额也应当一并调整，不得采用未来适用法

5. 企业发生的下列交易或事项中，属于会计政策变更的是（　　）。

A. 因固定资产改良，将其折旧年限由8年延长至10年

B. 长期股权投资由权益法改按成本法核算（非企业合并）

C. 年末，根据当期发生的暂时性差异所产生的递延所得税调整本期所得税费用

D. 企业在预计首次执行日前尚未计入资产成本的弃置费用时，应当满足预计负债的确认条件，以该项预计负债折现后的金额增加资产成本

6. A企业于2019年12月31日以20 000元购入设备一台，该项设备使用年限为5年，残值5 000元，采用年限平均法计提折旧。2020年6月30日，A企业发现该设备包含的经济利益的预期实现方式有重大改变，决定自2020年7月1日起，将折旧方法改为年数总和法，并已履行相关程序获得批准。A企业对该设备折旧方法变更的会计处理应当（　　）。

A. 作为会计政策变更，并进行追溯调整

B. 作为会计政策变更，不进行追溯调整

C. 作为会计估计变更，并进行追溯调整

D. 作为会计估计变更，不进行追溯调整

7. 某上市公司2019年2月1日发现，正在使用的甲设备技术革新和淘汰速度加快，决定从该月起将该设备预计折旧年限由原来的10年改为6年，当时，公司2018年的年报尚未

报出。该经济事项应当属于(　　)。

A. 会计政策变更　　B. 会计估计变更

C. 前期差错更正　　D. 以前年度损益调整

8. 某企业原在生产经营过程中,使用少量的低值易耗品,并在领用时将其价值一次计入费用。但该企业近期转产,所需的低值易耗品较多,且价值较大,企业决定将其摊销方法改为分期摊销法,但摊销方法改变以后预计对损益的影响并不大。则该事项的会计处理方法为(　　)。

A. 作为会计政策变更

B. 不作为会计政策变更

C. 使用"以前年度损益调整"科目处理

D. 使用"利润分配——未分配利润"科目处理

9. 某股份有限公司于 2019 年成立,所得税核算采用应付税款法,适用的所得税税率为 25%,2019 年实现利润总额 150 000 元。2019 年,该公司实际发放工资总额超过计税工资总额的部分为 20 000 元;2019 年年初开始提取折旧的管理用固定资产当年折旧为 50 000 元,但按税法规定采用年数总和法则应计提 65 000 元。2020 年 1 月 1 日起,该公司为了提供更相关、更可靠的会计信息,决定将所得税核算由应付税款法改为资产负债表债务法。则此项会计政策变更的累积影响数为(　　)元。

A. 0　　B. 4 950

C. 6 600　　D. 11 550

10. 下列各项中,不需要在会计报表附注中披露的内容为(　　)。

A. 会计政策变更的内容和理由

B. 会计估计变更的影响数

C. 非重大前期差错的更正方法

D. 重大前期差错对净损益的影响金额

11. 下列事项中,属于资产负债表日后调整事项的是(　　)。

A. 资产负债表日发生的销货退回的事项

B. 在资产负债表日后外汇汇率发生较大变动

C. 已确定将要支付赔偿额小于该赔偿在资产负债表日的估计金额

D. 溢价发行债券

12. 资产负债表日至财务报告批准报出日之间发生的调整事项在进行会计处理时,不允许调整的报告年度的项目为(　　)。

A. 货币资金项目　　B. 应收账款项目

C. 所有者权益项目　　D. 损益项目

13. 2019 年财务报告批准报出日为 2020 年 4 月 30 日。2020 年 3 月 4 日,A 公司发现 2006 年一项财务报表舞弊或差错,甲公司应调整(　　)。

A. 2019 年资产负债表的期末余额和利润表本期金额

B. 2020 年资产负债表的年初余额和利润表上期金额

C. 2019 年资产负债表的年初余额和利润表上期金额

D. 2020年资产负债表的期末余额和本年累计数及本年实际数

14. 某公司2019年的年度会计报告,经董事会批准于2020年3月28日报出。则该公司在2020年1月1日至3月28日发生的下列事项中,属于资产负债表日后调整事项的是(　　)。

A. 2020年3月10日取得确凿证据,表明某项资产在资产负债表日发生了减值或者需要调整该项资产原先确认的减值金额

B. 2020年2月10日销售的产品被退回

C. 2020年2月18日董事会提出资本公积转增资本方案

D. 2020年3月18日董事会成员发生变动

15. 下列各项中,有关资产负债表日后事项表述正确的为(　　)。

A. 资产负债表日至财务报告批准报出日之间,由董事会制订的财务报告所属期间利润分配方案中的盈余公积的提取,应作为调整事项处理

B. 资产负债表日后发生的调整事项如涉及现金收支项目的,均可以调整报告年度资产负债表的货币资金项目,但不调整报告年度现金流量表各项目数字

C. 资产负债表日后事项,作为调整事项调整会计报表有关项目数字后,不调整报告年度现金流量表各项目数字

D. 资产负债表日至财务报告批准报出日之间,由董事会制定的财务报告所属期间利润分配方案中的现金股利,应作为调整事项处理。

16. 某零售企业在年度资产负债表日至财务报告批准报出日之间发生的下列事项中,不属于资产负债表日后事项的为(　　)。

A. 销售名牌商品　　B. 出售重要的子公司

C. 火灾造成重大损失　　D. 发生重大的诉讼案件

17. 下列各项中,关于资产负债表日后调整事项正确说法为(　　)。

A. 总是要调整报告年度利润表的相关项目

B. 总是不调整报告年度现金流量表的正表部分

C. 总是不调整报告年度现金流量表的补充资料部分

D. 总是要在会计报表附注中予以披露

18. 对于上市公司而言,其年度财务报告批准报出日是指董事会批准报出的日期,即每年的(　　)。

A. 4月30日　　B. 4月30日以前的某天

C. 4月30日以后的某天　　D. 4月30日及以前的某天

19. 在资产负债表日至财务报告批准报出日之间发生的下列事项中,属于资产负债表日后事项的为(　　)。

A. 新证据表明资产负债表日对长期建造合同应计收益的估计存在重大误差

B. 自然灾害导致资产重大损失

C. 计划对资产负债表日存有的债务进行债务重组

D. 外汇汇率发生较大变动

三、多项选择题

1. 根据会计政策、会计估计变更和差错更正准则的规定，下列各项中，会计处理正确的有（　　）。
   A. 确定会计政策变更对列报前期影响数不切实可行的，应当从可追溯调整的最早期间期初开始应用变更后的会计政策
   B. 在当期期初确定会计政策变更对以前各期累积影响数不切实可行的，应当采用未来适用法处理
   C. 企业对会计估计变更应当采用未来适用法处理
   D. 企业应当采用追溯重述法更正重要的前期差错
   E. 确定前期差错影响数不切实可行的，可以从可追溯重述的最早期间开始调整留存收益的期初余额，财务报表其他相关项目的期初余额一并调整，也可以采用未来适用法
2. 下列各项中，关于未来适用法表述正确的有（　　）。
   A. 将变更后的会计政策应用于变更日及以后发生的交易或者事项的方法
   B. 在会计估计变更当期和未来期间确认会计估计变更影响数的方法
   C. 调整会计估计变更当期期初留存收益
   D. 对变更年度资产负债表年初余额进行调整
   E. 对变更年度利润表上年金额进行调整
3. 下列各项中，属于会计政策变更的项目有（　　）。
   A. 周转材料的摊销方法由一次转销变更为五五摊销法
   B. 以前固定资产租赁业务均为经营租赁，本年度发生了融资租赁业务，其会计核算方法改变
   C. 期末存货计价由成本法改为成本与可变现价值孰低法
   D. 所得税核算方法由应付税款法改为资产负债表债务法
   E. 对于有确凿证据表明可以采用公允价值模式计量的投资性房地产，在首次执行日可以按照公允价值进行计量
4. 在当期期初确定会计政策变更对以前各期累积影响数不切实可行的，应当采用未来适用法处理，其条件是（　　）。
   A. 企业因账簿超过法定保存期限而销毁，引起会计政策变更累积影响数无法确定
   B. 企业账簿因不可抗力而毁坏引起累积影响数无法确定
   C. 法律或行政法规要求对会计政策的变更采用追溯调整法，但企业无法确定会计政策变更累积影响数
   D. 经济环境改变，但企业无法确定累积影响数
   E.《企业会计准则第 38 号——首次执行企业会计准则》规定的采用未来适用法
5. 某企业 2020 年 6 月 5 日发现 2019 年 10 月多计提折旧，且金额较大，则该企业会计处理中正确的做法有（　　）。
   A. 使用“以前年度损益调整”科目作调整分录
   B. 6 月 30 日资产负债表的年初数要调整

C. 2019 年度利润表的上年数相关项目要调整

D. 2019 年度利润分配表的上年数相关项目要调整

6. 某股份有限公司于 2011 年成立，下列各项中，属于其滥用会计政策、会计估计及其变更的内容有(　　)。

A. 对购入的商标权按 20 年摊销

B. 对交易性金融资产期末计价采用成本与市价孰低法

C. 对坏账损失采用直接转销法核算

D. 对某项固定资产进行更新改造以后，根据实际情况延长了固定资产的使用寿命

7. 某公司 2020 年 3 月 5 日(2019 年年报尚未报出)发现 2019 年 10 月多计提折旧，且金额较大，则该企业会计处理中正确的做法有(　　)。

A. 使用"以前年度损益调整"科目作调整分录

B. 调整 2019 年 12 月 31 日资产负债表的年末数

C. 调整 2019 年度利润表的上年数

D. 调整 2019 年度利润分配表的本年数

8. B 公司 2020 年收到 A 公司的退货，该商品的销售实现日为 2019 年 11 月 5 日，则该公司会计处理中不正确的做法有(　　)。

A. 使用"以前年度损益调整"科目作调整分录

B. 调整 2020 年 6 月资产负债表的年初数

C. 调整 2020 年度利润表的上年数

D. 调整 2020 年度利润分配表的上年数

9. 除法律或会计制度、会计准则等行政法规、规章要求变更会计政策外，企业有时也可以变更有关会计政策，但必须(　　)。

A. 围绕企业的经营目标

B. 有充分、合理的证据表明其政策变更的合理性

C. 由股东大会等类似机构批准变更会计政策

D. 说明变更会计政策后能够提供关于企业财务状况等更可靠、更相关的会计信息的理由

10. 下列各项中，属于会计估计变更的事项有(　　)。

A. 变更无形资产的摊销年限

B. 发出存货的计价方法由加权平均法改为先进先出法

C. 因固定资产扩建而重新确定其预计可使用年限

D. 降低坏账准备的计提比例

11. 资产负债表日后至财务报告批准报出日之间，由董事会或类似机构制定并经股东大会或类似机构批准宣告发放的股利，应当采取的处理方法有(　　)。

A. 现金股利在资产负债表所有者权益中单独列示

B. 现金股利在资产负债表流动负债中单独列示

C. 股票股利在资产负债表流动负债中单独列示

D. 股票股利在会计报表附注中单独披露

12. 下列资产负债表日后事项中,属于调整事项的有( )。
  A. 发生在资产负债表所属期间或以前期间所售商品的退回
  B. 表明资产负债表所属期间或以前期间存在重大会计差错
  C. 已证实某项资产在资产负债表日已减值,或为该项资产已确认的减值损失需要调整
  D. 表明应将资产负债表日存在的某项现时义务予以确认,或已对某项义务确认的负债需要调整
13. 某企业2019年会计报表批准对外报出日为2020年4月10日。2020年2月18日,该企业发现报告年度的会计记录存在以下问题并予以调整,但并不需要调整报告年度利润表相关项目的有( )。
  A. 漏记2019年12月31日发出的委托代销商品一批,其成本为10万元,售价为12.8万元
  B. 2019年12月31日漏记货到单未到的一批材料估计成本为5 000元
  C. 2019年12月28日,误将委托加工物资6 000元记作委托代销商品
  D. 2019年12月18日,误将销售折让3 000元作为现金折扣处理
14. 资产负债表日后非调整事项应当在会计报表附注中予以披露,下列关于其披露内容的说法中正确的说法有( )。
  A. 应当披露非调整事项的内容
  B. 应当披露非调整事项对财务状况的影响
  C. 应当披露非调整事项估计对经营成果的影响
  D. 如果非调整事项对财务状况和经营成果的影响无法作出估计则可以不作披露
15. 某企业在2020年2月1日发生一项资产负债表日后调整事项,并对该调整事项作出了相应的账务处理,同时也对报告年度会计报表相关项目进行了调整,但却没有将该调整事项的内容、金额,以及对企业财务状况、经营成果的影响在报告年度会计报表附注中予以披露,则该企业的会计处理( )。
  A. 肯定不正确
  B. 在一般情况下是正确的
  C. 若该事项法律、法规以及会计制度另有规定,其处理就不正确
  D. 若该事项法律、法规以及会计制度没有另外规定,其处理就正确
16. A公司因违约于2019年7月被B公司起诉,该项诉讼在2019年12月31日尚未判决,A公司认为败诉的可能性为60%,赔偿的金额为60万元。2020年3月30日,财务报告批准报出之前,法院判决A公司需要偿还B公司的经济损失55万元,A公司不再上诉,并支付了赔偿款项。作为资产负债表日后事项,A公司应作的会计处理包括( )。
  A. 按照调整事项处理原则,编制会计分录调整以前年度损益和其他相关科目
  B. 调整2019年12月31日资产负债表相关项目
  C. 调整2019年度利润表相关项目
  D. 调整2019年度所有者权益变动表相关项目
  E. 调整2020年3月资产负债表年初余额的相关项目
17. A公司为B公司的2 000万元债务提供70%的担保。2019年10月,B公司因到期无力

偿还债务被起诉，至12月31日，法院尚未作出判决，A公司根据有关情况，预计很可能承担部分担保责任，2020年3月6日，A公司财务报告批准报出之前法院作出判决，A公司承担全部担保责任，需为B公司偿还债务的70%，A公司已执行。A公司以下会计处理正确的有（　　）。

A. 2019年12月31日，按照或有事项确认负债的条件记录预计负债并做出披露

B. 2019年12月31日，对此事项按照或有负债做出披露

C. 2020年3月6日，按照资产负债表日后非调整事项处理

D. 2020年3月6日，按照资产负债表日后调整事项处理，调整会计报表相关项目

E. 作为2020年3月6日业务处理

18. 下列资产负债表日后事项中，属于调整事项的有（　　）。

A. 资产负债表日后发生企业合并或处理子公司

B. 资产负债表日后，企业利润分配方案中拟分配的以及经审议批准宣告发放的股利或利润

C. 资产负债表日后进一步确定了资产负债表日前购入资产的成本或售出资产的收入

D. 资产负债表日后发现了财务会计报告舞弊或差错

E. 资产负债表日后因自然灾害导致资产发生重大损失

19. 甲股份有限公司2019年度财务会计报告，经董事会批准，对外公布的日期为2020年4月3日。该公司2020年1月1日至4月3日发生的下列事项中，应当作为资产负债表日后调整事项的有（　　）。

A. 3月11日，临时股东大会决议购买乙公司51%的股权，并于4月2日执行完毕

B. 2月1日，发现2019年11月盘盈一批原材料尚未入账

C. 4月2日，发现资产价格发生重大变化

D. 4月2日，办理完毕资本公积转增资本的手续

E. 3月10日，甲公司被法院判决败诉并要求支付赔款1 000万元，对此项诉讼甲公司已于2019年末确认预计负债800万元

20. 某上市公司2019年度的财务报告批准报出日为2020年4月30日，下列事项中，应作为资产负债表日后调整事项处理的有（　　）。

A. 2020年1月销售的商品在2020年3月被退回

B. 2020年2月发现2019年无形资产少摊销达到重要性要求

C. 2020年3月发现2019年固定资产少折旧，达到重要性要求

D. 2020年5月发现2019年固定资产少折旧，达到重要性要求

E. 2020年3月发生重大诉讼

四、是非判断题

1. 如果会计政策变更的累积影响数不能合理确定，无论属于什么情况，都可以采用未来适用法来进行会计处理。（　　）

2. 企业会计估计变更时，应在会计报表附注中披露企业会计估计变更的累积影响数。（　　）

3. 会计政策变更的累积影响数是指按变更后的会计政策对以前各期追溯计算的变更年度

期初留存收益金额与会计政策变更当年年初留存收益金额的差额。（ ）

4. 会计政策变更应采用追溯调整法处理。（ ）
5. 企业采用的会计政策前后各期应保持一致，一经选定则不得变更。（ ）
6. 因本期发生的交易或事项与以前相比具有本质差别而采用新的会计政策属于会计政策变更。（ ）
7. 对于发生的重大会计差错，如影响损益，应将其对损益的影响数调整为当期的期初留存收益，至于会计报表其他相关项目的期初数就不必调整了。（ ）
8. 坏账损失的核算采用直接核销法还是备抵法，属于会计估计。（ ）
9. 企业选择存货的计价方法属于会计政策。（ ）
10. 会计实务中，如果不易分清会计政策变更还是会计估计变更时，则应按会计估计变更处理。（ ）
11. 涉及损益的事项，只调整相关收入费用科目，无需调整“利润分配——未分配利润”科目。（ ）
12. 涉及利润分配调整的事项，直接在“利润分配——未分配利润”科目核算。（ ）
13. 企业在资产负债表日至会计报表报出日之间宣告分派的资产负债表所涵盖期间有关的现金股利方案，属于调整事项。（ ）
14. “以前年度损益调整”科目的借方余额或贷方余额，应转入“利润分配——未分配利润”科目核算。（ ）
15. 对于调整事项，应调整资产负债表日编制的会计报表相关项目的数字。（ ）
16. 资产负债表日后事项中的调整事项，除调整会计报表有关项目的数字的，还应在会计报表附注中进行披露。（ ）
17. 资产负债表日后事项中的调整事项，如涉及货币资金项目或现金收支项目的，均不调整资产负债表的货币资金项目和现金流量表的现金净流量的数字。（ ）
18. 资产负债表日后事项中的调整事项必须是自年度资产负债表日至财务报告批准报出日之间发生的所有有利事项和不利事项。（ ）
19. 资产负债表日后事项中不涉及利润分配调整的事项，可不调整相关的科目。（ ）
20. 由于资产负债表日后事项发生在次年，上年度的有关账户已结转，所以只需调整当期会计报表相关项目的年初数。（ ）

五、思考题

1. 什么是会计政策？在哪些情况下企业可以变更会计政策？
2. 什么是会计估计？企业为什么要改变会计估计？
3. 在改变会计估计时，应如何进行会计处理？
4. 如何对会计差错进行会计处理？
5. 什么是资产负债表日后事项？
6. 什么是调整事项？
7. 什么是非调整事项？
8. 发生调整事项，应如何进行会计处理？
9. 调整事项和非调整事项的会计处理有何区别？

10. 企业资产负债表日后事项中的非调整事项主要有哪些?

六、业务处理题

1. 甲公司2019年1月1日起对某销售部门使用的固定资产计提折旧,该固定资产的原价为200万元,折旧期为5年(税务的折旧年限为10年),假定无残值。2019年年末该固定资产的可收回价值为231万元,2020年1月1日甲公司执行新会计准则,将以前的所得税核算方法由应付税款法改为资产负债表债务法。假定会计与税法的收支差异仅限于此固定资产的折旧标准,企业所得税税率为25%,盈余公积的提取比例为净利润的10%,其中,法定盈余公积为净利润的10%。

   要求:作出甲公司会计政策变更的会计处理。

2. 甲公司适用的所得税税率为25%,考虑到技术进步因素,自2020年1月1日起将一套办公设备的使用年限由10年改为7年,折旧方法和预计净残值不变。该套设备系2015年1月1日购入并投入使用,原价为250万元,预计使用年限为10年,预计净残值为10万元,采用直线法计提折旧。按税法规定,该套设备的使用年限为10年,并按直线法计提折旧。

   要求:计算此变更对2020年度净利润的影响额。

3. 淮海化工厂系国有工业企业,经批准从2019年1月1日开始执行《企业会计制度》。为了保证新制度的贯彻实施,该厂根据《企业会计制度》制定了《淮海化工厂会计核算办法》,并组织业务培训。在培训班上,总会计师就执行新制度、新办法的内容等作了系统解析。部分会计人员感到对会计政策变更的条件、会计估计变更的原因以及相应的会计处理方法不理解,向总会计师请教。总会计师根据《企业会计制度》的有关规定,作了解答;同时,结合本企业实际,系统地归纳了执行新制度、新办法的主要变化情况。

   (1) 2019年执行的新制度、办法与该厂原做法相比,主要有以下几个方面的变化:

   第一,计提坏账准备的范围由应收账款扩大至应收账款和其他应收款。

   第二,要求对存货、短期投资、长期投资、固定资产、在建工程、无形资产等资产的账面价值定期进行检查;如发生减值,应计提减值准备。

   第三,将存货的日常核算由实际成本法改为计划成本法,期末编制会计报表时再将计划成本调整为实际成本。

   第四,待处理财产损溢的余额在资产负债表以资产列示,改为在期末编制会计报表前查明原因,报厂长办公会议批准后处理完毕;未获批准的,应在对外提供财务会计报告时先行处理;其后批准处理的金额与已处理的金额不一致的,调整会计报表相关项目的年初数。

   第五,将收入的确认标准由按照发出商品、同时收讫价款或者取得索取价款的凭据确认收入,改为在同时满足以下四个条件时才能确认收入:①企业已将商品所有权上的主要风险和报酬转移给购货方;②企业既没有保留通常与所有权相联系的继续管理权,也没有对已售出的商品实施控制;③与交易相关的经济利益能够流入企业;④相关的收入和成本能够可靠地计量。

   第六,将所得税的会计处理方法由应付税款法改为债务法。

   (2) 2019年1月,该厂对一年来执行新制度、新办法的情况进行了总结,结合企业实际情况，决定从 2019 年 1 月 1 日起对坏账准备和固定资产的会计处理方法作以下调整：①坏账准备的计提比例由全部应收款项余额的 3‰～5‰改为：1 年以内账龄的，计提比例为 5%；1～2 年账龄的，计提比例为 10%；2～3 年账龄的，计提比例为 50%；3 年以上账龄的，计提比例为 100%。②将某条生产线的折旧方法由直线法改为年数总和法。

要求：

(1) 假定你作为淮海化工厂总会计师，如何解释：①会计政策变更的条件及其具体会计处理方法；②会计估计变更的原因及其具体会计处理方法？

(2) 请分别指出淮海化工厂 2019 年和 2020 年所作会计处理方法变更中，哪些属于会计政策变更，哪些属于会计估计变更。

4. 甲公司系 2019 年 12 月 25 日改制的股份制有限公司，每年按净利润的 10%和 5%分别计提法定盈余公积和法定公益金。为了提供更可靠、更相关的会计信息，经董事会批准，甲公司于 2020 年度对部分会计政策作了调整。有关会计政策变更及其他相关事项的资料如下：

(1) 从 2020 年 1 月 1 日起，生产设备的预计使用年限由 12 年改为 8 年；同时，将生产设备的折旧方法由平均年限法改为双倍余额递减法。根据税法规定，生产设备采用平均年限法计提折旧，折旧年限为 10 年，预计净残值为零。上述生产设备已使用 3 年并已计提了 3 年的折旧，尚可使用 5 年，其账面原价为 6 000 万元，累计折旧为 1 500 万元(未计提减值准备)，预计净残值为零。

(2) 从 2020 年 1 月 1 日起，甲公司对办公楼的折旧由平均年限法改为双倍余额递减法。办公楼的账面原价为 8 000 万元(未计提减值准备)，预计净残值为零，预计使用年限为 25 年；根据税法规定，该办公楼采用平均年限法计提折旧，折旧年限为 20 年，预计净残值为零。该办公楼从甲公司改为股份有限公司起开始使用。

要求：

(1) 判断上述行为属于会计政策变更还是会计估计的变更。

(2) 计算甲公司 2020 年度应计提的生产设备和办公楼的折旧额，以及甲公司办公楼会计政策变更的累积影响数。

5. 甲企业 2019 年财务报告批准报出日是 2020 年 4 月 30 日。2019 年 12 月 31 日前，甲企业因未履行合同被乙企业起诉，甲企业根据有关情况判断很可能赔偿乙企业 15 万元。2020 年 1 月 3 日法院判决甲企业需偿付乙企业经济损失 18 万元。那么，甲企业 2019 年资产负债表对此项业务的披露应该是“其他应付款”18 万元而不是“预计负债”18 万元。如果 2020 年 1 月 3 日法院判决甲企业需偿付乙企业经济损失 15 万元，则甲企业 2019 年资产负债表对此项业务如何披露？

6. A 企业 12 月 31 日经营状况不佳，B 企业对 A 企业的债权提取 5%的坏账准备，A 企业 1 月发生火灾，使企业无法偿债，B 企业是进行披露，还是进行调整？

7. 某企业拥有 A 公司应收债权 100 万元，2020 年 12 月 31 日对该笔业务按照 10%的比例提取了坏账准备，该企业 2020 年财务报告批准报出日为 2021 年 4 月 28 日。2020 年 12 月 28 日 A 公司发生火灾，损失惨重，预计难以支付货款。该企业 2021 年 1 月 15 日才知晓 A 公司发生火灾，该火灾事项是否作为调整事项处理？

8. 华联公司为一般纳税人，增值税税率为13%，所得税税率为25%，所得税采用债务法核算，其2019年度财务报告批准报出日为2020年4月30日，2019年企业所得税汇算清缴结束日为2020年3月20日。假定税法规定各项诉讼在实际发生损失时允许税前扣除。在对该公司进行会计报表审计时发现以下事项：

(1) 2019年10月15日，A公司对华联公司提起诉讼，要求其赔偿违反经济合同所造成的A公司损失500万元，华联公司在2019年12月31日无法估计该项诉讼的可能性。2020年1月25日，法院一审判决华联公司败诉，要求其支付赔偿款400万元，并承担诉讼费5万元，华联公司对此结果不服并提起上诉。华联公司的法律顾问坚持认为支付赔偿款应为300万元，并承担诉讼费5万元。该项上诉在财务会计报告批准报出前尚未结案，华联公司预计上诉很可能胜诉。

(2) 2019年11月14日，B公司对华联公司提起诉讼，要求其赔偿违反经济合同所造成的B公司损失500万元，华联公司对其涉及的诉讼案预计败诉的可能性为80%，预计赔偿210万～230万元。谨慎起见，华联公司确认了300万元的预计负债，并在利润表上反映为营业外支出，该项诉讼在财务会计报告批准报出前尚未结案。

(3) 2019年12月31日，涉及一项诉讼案件，华联公司估计败诉的可能性为60%，如败诉，赔偿款估计为100万元，华联公司确认了100万元的预计负债，2020年3月15日法院判决华联公司败诉，要求其支付赔偿款110万元，华联公司不再上诉，赔偿款项尚未支付。

要求：根据以上资料编制会计分录。

第三章

中期财务报告

引导案例

升舟公司中期财务报告披露

升舟公司是一家软件开发商。根据《企业会计准则》,按季度编制财务报告,2020年4月1日,升舟公司将其2020年版管理信息系统软件投放市场,4月10日,升舟公司收到多样公司(财务软件开发商)来函,声明管理信息系统软件中的财务管理软件包与该公司开发的并已于2016年申请专利的财务管理系统相同,要求升舟公司停止侵权行为,并赔偿损失1 000万元。

升舟公司不服,继续销售其新产品,多样公司于4月15日将升舟公司告上法庭,要求其停止侵权行为,并赔偿损失1 000万元。法院受理了此案,并数次调查取证,初步认定升舟公司的确侵犯了多样公司的专利权。根据有关规定,升舟公司大约要赔偿800万元至1 000万元的损失,为此,升舟公司在6月30日提出,希望能够庭外和解,多样公司表示同意。8月2日,双方经过数次调解,没有达成和解协议,只能再次通过法律诉讼程序。9月20日,法院判决,升舟公司立即停止侵权行为,并赔偿损失980万元,升舟公司不服,继续上诉。12月1日,二审判决,维持原判。2021年1月20日,根据最终判决,升舟公司被强制执行,向多样公司支付侵权赔偿款980万元。

讨论并思考:

1. 何谓中期?
2. 什么是中期财务报告?
3. 升舟公司对于此事项应如何在中期财务报告中进行相关披露?

第一节　中期财务报告概述

一、中期财务报告的概念

中期财务报告是指以中期为基础而编制的财务报告。其中,中期是指短于一个完整的会计年度的报告期间。

根据我国《会计法》的规定:"会计年度自公历 1 月 1 日起至 12 月 31 日止。"所以,中期是在这一会计年度之内但短于一个会计年度的报告期间。它可以是 1 个月、1 个季度或者半年,也可以是其他短于一个会计年度的期间,如会计年度从年初至本中期末的期间等。因此,中期财务报告有可能是月度财务报告,也有可能是季度财务报告或者半年度财务报告。

二、中期财务报告的理论基础

中期财务报告的重点是解决三大核心问题:一是当财务报告期间短于一个完整的会计年度时,应该采用什么样的会计政策;二是对资产、负债、收入、费用等会计要素应如何确认和计量;三是中期财务报表应如何进行列报。而上述三个问题都直接或间接地与中期财务报告所依据的理论基础相关。目前,在国际上,中期财务报告的理论基础有两种观点:一是独立观;二是一体观。

独立观就是将每一中期视为一个独立的会计期间。根据这种观点,中期财务报告所采用的会计政策和确认、计量原则与年度财务报告相一致,其中所应用的会计估计、成本分配和应计项目的处理也与年度财务报告相一致。应用独立观编制中期财务报告,其优点是企业在编制中期财务报告时可以直接采用编制年度财务报告时已有会计政策和确认、计量原则,便于实务操作,而且中期财务报告所反映的财务状况和经营业绩相对比较可靠,不易被操纵;其缺点是容易导致各中期收入与费用的不合理配比,既影响企业业绩的评价,又可能导致各中期列报的收益波动较大,影响会计信息使用者对年度结果的正确预测。

一体观就是将每一中期视为年度会计期间的有机组成部分,认为每一中期都是会计年度整体不可分割的一部分,而非独立的会计期间。根据这种观点,中期财务报告中应用的会计估计、成本分配、递延和应计项目的处理均必须考虑全年将要发生的情况,即需要顾及会计年度剩余期间的经营成果。所以,会计年度内发生的成本与费用需要以年度预计活动水平为基础,分配至各个中期。应用一体观编制中期财务报告,优点是可以避免因会计期间的缩短而导致的各中期收益的非正常波动,从而有利于年度收益的预测;缺点是许多成本和费用需要以年度结果为基础进行估计,因此需要建立在较高职业判断能力的基础上,而且估计可能缺乏客观、可靠的依据,容易导致收益操纵,影响中期财务报告的可靠性。

目前,世界上只有美国等少数国家和地区采用一体观;国际会计准则以及英国、澳大利亚等国的中期财务报告准则均以独立观为主导。鉴于我国证券市场不够成熟,会计人员的职业判断能力相对较弱,为减少会计操纵,有效地增强会计信息的可靠性,我国中期财务报告准则采用独立观。

独立观下，中期财务报告的独立观贯穿在中期财务报告准则的始终。其主要表现如下：

(1) 中期财务报告采用的会计政策应与年度相一致。

(2) 各会计要素在中期的确认和计量标准，应该与年度财务报告相一致。

(3) 中期的会计计量应以年初至本中期末为基础，不得因为报告频率的不同而导致年度财务报告结果的差异。

(4) 中期财务报告的组成、格式与年度财务报告一致。

三、中期财务报告至少应当包括的内容

中期财务报告至少应当包括资产负债表、利润表、现金流量表和会计报表附注四个部分。相对于年度会计报表附注，中期会计报表附注可以适当简化，但应当遵循重要性原则。

必须注意的是：上述内容仅仅是企业在中期财务报告中至少应当披露的信息，企业也可以根据需要在中期财务报告中披露其他会计报表或者相关信息(如提供股东权益变动表)，且这些会计报表或者其他相关信息一旦在中期财务报告中披露，就应当遵循中期财务报告准则关于中期会计报表的编制要求、会计政策的选择和其他有关确认、计量以及信息披露的规定。

第二节　中期财务报告的编制原则和方法

一、中期财务报告的编制应当遵循重要性原则

编制中期财务报告应坚持重要性原则，就是企业在确认、计量和披露各中期会计报表项目时，应当遵循重要性原则。根据独立观的要求，企业在判断重要性程度时，应当以中期财务数据为基础，不应当以预计的年度财务数据为基础；而且与年度财务数据相比，中期会计计量会在更大程度上依赖于估计。在具体运用重要性原则时，应注意以下几点：

(1) 重要性程度的判断应当以中期财务数据为基础。这里所说的中期财务数据，既包括本中期的财务数据，也包括年初至本中期末的财务数据。但是，企业不得以预计的年度财务数据为基础对中期会计报表项目进行重要性判断。这是因为，有些对于预计的年度财务数据显得不重要的信息，对于中期财务数据可能极为重要，因此需要在中期财务报告中披露这些信息。

(2) 中期会计计量会在更大程度上依赖于估计。例如，企业往往在会计年度末对存货进行较为精确的盘点和计价，但鉴于时间限制和成本效益考虑，在中期末一般不对存货进行全面、详细的实地盘点，因而对中期末存货的计价就可在更大程度上依赖于会计估计。

(3) 重要性原则的运用应当保证所提供的中期财务报告包括了与理解企业中期末财务状况和中期经营成果及其现金流量相关的信息，要避免在中期财务报告中由于不确认、不披露或者忽略某些信息而对信息使用者的决策产生误导。

重要性程度的判断依赖于会计人员的职业判断，需要根据具体情况作具体分析和判断。会计人员在判断某一项目的重要性程度时，既要考虑项目的金额，又要考虑项目的性质；在

判断项目金额的重要性时，应当以资产总额、负债总额、净资产总额、营业收入总额、净利润等直接相关项目数字作为比较基础，并综合考虑其他相关因素。

二、中期会计报表的编制要求

（一）中期会计报表的格式和内容

中期财务报告所提供的资产负债表、利润表和现金流量表应当是完整的会计报表，其格式和内容应当与上年度会计报表相一致。如果法律、行政法规或者规章（如当年新施行的会计准则）对当年度会计报表的格式和内容进行了修改，则中期会计报表应当按照修改后的报表格式和内容编制；与此同时，上年度比较会计报表的格式和内容也应当作相应调整。

（二）在中期财务报告中编制合并会计报表和母公司会计报表的要求

（1）在上年度财务报告中编制合并会计报表的企业，其中期会计报表也应当按照合并基础编制，即企业在中期财务报告中也应当编制合并会计报表，而且合并会计报表的合并范围、合并原则、编制方法和合并会计报表的格式与内容等应当与上年度合并会计报表相一致。如果在本会计年度有新的会计准则或者有关法规对合并会计报表的编制原则和方法等作了新的规范和要求，则企业应当按照新的准则或者法律的规定编制中期合并会计报表。

（2）如果企业在中期发生了合并会计报表合并范围变化的情况，则应当区别情况进行处理：①如果在上一会计年度纳入合并会计报表合并范围的子公司在报告中期不再符合合并范围的要求，企业编制的中期合并会计报表不必将该子公司的个别会计报表纳入合并范围；如果企业在报告中期内处置了所有纳入上年度合并会计报表编制范围的子公司，而且在报告中期又没有新增子公司，那么企业在其中期财务报告中就无须编制合并会计报表。尽管如此，企业根据中期财务报告准则要求提供的上年度比较会计报表仍然应当同时提供合并会计报表和母公司会计报表。除非在上年度可比中期末，企业没有应纳入合并会计报表合并范围的子公司（即上年度纳入合并会计报表合并范围的子公司是在上年度可比中期末之后新增的），因而在上年度可比中期的财务报告中并没有编制有关合并会计报表，在这种情况下，企业没有可比中期的合并会计报表可以提供。②如果中期内新增符合合并会计报表合并范围要求的子公司，企业在中期末就需要将该子公司的个别会计报表纳入合并会计报表的合并范围中。

（3）对于应当编制合并会计报表的企业，如果企业在上年度财务报告中除了提供合并会计报表，还提供了母公司会计报表，那么，在其中期财务报告中除了应当提供合并会计报表之外，还应当提供母公司会计报表。

（三）中期财务报告涉及的比较会计报表

企业在中期末除了需要编制中期末资产负债表、中期利润表和现金流量表，还应当提供前期比较会计报表，以提高会计报表信息的可比性和有用性。在中期财务报告中，企业应当提供以下会计报表：

（1）本中期末的资产负债表和上年度末的资产负债表。

（2）本中期的利润表、年初至本中期末的利润表以及上年度可比期间的利润表（上年度可比期间的利润表包括上年度可比中期的利润表和上年度年初至可比本中期末的利润表）。

（3）年初至本中期末的现金流量表和上年度年初至可比本中期末的现金流量表。

企业在中期财务报告中提供比较会计报表时，还应当注意以下三点：

第一，企业在中期内如果由于新的会计准则或有关法规的要求，对会计报表项目的列报或分类进行了调整或者修正，或者企业出于便于报表使用者阅读和理解的需要，对会计报表项目作了调整，从而导致本年度中期会计报表项目及其分类与比较会计报表项目及其分类出现不同。比较会计报表中的有关金额应当按照本年度中期会计报表的要求予以重新分类，同时还应当在会计报表附注中说明会计报表项目重新分类的原因及其内容。

如果企业因原始数据收集、整理或者记录等方面的原因，导致无法对比较会计报表中的有关金额进行重新分类，在这种情况下，可以不对比较会计报表重新分类，但是，企业应当在本年度中期会计报表附注中说明不能进行重新分类的原因。

第二，企业如果在中期内发生了会计政策变更或者重大会计差错更正事项，则应当调整相关比较会计报表期间的净损益和其他有关项目，视同该项会计政策在比较会计报表期间一贯采用或者该重大会计差错在产生的当期已经得到了更正。对于比较会计报表可比期间以前的会计政策变更的累积影响数或者重大会计差错，应当根据规定调整比较会计报表最早期间的期初留存收益，会计报表其他相关项目的数字也应当一并调整。

第三，对于在本年度中期内发生的调整以前年度损益事项，企业应当调整本年度会计报表相关项目的年初数；同时，中期财务报告中相应的比较会计报表也应当是已经调整以前年度损益后的报表。

三、编制中期会计报表附注的基本要求和中期会计报表附注至少应当包括的内容

（一）中期会计报表附注披露的基本要求

（1）中期会计报表附注应当提供比上年度财务报告更新的信息，无需重复披露在上年度财务报告中已经披露过的、相对并不重要的信息。

（2）中期会计报表附注应当遵循重要性原则，对于那些会影响中期财务报告信息使用者的经济决策并且又未在中期财务报告的其他部分披露的重要信息，企业应当在会计报表附注中予以披露。

（3）中期会计报表附注的编制应当以会计年度年初至本中期末为基础，而不应当仅仅只披露本中期所发生的重要事项或者交易。

（4）中期会计报表附注还应当披露对于本中期重要的交易或者事项，即对于本中期财务状况、经营成果和现金流量而言重要的交易或者事项，企业也应当在中期会计报表附注中予以披露。

（二）中期会计报表附注至少应披露的内容

（1）中期会计报表所采用的会计政策与上年度会计报表相一致的说明。如果发生了会计政策的变更，应当说明会计政策变更的内容、理由及其影响数，如果会计政策变更的累积影响数不能合理确定，应当说明理由。

（2）会计估计变更的内容、理由及其影响数，如果影响数不能确定，应当说明理由。

（3）重大会计差错的内容及其更正金额。

（4）企业经营的季节性或者周期性特征。

(5) 存在控制关系的关联企业发生变化的情况;关联方之间发生交易的,应当披露关联方关系的性质、交易的类型和交易要素。

(6) 合并会计报表的合并范围发生变化的情况。

(7) 对性质特别或者金额异常的会计报表项目的说明。

(8) 债务性证券和权益性证券的发行、回购和偿还情况。

(9) 向企业所有者分配利润的情况(包括已在中期内实施的利润分配和已提出或者已批准但尚未实施的利润分配情况),包括向所有者分配的利润总额和每股股利。

(10) 业务分部和地区分部的分部收入与分部利润(亏损)。

(11) 中期资产负债表日至中期财务报告批准报出日之间发生的非调整事项。

(12) 上年度资产负债表日以后所发生的或有负债和或有资产的变化情况。

(13) 企业结构变化情况的说明,如企业合并和重组,对被投资单位具有重大影响、共同控制关系或者控制关系的长期股权投资的购买或者处置、终止营业等。

(14) 其他重大交易或者事项,如重大的长期资产转让及其出售情况、重大的固定资产和无形资产取得情况、重大的研究和开发支出、重大的非货币性资产交换事项、重大的债务重组事项、重大的资产减值损失及其减值损失的转回情况等。

当企业在提供上述第 5 和第 10 项有关关联方交易以及分部收入与分部利润(亏损)信息时,应当同时提供本中期(或者本中期末)和本年度年初至本中期末的数据,以及上年度可比本中期(或者可比期末)和可比年初至本中期末的比较数据。

四、在年度财务报表中的披露

在同一会计年度内,以前中期财务报告中报告的某项估计金额在最后一个中期发生了重大变更、企业又不单独编制该中期财务报告的,应当在年度财务报告的附注中披露该项估计变更的内容、理由及其影响金额。这种情况主要发生在第二季度和第四季度。

编制中期会计报表时应遵循的确认与计量原则主要如下:

(1) 企业应当在中期会计报表中采用与年度会计报表相一致的会计政策,不得在中期内随意变更会计政策,目的是保持前后各期会计政策的一贯性,提高会计信息的可比性和有用性。

(2) 企业如果在中期变更会计政策,应当符合相关会计准则规定的允许企业进行会计政策变更的条件。如果在上年度资产负债表日之后发生了会计政策变更,且该变更了的会计政策将在本年度会计报表中采用,则中期会计报表应当采用该变更了的会计政策。

(3) 中期各会计要素的确认与计量标准应当与年度会计报表相一致。

(4) 企业财务报告的频率不应当影响其年度结果的计量,中期会计计量应当以年初至本中期末为基础。

(5) 在中期会计计量过程中,会计估计变更的处理应当符合规定。对于会计年度内以前中期的会计报表项目在以后中期发生了会计估计变更,则在以后中期会计报表中应当反映这种会计估计变更的金额,但对以前中期财务报告中已反映的金额不再作调整。对中期会计估计变更,应按相关会计准则的规定进行处理。

(6) 对于季节性、周期性或者偶然性取得的收入,除了在会计年度末允许预计或者递延的之外，企业都应当在发生时予以确认和计量，不应当在中期会计报表中预计或者递延。

(7) 对于会计年度中不均匀发生的费用，除了在会计年度末允许预提或者待摊之外，企业都应当在发生时予以确认和计量，不应当在中期会计报表中预提或者待摊。

五、中期会计估计的应用

企业在中期进行会计计量时，应当保证所提供的会计信息是可靠的，而且与理解企业财务状况、经营成果和现金流量相关的所有重要信息都能够得到恰当的披露。同时，中期财务报告中的计量和年度财务报告一样，都应当基于合理的会计估计。但是，在编制中期财务报告时，一般需要比年度财务报告应用更多的会计估计。

六、中期会计政策变更的会计处理

企业在中期如果发生了会计政策的变更，应当按照《企业会计准则第 28 号——会计政策、会计估计变更和差错更正》的规定处理，并在会计报表附注中作相应披露。其中，在会计政策变更的累积影响数能够合理确定的情况下，除非国家规定了相关的会计处理方法，企业应当对所提供的以前年度比较会计报表最早期间的期初留存收益和这些会计报表其他相关项目的数字进行追溯调整；同时，涉及本会计年度内会计政策变更以前各中期会计报表相关项目数字的，也应当予以追溯调整，视同该会计政策在整个会计年度和可比会计报表期间一贯采用。

(一) 会计政策变更发生在会计年度第一季度的情况

如果企业的会计政策变更发生在会计年度的第一季度，则企业除了计算会计政策变更的累积影响数并作相应的账务处理之外，在会计报表的列报方面，只需要根据变更后的会计政策编制第一季度和当年度以后季度会计报表，并对根据规定要求提供的以前年度比较会计报表最早期间的期初留存收益和这些会计报表的其他相关项目数字作相应调整。在会计报表附注的披露方面，应当披露会计政策变更对以前年度的累积影响数(包括对比较会计报表最早期间期初留存收益的影响数和以前年度可比中期损益的影响数)和对第一季度损益的影响数。在当年度第一季度之后的其他季度会计报表附注中，则应当披露第一季度发生的会计政策变更对当季度损益的影响数和年初至本季度末损益的影响数。

(二) 会计政策变更发生在会计年度内第一季度之外的其他季度

企业的会计政策变更发生在会计年度内第一季度之外的其他季度，如第二、第三季度等，企业除了应当计算会计政策变更的累积影响数并作相应的账务处理之外，在会计报表的列报方面，还需要调整根据规定要求提供的以前年度比较会计报表最早期间的期初留存收益和比较会计报表其他相关项目的数字，以及在会计政策变更季度财务报告中或者变更以后季度财务报告中所涉及的本会计年度内发生会计政策变更之前季度会计报表相关项目的数字。在会计报表附注的披露方面，企业需要披露会计政策变更对以前年度的累积影响数(包括对比较会计报表最早期间期初留存收益的影响数和以前年度可比中期损益的影响数。这里所指的可比中期损益的影响数包括可比季度损益的影响数和可比年初至季度末损益的影响数)，以及对当年度变更季度、年初至变更季度末损益的影响数和当年度会计政策变更前各季度损益的影响数；同时，在发生会计政策变更以后季度会计报表附注中也需要作相应披露。例如，某企业在第三季度发生了会计政策变更，则在其第三季度财务报告中，需要调整上年度年初留存收益和上年度末资产负债表、上年度第三季度利润表和上年度年初至第三季度末利润表相关项目的数字；同时，在会计报表附注中还需要对会计政策变更对以前年度累积影响数、上年度年初留存收益影响数、上年度第三季度净利润影响数、上年度年初至第三季度末净利润影响数，以及对本年度第三季度净利润影响数、本年度年初至第三季度末净利润影响数和本年度第一、第二季度净利润影响数分别作出说明。

第三节　比较中期财务报告的编制及中期财务报告附注的披露

一、比较中期财务报告的编制

为了提高财务报告信息的可比性、相关性和有用性，中期财务报告准则规定，企业在中期财务报告中提供的中期财务报表（包括母公司单独报表和合并财务报表）必须是比较中期财务报表，要求同时提供可比上期及本中期的相关财务信息。比较中期财务报表要求企业在中期财务报告中，除了提供本中期末资产负债表、本中期利润表和本中期现金流量表外，还要提供上年度及相关中期的财务报表。比较中期财务报表主要包括以下报表：

（1）本中期末的资产负债表和上年度末的资产负债表。

（2）本中期利润表、年初至本中期末的利润表以及上年度可比期间的利润表。上年度可比期间的利润表包括上年度可比中期的利润表和上年度年初至上年可比中期末的利润表。

（3）年初至本中期末的现金流量表和上年度年初至上年可比中期末的现金流量表。

二、中期财务报告附注的披露

（一）中期财务报告附注的披露要求

中期财务报告附注是对中期资产负债表、利润表、现金流量表等报表中项目的文字描述或明细阐述以及对未能在这些报表中列示项目的说明等，其目的是使中期财务报告信息对会计信息使用者的决策更加有用。中期财务报告附注的披露应该坚持以下原则。

1. 以年初至本中期末会计信息为基础的披露原则

编制中期财务报告的目的是向报告使用者提供自上年度资产负债表日之后所发生的重要交易或事项，因此，中期财务报告附注应当以“年初至本中期末”为基础进行披露，而不应当仅仅披露本中期所发生的重要交易或事项。

2. 披露重要交易或事项的原则

为了全面反映企业财务状况、经营成果和现金流量，中期财务报告附注应当对自上年度资产负债表日以后发生的，有助于理解企业财务状况、经营成果和现金流量变化情况的重要交易或事项以“年初至本中期末”为基础进行披露，但同时，与理解企业财务状况、经营成果和现金流量有关的重要交易或事项，也必须在附注中予以披露。

(二) 中期财务报告附注披露内容

中期财务报告准则规定，中期财务报告附注至少应当包括以下信息：

(1) 中期财务报表所采用的会计政策与上年度财务报表相一致的声明。会计政策发生变更的，应当说明会计政策变更的性质、内容、原因及其影响数；无法进行追溯调整的，应当说明原因。

(2) 会计估计变更的内容、原因及其影响数；影响数不能确定的，应当说明原因。

(3) 前期差错的性质及其更正金额；无法进行追溯重述的，应当说明原因。

(4) 企业经营的季节性或者周期性特征。

(5) 存在控制关系的关联方发生变化的情况；关联方之间发生交易的，应当披露关联方关系的性质、交易类型和交易要素。

(6) 合并财务报表的合并范围发生变化的情况。

(7) 对性质特别或者金额异常的财务报表项目的说明。

(8) 证券发行、回购和偿还情况。

(9) 向所有者分配利润的情况，包括在中期内实施的利润分配和已提出或者已批准但尚未实施的利润分配情况。

(10) 根据《企业会计准则第 35 号——分部报告》规定披露分部报告信息的，应当披露主要报告形式的分部收入与分部利润(亏损)。

(11) 中期资产负债表日至中期财务报告批准报出日之间发生的非调整事项。

(12) 上年度资产负债表日以后所发生的或有负债和或有资产的变化情况。

(13) 企业结构变化情况，包括企业合并，对被投资单位具有重大影响、共同控制或者控制关系的长期股权投资的购买或者处置，终止经营等。

(14) 其他重大交易或者事项，包括重大的长期资产转让及其出售情况、重大的固定资产和无形资产取得情况、重大的研究和开发支出、重大的资产减值损失情况等。

企业在提供上述(5)和(10)有关关联方交易、分部收入与分部利润(亏损)信息时，应当同时提供本中期(或者本中期末)和本年度年初至本中期末的数据，以及上年度可比本中期(或者可比期末)和可比年初至本中期末的比较数据。

企业在披露中期财务报告附注信息时，应当注意以下两点：①凡涉及有关数据的，应当同时提供本中期(或者本中期末)和本年度初至本中期末的数据，以及上年度可比中期(或者可比期末)和可比年初至可比中期末的比较数据；②在同一会计年度内，如果以前中期财务报告中的某项估计金额在最后一个中期发生了重大变更，而且企业又不单独编制该最后中期的财务报告的，企业应当在年度财务报告的附注中披露该项会计估计变更的内容、原因及影响金额。

同 步 测 试 题

一、名词解释

1. 中期
2. 中期财务报告

二、单项选择题

1. 下列有关中期财务报告的表述中,符合现行会计准则规定的是(　　)。
   A. 中期会计报表的附注应当以本中期期间为基础编制
   B. 中期会计计量应当以年初至本中期末为基础进行
   C. 编制中期会计报表时应当以年度数据为基础进行重要性的判断
   D. 对于年度中不均匀发生的费用,在中期会计报表中应当采用预提或摊销的方法处理
2. 中期财务报告提供比较财务报表,其中不包括(　　)。
   A. 截至本中期期末的资产负债表
   B. 上一会计年度与本中期可比期间的资产负债表
   C. 上一会计年度与本中期可比期间的现金流量表
   D. 上一会计年度与本中期可比期间的利润表
3. 在编制中期财务报告,判断项目的重要性程度应当以(　　)为基础。
   A. 年度会计报表　　B. 上期会计报表
   C. 中期财务数据　　D. 估计财务数据
4. 某国有企业于2018年7月1日改组为有限公司,2020年4月10日经核准对外公开发行股票,所发股票于2020年6月15日正式在证券交易所挂牌交易,证券交易所要求在该所交易股票的公司必须编制季度财务报告。该公司2020年第2季度的利润表涵盖的期间为(　　)。
   A. 2020年4月1日至2020年6月30日
   B. 2020年6月15日至2020年6月30日
   C. 2020年4月10日至2020年6月30日
   D. 2020年1月1日至2020年6月30日
5. 中期会计计量在更大程度上依赖于(　　)。
   A. 中期期末盘点　　B. 估计
   C. 上期数据　　D. 职业判断
6. 中期资产负债表、利润表和现金流量表应当是完整报表,其格式和内容与上年度财务报表(　　)。
   A. 必须相同　　B. 一般情况下应当相同
   C. 由企业自己选择　　D. 视情况而定
7. 某建筑公司与客户签订了一项总金额为650万元的固定造价合同,工程已于2019年1月开工,预计2020年8月完工。最初预计总成本为540万元,到2019年底,已发生成本378万元,预计完成合同尚需发生成本252万元。在2019年,已办理结算的工程价款为380万元,实际收到工程价款350万元。该项建造合同的结果能够可靠地估计,该公司采用累计实际发生的合同成本的完工程度确认成本和收入。该公司在2019年度确认的合同毛利为(　　)万元。
   A. −28　　B. 2
   C. 12　　D. 14
8. 企业在2020年度第三季度编制中期资产负债表时,要求同时提供上年度比较会计报告

时间是(　　)。

A. 2019 年 9 月 30 日

B. 2019 年 12 月 31 日

C. 2019 年 7 月 1 日至 2019 年 9 月 30 日

D. 2019 年 1 月 1 日至 2019 年 9 月 30 日

9. 中期财务报告中的附注应当包括向所有者分配利润的情况,下列不属于所有者分配利润情况的是(　　)。

A. 在中期内实施的利润分配情况　　B. 已提出但尚未实施的利润分配情况

C. 已批准但尚未实施的利润分配情况　　D. 已经实施的利润分配情况

10. A 公司为一家需要编制季度财务报告的企业,适用的所得税税率为 25%。A 公司有一台管理用设备,于 2019 年 1 月 1 日开始计提折旧,设备原价为 1 000 万元,预计使用年限为 8 年,预计净残值为 40 万元,按照年限平均法计提折旧。2024 年 1 月 1 日,A 公司考虑到设备损耗较大,技术更新较快,对原估计的使用年限和净残值进行了修正,修正后该设备的使用年限调整为 6 年(即该设备尚余使用年限为 1 年),净残值调整为 16 万元。则该公司在编制 2024 年第 2 季度财务报告时,会计估计变更说明的正确内容是(　　)。

A. 此项会计估计变更使本季度净利润减少了 22.11 万元

B. 使本年度 1～6 月份的净利润减少了 44.22 万元

C. 此项会计估计变更使本季度净利润减少了 22.11 万元,使本年度 1～6 月份的净利润减少了 44.22 万元

D. 不需要说明

三、多项选择题

1. 下列关于上市公司中期报告的表述中,正确的有(　　)。

A. 中期会计计量应以年初至本中期末为基础

B. 中期报告中应同时提供合并报表和母公司报表

C. 中期报表仅是年度报表项目的节选,不是完整的报表

D. 对中期报表项目进行重要性判断应以预计的年度数据为基础

E. 中期报表中各会计要素的确认与计量标准应当与年度报表相一致

2. 下列关于上市公司中期会计报表的表述中,正确的有(　　)。

A. 在报告中发现的以前年度重大会计差错,应调整相关比较会计期间的净损益和相关项目

B. 在报告中期发放的上年度现金股利,在提供可比中期会计报表时应相应调整上年度末的资产负债表及利润表项目

C. 上年中期纳入合并会计报表合并范围的子公司在报告中期不再符合合并范围的要求时,不应将该子公司纳入合并范围

D. 在报告中期新增符合合并会计报表合并范围的子公司,因无法提供可比中期合并会计报表,不应将该子公司纳入合并范围

E. 在报告中期对会计报表项目及其分类进行调整时,如无法对比较会计报表的有关项

目金额进行重新分类，应在中期会计报表附注中说明原因

3. 下列项目中，属于中期会计报表至少应披露的内容的有（　　）。
   A. 中期资产负债表日至中期财务报告批准报出日之间发生的非调整事项
   B. 主要报告形式的分部收入与分部利润（亏损）
   C. 上年度资产负债表日以后所发生的或有负债和或有资产的变化情况
   D. 企业结构变化情况
   E. 企业经营的季节性或者周期性特征
4. 会计政策变更发生在会计年度第一季度的情况下，在中期财务会计报表附注中应作如下披露（　　）。
   A. 在第一季度，应披露会计政策变更对以前年度积累积影响数
   B. 在第一季度，应披露会计政策变更对当年第一季度影响数
   C. 在当年度第一季度之后的其他季度会计报表附注中，应披露会计政策变更对年初至本季度末损益影响数
   D. 在当年度第一季度之后的其他季度会计报表附注中，应披露第一季度会计政策变更对当季度损益影响数
   E. 会计政策变更对上年度累积影响数
5. 通常在判断项目金额的重要性时，应当以（　　）等相关数字作为比较基础，并考虑其他相关因素。
   A. 资产总额　　B. 负债总额
   C. 净资产总额　　D. 营业收入总额
   E. 净利润
6. 下列项目中，（　　）除了在会计年度末允许预计或者递延的之外，企业都应当在发生时予以确认和计量，不应在中期财务报表中预计或者递延。
   A. 永久性收入　　B. 季节性收入
   C. 周期性收入　　D. 偶然性收入
   E. 会计年度中不均匀发生的费用
7. 在同一会计年度内，以前中期财务报告中报告的某项估计金额在最后一个中期发生了重大变更、企业又不单独编制该中期财务报告的，应当在年度财务报告的附注中披露（　　）。
   A. 该项估计变更的内容　　B. 该项估计变更的理由
   C. 该项估计变更的影响金额　　D. 会计政策变更的性质
   E. 其他重要信息
8. 下列关于上市公司中期会计报表的表述中，正确的有（　　）。
   A. 在报告中期发现的以前年度重大会计差错，应调整本中期会计报表的净损益和相关项目
   B. 在报告中期发放的上年度现金股利，在提供可比中期会计报表时应相应调整上年度末的资产负债表及利润表项目
   C. 上年中期纳入合并会计报表合并范围的子公司在报告中期不再符合合并范围的要

求时，不应将该子公司纳入合并范围

D. 在报告中期新增符合合并会计报表合并范围的子公司，因无法提供可比中期合并会计报表，不应将该子公司纳入合并范围

E. 在报告中期对会计报表项目及其分类进行调整时，如无法对比较会计报表的有关项目金额进行重新分类，应在中期会计报表附注中说明原因

9. 下列有关中期报告的说法，正确的有(　　)。

A. 当年新施行的会计准则对财务报表格式和内容作了修改的，中期财务报表应当按照修改后的报表格式和内容编制，上年度比较财务报表的格式和内容，也应当作相应调整。

B. 上年度财务报告包括了合并财务报表，但报告中期内处置了所有应当纳入合并财务报表编制范围的子公司的，中期财务报告只需提供母公司财务报表，但上年度比较财务报表仍应当包括合并财务报表，上年度可比中期没有子公司的除外。

C. 由于企业财务报告的频率会影响其年度结果的计量，因此，中期会计计量应当以整个年度为基础

D. 中期会计报表附注至少应当披露的内容中包括业务分部和地区分部的分部收入与分部利润(亏损)，并提供相关比较数据

E. 在中期财务报告中所提供的资产负债表、利润表必须是完整的会计报表，现金流量表可以是简要的会计报表，也可以不提供现金流量表

10. 下列关于上市公司中期会计报表的表述中，正确的有(　　)。

A. 在报告中期发现的以前年度重大会计差错，应调整本中期会计报表的净损益和相关项目

B. 在报告中期发放的上年度现金股利，在提供可比中期会计报表时应相应调整上年度末的资产负债表及利润表项目

C. 上年中期纳入合并会计报表合并范围的子公司在报告中期不再符合合并范围的要求时，不应将该子公司纳入合并范围

D. 在报告中期新增符合合并会计报表合并范围的子公司，因无法提供可比中期合并会计报表，不应将该子公司纳入合并范围

E. 在报告中期对会计报表项目及其分类进行调整时，如无法对比较会计报表的有关项目金额进行重新分类，应在中期会计报表附注中说明原因

四、是非判断题

1. 大华会计师事务所于 2019 年 2 月至 4 月份发生培训收入 40 万元，培训课时为 80 课时，在 2019 年 3 月底已完成培训课时 60 课时，已收到 20 万元培训收入，余款按合同于培训结束后结清。则第一季度中期财务报告中该劳务收入应按 30 万元确认。(　　)

2. 某房地产开发商于 2019 年 6 月份开发一房地产项目，第三季度已收到楼盘销售款 1 800万元，以后每季度都会有销售收入，该项目计划于 2021 年 12 月底完工后交付购房者。则 2019 年第三季度应确认的营业收入为 1 800 万元。(　　)

3. 企业第一季度的应纳税所得额为 2 000 万元(所得税税率为 25%)；第二季度因第一季度会计差错，经调整后借记“前期损益调整”20 万元，贷记“应交税费——应交所得税”

20 万元;第二季度当期收入 8 000 万元,允许抵扣的成本费用 5 000 万元,则第二季度应交所得税 990 万元。 （　）

4. 企业第一季度的净利润 50 万元,其中因投资减值的转回使投资收益增加了 20 万元,企业计划全年净利润 1 000 万元,因投资减值只占全年净利润的 2%,不属于重要事项,因此可不在第一季度中期报告中进行披露。 （　）
5. 企业 2 月份开发一条生产线,并于 3 月份投入生产,由于生产造成环境污染,于 5 月 10 日被农民告上法庭,直到 6 月 30 日尚未判决,但估计很可能要赔偿损失 8 万至 10 万元,则在第二季度的中期财务报告中应确认预计负债 9 万元。 （　）
6. 中期会计报表的附注应当以本中期期间为基础编制。 （　）
7. 中期会计计量应当以年初至本中期末为基础进行。 （　）
8. 对于年度中不均匀发生的费用,在中期会计报表中应当采用预提或摊销的方法处理。 （　）
9. 在报告中期发现的以前年度重大会计差错,应调整相关比较会计报表期间的净损益和相关项目。 （　）
10. 中期财务报告至少应包括资产负债表、利润表、现金流量表和会计报表附注。 （　）

五、思考题

1. 何谓中期财务报告?
2. 简述中期财务报告的两种主要理论依据。
3. 简述中期财务报告的主要内容。
4. 说明比较中期财务报告的编制内容。
5. 说明中期财务报告的会计确认与计量的原则。

六、业务处理题

1. 某公司签订一项总金额为 2 000 000 元,期限半年的劳务合同,最初预计总成本 1 800 000元,工程于 2019 年 4 月 1 日开工,工程第二季度实际发生成本 1 200 000 元,预计第三季度还要发生成本 900 000 元,计算该公司在半年度中期报告中应确认的合同收入、合同毛利、合同费用、预计合同损失。
2. 某咨询公司于 2019 年 1 月 1 日与客户签订了一项咨询合同,合同规定,咨询期为 1 年,咨询费为 600 000 元,客户分 3 次平均支付,第 1 次在项目开始时(1 月 1 日)支付,第 2 次在项目中期(7 月 1 日)支付,第 3 次在项目结束时(12 月 31 日)支付。估计总成本为 400 000 元,假定成本估计十分正确,不会发生变化。每季实际发生的成本(均为咨询人员工资)如表 3-1 所示。

表 3-1　每季实际发生的成本

单位:元

项目	第 1 季度	第 2 季度	第 3 季度	第 4 季度	合计
实际发生的成本	60 000	100 000	180 000	60 000	400 000

假设该公司按照已经发生的成本占估计总成本的比例计算确定劳务的完成程度。

要求:根据上述资料,确认和计量 2019 年度各季度劳务收入和成本。

第四章

资产减值会计

引导案例

宏光公司资产组减值

宏光公司有一条生产线，该生产线由甲、乙、丙三部机器构成，成本分别为4 000 000元、6 000 000元、10 000 000元，使用年限为10年，净残值为零，以年限平均法计提折旧，各机器均无法单独产生现金流量，但整条生产线构成完整的产销单位，属于一个资产组。2020年，宏光公司该生产线所生产的产品有替代产品上市，到年底，导致宏光公司产品的销量锐减40%，因此，宏光公司对该生产线进行减值测试。2020年12月31日，甲、乙、丙三部机器的账面价值分别为2 000 000元、3 000 000元、5 000 000元。估计甲机器的公允价值减去处置费用后的净额为1 500 000元，乙、丙机器都无法合理估计其公允价值减去处置费用后的净额以及未来现金流量的现值。整条生产线预计尚可使用5年，经估计其未来5年的现金流量及恰当的折现率后，得到该生产线预计未来现金流量的现值为6 000 000元，由于无法合理估计该生产线的公允价值减去处置费用后的净额，宏光公司以该生产线预计未来现金流量的现值为其可收回金额。

讨论并思考：

1. 什么是资产减值？
2. 什么是资产组？
3. 宏光公司应如何进行资产组减值的会计处理？

第一节　资产减值会计概述

一、资产减值会计的内涵

（一）资产

在所有的会计要素中，资产最为重要，因为其他要素都是以资产为前提或与资产共生的。资产是指由过去的交易、事项形成，由企业拥有或者控制的，预期会给企业带来经济利益的资源。资产有以下三个特性：第一，资产是一项资源，但企业创立之初，总体资产或通过资本市场上的产权交易或通过国家有计划地调拨，才配置给企业。已创立的企业营业后，则通过交易、事项的取得或变换具体的资产，这些交易、事项一般是过去的，也可以是未来的，但若是未来的事项，应是依法或不可更改的合同能保证其履行的事项。第二，资产是由企业控制的资源，不是归企业所有，享有产权的资源。控制意味着：①在生产经营活动中企业可以使用它们；②对于个别资产，企业根据生产经营活动的需要有权使用、消费、交换、抵押或用作担保。第三，资源的有用性在于它含有未来的经济利益，如果未来的经济利益已经被企业所享用，或因不可抗拒的原因而丧失，则该资源即丧失作为资产的资格。

（二）资产减值

资产减值是指资产的可收回金额低于其账面价值。此处的资产包括单项资产和资产组。资产组是指企业可以认定的最小资产组合，其产生的现金流入应当基本上独立于其他资产和资产组所产生的现金流入。可收回金额应当根据资产的公允价值减去处置费用后的净额与资产预计未来现金流量的现值两者之间较高者确定。处置费用包括与资产处置有关的法律费用、相关税费、搬运费以及为使资产达到可销售状态所发生的直接费用等。

（三）资产减值会计

根据会计信息的相关性和可靠性的要求，当资产发生减值时，财务会计应该正确反映该资产的减值。资产减值会计试图部分地用价值计量来弥补成本计量的不足，将资产账面金额大于实际价值部分确认为减值损失或费用。其目的是通过反映客观存在的资产价值的减少，全面、公允地反映企业资产的现时价值状况，披露潜在的风险，为会计信息使用者正确决策提供相关信息。其核算对象是资产负债表上的特定资产。其实质是对减值后的现行价值进行重新计量。当企业的账面成本高于该资产预期的未来经济利益时，记录一笔资产减值损失。

二、资产减值会计的重要意义

（一）资产减值会计符合现代会计目标的要求

会计目标理论在现代会计理论结构中占有十分重要的地位，是现代会计理论结构的起点理论，或者说构成了现代会计理论的基石。目前，我国会计界有关会计目标理论存在着以下两种不同的观点。

1. 受托责任观

"受托责任观"的主要观点是：①会计的目标是反映资源受托者的受托责任及其履行情

况。②强调会计信息的可验证性，会计信息应当尽量精确可靠，注重收益的计量。③强调编制财务报表依据的会计准则的有效性和会计系统整体的有效性，而不只是强调财务报表对决策的有用性。

2. 决策有用观

“决策有用观”的主要观点是：①会计的目标是向信息使用者提供有助于经济决策的数量化信息。②强调会计人员与会计信息使用者之间的关系。③基于信息使用者的立场强调财务报告对决策的有用性。从“决策有用观”来审视资产减值会计，我们认为，资产减值会计应有助于财务报告使用者的决策。

（二）资产减值会计符合现代资产计量理论的要求

会计计量是财务会计的一个基本环节。会计的许多理论与实务都会涉及会计计量。按照现代资产计量理论的要求，应从完整的时空观来反映企业的资产价值状况，在选用资产的计量标准时，不应是单一的，而应当是多重的，而资产减值会计正是满足了现代资产计量理论的这一要求。它是在历史成本下，采用多重计量属性对单一的历史成本计量属性进行修正。资产减值会计涉及的计量标准有现行成本、现行市价、销售净值、可变现净值、未来现金流量现值等。

（三）资产减值会计是稳健原则的重要体现

稳健性原则作为会计的一个重要惯例，要求报告提供者向使用者尽可能提供可能发生的风险损失信息。在这些信息中，资产减值会计是其重要的组成部分。因此，资产减值会计是稳健性原则的重要体现。

第二节 资产减值的确认和计量

一、资产减值的范围

资产减值应当包括所有资产的减值。但是，由于资产特性不同，其减值会计处理也有所差别，因而所适用的具体准则也不尽相同。例如，存货、消耗性生物资产的减值分别适用《企业会计准则第 1 号——存货》和《企业会计准则第 5 号——生物资产》；递延所得税资产、融资租赁中出租人未担保余值等资产的减值，分别适用《企业会计准则第 18 号——所得税》和《企业会计准则第 21 号——租赁》；采用公允价值后续计量的投资性房地产和金融资产的减值，一般分别适用《企业会计准则第 3 号——投资性房地产》和《企业会计准则第 22 号——金融工具确认和计量》。本章不涉及上述资产减值的会计处理。

本章涉及的主要是除上述资产以外的资产，这些资产通常属于企业的非流动资产。它们主要包括：①对子公司、联营公司、合营公司的长期股权投资；②采用成本模式进行后续计量的投资性房地产；③固定资产；④生产性生物资产；⑤无形资产；⑥商誉；⑦探明石油天然气矿区权益和井及相关设施。

二、资产减值的确认标准

目前，资产减值的确认标准主要有三种：永久性标准、可能性标准和经济性标准。

永久性标准认为，只有在可预计的未来期间内不可能恢复的资产减值损失才予以确认。这种标准可以避免暂时性损失，但在实际工作中很难区分永久性损失和暂时性损失，主观性太强。

可能性标准是指对可能的资产减值损失予以确认。在可能性标准下，资产减值在确认时使用未来现金流量的非贴现值，而计量时采用公允价值。当未来现金流量的非贴现值大于资产的账面价值时，即使公允价值小于账面价值，也不确认减值损失。可能性标准比较接近经济现实，尊重管理当局的职业判断，但存在着被滥用的可能性。

经济性标准是指只要发生减值，就应当予以确认，确认和计量采用相同的基础。我国选择与国际会计准则相同的做法，采用了经济性标准。

三、资产减值的迹象与测试

（一）资产减值迹象的判断

在资产负债表日，企业应当对各项资产进行核查，判断是否有迹象表明资产可能发生了减值。某项资产如果存在减值迹象，应当估计其可收回金额，以确定减值损失；如果不存在减值迹象，则不应估计其可收回金额。

资产减值的迹象是指可能导致资产的可收回金额低于其账面价值的情况。按其与企业的关系，通常将资产减值的迹象分为外部迹象和内部迹象。

资产减值的内部迹象主要有：

(1) 有证据表明资产已经陈旧过时或其实体已经损坏。

(2) 资产已经或将被闲置、重组、终止使用或者提前处置。

(3) 资产的经济绩效已经低于或将低于预期，如资产所创造的净现金流量或者实现的净损益远远低于预算。

资产减值的外部迹象主要有：

(1) 资产的市价当期大幅度下跌。

(2) 企业经营所处的经济、技术或法律环境以及资产所处的市场在当期或将在近期发生重大变化，从而对企业产生不利影响。

(3) 市场利率或其他市场投资回报率当期已经提高，从而影响企业计算预计未来现金流量现值的折现率，导致资产可收回金额大幅度降低。

(4) 企业的市值（如上市公司股票市值）已经低于其净资产账面价值。

（二）资产减值的测试

如果有确凿证据表明资产存在减值迹象，应当进行减值测试，估计资产的可收回金额。资产存在减值迹象是资产是否需要进行减值测试的必要前提。但因企业合并形成的商誉和使用寿命不确定的无形资产，无论其是否存在减值迹象，都应当至少于每年年度终了进行减值测试。其原因在于，因企业合并所形成的商誉和使用寿命不确定的无形资产在后续计量中不再进行摊销，但是考虑到这些资产的价值和产生的未来经济利益有较大的不确定性，为了避免资产价值被高估，应及时确认商誉和使用寿命不确定的无形资产的减值损失，如实反映企业财务状况和经营成果，对于这些资产，企业至少应当于每年年度终了进行减值测试。另外，对于尚未达到已使用状态的无形资产，由于其价值具有较大的不确定性，也应当每年进行减值测试。

企业在判断资产减值迹象以决定是否需要估计资产的可收回金额时，应当遵循重要性原则的要求。根据这一原则，企业资产存在下列情况的，可以不估计其可收回金额：

（1）以前报告期间的计算结果表明，资产可收回金额显著高于其账面价值，之后又没有发生消除这一差异的交易或者事项的，资产负债表日可以不重新估计该资产的可收回金额。

（2）以前报告期间的计算与分析表明，资产可收回金额相对于某种减值迹象反应不敏感，在本报告期间又发生了该减值迹象的，可以不因该减值迹象的出现而重新估计该资产的可收回金额。比如，当期市场利率或市场投资报酬率上升，对计算资产未来现金流量现值采用的折现率影响不大的，可以不重新估计资产的可收回金额。

第三节　资产可收回金额的计量

一、估计资产可收回金额的基本方法

资产存在减值迹象的，企业应当估计其可收回金额，然后将所估计的资产可收回金额与其账面价值相比较，以确定资产是否发生了减值，以及是否需要计提资产减值准备并确认相应的减值损失。在估计资产可收回金额时，原则上应当以单项资产为基础，如果企业难以对单项资产的可收回金额进行估计，应当以该资产所属的资产组为基础确定资产组的可收回金额。

对资产的可收回金额的估计，应当根据资产的公允价值减去处置费用后的净额与资产预计未来现金流量的现值两者之间较高者确定。因此，计算确定资产可收回金额，通常需要同时估计该资产的公允价值减去处置费用后的净额和资产预计未来现金流量的现值。

但是，在下列情况下，可以有例外考虑：

（1）资产的公允价值减去处置费用后的净额和资产预计未来现金流量的现值，只要有一项超过了资产的账面价值，就表明资产没有发生减值，不需要再估计另一项金额。

（2）没有确凿证据或者理由表明，资产预计未来现金流量的现值显著高于其公允价值减去处置费用后的净额的，可以将资产的公允价值减去处置费用后的净额视为资产的可收回金额。企业持有待售的资产往往属于这种情况，即该资产在持有期间（处置之前）所产生的现金流量可能很少，其最终取得的未来现金流量往往就是资产的处置净收入，因此，在这种情况下，以资产的公允价值减去处置费用后的净额作为其可收回金额是恰当的，因为资产预计未来现金流量的现值不大会显著高于其公允价值减去处置费用后的净额。

（3）资产的公允价值减去处置费用后的净额如果无法可靠估计，应当以该资产预计未来现金流量的现值作为其可收回金额。

二、对资产公允价值减去处置费用后的净额的估计

资产公允价值减去处置费用后的净额，通常反映的是资产如果被出售或者处置时可以收回的净现金收入。其中，资产的公允价值是指市场参与者在计量日发生的有序交易中，出

售一项资产所能收到或者转移一项负债所需支付的价格;处置费用是指可以直接归属于资产处置的增量成本,包括与资产处置有关的法律费用、相关税费、搬运费以及为使资产达到可销售状态所发生的直接费用等,但是,财务费用和所得税费用等不包括在内。

企业在估计资产公允价值减去处置费用后的净额时,应当按照下列顺序进行:

首先,应当根据公平交易中资产的销售协议价格减去可直接归属于该资产处置费用的金额确定资产公允价值减去处置费用后的净额。这是估计资产公允价值减去处置费用后的净额的最佳方法。企业应当优先采用这一方法。但是,在实际工作中,企业的资产往往都是内部持续使用的,取得资产的销售协议价格并不容易,为此,需要采用其他方法估计资产公允价值减去处置费用后的净额。

其次,在资产不存在销售协议但存在活跃市场的情况下,应当根据该资产的市场价格减去处置费用后的金额确定。

最后,在既不存在销售协议又不存在活跃市场的情况下,企业应当以可获取的最佳信息为基础,即根据在资产负债表日如果处置资产,熟悉情况的交易双方自愿进行公平交易愿意提供的交易价格减去资产处置费用后的金额,估计资产的公允价值减去处置费用后的净额。在实际工作中,该金额可以参考同行业类似资产的最近交易价格或者结果进行估计。

如果企业按照上述要求仍然无法可靠估计资产公允价值减去处置费用后的净额,应当以该资产预计未来现金流量的现值作为其可收回金额。

三、对资产预计未来现金流量的现值的估计

资产预计未来现金流量的现值,应当按照资产在持续使用过程中和最终处置时所产生的预计未来现金流量,选择恰当的折现率对其进行折现后的金额加以确定。因此,预计未来现金流量的现值,主要应当考虑以下因素:①资产的预计未来现金流量;②资产的使用寿命;③折现率。其中,资产使用寿命的预计在相关资产准则中已有规定,以下我们重点阐述资产未来现金流量和折现率的预计方法。

(一)对资产未来现金流量的预计

1. 预计资产未来现金流量的基础

为了估计资产未来现金流量的现值,需要首先预计资产未来现金流量。为此,企业管理层应当在合理和有依据的基础上对资产剩余使用寿命内整个经济状况进行最佳估计,并将资产未来现金流量的预计建立在经企业管理层批准的最近财务预算或者预测数据之上。但是,出于数据可靠性和操作便利性等方面的考虑,建立在该预算或者预测基础上的预计现金流量最多涵盖 5 年,企业管理层如能证明更长的期间是合理的,可以涵盖更长的期间。其原因是,在通常情况下,要对期限超过 5 年的未来现金流量进行较为可靠的预测比较困难,即使企业管理层可以以超过 5 年的财务预算或者预测为基础对未来现金流量进行预计,也应当确保这些预计的可靠性,并提供相应的证明,比如根据过去的经验和实践,企业有能力而且能够对超过 5 年的期间作出较为准确的预测。

如果对资产未来现金流量的预计还包括最近财务预算或者预测期之后的现金流量,企业应当以该预算或者预测期之后年份稳定的或者递减的增长率为基础进行估计。企业管理层如能证明递增的增长率是合理的,可以以递增的增长率为基础进行估计。但是,所使用的

增长率除非企业能够证明更高的增长率是合理的，否则不应当超过企业经营的产品、市场、所处的行业或者地区的平均增长率，或者该资产所处市场的长期平均增长率。在恰当、合理的情况下，该增长率可以是零或者负数。

由于经济环境随时都在变化，资产的实际现金流量往往会与预计数有出入，而且预计资产未来现金流量时的假设也有可能发生变化，因此，企业管理层在每次预计资产未来现金流量时，应当首先分析以前期间现金流量预计数与现金流量实际数出现差异的情况，以评判当期现金流量预计所依据的假设的合理性。通常情况下，企业管理层应当确保当期现金流量预计所依据的假设与前期实际结果相一致。

2. 预计资产未来现金流量应当包括的内容

预计资产未来现金流量应当包括下列各项：

（1）资产持续使用过程中预计产生的现金流入。

（2）为实现资产持续使用过程中产生的现金流入所必需的预计现金流出（包括为使资产达到预定可使用状态所发生的现金流出）。该现金流出应当是可直接归属于或者可通过合理和一致的基础分配到资产中的现金流出，后者通常是指那些与资产直接相关的间接费用。对于在建工程、开发过程中的无形资产等，企业在预计其未来现金流量时，就应当包括预期为使该类资产达到预定可使用（或者可销售状态）而发生的全部现金流出数。

（3）资产使用寿命结束时，处置资产所收到或者支付的净现金流量。该现金流量应当是在公平交易中，熟悉情况的交易双方自愿进行交易时，企业预期可从资产的处置中获取或者支付的减去预计处置费用后的金额。

3. 预计资产未来现金流量应当考虑的因素

企业为了预计资产未来现金流量应当考虑下列因素。

1）以资产的当前状况为基础预计资产未来现金流量

企业资产在使用过程中，有时会因为修理、改良、重组等原因而发生变化。因此，在预计资产未来现金流量时，企业应当以资产的当前状况为基础，不应当包括与将来可能会发生的、尚未做出的承诺的重组事项或者与资产改良有关的预计未来现金流量。

（1）重组通常会对资产的未来现金流量产生影响，有时还会产生较大影响，因此，对于重组的界定就显得十分重要。这里所指的重组，专指企业制定和控制的，将显著改变企业组织方式、经营范围或者经营方式的计划实施行为。

（2）企业已经承诺的重组，在确定资产的未来现金流量的现值时，预计的未来现金流入和流出数，应当反映重组所能节约的费用和因重组所带来的其他利益，以及因重组所导致的估计未来现金流出数。其中，重组所能节约的费用和因重组所带来的其他利益，通常应当根据企业管理层批准的最近财务预算或者预测数据估计；因重组所导致的估计未来现金流出数应当根据或有事项准则所确认的因重组所发生的预计负债金额进行估计。

（3）企业在发生与资产改良（包括提高资产的营运绩效）有关的现金流出之前，预计的资产未来现金流量仍然应当以资产的当前状况为基础，不应当包括因与该现金流出相关的未来经济利益增加而导致的预计未来现金流入金额。

（4）企业未来发生的现金流出如果是为了维持资产正常运转或者资产正常产出水平而必要的支出或者属于资产维护支出，应当在预计资产未来现金流量时将其考虑在内。

2）预计资产未来现金流量不应当包括筹资活动和所得税收付产生的现金流量

企业预计资产未来现金流量，不应当包括筹资活动和所得税收付产生的现金流量。其原因：一是所筹集资金的货币时间价值已经通过折现因素予以考虑；二是折现率要求是以税前基础计算确定的，因此，现金流量的预计也必须建立在税前基础之上，这样可以有效避免在资产未来现金流量现值的计算过程中可能出现的重复计算等问题，以保证现值计算的正确性。

3）对通货膨胀因素的考虑应当和折现率相一致

企业在预计资产未来现金流量和折现率时，考虑因一般通货膨胀而导致物价上涨的因素，应当采用一致的基础。如果折现率考虑了因一般通货膨胀而导致物价上涨影响因素，资产预计未来现金流量也应予以考虑；反之，如果折现率没有考虑因一般通货膨胀而导致物价上涨影响因素，资产预计未来现金流量也应当剔除这一影响因素。总之，在考虑通货膨胀因素的问题上，资产未来现金流量的预计和折现率的预计，应当保持一致。

4）内部转移价格应当予以调整

在一些企业集团里，出于集团整体战略发展的考虑，某些资产生产的产品或者其他产出可能是供其集团内部其他企业使用或者对外销售的，所确定的交易价格或者结算价格基于内部转移价格，而内部转移价格很可能与市场交易价格不同。在这种情况下，为了如实测算企业资产的价值，就不应当简单地以内部转移价格为基础预计资产未来现金流量，而应当采用在公平交易中企业管理层能够达成的最佳的未来价格估计数进行预计。

4. 预计资产未来现金流量的方法

企业要预计资产未来现金流量的现值，就需要预计资产未来现金流量。预计资产未来现金流量，通常应当根据资产未来期间最有可能产生的现金流量进行预测。这种方法通常被称为传统法，它使用单一的未来每期预计现金流量和单一的折现率计算资产未来现金流量的现值。

【例 4-1】 甲公司某项固定资产剩余使用年限为 3 年，预计在正常的情况下，未来 3 年里该资产每年可为公司产生的净现金流量分别为 100 万元、70 万元、30 万元。

该现金流量通常即最有可能产生的现金流量，企业应以该现金流量的预计数为基础计算资产的现值。但在实际工作中采用期望现金流量法预计资产未来现金流量更为合理。

采用期望现金流量法，资产未来现金流量应当根据每期现金流量期望值进行预计，每期现金流量期望值按照各种可能情况下的现金流量乘以相应的发生概率加总计算。

【例 4-2】 乙公司某项固定资产剩余使用年限为 3 年，利用该固定资产生产的产品受市场行情波动影响大，预计未来 3 年每年的现金流量情况如表 4-1 所示。

表 4-1 各年现金流量概率分布及发生情况

单位：万元

年份	产品行情好（30%的可能性）	产品行情一般（60%的可能性）	产品行情差（10%的可能性）
第 1 年	200	150	100
第 2 年	150	90	60
第 3 年	120	70	40

在这种情况下，采用期望现金流量法比传统法更为合理。在期望现金流量法下，资产未来现金流量应当根据每期现金流量期望值进行估计，每期现金流量期望值按照各种可能情况下的现金流量与其发生概率加权计算。按照表 4-1 提供的情况，企业应当计算资产每年的预计未来现金流量：

第 1 年的预计现金流量(期望现金流量)＝200×30%＋150×60%＋100×10%＝160(万元)

第 2 年的预计现金流量(期望现金流量)＝150×30%＋90×60%＋60×10%＝105(万元)

第 3 年的预计现金流量(期望现金流量)＝120×30%＋70×60%＋40×10%＝82(万元)

应当注意的是，如果资产未来现金流量的发生时间是不确定的，企业应当根据资产在每一种情况下的现值及发生概率直接加权计算资产未来现金流量的现值。

(二) 对折现率的估计

为了资产减值测试的目的，计算资产未来现金流量现值时所使用的折现率应当是反映当前货币时间价值和资产特定风险的税前利率。该折现率是企业在购置或者投资资产时所要求的必要报酬率。需要说明的是，如果在预计资产的未来现金流量时已经对资产特定风险的影响作了调整，折现率的估计就不需要考虑这些特定风险。如果用于估计折现率的基础是税后的，应当将其调整为税前的折现率，以便于与资产未来现金流量的估计基础相一致。

在实际工作中，折现率的确定通常应当以该资产的市场利率为依据。无法从市场获得的，可以使用替代利率估计折现率。

估计资产未来现金流量现值时，通常应当使用单一的折现率；资产未来现金流量的现值对未来不同期间的风险差异或者利率的期限结构反应敏感的，应当使用不同的折现率。

(三) 对资产未来现金流量现值的预计

在预计了资产的未来现金流量和折现率后，只需将该资产的未来现金流量按照预计的折现率在预计的资产使用寿命里加以折现即可确定资产未来现金流量的现值。其一般计算公式如下：

资产未来现金流量的现值 = 未来各年现金流量的现值之和

替代利率可以根据加权平均资金成本、增量借款利率或者其他相关市场借款利率作适当调整后确定。调整时，应当考虑与资产预计未来现金流量有关的特定风险以及其他有关货币风险和价格风险等。

【例 4-3】 甲航运公司于 2020 年年末对一艘远洋运输船舶进行减值测试。该船舶账面价值为 1.6 亿元，预计尚可使用 8 年。该船舶的公允价值减去处置费用后的净额难以确定。因此，该公司需要通过计算其未来现金流量现值确定资产的可收回金额。假定该公司当初购置该船舶用的资金是银行长期借款资金，借款年利率为 10%。该公司认为 10%是该资产的最低必要报酬率，已考虑了与该资产有关的货币时间价值和特定风险。因此，在计算其未来现金流量现值时，使用 10%作为其折现率(税前)。

甲航运公司管理层批准的财务预算显示：公司将于2025年更新船舶的发动机系统，预计为此发生资本性支出1 500万元，这项支出将降低船舶运输油耗、提高使用效率等，因此，将提高资产的运营绩效。

为了计算在2020年年末未来现金流量的现值，甲航运公司必须预计其未来现金流量。假定公司管理层批准的2020年年末的该船舶未来现金流量如表4-2所示。

表4-2 甲航运公司未来现金流量预计表

单位：万元

年份	预计未来现金流量（不包括改良的影响金额）	预计未来现金流量（包括改良的影响金额）
2021年	2 500	
2022年	2 460	
2023年	2 380	
2024年	2 360	
2025年	2 390	
2026年	2 470	3 290
2027年	2 500	3 280
2028年	2 510	3 300

在2020年年末预计资产未来现金流量时，应当以资产当时的状况为基础，不应考虑与该资产改良有关的预计未来现金流量。因此，尽管2025年船舶的发动机系统将进行更新以改良资产绩效，提高资产未来现金流量，但是，在2020年年末对其进行减值测试时，不应将其包括在内。其现金流量的现值计算如表4-3所示。

表4-3 现值的计算

单位：万元

年份	预计未来现金流量（不包括改良的影响金额）	折现率为10%的折现系数	预计未来现金流量的现值(保留整数)
2021年	2 500	0.9091	2 273
2022年	2 460	0.8264	2 033
2023年	2 380	0.7513	1 788
2024年	2 360	0.6830	1 612
2025年	2 390	0.6209	1 484
2026年	2 470	0.5645	1 394
2027年	2 500	0.5132	1 283
2028年	2 510	0.4665	1 171
合计	—	—	13 038

由于在2020年年末，船舶的账面价值(尚未确认减值损失)为16 000万元，而其可收回金额为13 038万元，账面价值高于其可收回金额，因此，应当确认减值损失，并计提相应的资产减值准备，应确认的减值损失为2 962万元(16 000—13 038)。

假定在2021～2024年间该船舶没有发生进一步减值的迹象，则不必再进行减值测试，无须计算其可收回金额。2025年发生了1 500万元的资本性支出，改良了资产绩效，导致其未来现金流量增加，但由于我国资产减值准则不允许将以前期间已经确认的资产减值损失予以转回，因此，在这种情况下，也不必计算其可收回金额。

(四) 对外币未来现金流量及其现值的预计

在企业使用资产所收到的未来现金流量为外币的情况下，企业应当按照以下顺序确定资产未来现金流量的现值：

首先，应当以该资产所产生的未来现金流量的结算货币为基础预计其未来现金流量，并按照该货币适用的折现率计算资产的现值。

其次，将该外币现值按照计算资产未来现金流量现值当日的即期汇率进行折算，从而折算成按照记账本位币表示的资产未来现金流量的现值。

最后，在该现值的基础上，比较资产公允价值减去处置费用后的净额以及资产的账面价值，以确定是否需要确认减值损失以及确认多少减值损失。

第四节 资产减值损失的确认与计量

一、资产减值损失的确认与计量的基本原则

企业在对资产进行减值测试后，如果可收回金额的计量结果表明，资产的可收回金额低于其账面价值，应当将资产的账面价值减记至可收回金额，减记的金额确认为资产减值损失，计入当期损益，同时，计提相应的资产减值准备。这样，企业当期确认的减值损失反映在其利润表中，而计提的资产减值准备作为相关资产的备抵项目，反映于资产负债表中，从而夯实企业资产价值，避免利润虚增，如实反映企业的财务状况和经营成果。

资产减值损失的确认改变了该资产的账面价值，因而该资产的折旧或者摊销费用应当在未来期间进行相应的调整，以使该资产在剩余使用寿命内，系统地分摊调整后的资产账面价值。比如，固定资产计提了减值准备后，固定资产账面价值将根据计提的减值准备相应抵减，因此，固定资产在未来计提折旧时，应当以新的固定资产账面价值为基础计提每期折旧。

考虑到固定资产、无形资产、商誉等资产发生减值后，一方面价值恢复的可能性比较小，通常属于永久性减值；另一方面从会计信息稳健性要求考虑，为了避免确认资产重估增值和操纵利润，资产减值损失一经确认，在以后会计期间不得转回。以前期间计提的资产减值准备，需要等到资产处置时才可转回。

二、资产减值损失的账务处理

为了正确核算企业确认的资产减值损失和计提的资产减值准备，企业应当设置“资产减

值损失”科目，按照资产类别进行明细核算，反映各类资产在当期确认的资产减值损失金额；同时，应当根据不同的资产类别，分别设置“固定资产减值准备”“在建工程减值准备”“投资性房地产减值准备”“无形资产减值准备”“商誉减值准备”“长期股权投资减值准备”“生产性生物资产减值准备”等科目，以抵减相关资产的账面价值。

当企业确定资产发生了减值时，应当根据所确认的资产减值金额，确定本期应计提的资产减值准备，期末，企业应当将“资产减值损失”科目的余额转入“本年利润”科目，结转后该科目应当没有余额。

（一）采用权益法核算的长期股权投资发生减值

企业采用权益法核算的长期股权投资发生减值的，按长期股权投资减值金额，借记“资产减值损失”科目，贷记“长期股权投资减值准备”科目。

【例 4-4】 兴赣公司 2019 年 12 月 31 日持有紫金公司的普通股股票账面价值为 752 000 元，作为长期股权投资并采用权益法进行核算。由于紫金公司当年度经营不善，资金周转发生困难，使得其股票市价下跌至 520 000 元，短期内难以恢复。假设兴赣公司该年度首次对其计提长期股权投资减值准备。其会计处理如下：

借：资产减值损失	232 000	
贷：长期股权投资减值准备		232 000

（二）固定资产发生减值

企业固定资产发生减值的，按固定资产减值金额，借记“资产减值损失”科目，贷记“固定资产减值准备”科目。

（三）无形资产发生减值

企业无形资产发生减值的，按无形资产减值金额，借记“资产减值损失”科目，贷记“无形资产减值准备”科目。

第五节　资产组认定与减值处理

一、资产组的认定

在计算出资产可收回金额以后，单项资产减值是比较容易的，只需将资产的可收回金额与资产的账面价值进行比较。若资产的可收回金额大于资产的账面价值，资产就没有发生减值；若资产的可收回金额小于资产的账面价值，资产就发生了减值。

在企业难以对单项资产的可收回金额进行估计的情况下，应当以该资产所属的资产组为基础确定资产组的可收回金额。因此，资产组的认定就显得十分重要。

（一）资产组的定义

所谓资产组，是指企业可认定的能够独立于其他资产或资产组产生现金流入的最小资产组合。其产生的现金流入应当基本上独立于其他资产或者资产组。资产组应当由创造现金流入的相关资产组成。

（二）认定资产组应当考虑的因素

对资产组的认定，应当以资产或资产组产生现金流入是否独立于其他资产或资产组的现金流入为依据。因此，资产组能否独立产生现金流入是认定资产组的最关键因素。比如，企业的某一生产线、营业网点、业务部门等，如果能够独立于其他部门或者单位等创造收入、产生现金流，或者其创造的收入和产生的现金流绝大部分独立于其他部门或者单位，并且属于其认定的最小的资产组组合，通常应将该生产线、营业网点、业务部门等认定为一个资产组。

对资产组的认定，应当考虑管理层对生产经营活动的管理或者监控方式（如是按照生产线、业务种类还是按照地区或者区域等管理或监控）和对资产的持续使用或者处置的决策方式等。若管理层按生产线来监控企业，则可将各生产线作为资产组；若管理层按业务类型来进行企业的监控，则可将各类业务中所用的资产作为一个资产组；若管理层按区域来进行企业的监控，则可将各区域所使用的资产作为一个资产组。如果一个资产组生产的产品存在一个活跃市场，即使部分或所有产品都是供内部使用，也应考虑将其作为一个资产组。

（三）资产组认定后不得随意变更

资产组经确定后，在各个会计期间应当保持一致，不得随意变更，即资产组的各项资产构成通常不能随意变更。比如，甲设备在2019年归属于A资产组，在没有特殊情况下，该设备在2020年仍然应当归属于A资产组，而不能随意将其变更至其他资产组。

但是，如果由于企业重组、变更资产用途等原因，导致资产组构成确需变更的，企业可以进行变更，但企业管理层应当证明该变更是合理的，并应当在报表附注中作相应说明。

二、资产组减值测试

资产组减值测试的原理与单项资产是一致的，即企业需要预计资产组的可收回金额和计算资产组的账面价值，并将两者进行比较，如果资产组的可收回金额低于其账面价值，表明资产组发生了减值损失，应当予以确认。

（一）资产组账面价值和可收回金额的确定基础

资产组账面价值的确定基础应当与其可收回金额的确定基础相一致。

在确定资产组的可收回金额时，应当按照该资产组的公允价值减去处置费用后的净额与其预计未来现金流量的现值两者之间较高者确定。

资产组账面价值则应当包括可直接归属于资产组与可以合理和一致地分摊至资产组的资产账面价值，通常不应当包括已确认负债的账面价值，但如不考虑该负债金额就无法确定资产组可收回金额的除外。这是因为在预计资产组的可收回金额时，既不包括与该资产组的资产无关的现金流量，也不包括与已在财务报表中确认的负债有关的现金流量。因此，为了与资产组可收回金额的确定基础相一致，资产组的账面价值也不应当包括这些项目。

资产组在处置时如要求购买者承担一项负债（如环境恢复负债等）、该负债金额已经确认并计入相关资产账面价值，而且企业只能取得包括上述资产和负债在内的单一公允价值减去处置费用后的净额的，为了比较资产组的账面价值和可收回金额，在确定资产组的账面价值及其预计未来现金流量的现值时，应当将已确认的负债金额从中扣除。

(二)资产组减值的会计处理

根据减值测试结果,资产组(包括资产组组合)的可收回金额如低于其账面价值,则应当按其差额确认减值损失,计入当期损益。同时将该损失金额按照以下顺序进行分摊,以抵减资产组或资产组组合中资产的账面价值:

(1)抵减分摊资产组或资产组组合中商誉的账面价值。

(2)根据资产组或资产组组合中除商誉之外的其他各项资产的账面价值所占比重,按比例抵减其他各项资产的账面价值。

以上资产账面价值的抵减,经过分摊后,应当作为单项资产的减值损失处理,并计入当期损益。抵减后的资产账面价值最低不得低于零。因此而导致的未能分摊至相关资产的减值损失金额,应按比例分摊至资产组或资产组组合内的其他资产中。

三、总部资产的减值测试

企业总部资产包括企业集团或其他事业部的办公楼、电子数据处理设备、研发中心等。总部资产的显著特征是难以脱离其他资产或者资产组产生独立的现金流入,而且其账面价值难以完全归属于某一资产组。因此,总部资产通常难以单独进行减值测试,需要结合其他相关资产组或者资产组组合进行。资产组组合是指由若干个资产组组成的最小资产组组合,包括资产组或者资产组组合,以及按合理方法分摊的总部资产部分。

在资产负债表日,如果有迹象表明某项总部资产可能发生减值,企业应当计算确定该总部资产所归属的资产组或者资产组组合的可收回金额,然后将其与相应的账面价值进行比较,据以判断是否需要确认减值损失。

基于此,企业在对某一资产组进行减值测试时,应当先认定所有与该资产组相关的总部资产,根据相关总部资产能否按照合理和一致的基础分摊至该资产组,分下列情况处理:

(1)对于相关总部资产能够按照合理和一致的基础分摊至该资产组的部分,应当将该部分总部资产的账面价值分摊至各资产组,并据以比较各资产组的账面价值(包括已分摊的总部资产的账面价值部分)和可收回金额,并按照前述有关资产组减值测试的顺序和方法处理。

(2)对于相关总部资产中有部分资产难以按照合理和一致的基础分摊至该资产组的,应当按照下列步骤处理:

首先,在不考虑相关总部资产的情况下,估计和比较资产组的账面价值和可收回金额,并按照前述有关资产组减值测试的顺序和方法处理。

其次,认定由若干个资产组组成的最小的资产组组合,该资产组组合应当包括所测试的资产组与可以按照合理和一致的基础将该部分总部资产的账面价值分摊其上的部分。

最后,比较所认定的资产组组合的账面价值(包括已分摊的总部资产的账面价值部分)和可收回金额,并按照前述有关资产组减值测试的顺序和方法处理。

【例 4-5】 兴赣公司在甲、乙、丙三地拥有三家分公司,其中,丙分公司是上年吸收合并的公司。这三家分公司的经营活动由一个总部负责运作。由于甲、乙、丙三家分公司均能产生独立于其他分公司的现金流入,所以,该公司将这三家分公司确认为三个资产组。2020 年 12 月 1 日,兴赣公司经营所处的技术环境发生了重大不利变化,出现了减值迹象,需要进行减值测试。假设总部资产的账面价值为 300 万元,能够按照各资产组账面价值的比例进行合理分摊，甲分公司资产的使用寿命为10年，乙、丙分公司和总部资产的使用寿命为20年。减值测试时，甲、乙、丙三个资产组的账面价值分别为200万元、300万元和400万元（其中合并商誉为30万元）。该公司计算出甲分公司资产的可收回金额为438万元，乙分公司资产的可收回金额为312万元，丙分公司资产的可收回金额为400万元。

进行减值测试，要先将总部资产采用合理的方法分配至各资产组，然后比较各资产组的可收回金额与账面价值，最后将各资产组的资产减值额在总部资产和各资产组之间进行分配。

第一步，将总部资产分配至各资产组。

由于各资产组的资产使用寿命不同，不能直接按其账面价值分配总部资产，而应根据各资产组的资产使用寿命对各资产组的资产账面价值进行调整，按各资产组调整后的账面价值来分配总部资产。乙、丙资产组的资产使用寿命是甲资产组的资产使用寿命的2倍。换言之，乙、丙资产组1元资产账面价值相当于甲资产组2元资产的账面价值。所以，分配总部资产时的账面价值应为1 600万元（200＋2×300＋400×2）。

总部资产分配给甲资产组的数额＝300×200÷1 600＝37.5（万元）

总部资产分配给乙资产组的数额＝300×600÷1 600＝112.5（万元）

总部资产分配给丙资产组的数额＝300×800÷1 600＝150（万元）

分配后各资产组的账面价值：

甲资产组的账面价值为200＋37.5＝237.5（万元）

乙资产组的账面价值为300＋112.5＝412.5（万元）

丙资产组的账面价值为400＋150＝550（万元）

第二步：进行减值测试。

甲资产组的账面价值为237.5万元，可收回金额为438万元，没有发生减值。

乙资产组的账面价值为412.5万元，可收回金额为312万元，发生减值100.5万元。

丙资产组的账面价值为550万元，可收回金额为400万元，发生减值150万元。

第三步：将各资产组的资产减值额在总部资产和各资产组之间分配。

乙资产组减值额分配给总部资产的数额为27.41万元（100.5×112.5÷412.5），分配给乙资产组本身的数额为73.09万元（100.5×300÷412.5）。

丙资产组中的减值额先冲减商誉30万元，余下的分配给总部和丙资产组，分配给总部资产的数额为43.64万元（120×150÷412.5），分配给丙资产组本身的数额为116.36万元（120×400÷412.5）。

第六节　商誉减值测试与处理

一、商誉减值测试的基本要求

企业合并所形成的商誉，至少应当在每年年度终了进行减值测试。由于商誉难以独立产生现金流量，因此，商誉应当结合与其相关的资产组或者资产组组合进行减值测试。为了资产减值测试的目的，对于因企业合并形成的商誉的账面价值，应当自购买日起按照合理的方法分摊至相关的资产组；难以分摊至相关的资产组的，应当将其分摊至相关的资产组组合。

这些相关的资产组或者资产组组合应当是能够从企业合并的协同效应中受益的资产组或者资产组组合，但不应当大于按照《企业会计准则第 35 号——分部报告》和《企业会计准则解释第 3 号》所确定的报告分部。

二、商誉减值测试的方法与会计处理

企业在对包含商誉的相关的资产组或者资产组组合进行减值测试时，如与商誉相关的资产组或者资产组组合存在减值迹象的，应当首先对不包含商誉的相关的资产组或者资产组组合进行减值测试，计算可收回金额，并与相关账面价值相比较，确认相应的减值损失；其次，对包含商誉的相关的资产组或者资产组组合进行减值测试，比较这些相关的资产组或者资产组组合的账面价值（包括所分摊的商誉的账面价值部分）与其可收回金额，如相关的资产组或者资产组组合的可收回金额低于其账面价值的，应当就其差额确认减值损失，减值损失金额应当首先抵减分摊至相关的资产组或者资产组组合中商誉的账面价值；最后，根据资产组或者资产组组合中除商誉之外的其他各项资产的账面价值所占比重，按比例抵减其他各项资产的账面价值。与资产减值测试一样，以上资产账面价值的抵减，也都应当作为单项资产（包括商誉）的减值损失处理，计入当期损益，抵减后的各资产的账面价值不得低于以下三者之中最高者：该资产的公允价值减去处置费用后的净额、该资产预计未来现金流量的现值和零。因此而导致的未能分摊的减值损失金额，应当按照相关的资产组或者资产组组合中其他各项资产的账面价值所占比重进行分摊。

由于按照《企业会计准则第 20 号——企业合并》的规定，因企业合并所形成的商誉是母公司根据其在子公司所拥有的权益而确认的商誉，子公司中归属于少数股东的商誉并没有在合并财务报表中予以确认。因此，在对与商誉相关的资产组或者资产组组合进行减值测试时，由于其可收回金额的预计包括归属于少数股东的商誉部分，为了使减值测试建立在一致的基础上，企业应当调整资产组的账面价值，将归属于少数股东的商誉部分包括在内，然后，根据调整后的资产组账面价值与其可收回金额进行比较，以确定资产组（包括商誉）是否发生了减值。

上述资产组如发生减值的，应当首先抵减商誉的账面价值，但由于根据上述方法计算的商誉减值损失包括了应由少数股东权益承担的部分，而少数股东权益拥有的商誉价值及其减值损失都不在合并财务报表中反映，合并财务报表只反映归属于母公司的商誉减值损失，因此，应当将商誉减值损失在可归属于母公司和少数股东权益之间按比例进行分摊，以确认归属于母公司的商誉减值损失。

【例 4-6】 甲公司在 2020 年 1 月 1 日以 1 600 万元的价格收购了乙公司 80%的股权，在收购日，乙公司可辨认资产的公允价值为 1 500 万元，没有负债和或有负债。因此，甲公司在其合并财务报表中确认商誉 400 万元（1 600－1 500×80%）、乙公司可辨认资产 1 200 万元（1 500×80%）和少数股东权益 300 万元（1 500×20%）。

假定乙公司的所有资产被认定为一个资产组。由于该资产组包括商誉，因此，它至少应当于每年年度终了进行减值测试。在 2020 年年末，甲公司确定该资产组的可收回金额为1 000万元，可辨认净资产的账面价值为1 350万元，由于乙公司作为一个单独的资产组的可收回金额1 000万元中，包括归属于少数股东权益在商誉价值中享有的部分，因此，出于减值测试的目的，在与资产组的可收回金额进行比较之前，必须对资产组的账面价值进行调整，使其包括归属于少数股东权益的商誉价值100万元[(1 600/80%－1 500)×20%]，然后再据以比较该资产组的账面价值和可收回金额，确定是否发生了减值损失。其测试过程如表4-4所示。

表4-4 商誉减值测试过程表

单位：万元

2020年年末	商誉	可辨认资产	合计
账面价值	400	1 350	1 750
未确认归属于少数股东权益的商誉价值	100	—	100
调整后账面价值	500	1 350	1 850
可收回金额			1 000
减值损失			850

以上计算出的减值损失850万元应当先冲减商誉的账面价值，然后将剩余部分分摊至资产组中的其他资产。在本例中，850万元减值损失中有500万元应当属于商誉减值损失，其中，由于确认的商誉仅限于乙公司80%的股权部分，因此，甲公司只需要在合并财务报表中确认归属于甲公司的商誉减值损失，即500万元商誉减值损失的80%，即400万元。剩余的350万元(850－500)减值损失应当冲减乙公司可辨认资产的账面价值，作为乙公司可辨认资产的减值损失，减值损失的分摊过程如表4-5所示。

表4-5 商誉减值分摊表

单位：万元

2020年年末	商誉	可辨认资产	合计
账面价值	400	1 350	1 750
确认的减值损失	(400)	(350)	(750)
确认减值损失后的账面价值	—	1 000	1 000

同步测试题

一、名词解释

1. 资产组
2. 资产减值
3. 资产可收回金额
4. 总部资产
5. 商誉

二、单项选择题

1. 下列不属于资产减值的计提范围的是(　　)。
   A. 投资性房地产(采用成本模式后续计量)
   B. 长期股权投资
   C. 固定资产
   D. 消耗性生物资产
2. 根据资产减值准则的规定,资产的可收回金额表述正确的为(　　)。
   A. 企业应比较资产的公允价值减去处置费用后的净值与资产未来现金流量的现值,取其较高者作为资产的可收回金额
   B. 企业应比较资产的公允价值减去处置费用后的净值与资产未来现金流量的现值,取其较低者作为资产的可收回金额
   C. 企业应比较资产的销售净额与资产未来现金流量的现值,取其较高者作为资产的可收回金额
   D. 企业应比较资产的销售净额与资产未来现金流量的现值,取其较低者作为资产的可收回金额
3. 企业计提的下列资产减值准备中,不得转回的为(　　)。
   A. 坏账准备　　B. 存货跌价准备
   C. 持有至到期投资减值准备　　D. 无形资产减值准备
4. 2019 年 12 月 31 日,某公司对购入的时间相同、型号相同、性能相似的设备进行检查时发现该类设备可能发生减值。该类设备公允价值总额为 82 万元;直接归属于该类设备处置费用为 2 万元,尚可使用 3 年,预计其未来两年内产生的现金流量分别为 40 万元、30 万元,第 3 年产生的现金流量以及使用寿命结束时处置形成的现金流量合计为 20 万元。在考虑相关因素的基础上,该公司决定采用 3%的折现率,则可收回金额为(　　)万元。
   A. 82　　B. 20
   C. 80　　D. 85.42
5. 2019 年年末 A 公司的一项专有技术账面成本为 2 000 万元,已摊销额为 1 500 万元。该专有技术已被其他新的技术所代替,其为企业创造经济利益的能力受到重大不利影响。经分析,该无形资产公允价值总额为 250 万元,直接归属于该无形资产处置费用为 10 万元,尚可使用 2 年,预计其未来两年内产生的现金流量分别为 200 万元、100 万元。在考虑相关因素的基础上,A 公司决定采用 3%的折现率,则计提无形资产减值准备为(　　)万元。
   A. 284.76　　B. 211.57
   C. 240　　D. 260
6. 资产减值的对象不包括(　　)。
   A. 对子公司、联营企业和合营企业的长期股权投资
   B. 采用成本模式进行后续计量的投资性房地产
   C. 存货

D. 生产性生物资产

7. 期末企业计提资产减值准备时，借记的科目是(　　)。

A. "营业外支出"　　B. "管理费用"

C. "投资收益"　　D. "资产减值损失"

8. 资产组的认定依据是(　　)。

A. 该资产能否产生现金流入

B. 该资产能否独立进行核算

C. 该资产组能否产生独立的现金流入

D. 该资产组是否能够可靠地计算未来现金流量

9. 为了达到资产减值测试的目的，计算资产未来现金流量现值时所使用的折现率是反映(　　)和资产特定风险的税前利率。

A. 当前市场货币时间价值　　B. 预期市场货币时间价值

C. 未来现金净流入　　D. 资产的公允价值

10. 计算资产未来现金流量现值时所使用的折现率应当首先以(　　)为依据。

A. 资产的市场利率　　B. 加权平均资金成本

C. 增量借款利率　　D. 其他相关市场借款利率

三、多项选择题

1. 根据重要性原则要求的考虑，可以不计算可收回金额的情况有(　　)。

A. 以前报告期间的计算结果表明，资产的可收回金额远高于其账面价值，之后又没有发生消除这一差异的交易或事项的

B. 以前报告期间的计算与分析表明，资产的可收回金额对于资产减值准则中所列示的一种或者多种减值迹象反应不敏感，在本报告期又发生了这些减值迹象的

C. 资产的公允价值减去处置费用后的净额与资产预计未来现金流量的现值，只要有一项超过了资产的账面价值，就表明资产没有发生减值，不需再估计另一项金额

D. 资产的公允价值减去处置费用后的净额与资产预计未来现金流量的现值，只要有一项超过了资产的账面价值，不能表明资产发生减值，仍然需再估计另一项金额

E. 如果没有证据或者理由表明，资产预计未来现金流量的现值显著高于其公允价值减去处置费用后的净额，可以将资产的公允价值减去处置费用后的净额视为资产的可收回金额

2. 根据资产减值准则的规定，预计资产未来现金流量时正确的处理方法有(　　)。

A. 预计资产未来现金流量时，企业管理层应当在合理和有依据的基础上对资产剩余使用寿命内整个经济状况进行最佳估计

B. 预计资产的未来现金流量，应当以经企业管理层批准的最近财务预算或者预测数据，以及该预算或者预测期之后年份稳定的或者递减的增长率为基础。企业管理层如能证明递增的增长率是合理的，可以以递增的增长率为基础

C. 建立在预算或者预测基础上的预计现金流量最多涵盖 5 年，企业管理层如能证明更长的期间是合理的，可以涵盖更长的期间

D. 在对预算或者预测期之后年份的现金流量进行预计时，所使用的增长率除了企业能

够证明更高的增长率是合理的之外，不应当超过企业经营的产品、市场、所处的行业或者所在国家或者地区的长期平均增长率或者该资产所处市场的长期平均增长率

E. 预计资产的未来现金流量，应当以资产的当前状况为基础，不应当包括与将来可能会发生的、尚未作出承诺的重组事项或者与资产改良有关的预计未来现金流量

3. 在认定资产组产生的现金流入是否基本上独立于其他资产组时，下列正确的处理方法有(　　)。

A. 如果管理层按照生产线来监控企业，可将生产线作为资产组

B. 如果企业管理层按照业务种类来监控企业，可将业务种类中所使用的资产作为资产组

C. 如果企业管理层按照地区来监控企业，可将地区中所使用的资产作为资产组

D. 企业管理层按照区域来监控企业，可将区域中所使用的资产作为资产组

E. 资产组一经确定，各个会计期间应当保持一致，不得随意变更，如需变更，企业管理层应当证明该变更是合理的，并按相关会计准则的规定在附注中说明

4. 资产组的减值测试正确的处理方法有(　　)。

A. 资产组的可收回金额低于其账面价值的，应当确认相应的减值损失

B. 减值损失金额应当先抵减分摊至资产组中商誉的账面价值，再根据资产组中除商誉之外的其他各项资产的账面价值所占比重，按比例抵减其他各项资产的账面价值

C. 资产账面价值的抵减，应当作为各单项资产的减值损失处理，计入当期损益

D. 抵减后的各资产的账面价值不得低于该资产的公允价值减去处置费用后的净额、该资产预计未来现金流量的现值和零中的最高者

E. 得出的未能分摊的减值损失金额，应当按照相关资产组中其他各项资产的账面价值所占比重进行分摊

5. 下列迹象中，表明资产可能发生了减值的情况有(　　)。

A. 资产的市价当期大幅度下跌，其跌幅高于因时间的推移或者正常使用而预计的下跌

B. 企业经营所处的经济、技术或者法律等环境以及资产所处的市场在当期或者将在近期发生重大变化，从而对企业产生不利影响

C. 市场利率或者其他市场投资报酬率在当期已经提高，从而影响企业计算资产预计未来现金流量现值的折现率，导致资产可收回金额大幅度降低

D. 有证据表明资产已经陈旧过时或者其实体已经损坏

E. 资产已经或者将被闲置、终止使用或者计划提前处置

6. 企业应当在资产负债表日判断资产是否存在可能发生减值的迹象。对于存在减值迹象的资产，应当进行减值测试，资产可能发生减值的有(　　)。

A. 资产的市价当期大幅度下跌，其跌幅明显高于因时间的推移或者正常使用而预计的下跌

B. 有证据表明资产已经陈旧或者其实体已经损坏

C. 资产已经或者将被闲置、终止使用或者计划提前处置

D. 市场利率在当期已经提高且影响企业计算资产预计未来现金流量现值的折现率，导致资产可收回金额大幅度降低

E. 企业经营、法律等环境以及资产所处的市场在当期或者将在近期发生重大变化，但对企业产生有利影响

7. 可收回金额应当根据资产的公允价值减去处置费用后的净额与资产预计未来现金流量的现值两者之间较高者确定，其中处置费用包括(　　)。

A. 相关税费　　B. 法律费用

C. 搬运费　　D. 财务费用

E. 所得税费用

8. 可收回金额应当根据资产的公允价值减去处置费用后的净额确定，下列表述正确的有(　　)。

A. 根据公平交易中资产的销售协议价格减去可直接归属于该资产处置费用的金额确定

B. 在资产不存在销售协议但存在活跃市场的情况下，应当根据该资产的市场价格减去处置费用后的金额确定

C. 在既不存在销售协议又不存在活跃市场的情况下，企业应当以可获取的最佳信息为基础，可以参考同行业类似资产的最近交易价格或者结果进行估计

D. 如果企业无法可靠估计资产的公允价值减去处置费用后的净额的，应当以该资产预计未来现金流量的现值作为其可收回金额

E. 如果企业无法可靠估计资产的公允价值减去处置费用后的净额的，应当以该资产的账面价值确定

9. 预计资产未来现金流量的现值，主要应当综合考虑的因素有(　　)。

A. 资产预计未来现金流量　　B. 资产的使用寿命

C. 折现率　　D. 承担资产中包含的不确定性价格

E. 企业预期从资产中取得的未来现金流量的定价中的非流动性

10. 下列资产的减值问题通过第8号具体准则规范的有(　　)。

A. 对子公司、联营企业和合营企业的长期股权投资

B. 商誉

C. 采用成本模式进行后续计量的投资性房地产

D. 探明石油天然气矿区权益和井及相关设施

E. 无形资产

四、是非判断题

1. 企业所有的资产在发生减值时，原则上都应当及时加以确认和计量。　(　　)

2. 资产减值准则主要规范了企业非流动资产的减值会计问题。　(　　)

3. 企业在资产负债表日应当判断资产是否存在可能发生减值的迹象，主要可从内外部信息来源加以判断。　(　　)

4. 资产减值准则中的资产包括单项资产和资产组。　(　　)

5. 企业应比较资产的公允价值减去处置费用后的净值与资产未来现金流量的现值，取其较低者作为资产的可收回金额。　(　　)

6. 资产处置费用包括与资产处置有关的法律费用、相关税费、搬运费以及为使资产达到可

销售状态所发生的直接费用等，但财务费用和所得税费用等不包括在内。（　）

7. 资产的公允价值减去处置费用后的净值与资产未来现金流量的现值，只要有一项超过了资产的账面价值，就表明资产没有发生减值，不需再估计另一项金额。（　）

8. 考虑到固定资产、无形资产、商誉等资产发生减值后属于永久性减值，因而在以后期间不得转回。（　）

9. 固定资产、无形资产、商誉等资产以前期间计提的资产减值准备，在资产处置、出售、对外投资、以非货币性资产交换方式换出、在债务重组中抵偿债务等时，方可予以转出。（　）

10. 资产组是企业可以认定的最小资产组合，其产生的现金流入应当基本上独立于其他资产或者资产组。（　）

五、思考题

1. 简述资产减值会计的产生与发展。
2. 简述资产减值会计与稳健性原则之间的关系。
3. 简述资产减值的确认与计量。
4. 简述资产减值信息的披露。
5. 商誉减值处理有什么特点？
6. 折现率如何进行预计？
7. 什么是资产可收回金额？
8. 资产可收回金额如何计量？
9. 什么是资产组？认定资产组应考虑哪些因素？
10. 什么是总部资产？总部资产的减值有什么特点？

六、业务处理题

1. (1) 神州公司有一条甲生产线，生产光学器材，由A、B、C、D四部机器构成，初始成本分别为60万元、40万元、60万元和40万元，使用年限为10年，预计净残值为零，以年限平均法计提折旧。

(2) 四部机器均无法单独产生现金流量，但整条甲生产线构成完整的产销单位，属于一个资产组。

(3) 2020年该生产线所生产的光学产品有替代产品上市，到年底导致公司光学产品销路锐减40%，因此，公司于年末对该生产线进行减值测试。

(4) 2020年年末A机器的公允价值减去处置费用后的净额为28万元，D机器的公允价值减去处置费用后的净额为9万元，B、C机器都无法合理估计其公允价值减去处置费用后的净额以及未来现金流量的现值。

(5) 公司无法合理估计甲生产线的公允价值减去处置费用后的净额，但经估计未来5年现金流量及其折现率计算的现值为50万元。

(6) 整条生产线预计尚可使用5年。

要求：作出此生产线组成的资产组减值的会计处理。

2. 某公司在三地拥有A、B、C三家分公司。其中，C分公司是上年吸收合并的公司。这三家分公司的经营活动由一个总部负责运作。由于A、B、C三家分公司均能单独产生现金流量，所以该公司将这三家分公司确定为三个资产组。2019 年 12 月 1 日，企业经营所处的技术环境发生了重大不利变化，出现资产减值迹象，需要进行减值测试。

假设总部资产的账面价值为 150 万元，能够按照各资产组账面价值的比例进行合理分摊。A 分公司资产的使用寿命为 10 年，B、C 分公司和总部资产的使用寿命均为 20 年。减值测试时，A、B、C 三个资产组的账面价值分别为 100 万元、150 万元和 200 万元(其中合并商誉为 15 万元)。该公司计算出 A、B、C 分公司资产的可收回金额分别为 219 万元、156 万元、200 万元。

要求：进行该公司的资产减值测试。

3. 某运输公司 2019 年末对一艘远洋运输船舶进行减值测试。该船舶原值为 50 000 万元，累计折旧 25 000 万元，2018 年末账面价值为 25 000 万元，预计尚可使用 5 年，假定该船舶存在活跃市场，其公允价值 19 000 万元，直接归属于该船舶的处置费用为 200 万元。该公司在计算其未来现金流量的现值确定可收回金额时，考虑了与该船舶资产有关的货币时间价值和特定风险因素后，确定 6% 为该资产的最低必要报酬率，并将其作为计算未来现金流量现值时使用的折现率。该公司根据有关部门提供的该船舶历史营运记录、船舶性能状况和未来每年营运收入和相关人工费用、燃料费用、安全费用、港口码头费用以及日常维护费用等支出，在此基础上估计该船舶在 2018 年至 2022 年每年预计未来现金流量分别为：3 750 万元，3 690 万元，3 250 万元，3 060 万元，2 685 万元。

要求：

(1) 计算船舶的公允价值减去处置费用后净额；

(2) 计算船舶的未来现金流量现值；

(3) 计算船舶的可收回金额；

(4) 计算资产减值损失；

(5) 作出相应的会计处理。

4. 乙公司 2019 年末对某资产组进行减值测试，该资产组包括固定资产 A、B、C、D、E 设备外，还包括一项负债，同时规定该资产组在处置时要求购买者承担该负债，该负债金额已经确认并计入相关资产账面价值。2019 年末固定资产的账面价值为 4 350 万元，其中 A、B、C、D、E 设备的账面价值分别为 885 万元、1 170 万元、1 425 万元、270 万元、600 万元；要求购买者承担该负债的账面价值为 225 万元，五个设备无法单独使用，不能单独产生现金流量，因此作为一个资产组，五个设备的公允价值减去处置费用后净额以及预计未来现金流量现值均无法单独确定，但乙公司确定该资产组的公允价值减去处置费用后净额为 3 225 万元，预计未来现金流量的现值为 3 075 万元。

要求：

(1) 计算资产组的减值准备；

(2) 根据该资产组固定资产账面价值，按比例分摊减值损失至资产组内的各项固定资产，完成表 4-6 的填写。

表 4-6　各项固定资产分摊的减值损失

资产组合	分摊减值损失前账面价值	分摊的减值损失	分摊减值损失后账面价值
固定资产：			
——A 设备			
——B 设备			
——C 设备			
——D 设备			
——E 设备			
小计			
负债			
合计			

(3) 编制会计分录。

第五章

租 赁 会 计

引导案例

歌山公司应如何确定租赁付款额

承租人歌山公司签订了一项为期5年的卡车租赁合同。合同中关于租赁付款额的条款为:如果该卡车在某月份的行驶里程不超过2万千米,则该月份应付的租金为20 000元;如果该卡车在某月份的行驶里程超过2万千米但不超过3万千米,则该月份应付的租金为30 000元;该卡车在一个月内的行驶里程最高不能超过3万千米,否则承租人需支付巨额罚款。

讨论并思考:

1. 什么是租赁?
2. 什么是租赁付款额?
3. 歌山公司应如何确定其租赁付款额?

第一节 租赁会计概述

一、租赁的概念

在合同开始日，企业应当评估合同是否为租赁或者包含租赁。租赁是指在一定期间内，出租人将资产的使用权让与承租人，以获取对价的合同。如果合同一方让渡了在一定期间内控制一项或多项已识别资产使用的权利以换取对价，则该合同为租赁或者包含租赁。一项合同要被分类为租赁，必须要包含以下三个要素：①存在一定期间；②存在已识别资产；③资产供应方向客户转移已识别资产使用权的控制。

在租赁合同中，"一定期间"也可以表述为已识别资产的使用量，例如，某项设备的产出量，如果客户有权在部分合同期内控制已识别资产的使用，则合同包含一项在该部分合同期间的租赁。企业应当就合同进行评估，判断其是否为租赁或包含租赁。同时符合下列条件的，使用已识别资产的权利构成一项单独租赁：①承租人可从单独使用该资产或将其与易于获得的其他资源一起使用中获利；②该资产与合同中的其他资产不存在高度依赖或高度关联关系。另外，接受商品或服务的合同可能由合营安排或合营安排的代表签订。在这种情况下，企业评估合同是否包含一项租赁时，应将整个合营安排是否在使用期间有权控制已识别资产的使用。

二、已识别资产

（一）已识别资产的指定

已识别资产通常由合同明确指定，也可以在资产可供客户使用时隐性指定。

【例 5-1】 甲公司（客户）与乙公司（供应方）签订了使用乙公司一节火车车厢的 5 年期合同。该车厢专为用于运输甲公司生产过程中使用的特殊材料而设计，未经重大改造不适合其他客户使用。合同中没有明确指定轨道车辆（例如，通过序列号），但是乙公司仅拥有一节适合客户甲使用的火车车厢。如果车厢不能正常工作，合同要求乙公司修理或更换车厢。

具体哪节火车车厢虽未在合同中明确指定，但是被隐性指定，因为乙公司仅拥有一节适合甲公司使用的火车车厢，必须使用其来履行合同，乙公司无法自由替换该车厢。因此，火车车厢是一项已识别资产。

（二）已识别资产在物理上可区分

如果资产的部分产能在物理上可区分，则该部分产能属于已识别资产。如果资产的某部分产能与其他部分在物理上不可区分，则该部分不属于已识别资产，除非其实质上代表该资产的全部产能，从而使客户获得因使用该资产所产生的几乎全部经济利益的权利。

【例 5-2】 情形 1：甲公司（客户）与乙公司（公用设施公司）签订了一份为期 15 年的合同，以取得连接 A、B 城市光缆中三条指定的物理上可区分的光纤使用权。若光纤损坏，乙公司应负责修理和维护。乙公司拥有额外的光纤，但仅可因修理、维护或故障等原因替换指定给甲公司使用的光纤。

情形2：甲公司与乙公司签订了一份为期15年的合同，以取得连接A、B城市光缆中约定带宽的光纤使用权。甲公司约定的带宽相当于使用光缆中三条光纤的全部传输容量（乙公司光缆包含15条传输容量相近的光纤）。

情形1下，合同明确指定了三条光纤，并且这些光纤与光缆中的其他光纤在物理上可区分，乙公司不可因修理、维护或故障以外的原因替换光纤，因此情形1中存在三条已识别光纤。

情形2下，甲公司仅使用光缆的部分传输容量，提供给甲公司使用的光纤与其余光纤在物理上不可区分，且不代表光缆的几乎全部传输容量，因此情形2中不存在已识别资产。

（三）实质性替换权

即使合同已对资产进行指定，如果资产供应方在整个使用期间拥有对该资产的实质性替换权，则该资产不属于已识别资产。其原因在于，如果资产供应方在整个使用期间均能自由替换合同资产，那么实际上，合同只规定了满足客户需求的一类资产，而不是被唯一识别出的一项或几项资产。也就是说，在这种情况下，合同资产并未和资产供应方的同类其他资产明确区分开来，并未被识别出来。

同时符合下列条件时，表明资产供应方拥有资产的实质性替换权：

（1）资产供应方拥有在整个使用期间替换资产的实际能力。例如，客户无法阻止供应方替换资产，且用于替换的资产对于资产供应方而言易于获得或者可以在合理期间内取得。

（2）资产供应方通过行使替换资产的权利将获得经济利益。即替换资产的预期经济利益将超过替换资产所需成本。需要注意的是，如果合同仅赋予资产供应方在特定日期或者特定事件发生日或之后拥有替换资产的权利或义务，考虑到资产供应方没有在整个使用期间替换资产的实际能力，资产供应方的替换权不具有实质性。

企业在评估资产供应方的替换权是否为实质性权利时，应基于合同开始日的事实和情况，而不应考虑在合同开始日企业认为不可能发生的未来事件，例如：①未来某个客户为使用该资产同意支付高于市价的价格；②引入了在合同开始日尚未实质开发的新技术；③客户对资产的实际使用或资产实际性能与在合同开始日认为可能的使用或性能存在重大差异；④使用期间资产市价与合同开始日认为可能的市价存在重大差异。

与资产位于资产供应方所在地相比，如果资产位于客户所在地或其他位置，替换资产所需要的成本更有可能超过其所能获取的利益。资产供应方在资产运行结果不佳或者进行技术升级的情况下，因修理和维护而替换资产的权利或义务不属于实质性替换权。

企业难以确定资产供应方是否拥有实质性替换权的，应视为资产供应方没有对该资产的实质性替换权。

【例5-3】 甲公司（客户）与乙公司（供应方）签订合同，合同要求乙公司在5年内按照约定的时间表使用指定型号的火车车厢为甲公司运输约定数量的货物。合同中约定的时间表和货物数量相当于甲公司在5年内有权使用10节指定型号火车车厢。合同规定了所运输货物的性质。乙公司有大量类似的车厢可以满足合同要求。车厢不用于运输货物时存放在乙公司处。

①乙公司在整个使用期间有替换每节车厢的实际能力。用于替换的车厢是乙公司易于获得的，且无需甲公司批准即可替换。②乙公司可通过替换车厢获得经济利益。车厢存放

在乙公司处，乙公司拥有大量类似的车厢，替换每节车厢的成本极小，乙公司可以通过替换车厢获益。例如，使用已位于任务所在地的车厢执行任务，或利用某客户未使用而闲置的车厢。

因此，乙公司拥有车厢的实质性替换权，合同中用于运输甲公司货物的车厢不属于已识别资产。

【例 5-4】 甲公司是一家便利店运营企业，与某机场运营商乙公司签订了使用机场内某处商业区域销售商品的3年期合同。合同规定了商业区域的面积，商业区域可以位于机场内的任一登机区域，乙公司有权在整个使用期间随时调整分配给甲公司的商业区域位置，甲公司使用易于移动的自有售货亭销售商品。机场有很多符合合同规定的区域可供甲公司使用。

①乙公司在整个使用期间有变更甲公司使用的商业区域的实际能力。机场内有许多区域符合合同规定的商业区域，乙公司有权随时将甲公司使用的商业区域的位置变更至其他区域而无需甲公司批准。②乙公司通过替换商业区域将获得经济利益。因为售货亭易于移动，所以乙公司变更甲公司所使用商业区域的成本极小。乙公司能够根据情况变化最有效地利用机场登机区域，因此乙公司能够通过替换机场内的商业区域获益。甲公司控制的是自有的售货亭，而合同约定的是机场内的商业区域，乙公司可随意变更该商业区域，因此乙公司有替换甲公司所使用商业区域的实质性权利。

因此，尽管合同具体规定了甲公司使用的商业区域的面积，但合同中不存在已识别资产。

【例 5-5】 甲公司(客户)与乙公司(供应方)签订了使用一架指定飞机的两年期合同，合同详细规定了飞机的内、外部规格。合同规定，乙公司在两年合同期内可以随时替换飞机，在飞机出现故障时则必须替换飞机；无论哪种情况下，所替换的飞机必须符合合同中规定的内、外部规格。在乙公司的机队中配备符合甲公司要求规格的飞机所需的成本高昂。

本例中，合同明确指定了飞机，尽管合同允许乙公司替换飞机，但配备另一架符合合同要求规格的飞机会发生高昂的成本，乙公司不会因替换飞机而获益，因此乙公司的替换权不具有实质性。本例中存在已识别资产。

三、客户是否控制已识别资产使用权的判断

为确定合同是否让渡了在一定期间内控制已识别资产使用的权利，企业应当评估合同中的客户是否有权获得在使用期间因使用已识别资产所产生的几乎全部经济利益，并有权在该使用期间主导已识别资产的使用。

(一) 客户是否有权获得使用已识别资产所产生的几乎全部经济利益

在评估客户是否有权获得使用已识别资产所产生的几乎全部经济利益时，企业应当在约定的客户权利范围内考虑其所产生的经济利益。

为了控制已识别资产的使用，客户应当有权获得整个使用期间使用该资产所产生的几乎全部经济利益。客户可以通过多种方式直接或间接获得使用资产所产生的经济利益，例如，通过使用、持有或转租资产，使用资产所产生的经济利益包括资产的主要产出和副产品以及通过与第三方之间的商业交易实现的其他经济利益。

例如:①如果合同规定汽车在使用期间仅限在某一特定区域使用,则企业应当仅考虑在该区域内使用汽车所产生的经济利益,而不包括在该区域外使用汽车所产生的经济利益;②如果合同规定客户在使用期间仅能在特定里程范围内驾驶汽车,则企业应当仅考虑在允许的里程范围内使用汽车所产生的经济利益,而不包括超出该里程范围使用汽车所产生的经济利益。

为了控制已识别资产的使用,客户应当有权获得整个使用期间使用该资产所产生的几乎全部经济利益(例如,在整个使用期间独家使用该资产)。客户可以通过多种方式直接或间接获得使用资产所产生的经济利益。例如,通过使用、持有或转租资产。使用资产所产生的经济利益包括资产的主要产出和副产品(包括来源于这些项目的潜在现金流量)以及通过与第三方之间的商业交易实现的其他经济利益。

如果合同规定客户应向资产供应方或另一方支付因使用资产所产生的部分现金流量作为对价,该现金流量仍应视为客户因使用资产而获得的经济利益的一部分。例如,如果客户因使用零售区域需向供应方支付零售收入的一定比例作为对价,该条款本身并不妨碍客户拥有获得使用零售区域所产生的几乎全部经济利益的权利。因为零售收入所产生的现金流量是客户使用零售区域而获得的经济利益,而客户支付给零售区域供应方的部分现金流量是使用零售区域的权利的对价。

(二) 客户是否有权主导资产的使用

存在下列情形之一的,可视为客户有权主导对已识别资产在整个使用期间的使用:

(1) 客户有权在整个使用期间主导已识别资产的使用目的和使用方式。

(2) 已识别资产的使用目的和使用方式在使用期间前已预先确定,并且客户有权在整个使用期间自行或主导他人按照其确定的方式运营该资产,或者客户设计了已识别资产并在设计时已预先确定了该资产在整个使用期间的使用目的和使用方式。

对于上述第一种情况,如果客户有权在整个使用期间在合同界定的使用权范围内改变资产的使用目的和使用方式,则视为客户有权在该使用期间主导资产的使用目的和使用方式。在判断客户是否有权在整个使用期间主导已识别资产的使用目的和使用方式时,企业应当考虑在该使用期间与改变资产的使用目的和使用方式最为相关的决策权。相关决策权是指对使用资产所产生的经济利益产生影响的决策权。最为相关的决策权可能因资产性质、合同条款和条件的不同而不同。此类例子包括:①变更资产产出类型的权利。例如,决定将集装箱用于运输商品还是储存商品,或者决定在零售区域销售的产品组合。②变更资产的产出时间的权利。例如,决定机器或发电厂的运行时间。③变更资产的产出地点的权利。例如,决定卡车或轮船的目的地,或者决定设备的使用地点。④变更资产是否产出以及产出量的权利。例如,决定是否使用发电厂以及发电量的多少。

某些决策权并未授权客户改变资产的使用目的和使用方式的权利,例如,在资产的使用目的和使用方式未预先确定的情况下,客户仅拥有运行或维护资产的权利。这些决策权对于资产的高效运行通常是必要的,但它们往往由有关资产的使用目的和使用方式来决定,而并非主导资产的使用目的和使用方式的权利。

对于上述第二种情况,与资产使用目的和使用方式相关的决策可以通过很多方式预先确定。例如,通过设计资产或在合同中对资产的使用做出限制来预先确定相关决策。

【例 5-6】 甲公司(客户)与乙公司(供应方)就使用一辆卡车在一周时间将货物从 A 地运至 B 地签订了合同。根据合同,乙公司只提供卡车、发运及到货的时间和站点,甲公司负责派人驾车自 A 地到 B 地。合同中明确指定了卡车,并规定在合同期内该卡车只允许用于运输合同中指定的货物,乙公司没有替换权。合同规定了卡车可行驶的最大里程。甲公司可在合同规定的范围内选择具体的行驶速度、路线、停车休息地点等。甲公司在指定路程完成后无权继续使用这辆卡车。

本例中,合同明确指定了一辆卡车,且乙公司无权替换,因此合同存在已识别资产。合同预先确定了卡车的使用目的和使用方式,即在规定时间内将指定货物从 A 地运至 B 地。甲公司有权在整个使用期间操作卡车(如决定行驶速度、路线、停车休息地点),因此甲公司主导了卡车的使用,甲公司通过控制卡车的操作在整个使用期间全权决定卡车的使用。

【例 5-7】 甲公司(客户)与乙公司(供应方)签订了购买某一新太阳能电厂 20 年生产的全部电力的合同。合同明确指定了太阳能电厂,且乙公司没有替换权。太阳能电厂的产权归乙公司所有,乙公司不能通过其他电厂向甲公司供电。太阳能电厂在建造之前由甲公司设计,甲公司聘请了太阳能专家协助其确定太阳能电厂的选址和设备工程。乙公司负责按照甲公司的设计建造太阳能电厂,并负责电厂的运行和维护。关于是否发电、发电时间和发电量无需再进行决策,该项资产在设计时已经预先确定了这些决策。

本例中,合同明确指定了太阳能电厂,且乙公司无权替换,因此合同存在已识别资产。由于太阳能电厂的使用目的、使用方式等相关决策在太阳能电厂设计时已预先确定,因此,尽管太阳能电厂的运营由乙公司负责,但是该电厂由甲公司设计这一事实赋予了甲公司主导电厂使用的权利,甲公司在整个 20 年使用期有权主导太阳能电厂的使用。

在评估客户是否有权主导资产的使用时,除非资产(或资产的特定方面)由客户设计,企业应当仅考虑在使用期间对资产使用做出决策的权利。例如,如果客户仅能在使用期间之前指定资产的产出而没有与资产使用相关的任何其他决策权,则该客户享有的权利与任何购买该项商品或服务的其他客户享有的权利并无不同。

【例 5-8】 沿用[例 5-7]但电厂由乙公司在合同签订前自行设计。

本例中,合同明确指定了电厂,且乙公司无权替换,因此合同存在已识别资产。电厂的使用目的和使用方式,即是否发电、发电时间和发电量,在合同中已预先确定。甲公司在使用期间无权改变电厂的使用目的和使用方式,没有关于电厂使用的其他决策权(例如,甲公司不运营电厂),也未参与电厂的设计,因此甲公司在使用期间无权主导电厂的使用。

【例 5-9】 甲公司(客户)与乙公司(供应方)签订合同,使用指定的乙公司船只将货物从甲地运至乙地。合同明确规定了船只、运输的货物以及装卸日期。乙公司没有替换船只的权利。运输的货物将占据该船只几乎全部的运力。乙公司负责船只的操作和维护,并负责船上货物的安全运输。合同期间,甲公司不得雇佣其他人员操作船只或自行操作船只。

本例中,合同明确指定了船只,且乙公司无权替换,因此合同存在已识别资产。合同预先确定了船只的使用目的和使用方式,即在规定的装卸日期将指定货物从甲地运至乙地。甲公司在使用期间无权改变船只的使用目的和使用方式,也没有关于船只使用的其他决策权(例如,甲公司无权操作船只),也未参与该船只的设计,因此甲公司在使用期间无权主导船只的使用。

【例 5-10】 甲公司(客户)与电信公司乙公司(供应方)签订了 2 年期的网络服务合同，合同要求乙公司提供约定传输速度和质量的网络服务。为提供这项服务，乙公司在甲公司处安装并配置了服务器；在保证约定的甲公司在网络上使用服务器传输数据的速度和质量的前提下，乙公司有权决定使用服务器传输数据的方式(包括服务器接入的网络)、是否重新配置服务器以及是否将服务器用于其他用途。甲公司并不操作服务器或对其使用作出任何重大决定。

乙公司是使用期间唯一可就服务器的使用作出相关决策的一方。尽管甲公司可以在使用期开始前决定网络的服务水平(网络服务的传输速度和质量)，但其不能直接影响网络服务的配置，也不能决定服务器的使用方式和使用目的，因此甲公司在使用期间不能主导服务器的使用。合同可能包含一些旨在保护资产供应方在已识别资产或其他资产中的权益、保护资产供应方的工作人员或者确保资产供应方不因客户使用租赁资产而违反法律法规的条款和条件。例如，合同可能规定资产使用的最大工作量，限制客户使用资产的地点或时间，要求客户遵守特定的操作惯例，或者要求客户在变更资产使用方式时通知资产供应方。这些权利虽然对客户使用资产权利的范围作出了限定，但是其本身不足以否定客户拥有主导资产使用的权利。

【例 5-11】 甲公司(客户)与乙公司(供应方)签订了使用指定船只的 5 年期合同。合同明确规定了船只，且乙公司没有替换权。甲公司在整个 5 年使用期决定运输的货物、船只是否航行以及航行的时间和目的港，但需遵守合同规定的限制条件。这些限制条件是为了防止甲公司将船只驶入遭遇海盗风险较高的水域或装载危险品。乙公司负责船只的操作与维护，并负责船上货物的安全运输。合同期间，甲公司不得雇佣其他人员操作船只或自行操作船只。

本例中，合同明确指定了船只，且乙公司无权替换，因此存在已识别资产。合同中关于船只可航行水域和可运输货物的限制限定了甲公司使用船只的权利范围，但目的仅是保护乙公司船只和人员安全。因为甲公司在使用权范围内可以决定船只是否航行、航行的时间和地点以及所运输的货物，所以甲公司在整个 5 年使用期可以决定船只的使用目的和使用方式，并有权改变这些决定。尽管船只的操作和维护对于船只的有效使用必不可少，但乙公司在这些方面的决策并未赋予其主导船只使用目的和使用方式的权利。相反，乙公司的决策取决于甲公司关于船只使用目的和使用方式的决定。

因此，甲公司在整个 5 年使用期有权主导该船只的使用。

四、租赁的分拆与合并

(一) 租赁的分拆

合同中同时包含多项单独租赁的，承租人和出租人应当将合同予以分拆，并分别各项单独租赁进行会计处理。合同中同时包含租赁和非租赁部分的，承租人和出租人应当将租赁和非租赁部分进行分拆，另有规定的除外。分拆时，各租赁部分应当分别按照租赁准则进行会计处理，非租赁部分应当按照其他适用的会计准则进行会计处理。

同时符合下列条件的，使用已识别资产的权利构成合同中的一项单独租赁：

(1) 承租人可从单独使用该资产或将其与易于获得的其他资源一起使用中获利。

(2) 该资产与合同中的其他资产不存在高度依赖或高度关联关系。

(二) 租赁的合并

企业与同一交易方或其关联方在同一时间或相近时间订立的两份或多份包含租赁的合同,在符合下列条件之一时,应当合并为一份合同进行会计处理:

(1) 该两份或多份合同基于总体商业目的而订立并构成一揽子交易,若不作为整体考虑则无法理解其总体商业目的。

(2) 该两份或多份合同中的某份合同的对价金额取决于其他合同的定价或履行情况。

(3) 该两份或多份合同让渡的资产使用权合起来构成一项单独租赁。

五、租赁期

租赁期是指承租人有权使用租赁资产且不可撤销的期间;承租人有续租选择权、即有权选择续租该资产,且合理确定将行使该选择权的,租赁期还应当包含续租选择权涵盖的期间;承租人有终止租赁选择权,即有权选择终止租赁该资产,但合理确定将不会行使该选择权的,租赁期应当包含终止租赁选择权涵盖的期间。

(一) 租赁期开始日

租赁期开始日是指承租人有权行使其使用租赁资产权利的日期,表明租赁行为的开始。

【例 5-12】 在某商铺的租赁安排中,出租人于 2018 年 1 月 1 日将房屋钥匙交付承租人,承租人在收到钥匙后,就可以自主安排对商铺的装修布置,并安排搬迁。合同约定有 3 个月的免租期,起租日为 2018 年 4 月 1 日,承租人自起租日开始支付租金。

此交易中,由于承租人自 2018 年 1 月 1 日起就已拥有对商铺使用权的控制,因此租赁期开始日为 2018 年 1 月 1 日,即租赁期包含出租人给予承租人的免租期。

(二) 不可撤销期间

租赁期自租赁期开始日起计算。租赁期开始日,是指出租人提供租赁资产使其可供承租人使用的起始日期。如果承租人在租赁协议约定的起租日或租金起付日之前,已获得对租赁资产使用权的控制,则表明租赁期已经开始。租赁协议中对起租日或租金支付时间的约定,并不影响租赁期开始日的判断。如果承租人和出租人双方均有权在未经另一方许可的情况下终止租赁,且罚款金额不重大,则该租赁不再可强制执行。如果只有承租人有权终止租赁,则在确定租赁期时,企业应将该项权利视为承租人可行使的终止租赁选择权予以考虑。如果只有出租人有权终止租赁,则不可撤销的租赁期包括终止租赁选择权所涵盖的期间。

【例 5-13】 承租人与出租人签订了一份租赁合同,约定自租赁期开始日 1 年内不可撤销,如果撤销,双方将支付重大罚金,1 年期满后,经双方同意可再延长 1 年,如有一方不同意,将不再续期,且没有罚款。假设承租人对于租赁资产并不具有重大依赖。

在此情况下,自租赁期开始日起的第 1 年有强制的权利和义务,是不可撤销期间。而此后 1 年的延长期并非不可撤销期间,因为承租人或出租人均可单方面选择不续约而无需支付任何罚款。

(三) 续租选择权和终止租赁选择权

在租赁期开始日,企业应当评估承租人是否合理确定将行使续租或购买标的资产的选择权，或者将不行使终止租赁选择权。在评估时，企业应当考虑对承租人行使续租选择权或不行使终止租赁选择权带来经济利益的所有相关事实和情况，包括自租赁期开始日至选择权行使日之间的事实和情况的预期变化。

需考虑的因素包括但不限于以下方面：

与市价相比，选择权期间的合同条款和条件。例如，选择权期间为使用租赁资产而需支付的租金；可变租赁付款额或其他或有款项，如因终止租赁罚款和余值担保导致的应付款项；初始选择权期间后可行使的其他选择权的条款和条件，如续租期结束时可按低于市价的价格行使购买选择权。

在合同期内，承租人进行或预期进行重大租赁资产改良的，可行使续租选择权、终止租赁选择权或者购买租赁资产选择权时预期能为承租人带来的重大经济利益。

与终止租赁相关的成本。例如，谈判成本、搬迁成本、寻找与选择适合承租人需求的替代资产所发生的成本、将新资产融入运营所发生的整合成本、终止租赁的罚款、将租赁资产归还至租赁条款约定地点的成本等。

租赁资产对承租人运营的重要程度。例如，租赁资产是否为一项专门资产，租赁资产位于何地以及是否可获得合适的替换资产等。

与行使选择权相关的条件及满足相关条件的可能性。例如，租赁条款约定仅在满足一项或多项条件时方可行使选择权，此时还应考虑相关条件及满足相关条件的可能性。

租赁的不可撤销期间的长短会影响对承租人是否合理确定将行使或不行使选择权的评估。通常，租赁的不可撤销期间越短，承租人行使选择权或不行使终止租赁选择权的可能性就越大，原因在于不可撤销期间越短，获取替代资产的相对成本就越高。此外，评估承租人是否合理确定将行使或不行使选择权时，如果承租人以往曾经使用过特定类型的租赁资产或自有资产，则可以参考承租人使用该类资产的通常期限及原因。例如，承租人通常在特定时期内使用某类资产，或承租人时常对某类租赁资产行使选择权，则承租人应考虑以往这些做法的原因，以评估是否合理确定将对此类租赁资产行使选择权。

续租选择权或终止租赁选择权可能与租赁的其他条款相结合。例如，无论承租人是否行使选择权，均保证向出租人支付基本相等的最低或固定现金，在这一情形下，应假定承租人合理确定将行使续租选择权或不行使终止租赁选择权。又如，同时存在原租赁和转租赁时，转租赁期限超过原租赁期限，如原租赁包含 5 年的不可撤销期间和 2 年的续租选择权，而转租赁的不可撤销期限为 7 年，这时应考虑转租赁期限及相关租赁条款对续租选择权评估的可能影响。

【例 5-14】 承租人签订了一份设备租赁合同，包括 4 年不可撤销期限和 2 年期固定价格续租选择权，续租选择权期间的合同条款和条件与市价接近，没有终止罚款或其他因素表明承租人合理确定将行使续租选择权。因此，在租赁期开始日，确定租赁期为 4 年。

【例 5-15】 承租人签订了一份建筑租赁合同，包括 4 年不可撤销期限和 2 年按照市价行使的续租选择权。在搬入该建筑之前，承租人花费了大量资金对租赁建筑进行了改良，预计在 4 年结束时租赁资产改良仍将具有重大价值，且该价值仅可通过继续使用租赁资产实现。

在此情况下，承租人合理确定将行使续租选择权，因为如果在 4 年结束时放弃该租赁资产改良,将蒙受重大经济损失。因此,在租赁开始时,承租人确定租赁期为6年。

购买选择权的评估方式应与续租选择权或终止租赁选择权的评估方式相同,购买选择权在经济上与将租赁期延长至租赁资产全部剩余经济寿命的续租选择权类似。

(四)对租赁期和购买选择权的重新评估

发生承租人可控范围内的重大事件或变化,且影响承租人是否合理确定将行使相应选择权的,承租人应当对其是否合理确定将行使续租选择权、购买选择权或不行使终止租赁选择权进行重新评估,并根据重新评估结果修改租赁期。承租人可控范围内的重大事件或变化包括但不限于下列情形:

(1)在租赁期开始日未预料到的重大租赁资产改良,在可行使续租选择权、终止租赁选择权或购买选择权时,预期将为承租人带来重大经济利益。

(2)在租赁期开始日未预料到的租赁资产的重大改动或定制化调整。

(3)承租人作出的与行使或不行使选择权直接相关的经营决策。例如,决定续租互补性资产、处置可替代的资产或处置包含相关使用权资产的业务。

如果不可撤销的租赁期间发生变化,企业应当修改租赁期。例如,在下述情况下,不可撤销的租赁期将发生变化:①承租人实际行使了选择权,但该选择权在之前企业确定租赁期时已涵盖;②承租人未实际行使选择权,但该选择权在之前企业确定租赁期时已涵盖;③某些事件的发生,导致根据合同规定承租人有义务行使选择权,但该选择权在之前企业确定租赁期时未涵盖;④某些事件的发生,导致根据合同规定禁止承租人行使选择权,但该选择权在之前企业确定租赁期时已经涵盖。

六、租赁会计应设置的会计科目

(一)承租人使用的相关会计科目

1. "使用权资产"

(1)本科目核算承租人持有的使用权资产的原价。

(2)本科目可按租赁资产的类别和项目进行明细核算。

(3)主要账务处理如下:

第一,在租赁期开始日,承租人应当按成本借记本科目,按尚未支付的租赁付款额的现值贷记"租赁负债"科目;对于租赁期开始日之前支付租赁付款额的(扣除已享受的租赁激励),贷记"预付款项"等科目;按发生的初始直接费用,贷记"银行存款"等科目;按预计将发生的为拆卸及移除租赁资产、复原租赁资产所在场地或将租赁资产恢复至租赁条款约定状态等成本的现值,贷记"预计负债"科目。

第二,在租赁期开始日后,承租人按变动后的租赁付款额的现值重新计量租赁负债的,当租赁负债增加时,应当按增加额借记本科目,贷记"租赁负债"科目;除第三种情形外,当租赁负债减少时,应当按减少额借记"租赁负债"科目,贷记本科目;若使用权资产的账面价值已调减至零,应当按仍需进一步调减的租赁负债金额,借记"租赁负债"科目,贷记"制造费用""销售费用""管理费用""研发支出"等科目。

第三,租赁变更导致租赁范围缩小或租赁期缩短的,承租人应当按缩小或缩短的相应比例,借记"租赁负债""使用权资产累计折旧""使用权资产减值准备"科目,贷记本科目,差额借记或贷记“资产处置损益”科目。

第四，企业转租使用权资产形成融资租赁的，应当借记“应收融资租赁款”“使用权资产累计折旧”“使用权资产减值准备”科目，贷记本科目，差额借记或贷记“资产处置损益”科目。

(4) 本科目期末借方余额，反映承租人使用权资产的原价。

(5) 承租人应当在资产负债表中单独列示“使用权资产”项目。

2. “使用权资产累计折旧”

(1) 本科目核算使用权资产的累计折旧。

(2) 本科目可按租赁资产的类别和项目进行明细核算。

(3) 主要账务处理如下：

第一，承租人通常应当自租赁期开始日起按月计提使用权资产的折旧，借记“营业成本”“制造费用”“销售费用”“管理费用”“研发支出”等科目，贷记本科目。当月计提确有困难的，也可从下月起计提折旧，并在附注中予以披露。

第二，因租赁范围缩小、租赁期缩短或转租等原因减记或终止确认使用权资产时，承租人应同时结转相应的使用权资产累计折旧。

(4) 本科目期末贷方余额，反映使用权资产的累计折旧额。

3. “使用权资产减值准备”

(1) 本科目核算使用权资产的减值准备。

(2) 本科目可按租赁资产的类别和项目进行明细核算。

(3) 主要账务处理如下：

第一，使用权资产发生减值的，按应减记的金额，借记“资产减值损失”科目，贷记本科目。

第二，因租赁范围缩小、租赁期缩短或转租等原因减记或终止确认使用权资产时，承租人应同时结转相应的使用权资产累计减值准备。

(4) 使用权资产减值准备一旦计提，不得转回。

(5) 本科目期末贷方余额，反映使用权资产的累计减值准备金额。

4. “租赁负债”

(1) 本科目核算承租人尚未支付的租赁付款额的现值。

(2) 本科目可分别设置“租赁付款额”“未确认融资费用”等进行明细核算。

(3) 主要账务处理如下：

第一，在租赁期开始日，承租人应当按尚未支付的租赁付款额，贷记“租赁负债——租赁付款额”科目；按尚未支付的租赁付款额的现值，借记“使用权资产”科目；按尚未支付的租赁付款额与其现值的差额，借记“租赁负债——未确认融资费用”科目。

第二，承租人在确认租赁期内各个期间的利息时，应当借记“财务费用——利息费用”“在建工程”等科目，贷记“租赁负债——未确认融资费用”科目。

第三，承租人支付租赁付款额时，应当借记“租赁负债——租赁付款额”等科目，贷记“银行存款”等科目。

第四，在租赁期开始日后，承租人按变动后的租赁付款额的现值重新计量租赁负债的，当租赁负债增加时，应当按租赁付款额现值的增加额，借记“使用权资产”科目，按租赁付款额的增加额，贷记“租赁负债——租赁付款额”科目，按其差额，借记“租赁负债——未确认融资费用”科目；除第五种情形外，当租赁负债减少时，应当按租赁付款额的减少额借记“租赁负债——租赁付款额”科目，按租赁付款额现值的减少额，贷记“使用权资产”科目，按其差额，贷记“租赁负债——未确认融资费用”科目；若使用权资产的账面价值已调减至零，应当按仍需进一步调减的租赁付款额借记“租赁负债——租赁付款额”科目，按仍需进一步调减的租赁付款额现值贷记“营业成本”“制造费用”“销售费用”“管理费用”“研发支出”等科目，按其差额，贷记“租赁负债——未确认融资费用”科目。

第五，租赁变更导致租赁范围缩小或租赁期缩短的，承租人应当按缩小或缩短的相应比例，借记“租赁负债——租赁付款额”“使用权资产累计折旧”“使用权资产减值准备”科目，贷记“租赁负债——未确认融资费用”“使用权资产”科目，差额借记或贷记“资产处置损益”科目。

（4）本科目的期末贷方余额，反映承租人尚未支付的租赁付款额的现值。

（二）出租人使用的相关会计科目

1. “融资租赁资产”

（1）本科目核算租赁企业作为出租人为开展融资租赁业务取得资产的成本。租赁业务不多的企业，也可通过“固定资产”等科目核算。租赁企业和其他企业对于融资租赁资产在未融资租赁期间的会计处理遵循固定资产准则或其他适用的会计准则。

（2）本科目可按租赁资产类别和项目进行明细核算。

（3）主要账务处理如下：

第一，出租人购入和以其他方式取得融资租赁资产的，借记本科目，贷记“银行存款”等科目。

第二，在租赁期开始日，出租人应当按尚未收到的租赁收款额，借记“应收融资租赁款——租赁收款额”科目，按预计租赁期结束时的未担保余值，借记“应收融资租赁款——未担保余值”科目，按已经收取的租赁款，借记“银行存款”等科目，按融资租赁方式租出资产的账面价值，贷记本科目；融资租赁方式租出资产的公允价值与账面价值的差额，借记或贷记“资产处置损益”科目；按发生的初始直接费用，贷记“银行存款”等科目；差额贷记“应收融资租赁款——未实现融资收益”科目。

（4）本科目期末借方余额，反映企业融资租赁资产的成本。

2. “应收融资租赁款”

（1）本科目核算出租人融资租赁产生的租赁投资净额。

（2）本科目可分别设置“租赁收款额”“未实现融资收益”“未担保余值”等进行明细核算。租赁业务较多的，出租人还可以在“租赁收款额”明细科目下进一步设置明细科目核算。

（3）主要账务处理如下：

第一，在租赁期开始日，出租人应当按尚未收到的租赁收款额，借记“应收融资租赁款——租赁收款额”科目，按预计租赁期结束时的未担保余值，借记“应收融资租赁款——未担保余值”科目，按已经收取的租赁款，借记“银行存款”等科目，按融资租赁方式租出资产的账面价值，贷记“融资租赁资产”等科目，按融资租赁方式租出资产的公允价值与其账面价值的差额，借记或贷记“资产处置损益”科目，按发生的初始直接费用，贷记“银行存款”等科目，差额贷记“应收融资租赁款——未实现融资收益”科目。

企业认为有必要对发生的初始直接费用进行单独核算的，也可以按照发生的初始直接费用的金额，借记“应收融资租赁款——初始直接费用”科目，贷记“银行存款”等科目；然后借记“应收融资租赁款——未实现融资收益”科目，贷记“应收融资租赁款——初始直接费用”科目。

第二，出租人在确认租赁期内各个期间的利息收入时，应当借记“应收融资租赁款——未实现融资收益”科目，贷记“租赁收入——利息收入”“其他业务收入”等科目。

第三，出租人收到租赁收款额时，应当借记“银行存款”科目，贷记“应收融资租赁款——租赁收款额”科目。

第四，本科目的期末借方余额，反映未担保余值和尚未收到的租赁收款额的现值之和。

第五，本科目余额在“长期应收款”项目中填列，其中，自资产负债表日起一年内（含一年）到期的，在“一年内到期的非流动资产”中填列。出租业务较多的出租人，也可在“长期应收款”项目下单独列示为“其中：应收融资租赁款”。

3. “应收融资租赁款减值准备”

（1）本科目核算应收融资租赁款的减值准备。

（2）主要账务处理如下：应收融资租赁款的预期信用损失，按应减记的金额，借记“信用减值损失”科目，贷记本科目。转回已计提的减值准备时，做相反的会计分录。

（3）本科目期末贷方余额，反映应收融资租赁款的累计减值准备金额。

4. “租赁收入”

（1）本科目核算租赁企业作为出租人确认的融资租赁和经营租赁的租赁收入。一般企业根据自身业务特点确定租赁收入的核算科目，例如“其他业务收入”等。

（2）本科目可按租赁资产类别和项目进行明细核算。

（3）主要账务处理如下：

第一，出租人在经营租赁下，将租赁收款额采用直线法或其他系统合理的方法在租赁期内进行分摊确认时，应当借记“银行存款”“应收账款”等科目，贷记“租赁收入——经营租赁收入”科目。

出租人在融资租赁下，在确认租赁期内各个期间的利息收入时，应当借记“应收融资租赁款——未实现融资收益”科目，贷记“租赁收入——利息收入”“其他业务收入”等科目。出租人为金融企业的，在融资租赁下，在确认租赁期内各个期间的利息收入时，应当借记“应收融资租赁款——未实现融资收益”科目，贷记“利息收入”等科目。

第二，出租人确认未计入租赁收款额的可变租赁付款额时，应当借记“银行存款”“应收账款”等科目，贷记“租赁收入——可变租赁付款额”科目。

（4）期末，应将本科目余额转入“本年利润”科目，结转后本科目无余额。

对于日常经营活动为租赁的企业，其利息收入和租赁收入可以作为营业收入列报。

第二节　承租人的会计处理

在租赁期开始日，承租人应当对租赁确认使用权资产和租赁负债，但短期租赁和低价值资产租赁简化处理的除外。

一、租赁负债的初始计量

租赁负债应当按照租赁期开始日尚未支付的租赁付款额的现值进行初始计量。识别应纳入租赁负债的相关付款项目是计量租赁负债的关键。

（一）租赁付款额

租赁付款额，是指承租人向出租人支付的与在租赁期内使用租赁资产的权利相关的款项。

租赁付款额包括以下五项内容。

1. 固定付款额及实质固定付款额，存在租赁激励的，扣除租赁激励相关金额

实质固定付款额是指在形式上可能包含变量但实质上无法避免的付款额。

（1）付款额设定为可变租赁付款额，但该可变条款几乎不可能发生，没有真正的经济实质。例如，付款额仅需在租赁资产经证实能够在租赁期间正常运行时支付，或者仅需在不可能不发生的事件发生时支付。又如，付款额初始设定为与租赁资产使用情况相关的可变付款额，但其潜在可变性将于租赁期开始日之后的某个时点消除，在可变性消除时，该类付款额成为实质固定付款额。

（2）承租人有多套付款额方案，但其中仅有一套是可行的。在此情况下，承租人应采用该可行的付款额方案作为租赁付款额。

（3）承租人有多套可行的付款额方案，但必须选择其中一套。在此情况下，承租人应采用总折现金额最低的一套作为租赁付款额。

【例 5-16】 甲公司是一家知名零售商，从乙公司处租入已成熟开发的零售场所开设一家商店。根据租赁合同，甲公司在正常工作时间内必须经营该商店，且甲公司不得将商店闲置或进行分租。合同中关于租赁付款额的条款为：如果甲公司开设的这家商店没有发生销售，则甲公司应付的年租金为 100 元；如果这家商店发生了任何销售，则甲公司应付的年租金为 1 000 000 元。

本例中，该租赁包含每年 1 000 000 元的实质固定付款额。该金额不是取决于销售额的可变付款额。因为甲公司是一家知名零售商，根据租赁合同，甲公司应在正常工作时间内经营该商店，所以甲公司开设的这家商店不可能不发生销售。

【例 5-17】 承租人甲公司签订了一份为期 5 年的卡车租赁合同。合同中关于租赁付款额的条款为：如果该卡车在某月份的行驶里程不超过 1 万千米，则该月应付的租金为 10 000 元；如果该卡车在某月份的行驶里程超过 1 万千米但不超过 2 万千米，则该月应付的租金为 16 000 元；该卡车 1 个月内的行驶里程最高不能超过 2 万千米，否则承租人需支付巨额罚款。

本例中，租赁付款额中包含基于使用情况的可变性，且某些月份里确实可避免支付较高租金，然而，月付款额 10 000 元是不可避免的。因此，月付款额 10 000 元属于实质固定付款额，应被纳入租赁负债的初始计量中。

【例 5-18】 承租人甲公司租入一台预计使用寿命为 5 年的机器。不可撤销的租赁期为 3 年。在第 3 年末，甲公司必须以 20 000 元购买该机器，或者必须将租赁期延长 2 年，如延长，则在续租期内每年末支付 10 500 元。

甲公司在租赁期开始时评估认为，不能合理确定在第 3 年末是购买该机器，还是将租赁期延长 2 年。如果甲公司单独考虑购买选择权或续租选择权，那么在租赁期开始时，购买选择权的行权价格与续租期内的应付租金都不会纳入租赁负债中。然而，该安排在第 3 年末包含一项实质固定付款额。这是因为，甲公司必须行使上述两种选择权中的其中一个，且不论在哪种选择权下，甲公司都必须进行付款。因而在该安排中，实质固定付款额的金额是下述两项金额中的较低者：购买选择权的行权价格(20 000 元)的现值与续租期内付款额(每年末支付 10 500 元)的现值。

租赁激励，是指出租人为达成租赁向承租人提供的优惠，包括出租人向承租人支付的与租赁有关的款项、出租人为承租人偿付或承担的成本等。存在租赁激励的，承租人在确定租赁付款额时，应扣除租赁激励相关金额。

2. 取决于指数或比率的可变租赁付款额

可变租赁付款额，是指承租人为取得在租赁期内使用租赁资产的权利，而向出租人支付的因租赁期开始日后的事实或情况发生变化(而非时间推移)而变动的款项。可变租赁付款额可能与下列各项指标或情况挂钩：

(1) 由于市场比率或指数数值变动导致的价格变动。例如，基准利率或消费者价格指数变动可能导致租赁付款额调整。

(2) 承租人源自租赁资产的绩效。例如，零售业不动产租赁可能会要求基于使用该不动产取得的销售收入的一定比例确定租赁付款额。

(3) 租赁资产的使用。例如，车辆租赁可能要求承租人在超过特定里程数时支付额外的租赁付款额。

需要注意的是，可变租赁付款额中，仅取决于指数或比率的可变租赁付款额纳入租赁负债的初始计量中，包括与消费者价格指数挂钩的款项、与基准利率挂钩的款项和为反映市场租金费率变化而变动的款项等。此类可变租赁付款额应当根据租赁期开始日的指数或比率确定。除了取决于指数或比率的可变租赁付款额之外，其他可变租赁付款额均不纳入租赁负债的初始计量中。

【例 5-19】 承租人甲公司签订了一项为期 10 年的不动产租赁合同，每年的租赁付款额为 50 000 元，于每年年初支付。合同规定，租赁付款额在租赁期开始日后每两年基于过去 24 个月消费者价格指数的上涨进行上调。租赁期开始日的消费者价格指数为 125。

甲公司在初始计量租赁负债时、应基于租赁期开始日的消费者物价指数确定租赁付款额，无需对后续年度因消费者物价指数而导致的租金变动做出估计。因此，在租赁期开始日，甲公司应以每年 50 000 元的租赁付款额为基础计量租赁负债。

3. 购买选择权的行权价格，前提是承租人合理确定将行使该选择权

在租赁期开始日，承租人应评估是否合理确定将行使购买标的资产的选择权。在评估时，承租人应考虑对其行使或不行使购买选择权产生经济激励的所有相关事实和情况。如果承租人合理确定将行使购买标的资产的选择权，则租赁付款额中应包含购买选择权的行权价格。

【例 5-20】 承租人甲公司与出租人乙公司签订了一份不可撤销的 5 年期设备租赁合同。合同规定，甲公司可以选择在租赁期结束时以 5 000 元购买这台设备。已知该设备应用于不断更新、迅速变化的科技领域，租赁期结束时其公允价值可能出现大幅波动，估计在4 000元至9 000元之间，在5年租赁期内可能会有更好的替代产品出现。

在租赁期开始日，甲公司对于其是否将行使购买选择权的经济动机作出全面评估，并最终认为不能合理确定将行使购买选择权。该评估包括：租赁期结束时该设备公允价值的重大波动性，以及在租赁期间内可能出现更好替代产品的可能性等。评估甲公司是否合理确定将行使购买选择权可能涉及重大判断。假设甲公司租赁设备时，约定更短的租赁期限（例如，1年或2年）或设备所处环境不同（例如，租赁设备并非应用于不断更新的科技领域，而是应用于相对稳定的行业，并且其未来的公允价值能够可靠预测和估计），则甲公司是否行使购买选择权的判断可能不同。

4. 行使终止租赁选择权需支付的款项，前提是租赁期反映出承租人将行使终止租赁选择权

在租赁期开始日，承租人应评估是否合理确定将行使终止租赁的选择权。在评估时，承租人应考虑对其行使或不行使终止租赁选择权产生经济激励的所有相关事实和情况。如果承租人合理确定将行使终止租赁选择权，则租赁付款额中应包含行使终止租赁选择权需支付的款项，并且租赁期不应包含终止租赁选择权涵盖的期间。

【例5-21】 承租人甲公司租入某办公楼的一层楼，为期10年。甲公司有权选择在第5年后提前终止租赁，并以相当于6个月的租金作为罚金。每年的租赁付款额为固定金额120 000元。该办公楼是全新的，并且在周边商业园区的办公楼中处于技术领先水平。上述租赁付款额与市场租金水平相符。

在租赁期开始日，甲公司评估后认为，6个月的租金对于甲公司而言金额重大，同等条件下，也难以按更优惠的价格租入其他办公楼，可以合理确定不会选择提前终止租赁，因此其租赁负债不应包括提前终止租赁时需支付的罚金，租赁期确定为10年。

5. 根据承租人提供的担保余值预计应支付的款项

担保余值，是指与出租人无关的一方向出租人提供担保，保证在租赁结束时租赁资产的价值至少为某指定的金额。如果承租人提供了对余值的担保，则租赁付款额应包含该担保下预计应支付的款项，它反映了承租人预计将支付的金额，而不是承租人担保余值下的最大敞口。

【例5-22】 承租人甲公司与出租人乙公司签订了汽车租赁合同，租赁期为5年。合同中就担保余值的规定为：如果标的汽车在租赁期结束时的公允价值低于40 000元，则甲公司需向乙公司支付40 000元与汽车公允价值之间的差额，因此，甲公司在该担保值下的最大敞口为40 000元。

在租赁期开始日，甲公司预计标的汽车在租赁期结束时的公允价值为40 000元，即甲公司预计在担保余值下将支付的金额为零。因此，甲公司在计算租赁负债时，与担保余值相关的付款额为零。

（二）折现率

租赁负债应当按照租赁期开始日尚未支付的租赁付款额的现值进行初始计量。在计算租赁付款额的现值时，承租人应当采用租赁内含利率作为折现率；无法确定租赁内含利率的，应当采用承租人增量借款利率作为折现率。

租赁内含利率，是指使出租人的租赁收款额的现值与未担保余值的现值之和等于租赁资产公允价值与出租人的初始直接费用之和的利率。

其中，未担保余值，是指租赁资产余值中，出租人无法保证能够实现或仅由与出租人有关的一方予以担保的部分。

初始直接费用，是指为达成租赁所发生的增量成本。增量成本是指若企业不取得该租赁，则不会发生的成本，如佣金、印花税等。无论是否实际取得租赁都会发生的支出，不属于初始直接费用，例如为评估是否签订租赁而发生的差旅费、法律费用等，此类费用应当在发生时计入当期损益。

【例 5-23】 承租人甲公司与出租人乙公司签订了一份车辆租赁合同，租赁期为 5 年。在租赁开始日，该车辆的公允价值为 100 000 元，乙公司预计在租赁结束时其公允价值(即未担保余值)将为 10 000 元。租赁付款额为每年 23 000 元，于年末支付。乙公司发生的初始直接费用为 5 000 元。乙公司计算租赁内含利率 r 的方法如下：

$$23\,000\times(P/A,\ r,\ 5)+10\,000\times(P/F,\ r,\ 5)=100\,000+5\,000$$

本例中，计算得出的租赁内含利率 r 为 5.79%。

承租人增量借款利率，是指承租人在类似经济环境下为获得与使用权资产价值接近的资产，在类似期间以类似抵押条件借入资金须支付的利率。该利率与下列事项相关：①承租人自身情况，即承租人的偿债能力和信用状况；②“借款”的期限，即租赁期；③“借入”资金的金额，即租赁负债的金额；④“抵押条件”，即租赁资产的性质和质量；⑤经济环境，包括承租人所处的司法管辖区、计价货币、合同签订时间等。

在具体操作时，承租人可以先根据所处经济环境，以可观察的利率作为确定增量借款利率的参考基础，然后根据承租人自身情况、标的资产情况、租赁期和租赁负债金额等租赁业务具体情况对参考基础进行调整，得出适用的承租人增量借款利率。企业应当对确定承租人增量借款利率的依据和过程做好记录。

实务中，承租人增量借款利率常见的参考基础包括承租人同期银行贷款利率、相关租赁合同利率、承租人最近一期类似资产抵押贷款利率、与承租人信用状况相似的企业发行的同期债券利率等，但承租人还需根据上述事项在参考基础上相应进行调整。

【例 5-24】 2019 年 1 月 1 日，承租人甲公司签订了一份为期 10 年的不动产租赁协议，并拥有 5 年的续租选择权。每年的租赁付款额固定为人民币 900 000 元，于每年年末支付。

在租赁期开始日，甲公司评估后认为，不能合理确定将行使续租选择权，因此将租赁期确定为 10 年。甲公司无法确定租赁内含利率，常采用增量借款利率作为折现率来计算租赁付款额的现值。

甲公司现有的借款包括：

(1) 一笔为期 6 个月的短期借款，金额为 500 000 元，借款起始日为 2018 年 10 月 1 日，到期日为 2019 年 3 月 31 日，利率为 4%，每季末支付利息，到期时一次性偿还本金，无任何抵押。

(2) 一笔为期 15 年的债券、金额为 50 000 000 元，发行日为 2017 年 1 月 1 日，到期日为 2031 年 12 月 31 日，票面利率为 9%，每年末支付利息、到期时一次性偿还本金，无任何抵押。

为确定该租赁的增量借款利率，甲公司需要找到类似期限(即租赁期10年)、类似抵押条件(即以租赁资产作为抵押)、类似经济环境下(例如，借入时点是租赁期开始日，偿付方式是每年等额偿付900 000元，10年后拥有与续租权类似的借款选择权)，借入与使用权资产价值接近的资金(即人民币9 000 000元)须支付的固定利率。由于无法直接获取满足上述全部条件的利率，甲公司以其现有的借款利率以及市场可参考信息(如相同期限的国债利率等)作为基础，估计该租赁的增量借款利率。

以可观察的借款利率作为参考基础确定增量借款利率时，通常需要考虑的调整事项包括但不限于：

第一，本息偿付方式不同。例如，作为参考基础的借款是每年付息且到期一次性偿还本金，而不是每年等额偿付本息。

第二，借款金额不同。例如，作为参考基础的借款金额远高于租赁负债。

第三，借款期限不同。例如，作为参考基础的借款短于或长于租赁期。

第四，抵押、担保情况不同。例如，作为参考基础的借款为无抵押借款。

第五，资金借入时间的不同。例如，作为参考基础的债券是2年前发行的，而市场利率水平在2年内发生了较大变化。

第六，提前偿付或其他选择权的影响。

第七，借款币种不同。例如，作为参考基础的借款为人民币借款，但租赁付款额的币种为美元。

情形一：甲公司发行的债券有公开市场。

当甲公司发行的债券有公开市场时，通常需考虑该债券的市场价格及市场利率，因为其反映了甲公司的现有信用状况以及债权投资者所要求的现时回报率。甲公司结合其自身情况判断后认为，以自己发行的15年期债券利率作为估计增量借款利率的起点最为恰当。

甲公司在15年期债券利率的基础上，执行了如下步骤，以确定该租赁的增量借款利率：

第一步，确定15年期债券的市场利率。甲公司根据该债券的市场价格和剩余13年的还款情况(即每年末根据票面利率支付利息、到期一次性偿还本金)，计算该债券的市场利率。该市场利率反映了甲公司的现有信用状况以及债权投资者所要求的现时回报率，甲公司无需因该债券的发行时间(即2年前)而进行额外调整。

第二步，调整借款金额的不同。15年期债券的金额为50 000 000元，租赁付款总额为9 000 000元。甲公司根据市场情况考虑上述借款金额的不同是否影响借款利率并相应进行调整。

第三步，调整本息偿付方式的不同。该租赁是每年支付固定的租赁付款额，而15年期债券是每年末付息并到期一次性偿还本金。甲公司应考虑该事项对借款利率的影响并作相应调整。

第四步，调整借款期间的不同。该租赁的租赁期为10年，而15年期债券的剩余期间为13年。甲公司应考虑该事项对借款利率的影响并作相应调整。

第五步，调整抵押情况的不同。在确定增量借款利率时，租赁合同视为以租赁资产作为抵押而获得借款，而15年期债券无任何抵押。甲公司应考虑该事项对借款利率的影响并作相应调整。

情形二：甲公司发行的债券没有公开市场。

当甲公司发行的债券没有公开市场、但甲公司存在可观察的信用评级时，可考虑以与甲公司信用评级相同的企业所发行的公开交易的债券利率为基础，确定上述第一步的参考利率。

当甲公司发行的债券没有公开市场、且甲公司没有可观察的信用评级时，在市场利率水平和甲公司信用状况在债券发行日至增量借款利率估计日期间没有发生重大变化的情况下，可考虑以该15年期债券发行时的实际利率为基础，作为估计增量借款利率的起点。

确定参考利率后，将其调整为增量借款利率的步骤与情形一基本相同。

情形三：甲公司没有任何借款。

当甲公司没有任何借款时，可考虑通过银行询价的方式获取同期借款利率，并进行适当调整后确定其增量借款利率；或者，可考虑聘用第三方评级机构获取其信用评级，参考情形一下的方法确定其增量借款利率。

二、使用权资产的初始计量

使用权资产，是指承租人可在租赁期内使用租赁资产的权利。在租赁期开始日，承租人应当按照成本对使用权资产进行初始计量。该成本包括下列四项：

(1) 租赁负债的初始计量金额。

(2) 在租赁期开始日或之前支付的租赁付款额；存在租赁激励的，应扣除已享受的租赁激励相关金额。

(3) 承租人发生的初始直接费用。

(4) 承租人为拆卸及移除租赁资产、复原租赁资产所在场地或将租赁资产恢复至租赁条款约定状态预计将发生的成本。前述成本属于为生产存货而发生的，适用《企业会计准则第1号——存货》。

关于上述第4项成本，承租人有可能在租赁期开始日就承担了上述成本的支付义务，也可能在特定期间内因使用标的资产而承担了相关义务。承租人应在其有义务承担上述成本时，将这些成本确认为使用权资产成本的一部分。但是，承租人由于在特定期间内将使用权资产用于生产存货而发生的上述成本，应按照《企业会计准则第1号——存货》进行会计处理。承租人应当按照《企业会计准则第13号——或有事项》对上述成本的支付义务进行确认和计量。

在某些情况下，承租人可能在租赁期开始前就发生了与标的资产相关的经济业务或事项。例如：租赁合同双方经协商在租赁合同中约定，标的资产需经建造或重新设计后方可供承租人使用；根据合同条款与条件，承租人需支付与资产建造或设计相关的成本。承租人如发生与标的资产建造或设计相关的成本，应适用其他相关准则（如《企业会计准则第4号——固定资产》）进行会计处理。同时，需要注意的是与标的资产建造或设计相关的成本不包括承租人为获取标的资产使用权而支付的款项，此类款项无论在何时支付，均属于租赁付款额。

【例5-25】 承租人甲公司就某栋建筑物的某一层楼与出租人乙公司签订了为期10年的租赁协议，并拥有5年的续租选择权。有关资料如下：①初始租赁期内的不含税租金为每年 50 000 元,续租期间为每年 55 000 元,所有款项应于每年年初支付;②为获得该项租赁,甲公司发生的初始直接费用为 20 000 元,其中,15 000 元为向该楼层前任租户支付的款项,5 000 元为向促成此租赁交易的房地产中介支付的佣金;③作为对甲公司的激励,乙公司同意补偿甲公司 5 000 元的佣金;④在租赁期开始日,甲公司评估后认为,不能合理确定将行使续租选择权,因此,将租赁期确定为 10 年;⑤甲公司无法确定租赁内含利率,其增量借款利率为每年 5%,该利率反映的是甲公司以类似抵押条件借入期限为 10 年、与使用权资产等值的相同币种的借款而必须支付的利率。为简化处理,假设不考虑相关税费影响。

承租人甲公司的会计处理如下:

第一步,计算租赁期开始日租赁付款额的现值,并确认租赁负债和使用权资产。

在租赁期开始日,甲公司支付第 1 年的租金 50 000 元,并以剩余 9 年租金(每年 50 000 元)按 5%的年利率折现后的现值计量租赁负债。计算租赁付款额现值的过程如下:

剩余 9 期租赁付款额=50 000×9=450 000(元)

租赁负债=剩余 9 期租赁付款额的现值=50 000×(P/A, 5%, 9)=355 391(元)

未确认融资费用=剩余 9 期租赁付款额-剩余 9 期租赁付款额的现值=450 000-355 391=94 609(元)

第二步,将初始直接费用计入使用权资产的初始成本。

第三步,将已收的租赁激励相关金额从使用权资产入账价值中扣除。

综上,甲公司使用权资产的初始成本为:405 391+20 000-5 000=420 391(元)。

三、租赁负债的后续计量

(一) 计量基础

在租赁期开始日后,承租人应当按以下原则对租赁负债进行后续计量:

(1) 确认租赁负债的利息时,增加租赁负债的账面金额。

(2) 支付租赁付款额时,减少租赁负债的账面金额。

(3) 因重估或租赁变更等原因导致租赁付款额发生变动时,重新计量租赁负债的账面价值。

承租人应当按照固定的周期性利率计算租赁负债在租赁期内各期间的利息费用,并计入当期损益,但按照《企业会计准则第 17 号——借款费用》等其他准则规定应当计入相关资产成本的,从其规定。

此处的周期性利率,是指承租人对租赁负债进行初始计量时所采用的折现率,或者因租赁付款额发生变动或因租赁变更而需按照修订后的折现率对租赁负债进行重新计量时,承租人所采用的修订后的折现率。

(二) 租赁负债的重新计量

在租赁期开始日后,当发生下列四种情形时,承租人应当按照变动后的租赁付款额的现值重新计量租赁负债,并相应调整使用权资产的账面价值。使用权资产的账面价值已调减至零,但租赁负债仍需进一步调减的,承租人应当将剩余金额计入当期损益。

1. 实质固定付款额发生变动

如果租赁付款额最初是可变的,但在租赁期开始日后的某一时点转为固定,那么,在潜在可变性消除时，该付款额成为实质固定付款额，应纳入租赁负债的计量中。承租人应当按照变动后租赁付款额的现值重新计量租赁负债。在该情形下，承租人采用的折现率不变，即采用租赁期开始日确定的折现率。

【例 5-26】 承租人甲公司签订了一份为期 10 年的机器租赁合同。租金于每年年末支付，并按以下方式确定：第 1 年，租金是可变的，根据该机器在第 1 年下半年的实际产能确定；第 2 至第 10 年，每年的租金根据该机器在第 1 年下半年的实际产能确定，即租金将在第 1 年年末转变为固定付款额。在租赁期开始日，甲公司无法确定租赁内含利率，其增量借款利率为 5%。假设在第 1 年年末，根据该机器在第 1 年下半年的实际产能所确定的租赁付款额为每年 20 000 元。该租金不含增值税，增值税税率为 13%。

本例中，在租赁期开始时，由于未来的租金尚不确定，因此甲公司的租赁负债为零。在第 1 年年末，租金的潜在可变性消除，成为实质固定付款额（和每年 20 000 元），因此甲公司应基于变动后的租赁付款额重新计量租赁负债，并采用不变的折现率（5%）进行折现。在支付第 1 年的租金之后，甲公司后续年度需支付的租赁付款额为 180 000 元（20 000×9），租赁付款额在第 1 年年末的现值为 142 156 元[20 000×(P/A, 5%, 9)]，未确认融资费用为 37 844 元（180 000－142 156）。甲公司在第 1 年年末的相关账务处理如下：

支付第一年租金 20 000 元及增值税 2 600 元：

借：制造费用等	20 000	
应交税费——应交增值税（进项税额）	2 600	
贷：银行存款		22 600

确认使用权资产和租赁负债：

借：使用权资产	142 156	
贷：租赁负债——未确认融资费用		37 844
——租赁付款额		180 000

2. 担保余值预计的应付金额发生变动

在租赁期开始日后，承租人应对其在担保余值下预计支付的金额进行估计。该金额发生变动的，承租人应当按照变动后租赁付款额的现值重新计量租赁负债。在该情形下，承租人采用的折现率不变。

【例 5-27】 沿用[例 5-22]，在租赁期开始日后，承租人甲公司与出租人乙公司签订了汽车租赁合同，租赁期为 5 年，甲公司增量资本借入利率为 5%，合同中就担保余值的规定为：如果标的汽车在租赁期结束时的公允价值低于 40 000 元，则甲公司需向乙公司支付 40 000 元与汽车公允价值之间的差额。在租赁期开始日，甲公司预计标的汽车在租赁期结束时的公允价值为 40 000 元。即甲公司预计在担保余值下将支付的金额为零。因此，甲公司在计算租赁负债时，与担保余值相关的付款额为零。

在租赁期开始日后，承租人甲公司对该汽车在租赁期结束时的公允价值进行监测。假设在第 1 年年末，甲公司预计标的汽车在租赁期结束时的公允价值为 30 000 元。

甲公司应将该担保余值下预计应付的金额 10 000 元纳入租赁付款额，并使用不变的折现率 5%来重新计量租赁负债。应付担保余值 10 000 元的现值为 8 227[10 000×(P/F,

5%，4)]，未确认融资费用为 1 773 元，据此调整租赁负债与使用权资产账面价值。

借：使用权资产	8 227	
租赁负债——未确认融资费用	1 773	
贷：租赁负债——租赁付款额		10 000

3. 用于确定租赁付款额的指数或比率发生变动

在租赁期开始日后，因浮动利率的变动而导致未来租赁付款额发生变动的，承租人应当按照变动后租赁付款额的现值重新计量租赁负债。在该情形下，承租人应采用反映利率变动的修订后的折现率进行折现。

在租赁期开始日后，因用于确定租赁付款额的指数或比率(浮动利率除外)的变动而导致未来租赁付款额发生变动的，承租人应当按照变动后租赁付款额的现值重新计量租赁负债。在该情形下承租人采用的折现率不变。

需要得注意的是，仅当现金流量发生变动时，即租赁付款额的变动生效时，承租人才应重新计量租赁负债，以反映变动后的租赁付款额。承租人应基于变动后的合同付款额，确定剩余租赁期内的租赁付款额。

【例 5-28】 沿用[例 5-19]，假设在租赁第 3 年年初的消费者价格指数为 135，甲公司在租赁期开始日采用的折现率为 5%。在第 3 年年初，在对因消费者价格指数变化而导致未来租赁付款额的变动进行会计处理以及支付第 3 年的租赁付款额之前，租赁负债为 339 320 元[50 000+50 000×(P/A，5%，7)]。经消费者价格指数调整后的第 3 年租赁付款额为 54 000 元(50 000×135÷125)。

本例中，因用于确定租赁付款额的消费者价格指数的变动，而导致未来租赁付款额发生变动，甲公司应当于第 3 年年初重新计量租赁负债，以反映变动后的租赁付款额，即租赁负债应当以每年 54 000 元的租赁付款额(剩余 8 笔)为基础进行重新计量。在第 3 年年初，甲公司按以下金额重新计量租赁负债：每年 54 000 元的租赁付款额按不变的折现率(即 5%)进行折现，为 366 466 元[54 000+54 000×(P/A，5%，7)]。因此，甲公司的租赁负债将增加 27 146 元，即重新计量后的租赁负债(366 466 元)与重新计量前的租赁负债(339 320 元)之间的差额。不考虑其他因素，甲公司相关账务处理如下。

借：使用权资产	27 146	
租赁负债——未确认融资费用	4 854	
贷：租赁负债——租赁付款额		32 000

4. 购买选择权、续租选择权或终止租赁选择权的评估结果或实际行使情况发生变化

租赁期开始日后，发生下列情形的，承租人应采用修订后的折现率对变动后的租赁付款额进行折现，以重新计量租赁负债：

(1) 发生承租人可控范围内的重大事件或变化，且影响承租人是否合理确定将行使续租选择权或终止租赁选择权的，承租人应当对其是否合理确定将行使相应选择权进行重新评估。上述选择权的评估结果发生变化的，承租人应当根据新的评估结果重新确定租赁期和租赁付款额。前述选择权的实际行使情况与原评估结果不一致等导致租赁期变化的，也应当根据新的租赁期重新确定租赁付款额。

(2) 发生承租人可控范围内的重大事件或变化，且影响承租人是否合理确定将行使购买选择权的，承租人应当对其是否合理确定将行使购买选择权进行重新评估。评估结果发生变化的，承租人应根据新的评估结果重新确定租赁付款额。

上述两种情形下，承租人在计算变动后租赁付款额的现值时，应当采用剩余租赁期间的租赁内含利率作为折现率；无法确定剩余租赁期间的租赁内含利率的，应当采用重估日的承租人增量借款利率作为折现率。

【例 5-29】 承租人甲公司与出租人乙公司签订了一份为期 5 年的设备租赁合同。甲公司计划开发自有设备以替代租赁资产，自有设备计划在 5 年内投入使用。甲公司拥有在租赁期结束时以 5 000 元购买该设备的选择权。每年的租赁付款额固定为 10 000 元，于每年年末支付。甲公司无法确定租赁内含利率，其增量借款利率为 5%。在租赁开始日，甲公司对行使购买选择权的可能性进行评估后认为，不能合理确定将行使购买选择权。这是因为，甲公司计划开发自有设备，继而在租赁期结束时替代租赁资产。承租人在支付租赁款时同步支付增值税，其增值税税率为 13%。

在租赁期开始日，甲公司确认的租赁负债为 43 300 元，即 10 000×(P/A, 5%, 5)。租赁负债将按以下方法摊销(见表 5-1)。

表 5-1 未确认融资费用分期摊销表

单位：元

年度	租赁负债年初金额	本期利息费用	未确认融资费用	现金总流出	租赁负债本期付现	租赁负债年末余额
	(1)	(2)=(1)×5%	(3)=上期(3)−(2)	(4)	(5)=(4)−(2)	(6)=(1)−(5)
承租日	43 300	—	6 700	—	—	—
1	43 300*	2 165	4 535	10 000	7 835	35 465
2	35 465	1 773	2 762	10 000	8 227	27 238
3	27 238	1 362	1 400	10 000	8 638	18 600
4	18 600	930	470	10 000	9 070	9 530
5	9 530	470**	0	10 000	9 530	0
合计	—	6 700	—	50 000	43 300	—

注：* 为便于计算，本题中，年金现值系数取两位小数。

** 第 5 年的利息费用=10 000−9 530=470(元)。

假设在第 3 年年末，甲公司作出削减开发项目的战略决定，包括上述替代设备的开发。该决定在甲公司的可控范围内，并影响其是否合理将行使购买选择权。甲公司预计该设备在租赁结束时的公允价值为 20 000 元。

甲公司重新评估其行使购买选择权的可能性认为，其合理确定将行使该购买选择权。原因是：在租赁期结束时不大可能有可用的替代设备，并且该设备在租赁期结束时的预计市场价值(20 000 元)远高于行权价格(5 000 元)。因此，甲公司应在第 3 年年末将购买选择权的行权价格纳入租赁付款额中。假设甲公司无法确定剩余租赁期间的租赁内含利率，其第

3 年年末的增量借款利率为 5.5%。

在第 3 年年末，甲公司重新计量租赁负债以涵盖购买选择权的行权价格，并采用修订后的折现率 5.5%进行折现。重新计量后的租赁负债（支付前 3 年的付款额后）为 22 960 元，即 10 000×(P/F，5.5%，1)+(10 000+5 000)×(P/F，5.5%，2)。

重新计量之前，租赁负债的金额为 18 600 元（见表 5-1 中第 4 年年初金额）。因此，应调增租赁负债 4 360 元，其中，“租赁负债——租赁付款额”调增 5 000 元，“租赁负债——未确认融资费用”应调增 640 元。甲公司相关账务处理如下：

借：使用权资产	4 360	
租赁负债——未确认融资费用	640	
贷：租赁负债——租赁付款额		5 000

【例 5-30】 承租人甲公司租入一层办公楼，为期 10 年，并拥有可续租 5 年的选择权。初始租赁期间（即 10 年）的租赁付款额为每年 50 000 元，可选续租期间（即 5 年）的租赁付款额为每年 55 000 元，均在每年年初支付。在租赁期开始日，甲公司评估后认为，不能合理确定将会行使续租选择权，因此确定租赁期为 10 年。甲公司无法确定租赁内含利率，其增量借款利率为 5%。在租赁期开始日，甲公司支付第 1 年的租赁付款额50 000元，并确认租赁负债 355 390 元，即 50 000×(P/A，5%，9)。在第 5 至第 6 年，甲公司的业务显著增长，其日益壮大的人员规模意味着需要扩租办公楼。为了最大限度降低成本，甲公司额外签订了一份为期 8 年、在同一办公楼内其他楼层的租赁合同，在第 7 年年初起租。

将扩张的人员安置到在同一办公楼内其他楼层的决定，在甲公司的可控范围内，并影响其是否合理确定将行使现有租赁合同下的续租选择权。如果在其他办公楼中租入一个类似的楼层，甲公司可能会产生额外的费用，因为其人员将处于两栋不同的办公楼中。而将全部人员搬迁到其他办公楼的费用可能会更高。在第 6 年年末，甲公司重新评估后认为，其合理确定将行使现有租赁合同下的续租选择权，因此该租赁的租赁期由 10 年变为 15 年，在对租赁期的变化进行会计处理前，即基于 10 年租赁期时，甲公司在第 6 年年末的租赁负债（支付前 6 年的付款额后）为 186 160 元，即 50 000+50 000×(P/A，5%，3)。

在第 6 年年末，甲公司重新评估后的租赁期为 15 年，因此应将剩余租赁期（第 7 至第 15 年）内的租赁付款额（共 9 笔）纳入租赁负债，并采用修订后的折现率进行折现。假设甲公司无法确定剩余租赁期间的租赁内含利率，其第 6 年年末的增量借款利率为 4.5%。因此，甲公司重新计量后的租赁负债为 399 030 元，即 50 000+50 000×(P/A，4.5%，3)+55 000×(P/A，4.5%，5)×(P/F，4.5%，3)。

需要调增租赁负债 212 870 元，其中，应调增“租赁负债——租赁付款额”275 000 元（5 年，每年 55 000 元），应调增“租赁负债——未确认融资费用”62 130 元。甲公司相关账务处理如下：

借：使用权资产	212 870	
租赁负债——未确认融资费用	62 130	
贷：租赁负债——租赁付款额		275 000

【例 5-31】 承租人甲公司与出租人乙公司签订为期 5 年的库房租赁合同，每年年末支付固定租金 10 000 元。甲公司拥有在租赁期结束时以 300 000 元购买该库房的选择权。在租赁期开始日，甲公司评估后认为，不能合理确定将行使该购买选择权。

第 3 年年末，该库房所在地房价显著上涨，甲公司预计租赁期结束时该库房的市价为 600 000 元，甲公司重新评估后认为，能够合理确定将行使该购买选择权。

该库房所在地区的房价上涨属于市场情况发生的变化，不在甲公司的可控范围内。因此，虽然该事项导致购买选择权的评估结果发生变化，但甲公司不应在第 3 年年末重新计量租赁负债。

然而，如果甲公司在第 3 年年末不可撤销地通知乙公司，其将在第 5 年年末行使购买选择权，则属于购买选择权实际行使情况发生了变化，甲公司需要在第 3 年年末按修订后的折现率对变动后的租赁付款额进行折现，重新计量租赁负债。

【例 5-32】 承租人甲公司与出租人乙公司签订了一份办公楼租赁合同，每年的租赁付款额为 50 000 元，于每年年末支付。甲公司无法确定租赁内含利率，其增量借款利率为 5%。其不可撤销租赁期为 5 年，并且合同约定在第 5 年年末，甲公司有权选择以每年 50 000 元续租 5 年，也有权选择以 1 000 000 元购买该房产。甲公司在租赁期开始时评估认为，可以合理确定将行使续租选择权，而不会行使购买选择权，因此将租赁期确定为 10 年。以上租金不含增值税，增值税税率为 9%。购买房产的增值税税率为 13%。

(1) 确认租赁负债和使用权资产。

在租赁期开始日，甲公司确认的租赁负债和使用权资产为 386 000 元，即 50 000×(P/A, 5%, 10)。

其中，“租赁负债——租赁付款额”为 500 000 元(50 000×10)，“租赁负债——未确认融资费用”为 114 000 元。

在租赁期开始日，甲公司的账务处理如下：

借：使用权资产 386 000
　　租赁负债——未确认融资费用 114 000
　　贷：租赁负债——租赁付款额 500 000

租赁负债中未确认融资费用分期摊销如表 5-2 所示。

表 5-2 未确认融资费用分期摊销表

单位：元

年度	租赁负债年初金额	本期利息费用	未确认融资费用	现金总流出	租赁负债本期付现	租赁负债年末余额
项目	(1)	(2)=(1)×5%	(3)=上期(3)−(2)	(4)	(5)=(4)−(2)	(6)=(1)−(5)
承租日	386 000	—	114 000	—		—
1	386 000	19 300	94 700	50 000	30 700	355 300
2	355 300	17 765	76 935	50 000	32 235	323 065

（续表）

年度	租赁负债年初金额	本期利息费用	未确认融资费用	现金总流出	租赁负债本期付现	租赁负债年末余额
3	323 065	16 153	60 782	50 000	33 847	289 218
4	289 218	14 461	46 321	50 000	35 539	253 679
5	253 679	12 684	33 637	50 000	37 316	216 363
6	216 363	10 818	22 819	50 000	39 182	177 181
7	177 181	8 859	13 960	50 000	41 141	136 040
8	136 040	6 802	7 158	50 000	43 198	92 842
9	92 842	4 642	2 516	50 000	45 358	47 484
10	47 484	2 516	0	50 000	47 484	0
合计	—	114 000	—	500 000	386 000	—

前 5 年年度末业务处理：分摊本期未确认的融资费用、支付租赁款项及增值税和提取本期使用权资产累计折旧。

其具体会计分录如表 5-3 所示。

表 5-3　各年度年末业务处理表

单位：元

年末业务	会计分录	第 1 年	第 2 年	第 3 年	第 4 年	第 5 年
分摊融资费用	借：财务费用 贷：租赁负债——未确认融资费用	19 300	17 765	16 153	14 461	12 684
支付租赁款项和增值税	借：租赁负债——租赁付款额	50 000				
	借：应交税费——应交增值税（进项税额）	4 500				
	贷：银行存款	54 500				
提取折旧费	借：管理费用等 贷：使用权资产累计折旧	38 600				

在第 4 年，该房产所在地房价显著上涨，甲公司预计租赁期结束时该房产的市价为 2 000 000元，甲公司在第 4 年年末重新评估后认为，能够合理确定将行使上述购买选择权，而不会行使上述续租选择权。该房产所在地区的房价上涨属于市场情况发生的变化，不在甲公司的可控范围内。因此，虽然该事项导致购买选择权及续租选择权的评估结果发生变化，但甲公司不需重新计量租赁负债。

（2）在第 5 年年末，甲公司实际行使了购买选择权。截至该时点，使用权资产的原值为 386 000 元，累计折旧为 193 000 元（386 000×5/10）；支付了第 5 年租赁付款额之后，租赁负债的账面价值为 216 490 元，其中，租赁付款额为 250 000 元，未确认融资费用为 33 510 元

(250 000－216 490)。甲公司行使购买选择权的会计分录为：

借：固定资产——库房	976 637	
使用权资产累计折旧	193 000	
租赁负债——租赁付款额	250 000	
应交税费——应交增值税(进项税额)	130 000	
贷：使用权资产		386 000
租赁负债——未确认融资费用		33 637
银行存款		1 130 000

四、使用权资产的后续计量

(一) 计量基础

在租赁期开始日后，承租人应当采用成本模式对使用权资产进行后续计量，即以成本减累计折旧及累计减值损失计量使用权资产。

承租人按照租赁准则有关规定重新计量租赁负债的，应当相应调整使用权资产的账面价值。

(二) 使用权资产的折旧

承租人应当参照《企业会计准则第 4 号——固定资产》有关折旧规定，自租赁期开始日起对使用权资产计提折旧。使用权资产通常应自租赁期开始的当月计提折旧，当月计提确有困难的，为便于实务操作，企业也可以选择自租赁期开始的下月计提折旧，但应对同类使用权资产采取相同的折旧政策。计提的折旧金额应根据使用权资产的用途，计入相关资产的成本或者当期损益。

承租人在确定使用权资产的折旧方法时，应当根据与使用权资产有关的经济利益的预期实现方式做出决定。通常，承租人按直线法对使用权资产计提折旧，其他折旧方法更能反映使用权资产有关经济利益预期实现方式的，应采用其他折旧方法。

承租人在确定使用权资产的折旧年限时，应遵循以下原则：承租人能够合理确定租赁期届满时取得租赁资产所有权的，应当在租赁资产剩余使用寿命内计提折旧；承租人无法合理确定租赁期届满时能够取得租赁资产所有权的，应当在租赁期与租赁资产剩余使用寿命两者孰短的期间内计提折旧。如果使用权资产的剩余使用寿命短于前两者，则应在使用权资产的剩余使用寿命内计提折旧。

(三) 使用权资产的减值

在租赁期开始日后，承租人应当按照《企业会计准则第 8 号——资产减值》的规定，确定使用权资产是否发生减值，并对已识别的减值损失进行会计处理。使用权资产发生减值的，按应减记的金额，借记“资产减值损失”科目，贷记“使用权资产减值准备”科目。使用权资产减值准备一旦计提，不得转回。承租人应当按照扣除减值损失之后的使用权资产的账面价值，进行后续折旧。

【例 5-33】 承租人甲公司签订了一份为期 10 年的机器租赁合同，用于甲公司生产经营。相关使用权资产的初始账面价值为 100 000 元，按直线法在 10 年内计提折旧，年折旧费为 10 000 元。在第 5 年年末，确认该使用权资产发生的减值损失 20 000 元，计入当期损益。

该使用权资产在减值前账面价值为 50 000 元(100 000×5/10)。计提减值损失之后,该使用权资产的账面价值减至 30 000 元(50 000−20 000),之后每年的折旧费也相应减至 6 000 元(30 000÷5)。

企业执行本准则后,《企业会计准则第 13 号——或有事项》有关亏损合同的规定便适用于采用短期租赁和低价值资产租赁简化处理方法的租赁合同以及在租赁开始日前已是亏损合同的租赁合同,不再适用于其他租赁合同。

五、租赁变更的会计处理

租赁变更,是指原合同条款之外的租赁范围、租赁对价、租赁期限的变更,包括增加或终止一项或多项租赁资产的使用权,延长或缩短合同规定的租赁期等。租赁变更生效日,是指双方就租赁变更达成一致的日期。

(一) 租赁变更作为一项单独租赁处理

租赁发生变更且同时符合下列条件的,承租人应当将该租赁变更作为一项单独租赁进行会计处理:

(1) 该租赁变更通过增加一项或多项租赁资产的使用权而扩大了租赁范围或延长了租赁期限;

(2) 增加的对价与租赁范围扩大部分或租赁期限延长部分的单独价格按该合同情况调整后的金额相当。

【例 5-34】 承租人甲公司与出租人乙公司就 2 000 平方米的办公场所签订了一项为期 10 年的租赁合同。在第 6 年年初,甲公司和乙公司同意对原租赁合同进行变更,以扩租同一办公楼内 3 000 平方米的办公场所。扩租的场所于第 6 年第二季度末可供甲公司使用。增加的租赁对价与新增 3 000 平方米办公场所的当前市价(根据甲公司获取的扩租折扣进行调整后的金额)相当。扩租折扣反映了乙公司节约的成本,即若将相同场所租赁给新租户,乙公司将会发生的额外成本(如营销成本)。

在本例中,甲公司应当将该变更作为一项单独的租赁,与原来的 10 年期租赁分别进行会计处理。原因在于,该租赁变更通过增加 3 000 平方米办公场所的使用权而扩大了租赁范围,并且增加的租赁对价与新增使用权的单独价格按该合同情况调整后的金额相当。据此,在新租赁的租赁期开始日(即第 6 年第二季度末),甲公司确认与新增 3 000 平方米办公场所租赁相关的使用权资产和租赁负债。甲公司对原有 2 000 平方米办公场所租赁的会计处理不会因为该租赁变更而进行任何调整。

(二) 租赁变更未作为一项单独租赁处理

租赁变更未作为一项单独租赁进行会计处理的,在租赁变更生效日,承租人应当按照本准则有关租赁分拆的规定对变更后合同的对价进行分摊;按照本准则有关租赁期的规定确定变更后的租赁期;并采用变更后的折现率对变更后的租赁付款额进行折现,以重新计量租赁负债。在计算变更后租赁付款额的现值时,承租人应当采用剩余租赁期间的租赁内含利率作为折现率;无法确定剩余租赁期间的租赁内含利率的,应当采用租赁变更生效日的承租人增量借款利率作为折现率。

就上述租赁负债调整的影响,承租人应区分以下情形进行会计处理:

(1) 租赁变更导致租赁范围缩小或租赁期缩短的，承租人应当调减使用权资产的账面价值，以反映租赁的部分终止或完全终止。承租人应将部分终止或完全终止租赁的相关利得或损失计入当期损益。

(2) 其他租赁变更，承租人应当相应调整使用权资产的账面价值。

【例 5-35】 承租人甲公司与出租人乙公司就 5 000 平方米的办公场所签订了 10 年期的租赁合同。年租赁付款额为 100 000 元，在每年年末支付。甲公司无法确定租赁内含利率。在租赁期开始日，甲公司的增量借款利率为 6%，相应的租赁负债和使用权资产的初始确认金额均为 736 000 元，即 100 000×(P/A, 6%, 10)。在第 6 年年初，甲公司和乙公司同意对原租赁合同进行变更，即自第 6 年年初起，将原租赁场所缩减至 2 500 平方米。每年的租赁付款额(自第 6 至第 10 年)调整为 60 000 元。承租人在第 6 年年初的增量借款利率为 5%。

在租赁变更生效日(即第 6 年年初)，甲公司基于以下情况对租赁负债进行重新计量：①剩余租赁期为 5 年；②年付款额为 60 000 元；③采用修订后的折现率 5%进行折现。据此，计算得出租赁变更后的租赁负债为 259 770 元，即 60 000×(P/A, 5%, 5)。

甲公司应基于原使用权资产部分终止的比例(即缩减的 2 500 平方米占原使用权资产的 50%)，来确定使用权资产账面价值的调减金额。在租赁变更之前，原使用权资产的账面价值为 368 000 元(736 000×5/10)，50%的账面价值为 184 000 元；原租赁负债的账面价值为 421 240 元[100 000×(P/A, 6%, 5)]，50%的账面价值为 210 620 元。因此，在租赁变更生效日(第 6 年年初)，甲公司终止确认 50%的原使用权资产和原租赁负债，并将租赁负债减少额与使用权资产减少额之间的差额 26 620 元(210 620－184 000)，作为利得计入当期损益。其中，租赁负债的减少额(210 620 元)包括租赁付款额的减少额 250 000 元(100 000×50%×5)，以及未确认融资费用的减少额 39 380 元(250 000－210 620)。甲公司终止确认 50%的原使用权资产和原租赁负债的账务处理如下：

借：租赁负债——租赁付款额	250 000	
使用权资产累计折旧	184 000	
贷：租赁负债——未确认融资费用		39 380
使用权资产		368 000
资产处置损益		26 620

此外，甲公司将剩余租赁负债(210 620 元)与变更后重新计量的租赁负债(259 770 元)之间的差额 49 150 元，相应调整使用权资产的账面价值。其中，租赁负债的增加额(49 150 元)包括两部分：租赁付款额的增加额 50 000 元[(60 000－100 000×50%)×5]，以及未确认融资费用的增加额 850 元(50 000－49 150)。甲公司调整现使用权资产价值的账务处理如下：

借：使用权资产	49 150	
租赁负债——未确认融资费用	850	
贷：租赁负债——租赁付款额		50 000

注：100 000×(P/A, 6%, 10)＝736 010(元)，为便于计算，本题中，作尾数调整，取 736 000 元。

【例 5-36】 承租人甲公司与出租人乙公司就 5 000 平方米的办公场所签订了一项为期 10 年的租赁合同。年租赁付款额为 100 000 元，在每年年末支付。甲公司无法确定租赁内含利率。甲公司在租赁期开始日的增量借款利率为 6%。在第 7 年年初，甲公司和乙公司同意对原租赁合同进行变更，即将租赁期延长 4 年。每年的租赁付款额不变(即在第 7 至第 14 年的每年年末支付 100 000 元)。甲公司在第 7 年年初的增量借款利率为 7%。

在租赁变更生效日(即第 7 年年初)，甲公司基于下列情况对租赁负债进行重新计量：①剩余租赁期为 8 年；②年付款额为 100 000 元；③采用修订后的折现率 7%进行折现。据此，计算得出租赁变更后的租赁负债为 597 130 元，即 100 000×(P/A, 7%, 8)。租赁变更前的租赁负债为 346 510 元，即 100 000×(P/A, 6%, 4)。甲公司将变更后租赁负债的账面价值与变更前的账面价值之间的差额 250 620 元(597 130－346 510)，相应调整使用权资产的账面价值。

六、短期租赁和低价值资产租赁

对于短期租赁和低价值资产租赁，承租人可以选择不确认使用权资产和租赁负债。作出该选择的，承租人应当将短期租赁和低价值资产租赁的租赁付款额，在租赁期内各个期间按照直线法或其他系统合理的方法计入相关资产成本或当期损益。其他系统合理的方法能够更好地反映承租人的受益模式的，承租人应当采用该方法。

(一) 短期租赁

本准则规定，短期租赁，是指在租赁期开始日，租赁期不超过 12 个月的租赁。包含购买选择权的租赁不属于短期租赁。

对于短期租赁，承租人可以按照租赁资产的类别作出采用简化会计处理的选择。如果承租对某类租赁资产作出了简化会计处理的选择，未来该类资产下所有的短期租赁都应采用简化会计处理。某类租赁资产是指企业运营中具有类似性质和用途的一组租赁资产。

按照简化会计处理的短期租赁发生租赁变更或者其他原因导致租赁期发生变化的，承租人应当将其视为一项新租赁，重新按照上述原则判断该项新租赁是否可以选择简化会计处理。

【例 5-37】 承租人与出租人签订了一份租赁合同，约定不可撤销期间为 9 个月，且承租人拥有 4 个月的续租选择权。在租赁期开始日，承租人判断可以合理确定将行使续租选择权，因为续租期的月租赁付款额明显低于市场价格。在此情况下，承租人确定租赁期为 13 个月，不属于短期租赁，承租人不能选择上述简化会计处理。

(二) 低价值资产租赁

低价值资产租赁，是指单项租赁资产为全新资产时价值较低的租赁。

承租人在判断是不是低价值资产租赁时，应基于租赁资产的全新状态下的价值进行评估，不应考虑资产已被使用的年限。

对于低价值资产租赁，承租人可根据每项租赁的具体情况作出简化会计处理选择。低价值资产同时还应满足以下条件，即只有承租人能够从单独使用该低价值资产或将其与承租人易于获得的其他资源一起使用中获利，且该项资产与其他租赁资产没有高度依赖或高度关联关系时，才能对该资产租赁选择进行简化会计处理。

低价值资产租赁的标准应该是一个绝对金额，即仅与资产全新状态下的绝对价值有关，不受承租人规模、性质等影响，也不考虑该资产对于承租人或相关租赁交易的重要性。常见的低价值资产的例子包括平板电脑、普通办公家具、电话等小型资产。

但是，如果承租人已经或者预期要把相关资产进行转租赁，则不能将原租赁按照低价值资产租赁进行简化会计处理。

值得注意的是，符合低价值资产租赁的，也并不代表承租人若采取购入方式取得该资产时该资产不符合固定资产确认条件。

【例 5-38】 承租人与出租人签订了一份租赁合同，约定的租赁资产包括：①IT 设备，包括供员工个人使用的笔记本电脑、台式电脑、平板电脑、桌面打印机和手机等；②服务器，其中包括增加服务器容量的单独组件，这些组件根据承租人需要陆续添加到大型服务器以增加服务器存储容量；③办公家具，如桌椅和办公隔断等；④饮水机。

通常，办公笔记本电脑全新时的单独价格不超过人民币 10 000 元，台式电脑、平板电脑、桌面打印机和手机全新时的单独价格不超过人民币 5 000 元，普通办公家具的单独价格不超过人民币 10 000 元，饮水机的单独价格不超过人民币 1 000 元，服务器单个组件单独价格不超过人民币 10 000 元。

上述租赁资产中，各种 IT 设备、办公家具、饮水机都能单独使承租人获益，且与其他租赁资产没有高度依赖或高度关联关系。通常情况下，符合低价值资产租赁的资产全新状态下的绝对价值应低于人民币 40 000 元。本例中，承租人将 IT 设备、办公具、饮水机作为低价值租赁资产，选择按照简化方法进行会计处理。对于服务器中的组件，尽管单个组件的单独价格较低，但由于每组件都与服务器中的其他部分高度相关，承租人若不租赁服务器就不会租赁这些组件，因此不能作为低价租赁资产进行会计处理。

第三节 出租人的会计处理

一、出租人的租赁分类

(一) 融资租赁和经营租赁

出租人应当在租赁开始日将租赁分为融资租赁和经营租赁。

租赁开始日，是指租赁合同签署日与租赁各方就主要租赁条款作出承诺日中的较早者。租赁开始日可能早于租赁期开始日，也可能与租赁期开始日重合。

一项租赁属于融资租赁还是经营租赁取决于交易的实质，而不是合同的形式。如果一项租赁实质上转移了与租赁资产所有权有关的几乎全部风险和报酬，出租人应当将该项租赁分类为融资租赁。出租人应当将除融资租赁以外的其他租赁分类为经营租赁。

出租人的租赁分类是以租赁转移与租赁资产所有权相关的风险和报酬的程度为依据的。风险包括由于生产能力的闲置或技术陈旧可能造成的损失，以及由于经济状况的改变可能造成的回报变动。报酬可以表现为在租赁资产的预期经济寿命期间经营的盈利以及因增值或残值变现可能产生的利得。

租赁开始日后，除非发生租赁变更，出租人无需对租赁的分类进行重新评估。租赁资产预计使用寿命、预计余值等会计估计变更或发生承租人违约等情况变化的，出租人不对租赁进行重分类。

租赁合同可能包括因租赁开始日与租赁期开始日之间发生的特定变化而需对租赁付款额进行调整的条款与条件（例如，出租人标的资产的成本发生变动，或出租人对该租赁的融资成本发生变动）。在此情况下，出于租赁分类目的，此类变动的影响均视为在租赁开始日已发生。

（二）融资租赁的分类标准

一项租赁存在下列一种或多种情形的，通常分类为融资租赁：

（1）在租赁期届满时，租赁资产的所有权转移给承租人。即如果在租赁协议中已经约定，或者根据其他条件，在租赁开始日就可以合理地判断，租赁期届满时出租人会将资产的所有权转移给承租人，那么该项租赁通常分类为融资租赁。

（2）承租人有购买租赁资产的选择权，所订立的购买价款预计将远低于行使选择权时租赁资产的公允价值，因而在租赁开始日就可以合理确定承租人将行使该选择权。

（3）资产的所有权虽然不转移，但租赁期占租赁资产使用寿命的大部分。实务中，这里的"大部分"一般指租赁期占租赁开始日租赁资产使用寿命的75%以上（含75%）。需要说明的是，这里的量化标准只是指导性标准，企业在具体运用时，必须以准则规定的相关条件进行综合判断。这条标准强调的是租赁期占租赁资产使用寿命的比例，而非租赁期占该项资产全部可使用年限的比例。如果租赁资产是旧资产，在租赁前已使用年限超过资产自全新时起算可使用年限的75%以上时，则这条判断标准不适用，不能使用这条标准确定租赁的分类。

（4）在租赁开始日，租赁收款额的现值几乎相当于租赁资产的公允价值。实务中，这里的"几乎相当于"，通常掌握在90%以上。需要说明的是，这里的量化标准只是指导性标准，企业在具体运用时，必须以准则规定的相关条件进行综合判断。

（5）租赁资产性质特殊，如果不作较大改造，只有承租人才能使用。租赁资产由出租人根据承租人对资产型号、规格等方面的特殊要求专门购买或建造的，具有专购、专用性质。这些租赁资产如果不作较大的重新改制，其他企业通常难以使用。这种情况下，通常也分类为融资租赁。

一项租赁存在下列一项或多项迹象的，也可能分类为融资租赁：

（1）若承租人撤销租赁，撤销租赁对出租人造成的损失由承租人承担。

（2）资产余值的公允价值波动所产生的利得或损失归属于承租人。例如，租赁结束时，出租人以相当于资产销售收益的绝大部分金额作为对租金的退还，说明承租人承担了租赁资产余值的几乎所有风险和报酬。

（3）承租人有能力以远低于市场水平的租金继续租赁至下一期间。

此经济激励政策与购买选择权类似，如果续租选择权行权价远低于市场水平，可以合理确定承租人将继续租赁至下一期间。

值得注意的是，出租人判断租赁类型时，上述情形和迹象并非总是决定性的，而是应综合考虑经济激励的有利方面和不利方面。若有其他特征充分表明，租赁实质上没有转移与租赁资产所有权相关的几乎全部风险和报酬，则该租赁应分类为经营租赁。例如，若租赁资产的所有权在租赁期结束时是以相当于届时其公允价值的可变付款额转让至承租人，或者因存在可变租赁付款额导致出租人实质上没有转移几乎全部风险和报酬，就可能出现这种情况。

二、出租人对融资租赁的会计处理

(一) 初始计量

在租赁期开始日，出租人应当对融资租赁确认应收融资租赁款，并终止确认融资租赁资产。出租人对应收融资租赁款进行初始计量时，应当以租赁投资净额作为应收融资租赁款的入账价值。

租赁投资净额为未担保余值和租赁期开始日尚未收到的租赁收款额按照租赁内含利率折现的现值之和。租赁内含利率，是指使出租人的租赁收款额的现值与未担保余值的现值之和(即租赁投资净额)等于租赁资产公允价值与出租人的初始直接费用之和的利率。因此，出租人发生的初始直接费用包括在租赁投资净额中，也即包括在应收融资租赁款的初始入账价值中。

租赁收款额，是指出租人因让渡在租赁期内使用租赁资产的权利而应向承租人收取的款项，包括：

(1) 承租人需支付的固定付款额及实质固定付款额。存在租赁激励的，应当扣除租赁激励相关金额。

(2) 取决于指数或比率的可变租赁付款额。该款项在初始计量时根据租赁期开始日的指数或比率确定。

(3) 购买选择权的行权价格，前提是合理确定承租人将行使该选择权。

(4) 承租人行使终止租赁选择权需支付的款项，前提是租赁期反映出承租人将行使终止租赁选择权。

(5) 由承租人、与承租人有关的一方以及有经济能力履行担保义务的独立第三方向出租人提供的担保余值。

【例 5-39】 2019 年 12 月 1 日，甲公司与乙公司签订了一份租赁合同，从乙公司租入塑钢机一台。租赁合同主要条款如下：

(1) 租赁资产：全新塑钢机。

(2) 租赁期开始日：2020 年 1 月 1 日。

(3) 租赁期：2020 年 1 月 1 日至 2025 年 12 月 31 日，共 72 个月。

(4) 固定租金支付：自 2020 年 1 月 1 日，每年年末支付租金 160 000 元。如果甲公司能够在每年年末的最后一天及时付款，则给予减少租金 10 000 元的奖励。

(5) 取决于指数或比率的可变租赁付款额：租赁期限内，如遇中国人民银行贷款基准利率调整时，出租人将对租赁利率作出同方向、同幅度的调整。基准利率调整日之前各期和调整日当期租金不变，从下一期租金开始按调整后的租金金额收取。

(6) 租赁开始日租赁资产的公允价值：该机器在 2019 年 12 月 31 日的公允价值为 700 000 元，账面价值为 600 000 元。

(7) 初始直接费用：签订租赁合同过程中乙公司发生可归属于租赁项目的手续费、佣金 10 000 元。

(8) 承租人的购买选择权：租赁期届满时，甲公司享有优惠购买该机器的选择权，购买价为20 000元，估计该日租赁资产的公允价值为80 000元。

(9) 取决于租赁资产绩效的可变租赁付款额：2021年和2022年两年，甲公司每年按该机器所生产的产品——塑钢窗户的年销售收入的5%向乙公司支付。

(10) 承租人的终止租赁选择权：甲公司享有终止租赁选择权。在租赁期间，如果甲公司终止租赁，需支付的款项为剩余租赁期间的固定租金支付金额。

(11) 担保余值和未担保余值均为0。

(12) 全新塑钢机的使用寿命为7年。

出租人乙公司的会计处理如下：

第一步，判断租赁类型。

本例存在优惠购买选择权，优惠购买价20 000元远低于行使选择权日租赁资产的公允价值80 000元，因此在2019年12月31日就可合理确定甲公司将会行使这种选择权。另外，在本例中，租赁期6年，占租赁开始日租赁资产使用寿命的86%(占租赁资产使用寿命的大部分)。同时，乙公司综合考虑其他各种情形和迹象，认为该租赁实质上转移了与该项设备所有权有关的几乎全部风险和报酬，因此将这项租赁认定为融资租赁。

第二步，确定租赁收款额。

(1) 承租人的固定付款额为考虑扣除租赁激励后的金额。

$$(160\ 000-10\ 000)\times 6=900\ 000(元)$$

(2) 取决于指数或比率的可变租赁付款额。该款项在初始计量时根据租赁期开始日的指数或比率确定，因此本例题在租赁期开始日不做考虑。

(3) 承租人购买选择权的行权价格。租赁期届满时，甲公司享有优惠购买该机器的选择权，购买价格为20 000元，估计该日租赁资产的公允价值为80 000元。优惠价20 000元远低于行使选择权日租赁资产的公允价值，因此在2019年12月31日就可合理确定甲公司将会行使这种选择权。

结论：租赁付款额中应包括承租人购买选择权的行权20 000元。

(4) 终止租赁的罚款。虽然甲公司享有终止租赁选择权，但若终止租赁，甲公司付的款项为剩余租赁期间的固定租金支付金额。

结论：根据上述条款，可以合理确定甲公司不会行使终止选择权。

(5) 由承租人向出租人提供的担保余值：甲公司向乙公司提供的担保余值为0元。

综上所述，租赁收款额为：900 000+20 000=920 000(元)。

第三步，确认租赁投资总额。

$$租赁投资总额=在融资租赁下出租人应收的租赁收款额+未保余值$$

本例中租赁投资总额=920 000+0=920 000(元)

第四步，确认租赁投资净额的金额和未实现融资收益

租赁投资净额=租赁资产在租赁期开始日公允价值+出租人发生的租赁初始直接费用=700 000+10 000=710 000(元)

未实现融资收益=租赁投资总额-租赁投资净额=920 000-710 000=210 000(元)

第五步，计算租赁内含利率。

租赁内含利率是使租赁投资总额的现值(即租赁投资净额)等于租赁资产在租赁开始日的公允价值与出租人的初始直接费用之和的利率。

本例中列出公式 $150\,000\times(P/A,\ r,\ 6)+20\,000\times(P/F,\ r,\ 6)=710\,000$(元),计算得到的租赁内含利率为 7.82%。

第六步,账务处理。

2020 年 1 月 1 日:

借:应收融资租赁款——租赁收款额	920 000	
贷:银行存款		10 000
融资租赁资产		600 000
资产处置损益		100 000
应收融资租赁款——未实现融资收益		210 000

若某融资租赁合同必须以收到租赁保证金为生效条件,出租人收到承租人交来的租赁保证金,借记"银行存款"科目,贷记"其他应收款——租赁保证金"科目。承租人到期不交租金,以保证金抵作租金时,借记"其他应收款——租赁保证金"科目,贷记"应收融资租赁款"科目。承租人违约,按租赁合同或协议规定没收保证金时,借记"其他应收款——租赁保证金"科目,贷记"营业外收入"等科目。

(二)融资租赁的后续计量

出租人应当按照固定的周期性利率计算并确认租赁期内各个期间的利息收入。

【例 5-40】 沿用[例 5-39],以下说明出租人如何确认计量租赁期内各期间的利息收入,并收到各期的租赁费。

第一步,计算租赁期内各期的利息收入(见表 5-4)。

表 5-4 未实现融资收益分期确认表

单位:元

年度	应收融资租赁款年初金额	本期租金收入	未实现融资收益	现金总流入	应收融资租赁款本期收现	应收融资租赁款年末余额
项目	(1)	(2)=(1)×7.82%	(3)=上期(3)-(2)	(4)	(5)=(4)-(2)	(6)=(1)-(5)
出租日	710 000	—	210 000	—	—	—
1	710 000	55 522	154 478	150 000	94 478	615 522
2	615 522	48 134	106 344	150 000	101 866	513 656
3	513 656	40 168	66 176	150 000	109 832	403 824
4	403 824	31 579	34 597	150 000	118 421	285 403
5	285 403	22 319	12 278*	150 000	127 681	157 722
6	157 722	12 278	0	150 000	137 722	20 000
合计	—	210 000	—	900 000	690 000	20 000

注:* 作尾数调整。

第二步，每年年末业务处理。分期确认本期租赁收入、收到租赁款项及增值税。其具体会计分录如表 5-5 所示。

表 5-5　各年年末业务处理表

单位：元

年末业务	会计分录	第 1 年	第 2 年	第 3 年	第 4 年	第 5 年	第 6 年
确认租赁收入	借：应收融资租赁款——未实现融资收益	55 522	48 134	40 168	31 579	22 319	12 278
	贷：租赁收入						
收到租赁款项和增值税	借：银行存款	169 500					
	贷：应交税费——应交增值税（销项税额）	19 500					
	贷：应收融资租赁款——租赁收款额	150 000					

纳入出租人租赁投资净额的可变租赁付款额只包含取决于指数或比率的可变租赁付款额。在初始计量时，应当采用租赁期开始日的指数或比率进行初始计量。出租人应定期复核计算租赁投资总额时所使用的未担保余值。若预计未担保余值降低，出租人应修改租赁期内的收益分配，并立即确认预计的减少额。

出租人取得的未纳入租赁投资净额计量的可变租赁付款额，如与资产的未来绩效或使用情况挂钩的可变租赁付款额，应当在实际发生时计入当期损益。

【例 5-41】 沿用[例 5-39]，假设 2021 年和 2022 年，甲公司分别实现塑钢窗户年销售收入 1 000 000 元和 1 500 000 元。根据租赁合同，乙公司 2021 年和 2022 年应向甲公司收取的与销售收入挂钩的租金分别为 50 000 元和 75 000 元。以上款项均不含增值税，增值税税率为 13%。

（1）2021 年年末，甲公司确认可变租赁收入。

借：银行存款等　　56 500
　贷：租赁收入　　50 000
　　应交税费——应交增值税（销项税额）　　6 500

（2）2022 年年末，甲公司确认可变租赁收入。

借：银行存款等　　84 750
　贷：租赁收入　　75 000
　　应交税费——应交增值税（销项税额）　　9 750

【例 5-42】 沿用[例 5-39]，租赁期届满时的处理——承租人行使购买权。

租赁期届满时，甲公司确认租赁收入。

借：银行存款等　　22 600
　贷：应收融资租赁款——租赁收款额　　20 000
　　应交税费——应交增值税（销项税额）　　2 600

（三）融资租赁变更的会计处理

融资租赁发生变更且同时符合下列条件的，出租人应当将该变更作为一项单独租赁进行会计处理：

(1) 该变更通过增加一项或多项租赁资产的使用权而扩大了租赁范围或延长了租赁期限。

(2) 增加的对价与租赁范围扩大部分或租赁期限延长部分的单独价格按该合同情况调整后的金额相当。

【例 5-43】 承租人就某套机器设备与出租人签订了一项为期 5 年的租赁合同，构成融资租赁。在第 2 年年初，承租人和出租人同意对原租赁进行修改，再增加 1 套机器设备用于租赁，租赁期也为 5 年。扩租的设备从第 2 年第 2 季度末时可供承租人使用。租赁总对价的增加额与新增的该套机器设备的当前出租市价扣减相关折扣相当。其中，折扣反映了出租人节约的成本，即若将同样设备租赁给新租户，出租人会发生的成本，如营销成本等。

此情况下，该变更通过增加一项或多项租赁资产的使用权而扩大了租赁范围，增加的对价与租赁范围扩大部分的单独价格按该合同情况调整后的金额相当，应将该变更作为一项新的租赁。

本准则规定，如果融资租赁的变更未作为一项单独租赁进行会计处理，且满足假如变更在租赁开始日生效，该租赁会被分类为经营租赁条件的，出租人应当自租赁变更生效日开始将其作为一项新租赁进行会计处理，并以租赁变更生效日前的租赁投资净额作为租赁资产的账面价值。

【例 5-44】 承租人就某套机器设备与出租人签订了一项为期 5 年的租赁，构成融资租赁。合同规定，每年年末承租人向出租人支付租金 10 000 元，租赁期开始日，出租资产公允价值为 37 908 元。按照公式 10 000×(P/A, r, 5)＝37 908(元)，计算得出租赁内含利率 10%，租赁收款额为 50 000 元，未确认融资收益为 12 092 元。在第 2 年年初，承租人和出租人同意对原租赁进行修改，缩短租赁期限到第 3 年年末，每年支付租金时点不变，租金总额从 50 000 元变更到 33 000 元。假设本例中不涉及未担保余值、担保余值、终止租赁罚款等。

本例中，如果原租赁期限设定为 3 年，在租赁开始日，租赁类别被分类为经营租赁，那么，在租赁变更生效日，即第 2 年年初，出租人将租赁投资净额余额 31 699 元(37 908＋37 908×10%－10 000)作为该套机器设备的入账价值，并从第 2 年年初开始，作为一项新的经营租赁(2 年租赁期，每年年末收取租金 11 500 元)进行会计处理。

在变更日，“应收融资租赁款——租赁收款额”为 40 000 元，“应收融资租赁款——未实现融资收益”为 8 301 元(12 092－37 908×10%)。应作如下会计处理：

借：固定资产	31 699	
应收融资租赁款——未实现融资收益	8 301	
贷：应收融资租赁款——租赁收款额		40 000

如果融资租赁的变更未作为一项单独租赁进行会计处理，且满足假如变更在租赁开始

日生效，该租赁会被分类为融资租赁条件的，出租人应当按照《企业会计准则第 22 号——金融工具确认和计量》(2017)第四十二条关于修改或重新议定合同的规定进行会计处理。即修改或重新议定租赁合同，未导致应收融资租赁款终止确认，但导致未来现金流量发生变化的，应当重新计算该应收融资租赁款的账面余额，并将相关利得或损失计入当期损益。重新计算应收融资租赁款账面余额时，应当根据重新议定或修改的租赁合同现金流量按照应收融资租赁款的原折现率或按照《企业会计准则第 24 号——套期会计》(2017)第二十三条规定重新计算的折现率(如适用)折现的现值确定。对于修改或重新议定租赁合同所产生的所有成本和费用，企业应当调整修改后的应收融资租赁款的账面价值，并在修改后应收融资租赁款的剩余期限内进行摊销。

【例 5-45】 承租人就某套机器设备与出租人签订了一项为期 5 年的租赁合同，构成融资租赁。合同规定，每年年末承租人向出租人支付租金 10 000 元，租赁开始日租赁资产公允价值为 37 908 元，租赁内含利率 10%。在第 2 年年初，承租人和出租人因为设备适用性等原因同意对原租赁进行修改，从第 2 年开始，每年支付租金变为 9 500 元，租金总额从 50 000 元变更到 48 000 元。

如果此付款变更在租赁开始日生效，租赁类别仍被分类为融资租赁，那么，在租赁变更生效日——第 2 年年初，按 10%原租赁内含利率重新计算租赁投资净额为 30 114 元[9 500×(P/A, 10%, 4)]，与原租赁投资总净额账面余额 31 699 元的差额 1 585 元(其中“应收融资租赁款——租赁收款额”减少 2 000 元，“应收融资租赁款——未确认融资收益”减少 415 元)计入当期损益。

第 2 年年初会计分录如下：

借：租赁收入	1 585	
应收融资租赁款——未实现融资收益	415	
贷：应收融资租赁款——租赁收款额		2 000

三、出租人对经营租赁的会计处理

(一) 租金的处理

在租赁期内各个期间，出租人应采用直线法或者其他系统合理的方法将经营租赁的租赁收款额确认为租金收入。如果其他系统合理的方法能够更好地反映因使用租赁资产所产生经济利益的消耗模式的，则出租人应采用该方法。

(二) 出租人对经营租赁提供激励措施

出租人提供免租期的，整个租赁期内，按直线法或其他合理的方法进行分配，免租期内应当确认租金收入。出租人承担了承租人某些费用的，出租人应将该费用自租金收入总额中扣除，按扣除后的租金收入余额在租赁期内进行分配。

(三) 初始直接费用

出租人发生的与经非租赁有关的初始直接费用应当资本化至租赁标的资产的成本，在租赁期内按照与租金收入相同的确认基础分期计入当期损益。

(四) 折旧和减值

对于经营租赁资产中的固定资产，出租人应当采用类似资产的折旧政策计提折旧；对于其他经营租赁资产，应当根据该资产适用的企业会计准则，采用系统合理的方法进行摊销。

出租人应当按照《企业会计准则第 8 号——资产减值》的规定，确定经营租赁资产是否发生减值，并对已识别的减值损失进行会计处理。

(五) 可变租赁付款额

出租人取得的与经营租赁有关的可变租赁付款额，如果是与指数或比率挂钩的，应在租赁期开始日计入租赁收款额；除此之外的，应当在实际发生时计入当期损益。

(六) 经营租赁的变更

经营租赁发生变更的，出租人应自变更生效日开始，将其作为一项新的租赁进行会计处理，与变更前租赁有关的预收或应收租赁收款额视为新租赁的收款额。

第四节 特殊租赁业务的会计处理

一、转租赁

转租情况下，原租赁合同和转租赁合同通常都是单独协商的，交易对手也是不同的企业、本准则要求转租出租人对原租赁合同和转租赁合同分别根据承租人和出租人会计处理要求，进行会计处理。

承租人在对转租赁进行分类时，转租出租人应基于原租赁中产生的使用权资产，而不是租赁资产(如作为租赁对象的不动产或设备)进行分类。原租赁资产不归转租出租人所有，原租赁资产也未计入其资产负债表。因此，转租出租人应基于其控制的资产(即使用权资产)进行会计处理。

原租赁为短期租赁，且转租出租人作为承租人已按照本准则采用简化会计处理方法的，应将转租赁分类为经营租赁。

【例 5-46】 甲企业(原租赁承租人)与乙企业(原租赁出租人)就 5 000 平方米办公场所签订了一项为期 5 年的租赁(原租赁)。在第 3 年年初，甲企业将该 5 000 平方米办公场所转租给丙企业，期限为原租赁的剩余 3 年时间(转租赁)。假设不考虑初始直接费用。

甲企业应基于原租赁形成的使用权资产对转租赁进行分类。本例中，转租赁的期限覆盖了原租赁的所有剩余期限，综合考虑其他因素，甲企业判断其实质上转移了与该项使用权资产有关的几乎全部风险和报酬，甲企业将该项转租赁分类为融资租赁。

甲企业的会计处理为：①终止确认与原租赁相关且转给丙企业(转租承租人)的使用权资产，并确认转租赁投资净额；②将使用权资产与转租赁投资净额之间的差额确认为损益；③在资产负债表中保留原租赁的租赁负债，该负债代表应付原租赁出租人的租赁付款额。在转租期间，中间出租人既要确认转租赁的租赁收益，也要确认原租赁的利息费用。

【例 5-47】 甲企业(原租赁承租人)与乙企业(原租赁出租人)就 5 000 平方米办公场所签订了一项为期 5 年的租赁(原租赁)。在原租赁的租赁期开始日，甲企业将该 5 000 平方米办公场所转租给丙企业，期限为两年(转租赁)。

甲企业基于原租赁形成的使用权资产对转租赁进行分类，考虑各种因素后，将其分类为经营租赁，签订转租赁时，中间出租人在其资产负债表中继续保留与原租赁相关的租赁负债和使用权资产。在转租期间，甲企业确认使用权资产的折旧费用和租赁负债的利息；并确认转租赁的租赁收入。

二、生产商或经销商出租人的融资租赁会计处理

生产商或经销商通常为客户提供购买或租赁其产品或商品的选择。如果生产商或经销商出租其产品或商品构成融资租赁，则该交易产生的损益应相当于按照考虑适用的交易量或商业折扣后的正常售价直接销售标的资产所产生的损益。构成融资租赁的，生产商或经销商出租人在租赁期开始日应当按照租赁资产公允价值与租赁收款额按市场利率折现的现值两者孰低确认收入，并按照租赁资产账面价值扣除未担保余值的现值后的余额结转销售成本，收入和销售成本的差额作为销售损益。

由于取得融资租赁所发生的成本主要与生产商或经销商赚取的销售利得相关，生产商或经销商出租人应当在租赁期开始日将其计入损益。即与其他融资租赁出租人不同，生产商或经销商出租人取得融资租赁所发生的成本不属于初始直接费用，不计入租赁投资净额。

【例 5-48】 甲公司是一家设备生产商，与乙公司（生产型企业）签订了一份租赁合同，向乙公司出租所生产的设备合同主要条款如下：

(1) 租赁资产：设备 A。

(2) 租赁期：2019 年 1 月 1 日至 2021 年 12 月 31 日，共 3 年。

(3) 租金支付：自 2019 年起每年年末支付年租金 1 000 000 元。

(4) 租赁合同规定的利率：5%（年利率），与市场利率相同。

(5) 该设备于 2019 年 1 月 1 日的公允价值为 2 700 000 元，账面价值为 2 000 000 元。

(6) 甲公司取得该租赁发生的相关成本为 5 000 元。

(7) 该设备于 2019 年 1 月 1 日交付乙公司，预计使用寿命为 8 年，无残值；租赁期届满时，乙公司可以 100 元购买该设备，预计租赁到期日该设备的公允价值不低于 1 500 000 元，乙公司对此金额提供担保；租赁期内该设备的保险、维修等费用均由乙公司自行承担。假设不考虑其他因素和各项税费影响。

(1) 出租人出租日发生租赁业务的处理。

第一步，判断租赁类型。本例中租赁期满乙公司可以远低于租赁到期日租赁资产公允价值的金额购买租赁资产，甲公司认为其可以合理确定乙公司将行使购买选择权，综合考虑其他因素，与该项资产所有权有关的几乎所有风险和报酬已实质转移给乙公司，因此甲公司将该租赁认定为融资租赁。

第二步，计算租赁期开始日租赁收款额按市场利率折现的现值，确定收入金额。

租赁收款额＝租金×期数＋购买价格＝1 000 000×3＋100＝3 000 100（元）

租赁收款额按市场利率折现的现值＝1 000 000×(P/A，5%，3)＋100×(P/F，5%，3)＝2 723 286（元）

按照租赁资产公允价值与租赁收款额按市场利率折现的现值两者孰低的原则，确认收

入为 2 700 000 元。

第三步，计算租赁资产账面价值扣除未担保余值的现值后的余额，确定销售成本金额。

销售成本＝账面价值－未担保余值的现值＝2 000 000－0＝2 000 000(元)

第四步，编制会计分录。

确认收入：

借：应收融资租赁款——租赁收款额　　3 000 100
　贷：主营业务收入　　2 700 000
　　应收融资租赁款——未实现融资收益　　300 100

反映销售成本的结转：

借：主营业务成本　　2 000 000
　贷：库存商品　　2 000 000

企业发生了 5 000 元相关支出，该支出类似于营销费用：

借：销售费用　　5 000
　贷：银行存款　　5 000

(2) 计算租赁期内各期的租赁收入。

由于甲公司在确定营业收入和租赁投资净额(即应收融资租赁款)时，是基于租赁资产的公允价值，因此，甲公司需要根据租赁收款额、未担保余值和租赁资产公允价值重新计算租赁内含利率。即 $1\ 000\ 000\times(P/A,\ r,\ 3)+100\times(P/F,\ r,\ 3)=2\ 700\ 000$(元)，$r=5.4606\%=5.46\%$，计算租赁期内各期分摊的融资收益，如表 5-6 所示。

表 5-6　未实现融资收益分期确认表

单位：元

年度	应收融资租赁款年初余额	本期租金收入	未实现融资收益	现金总流入	应收融资租赁款本期收现	应收融资租赁款年末余额
项目	(1)	(2)＝(1)×5.46%	(3)＝上期(3)－(2)	(4)	(5)＝(4)－(2)	(6)＝(1)－(5)
出租日	2 700 000	—	300 100	—	—	—
1	2 700 000	147 436	152 664	1 000 000	852 564	1 847 436
2	1 847 436	100 881	51 783	1 000 000	899 119	948 317
3	948 317	51 783	0	1 000 000	948 217	100
—	—		—	100	—	0
合计	—	300 100	—	3 000 100	2 700 000	—

每年年末业务处理：分期确认本期租赁收入、收到租赁款项及增值税以及最后承租人行使购买权。其具体会计分录如表 5-7 所示。

表 5-7　各年年末业务处理表

单位:元

<table>
<tr><th>年末</th><th>会计分录</th><th>第 1 年</th><th>第 2 年</th><th>第 3 年</th></tr>
<tr><td rowspan="2">确认租赁收入</td><td>借:应收融资租赁款——未实现融资收益</td><td rowspan="2">147 436</td><td rowspan="2">100 881</td><td rowspan="2">51 783</td></tr>
<tr><td>　贷:租赁收入</td></tr>
<tr><td rowspan="3">收到租赁款项和增值税</td><td>借:银行存款</td><td colspan="3">1 130 000</td></tr>
<tr><td>　贷:应交税费——应交增值税(销项税额)</td><td colspan="3">130 000</td></tr>
<tr><td>　贷:应收融资租赁款——租赁收款额</td><td colspan="3">1 000 000</td></tr>
<tr><td rowspan="3">租赁到期出售</td><td>借:银行存款</td><td></td><td></td><td>113</td></tr>
<tr><td>　贷:应交税费——应交增值税(销项税额)</td><td></td><td></td><td>13</td></tr>
<tr><td>　贷:应收融资租赁</td><td></td><td></td><td>100</td></tr>
</table>

【例 5-49】 甲公司是一家设备生产商,与乙公司(生产型企业)签订了一份租赁合同,向乙公司出租所生产的设备,合同主要条款如下:

(1) 租赁资产:设备 A。

(2) 租赁期:2019 年 1 月 1 日至 2025 年 12 月 31 日,共 7 年。

(3) 租金支付:自 2019 年起每年年末支付年租金 475 000 元。

(4) 租赁合同规定的利率:6%(年利率),与市场利息率相同。

(5) 该设备于 2019 年 1 月 1 日的公允价值为 2 700 000 元,账面价值为 2 000 000 元,甲公司认为租赁到期时该设备余值为 72 800 元,乙公司及其关联方未对余值提供担保。

(6) 甲公司取得该租赁发生的相关成本为 5 000 元。

(7) 该设备于 2019 年 1 月 1 日交付乙公司,预计使用寿命为 7 年;租赁期内该设备的保险、维修等费用均由乙公司自行承担。假设不考虑其他因素和各项税费影响。

(1) 出租人出租日发生租赁业务的处理。

第一步,判断租赁类型。本例中租赁期与租赁资产预计使用寿命一致,另外租赁收款额的现值为 2 651 600 元(计算过程见后),约为租赁资产公允价值的 98%,综合考虑其他因素,甲公司认为与该项资产所有权有关的几乎所有风险和报酬已实质转移给乙公司,所以将该租赁认定为融资租赁。

第二步,计算租赁期开始日租赁收款额按市场利率折现的现值,确定收入金额。

租赁收款额=租金×期数=475 000×7=3 325 000(元)

租赁收款额按市场利率折现的现值=475 000×(P/A, 6%, 7)=2 651 600(元)

按照租赁资产公允价值与租赁收款额按市场利率折现的现值两者孰低的原则,确认收入为 2 651 600 元。

注:475 000×(P/A, 6%, 7)=2 651 640(元),为便于计算,作尾数调整,取 2 651 600 元。

第三步,计算租赁资产账面价值扣除未担保余值的现值后的余额,确定销售成本金额。

未担保余值的现值=72 800×(P/F, 6%, 7)=48 400(元)

注:72 800×(P/F, 6%, 7)=48 412(元),为便于计算,作尾数调整,取 48 400 元。

销售成本＝账面价值－未担保余值的现值＝2 000 000－48 400＝1 951 600(元)

第四步，会计分录。

确认收入：

借：应收融资租赁款——租赁收款额	3 325 000	
贷：主营业务收入		2 651 450
应收融资租赁款——未实现融资收益		673 550

反映销售成本的结转：

借：主营业务成本	1 951 581	
应收融资租赁款——未担保余值	72 800	
贷：库存商品		2 000 000
应收融资租赁款——未实现融资收益		24 381

企业发生了5 000元相关支出，该支出类似于营销费用：

借：销售费用	5 000	
贷：银行存款		5 000

(2) 计算租赁期内各期的租赁收入。由于甲公司在确定营业收入和租赁投资净额(即应收融资租赁款)时，是基于租赁收款额按市场利率折现的现值，因此，甲公司无需重新计算租赁内含利率。甲公司按上述折现率6%计算租赁期内各期分摊的融资收益，如表5-8所示。

表5-8　未实现融资收益分期摊销表

单位：元

年度	应收融资租赁款年初余额	本期租金收入	未实现融资收益	现金总流入	应收融资租赁款本期收现	应收融资租赁款年末余额
项目	(1)	(2)＝(1)×6%	(3)＝上期(3)－(2)	(4)	(5)＝(4)－(2)	(6)＝(1)－(5)
出租日	2 699 869	—	697 931	—	—	—
1	2 699 869	161 992	535 939	475 000	313 008	2 386 861
2	2 386 861	143 212	392 727	475 000	331 788	2 055 073
3	2 055 073	123 304	269 423	475 000	351 696	1 703 377
4	1 703 377	102 203	167 220	475 000	372 797	1 330 580
5	1 330 580	79 835	87 385	475 000	395 165	935 415
6	935 415	56 125	31 260	475 000	418 875	516 540
7	516 540	31 260	0	475 000	443 740	72 800
—	—	—	72 800	72 800		0

(3) 每年年末业务处理：分期确认本期租赁收入、收到租赁款项及增值税。其具体会计分录如表5-9所示。

表 5-9　各年年末业务处理表

年末	会计分录	第 1 年	第 2 年	第 3 年	第 4～7 年
确认租赁收入	借：应收融资租赁款——未实现融资收益	161 992	143 212	123 304	略
	贷：租赁收入				
收到租金和增值税	借：银行存款	536 750			
	贷：应交税费——应交增值税（销项税额）	61 750			
	贷：应收融资租赁	475 000			

（4）2025 年 12 月 31 日，甲公司到期收回该租赁资产，应作如下的会计分录：

借：融资租赁资产　　72 800
　贷：应收融资租赁款——未担保余值　　72 800

为吸引客户，生产商或经销商出租人有时以较低利率报价。使用该利率会导致出租人在租赁期开始日确认的收入偏高。在这种情况下，生产商或经销商出租人应当将销售利得限制为采用市场利率所能取得的销售利得。

三、售后租回交易

若企业（卖方兼承租人）将资产转让给其他企业（买方兼出租人），并从买方兼出租人租回该项资产，则卖方兼承租人和买方兼出租人均应按照售后租回交易的规定进行会计处理。企业应当按照《企业会计准则第 14 号——收入》（2017）的规定，评估确定售后租回交易中的资产转让是否属于销售，并区别进行会计处理。

在标的资产的法定所有权转移给出租人并将资产租赁给承租人之前，承租人可能会先获得标的资产的法定所有权。但是，是否具有标的资产的法定所有权本身并非会计处理的决定性因素。如果承租人在资产转移给出租人之前已经取得对标的资产的控制，则该交易属于售后租回交易。然而，如果承租人未能在资产转移给出租人之前取得对标的资产的控制，那么即便承租人在资产转移给出租人之前先获得标的资产的法定所有权，该交易也不属于售后租回交易。

（一）售后租回交易中的资产转让属于销售

卖方兼承租人应当按原资产账面价值中与租回获得的使用权有关的部分，计量售后租回所形成的使用权资产，并仅就转让至买方兼出租人的权利确认相关利得或损失。买方兼出租人根据其他适用的《企业会计准则》对资产购买进行会计处理，并根据新租赁准则对资产出租进行会计处理。

如果销售对价的公允价值与资产的公允价值不同，或者出租人未按市场价格收取租金，企业应当进行以下调整：

（1）销售对价低于市场价格的款项作为预付租金进行会计处理。

（2）销售对价高于市场价格的款项作为买方兼出租人向卖方兼承租人提供的额外融资进行会计处理。

同时，承租人按照公允价值调整相关销售利得或损失，出租人按市场价格调整租金收入。

在进行上述调整时，企业应当按以下二者中较易确定者进行：

(1) 销售对价的公允价值与资产的公允价值的差异。

(2) 合同付款额的现值与按市场租金计算的付款额的现值的差异。

(二) 售后租回交易中的资产转让不属于销售

卖方兼承租人不终止确认所转让的资产，而应当将收到的现金作为金融负债，并按照《企业会计准则第 22 号——金融工具确认和计量》(2017)进行会计处理。买方兼出租人不确认被转让资产，而应当将支付的现金作为金融资产，并按照《企业会计准则第 22 号——金融工具确认和计量》(2017)进行会计处理。

(三) 售后租回交易示例

1. 售后租回交易中的资产转让不属于销售

【例 5-50】 甲公司(卖方兼承租人)以货币资金 24 000 000 元的价格向乙公司(买方兼出租人)出售一栋建筑物，交易前该建筑物的账面原值是 24 000 000 元，累计折旧是 4 000 000元。与此同时，甲公司与乙公司签订了合同，取得了该建筑物 18 年的使用权(全部剩余使用年限为 40 年)，年租金为 2 000 000 元，于每年年末支付，租赁期满时，甲公司将以 100 元购买该建筑物。根据交易的条款和条件，甲公司转让建筑物不满足《企业会计准则第 14 号——收入》(2017)中关于销售成立的条件。假设不考虑初始直接费用和各项税费的影响。该建筑物在销售当日的公允价值为 36 000 000 元。

在租赁期开始日，甲公司对所收到的款项作为“长期应收款”处理。在租赁期开始日，乙公司对所付出的款项作为“长期应收款”处理。

2. 售后租回交易中的资产转让属于销售

【例 5-51】 甲公司(卖方兼承租人)以货币资金 24 000 000 元的价格向乙公司(买方兼出租人)出售一栋建筑物，交易前该建筑物的账面原值是 24 000 000 元，累计折旧是 4 000 000元。与此同时，甲公司与乙公司签订了合同，取得了该建筑物 18 年的使用权(全部剩余使用年限为 40 年)，年租金为 2 000 000 元，于每年年末支付，租赁期满时，甲公司将以 100 元购买该建筑物。根据交易的条款和条件，甲公司转让建筑物不满足《企业会计准则第 14 号——收入》(2017)中关于销售成立的条件。假设不考虑初始直接费用和各项税费的影响。该建筑物在销售当日的公允价值为 36 000 000 元。

以上款项均不包含增值税，销售和构建不动产增值税税率为 13%，不动产出租增值税税率为 9%，甲、乙公司均确定租赁内含年利率为 4.5%。

(1)在租赁期开始日，甲公司对该交易的会计处理如下：

① 超额售价 4 000 000 元确认为乙公司向甲公司提供的额外贷款。

借：银行存款	4 000 000	
贷：长期应付款		4 000 000

② 确认资产出售收益。

借：银行存款　　40 680 000
　累计折旧　　4 000 000
　贷：固定资产　　24 000 000
　　资产处置损益　　16 000 000
　　应交税费——应交增值税(销项税额)　　4 680 000

③ 确认租赁负债和使用权资产。

年付款额现值=2 400 000×(P/A，4.5%，18)=29 183 980(元)

其中，4 000 000元与额外融资相关，剩下的25 183 980元即租赁付款额现值(该金额即租赁负债和使用权资产的金额)。

年付款额中：

额外融资年付款额=2 400 000×(4 000 000÷29 183 980)=328 948(元)

租赁相关年付款额=2 400 000-328 948=2 071 052(元)

总的“租赁负债——租赁付款额”=2 071 052×18=37 278 936(元)

由此可知，

“租赁负债——未确认融资费用”=37 278 936-25 183 980=12 094 956(元)

借：使用权资产　　25 183 980
　租赁负债——未确认融资费用　　12 094 956
　贷：租赁负债——租赁付款额　　37 278 936

冲销未实现的资产处置损益，调整使用权资产账面价值。

由于是售后租回，使用权资产所对应的原固定资产部分使用权的控制权一直掌握在甲公司手中，因此，甲公司不应该确认其对应部分的资产处置损益，应将原确认的这部分资产处置损益予以冲销。

计算该部分与转让至乙公司的权利相关的利得：

与该建筑物使用权相关的利得=16 000 000×(25 183 980÷36 000 000)=11 192 880(元)

借：资产处置损益　　11 192 880
　贷：使用权资产　　11 192 880

最终“资产处置损益”项目的金额=16 000 000-11 192 880=4 807 120(元)

甲公司每年年末确认租赁所产生的财务费用：

① 超额借款每期财务费用确认(见表5-10)。

表5-10　超额借款每期财务费用确认

单位：元

年度	长期应付款年初余额	本期财务费用	现金总流出	长期应付款本金偿还额	长期应付款年末余额
项目	(1)	(2)=(1)×4.5%	(3)	(4)=(3)-(2)	(5)=(1)-(4)
1	4 000 000	180 000	328 948	148 948	3 851 052
2	3 851 052	173 297	328 948	155 651	3 695 401

（续表）

年度	长期应付款年初余额	本期财务费用	现金总流出	长期应付款本金偿还额	长期应付款年末余额
3	3 695 401	166 293	328 948	162 655	3 532 746
4	3 532 746	158 974	328 948	169 974	3 362 772
5	3 362 772	151 325	328 948	177 623	3 185 149
6	3 185 149	143 332	328 948	185 616	2 999 533
7	2 999 533	134 979	328 948	193 969	2 805 564
8	2 805 564	126 250	328 948	202 698	2 602 866
9	2 602 866	117 129	328 948	211 819	2 391 047
10	2 391 047	107 597	328 948	221 351	2 169 696
11	2 169 696	97 636	328 948	231 312	1 938 384
12	1 938 384	87 227	328 948	241 721	1 696 663
13	1 696 663	76 350	328 948	252 598	1 444 065
14	1 444 065	64 983	328 948	263 965	1 180 100
15	1 180 100	53 105	328 948	275 843	904 257
16	904 257	40 692	328 948	288 256	616 001
17	616 001	27 720	328 948	301 228	314 773
18	314 773	14 175	328 948	314 773	0
	—		4 000 000		0

② 租金支出中未确认融资费用分期摊销(见表 5-11)。

表 5-11 未确认融资费用分期摊销表

单位:元

年度	租赁负债年初余额	本期财务费用	未摊销融资费用	现金总流出	租赁负债本期付现	租赁负债年末余额
项目	(1)	(2)=(1)×4.5%	(3)=上期(3)-(2)	(4)	(5)=(4)-(2)	(6)=(1)-(5)
承租日	25 183 980	—	12 094 956	—	—	—
1	25 183 980	1 133 279	10 961 677	2 071 052	937 773	24 246 207
2	24 246 207	1 091 079	9 870 598	2 071 052	979 973	23 266 234
3	3 695 401	23 266 234	8 823 617	2 071 052	1 024 071	22 242 163
4	3 532 746	1 000 897	7 822 720	2 071 052	1 070 155	21 172 008
5	3 362 772	952 740	6 869 980	2 071 052	1 118 312	20 053 696
6	20 053 696	902 416	5 967 564	2 071 052	1 168 636	18 885 060

（续表）

年度	租赁负债年初余额	本期财务费用	未摊销融资费用	现金总流出	租赁负债本期付现	租赁负债年末余额
7	18 885 060	849 828	5 117 736	2 071 052	1 221 224	17 663 836
8	17 663 836	794 873	4 322 863	2 071 052	1 276 179	16 387 657
9	16 387 657	737 445	3 585 418	2 071 052	1 333 607	15 054 050
10	15 054 050	677 432	2 907 986	2 071 052	1 393 620	13 660 430
11	13 660 430	614 719	2 293 267	2 071 052	1 456 333	12 204 097
12	12 204 097	549 184	1 744 083	2 071 052	1 521 868	10 682 229
13	10 682 229	480 700	1 263 383	2 071 052	1 590 352	9 091 877
14	9 091 877	409 134	854 249	2 071 052	1 661 918	7 429 959
15	7 429 959	334 348	519 901	2 071 052	1 736 704	5 693 255
16	5 693 255	256 196	263 705	2 071 052	1 814 856	3 878 399
17	3 878 399	174 528	89 177	2 071 052	1 896 524	1 981 875
18	1 981 875	89 177	14 175	2 071 052	1 981 875	0
	—			2 071 052	1 981 875	0

甲公司第1年年末财务费用的确认、租金的支付：

① 超额借款所应确认的利息费用。

借：财务费用　　180 000
　　贷：应付利息　　180 000

② 确认租金中本期应承担的融资费用。

借：财务费用　　1 133 279
　　贷：租赁负债——未确认融资费用　　1 133 279

③ 支付超额售价中所包括的长期应付款及应付利息。

借：长期应付款　　148 948
　　应付利息　　180 000
　　贷：银行存款　　328 948

④ 支付租金及增值税，增值税税率为9%。

借：租赁负债——租赁应付款　　2 071 052
　　应交税费——应交增值税（进项税额）　　186 395
　　贷：银行存款　　2 257 447

其他各年的业务处理略。

（2）乙公司业务处理分析。综合考虑租期占该建筑物剩余使用年限的比例等因素，乙公司将该建筑物的租赁分类为经营租赁。在租赁期开始日：

借：固定资产——建筑物　　36 000 000
　　长期应收款　　4 000 000
　　应交税费——应交增值税(进项税额)　　4 680 000
　　贷：银行存款　　44 680 000

租赁期开始日之后，乙公司第 1 年年末确认利息收入、收取租金。

乙公司将从甲公司处年收款额 2 400 000 元中的 2 071 052 元作为租赁收款额进行会计处理，剩下的 328 948 元作为与超额借款有关的费用进行处理。

① 超额买价中包含的长期应收款中利息收入的确认与款项的收回。

借：银行存款　　328 948
　　贷：财务费用　　180 000
　　　　长期应收款　　148 948

② 收到租金及增值税，增值税税率为 9%。

借：银行存款　　2 257 447
　　贷：租赁收入　　2 071 052
　　　　应交税费——应交增值税(销项税额)　　186 395

乙公司其他各年业务处理略。

同步测试题

一、名词解释

1. 租赁
2. 租赁期
3. 租赁开始日
4. 租赁期开始日
5. 最低租赁付款额
6. 资产余值
7. 担保余值
8. 未担保余值

二、单项选择题

1. 甲企业采用租赁方式租入设备一台。租赁合同的主要内容为：①该设备租赁期为 5 年，每年年末支付租金 5 万元，折现率为 6%，年金现值系数为 4.212；②或有租金 4 万元；③初始直接费用 3 万元。甲企业该设备的使用权资产初始入账成本为(　　)万元。

A. 26.06　　B. 25
C. 24.06　　D. 32

2. 租赁是指在一定期间内，出租人将资产的(　　)让与承租人以获取对价的合同。

A. 使用权　　B. 控制权

C. 所有权　　D. 保管权

3. 短期租赁，是指在租赁期开始日，租赁期不超过(　　)个月的租赁。

A. 3　　B. 6

C. 9　　D. 12

4. 承租人对租赁负债应当按照租赁期开始日尚未支付的租赁付款额的(　　)进行初始计量。

A. 现值　　B. 可变现净值

C. 公允价值　　D. 历史成本

5. 甲公司采用租赁方式租入一台大型设备，该设备的使用权资产入账价值为 1 200 万元，租赁期为 10 年。该设备的预计使用年限为 12 年，预计净残值为 120 万元。甲公司采用年限平均法对该租入设备计提折旧。甲公司每年对该租入使用权计提的折旧额为(　　)万元。

A. 105　　B. 108

C. 113　　D. 120

6. (　　)是指出租人提供租赁资产使其可供承租人使用的起始日期。

A. 租赁开始日　　B. 租赁期开始日

C. 租赁期　　D. 租赁合同签订日

7. 使用权资产应当按照成本进行初始计量，该成本不包括(　　)。

A. 租赁负债的初始计量金额

B. 承租人发生的初始直接费用

C. 承租人为拆卸及移除租赁资产、复原租赁资产所在场地或将租赁资产恢复至租赁条款约定状态预计将发生的成本

D. 租赁激励相关金额

8. A 公司将一台固定资产以短期租赁方式租赁给乙企业，租赁期为 10 个月，租金总额为 120 000 元，该租金在租赁期开始日一次性支付，出租人给予承租人 2 个月的免租期，则 A 公司按照直线法每月应分摊的租金为(　　)元。

A. 12 000　　B. 15 000

C. 10 000　　D. 8 000

9. 承租人应当按照固定的周期性利率计算租赁负债在租赁期内各期间的利息费用，应计入(　　)；按照《企业会计准则第 17 号——借款费用》等其他准则规定应当计入相关资产成本的，从其规定。

A. 使用权资产成本　　B. 租赁负债

C. 财务费用　　D. 管理费用

10. 承租人甲公司签订了一份为期 10 年的机器租赁合同，用于甲公司生产经营。相关使用权资产的初始账面价值为 10 000 万元，按直线法在 10 年内计提折旧，年折旧费为 1 000万元。第 5 年年末，该使用权资产可回收金额为 3 000 万元，应确认该使用权资产减值损失(　　)万元。

A. 3 000　　B. 5 000

C. 2 000　　D. 600

11. 计算租赁付款额的现值时，承租人应当采用（　　）作为折现率；无法确定的，应当采用承租人增量借款利率作为折现率。

A. 租赁内含利率　　B. 同类同期贷款利率

C. 同类同期存款利率　　D. 租赁投资收益率

12. 承租人应当按照（　　）的规定，确定使用权资产是否发生减值，并对已识别的减值损失进行会计处理。

A.《企业会计准则第 13 号——或有事项》

B.《企业会计准则第 21 号——租赁》

C.《企业会计准则第 4 号——固定资产》

D.《企业会计准则第 8 号——资产减值》

13. 出租人应当在（　　）将租赁分为融资租赁和经营租赁。

A. 租赁期开始日　　B. 租赁开始日

C. 租赁合同签署日　　D. 租赁各方就主要租赁条款作出承诺日

14. 一项租赁属于融资租赁还是经营租赁取决于交易的实质，而不是合同的形式。如果一项租赁实质上转移了与租赁资产所有权有关的几乎全部风险和报酬，出租人应当将该项租赁分类为融资租赁。这项规定体现了（　　）会计信息质量要求。

A. 相关性　　B. 可靠性

C. 实质重于形式　　D. 谨慎性

15. 出租人对应收融资租赁款进行初始计量时，应当以租赁投资净额作为应收融资租赁款的入账价值。租赁投资净额为（　　）。

A. 未担保余值和租赁期开始日尚未收到的租赁收款额按照租赁内含利率折现的现值之和

B. 未担保余值和租赁期开始日尚未收到的租赁收款额之和

C. 租赁期开始日尚未收到的租赁收款额

D. 未担保余值

三、多项选择题

1. 承租人确认使用权资产的初始计量的成本包括（　　）。

A. 租赁负债的初始计量金额

B. 在租赁期开始日或之前支付的租赁付款额，存在租赁激励的，扣除已享受的租赁激励相关金额

C. 承租人发生的初始直接费用

D. 承租人为拆卸及移除租赁资产、复原租赁资产所在场地或将租赁资产恢复至租赁条款约定状态预计将发生的成本

2. 下列各项中，关于承租人的会计处理表述正确的有（　　）。

A. 承租人不再将租赁区分为经营租赁或融资租赁

B. 对所有租赁均确认使用权资产和租赁负债，并分别计提折旧和利息费用

C. 对短期租赁和低价值资产租赁不确认使用权资产和租赁负债

D. 租赁负债应当按照租赁期开始日尚未支付的租赁付款额进行初始计量

3. 下列关于融资租赁判断的表述中,正确的有(　　)。
   A. 在租赁期届满时,租赁资产的所有权转移给承租人
   B. 承租人有购买租赁资产的选择权,所订立的购买价款与预计行使选择权时租赁资产的公允价值相比足够低,因而在租赁开始日就可以合理确定承租人将行使该选择权
   C. 资产的所有权虽然不转移,但租赁期占租赁资产使用寿命的大部分
   D. 在租赁开始日,租赁收款额的现值几乎相当于租赁资产的公允价值
4. 关于出租人对经营租赁的会计处理,下列表述中正确的有(　　)。
   A. 在租赁期内各个期间,出租人应当采用直线法或其他系统合理的方法,将经营租赁的租赁收款额确认为租金收入
   B. 出租人发生的与经营租赁有关的初始直接费用应当费用化
   C. 对于经营租赁资产中的固定资产,出租人应当采用类似资产的折旧政策计提折旧
   D. 出租人取得的与经营租赁有关的未计入租赁收款额的可变租赁付款额,应当在预计发生时计入当期损益
5. 出租人对融资租赁的会计处理,下列表述中正确的有(　　)。
   A. 在租赁期开始日,出租人应当对融资租赁确认应收融资租赁款,并终止确认融资租赁资产
   B. 出租人对应收融资租赁款进行初始计量时,应当以租赁投资净额作为应收融资租赁款的入账价值
   C. 出租人取得的未纳入租赁投资净额计量的可变租赁付款额应当在实际发生时计入当期损益
   D. 生产商或经销商出租人为取得融资租赁发生的成本,应当在租赁期开始日计入应收融资租赁款
6. 一项合同要被分类为租赁,必须满足的条件有(　　)。
   A. 存在一定期间
   B. 存在已经识别的资产
   C. 客户取得该资产所有权
   D. 资产供应方向客户转移对已识别资产使用权的控制
7. 对于低价值租赁,以下说法正确的有(　　)。
   A. 承租人可以选择不确认使用权资产和租赁负债
   B. 短期租赁是指在租赁期开始日,租赁期不超过 12 个月的租赁,包含购买选择权的租赁也可能属于短期租赁
   C. 承租人可以按照租赁资产的类别作出采用简化会计处理的选择
   D. 如果承租人对某类租赁资产作出了简化会计处理的选择,未来该类资产下所有的短期租赁都应采用简化会计处理
8. 关于使用权资产的后续计量,以下说法正确的有(　　)。
   A. 在租赁期开始日后,承租人应当采用成本模式对使用权资产进行后续计量,即以成本减累计折旧及累计减值损失计量使用权资产
   B. 承租人应当参照固定资产有关折旧规定,自租赁期开始日起对使用权资产计提折旧

C. 承租人在确定使用权资产的折旧方法时，应当根据与使用权资产有关的经济利益的预期实现方式做出决定

D. 承租人应当按照扣除减值损失之后的使用权资产的账面价值，进行后续折旧

9. 甲公司与乙公司就4 000平方米的办公场所签订了一项为期10年的租赁合同。租赁期开始日为2020年1月1日，年租赁付款额为1 000万元，在每年年末支付。甲公司无法确定租赁内含利率，在租赁期开始日，甲公司的增量借款利率为6%。以下说法正确的有（ ）。

A. 租赁期开始日确认使用权资产为7 360.1万元

B. 租赁期开始日确认租赁负债——租赁付款额为10 000万元

C. 租赁期开始日租赁负债——未确认融资费用为2 639.9万元

D. 2020年12月31日摊销租赁负债——未确认融资费用441.61万元

10. 承租人可以选择不确认使用权资产和租赁负债的租赁形式有（ ）。

A. 短期租赁　　B. 低价值租赁

C. 融资租赁　　D. 经营租赁

四、是非判断题

1. 甲公司为一家生产石油化工产品的企业（客户），与乙铁路局（供应方）签订了使用乙铁路局10节火车车皮（将火车的货用车厢称为车皮，一车皮就是一节车厢拉的货物量）的5年期合同。该车皮为罐车，载重量为40吨，专为运输甲公司生产化工产品而设计，未经重大改造不适合其他客户使用。合同中没有明确指定车皮的序列编号，但是乙铁路局仅拥有10节适合客户甲公司使用的火车车皮。如果车皮不能正常工作，合同要求乙铁路局修理或更换车厢。该10节火车车皮属于已识别资产。（ ）

2. 甲公司为网络通信公司（客户），与乙公用设施公司（供应方）签订了一份为期15年的合同，以取得连接北京与上海城市光缆中三条指定的物理上可区分的光纤使用权。若光纤损坏，乙公司应负责修理和维护。乙公司拥有额外的光纤，但仅可因修理、维护或故障等原因替换指定给甲公司使用的光纤。三条光纤不属于已识别资产。（ ）

3. 甲公司是一家生产销售北京烤鸭的企业，与北京大兴机场运营商签订了使用机场内某处不确定商业区域销售北京烤鸭的3年期合同。合同规定了商业区域的面积，商业区域可以位于机场内的任一登机区域，机场有权在整个使用期间随时调整分配给甲公司的商业区域位置。甲公司使用易于移动的自有售货亭销售烤鸭。机场有很多符合合同规定的区域可供甲公司使用。合同中不存在已识别资产。（ ）

4. 甲公司为国内航空公司（客户）与乙飞机租赁公司（供应方）签订了使用一架指定飞机的4年期合同，合同详细规定了飞机（波音737-800）的内、外部规格。合同规定，乙公司在4年合同期内可以随时替换飞机，在飞机出现故障时则必须替换飞机；无论哪种情况下，所替换的飞机必须符合合同中规定的内、外部规格。在乙公司的机队中配备符合甲公司要求规格的飞机仅有一架，进行替换的成本高昂。合同中存在已识别资产。（ ）

5. 承租人甲公司在某商铺的租赁安排中，出租人乙公司于2020年1月1日将商铺钥匙交付承租人，承租人在收到钥匙后，就可以自主安排对商铺的装修布置，并安排搬迁。合同约定有3个月的免租期，起租日为2020年4月1日，承租人自起租日开始支付租金。

则租赁期开始日是 2020 年 4 月 1 日。 (　　)

6. 租赁负债应当按照租赁期开始日尚未支付的租赁付款额的终值进行初始计量。(　　)

7. 在租赁期开始日或之前支付的租赁付款额；存在租赁激励的，应扣除已享受的租赁激励相关金额。 (　　)

8. 使用权资产通常应自租赁期开始的当月计提折旧，当月计提确有困难的，为便于实务操作，企业也可以选择自租赁期开始的下月计提折旧，但应对同类使用权资产采取相同的折旧政策。 (　　)

9. 低价值资产租赁的标准应该是一个绝对金额，即仅与资产全新状态下的绝对价值有关，不受承租人规模、性质等影响，也不考虑该资产对于承租人或相关租赁交易的重要性。 (　　)

10. 出租人应当在租赁期开始日将租赁分为融资租赁和经营租赁。 (　　)

五、思考题

1. 什么是租赁？租赁分为哪几种？
2. 租赁如何进行分类？
3. 什么是租赁期？什么是不可撤销租赁？什么是担保余值？
4. 租金由哪些项目构成？
5. 如何计算租金？
6. 什么是最低租赁付款额？
7. 租赁应如何在会计报表中披露？
8. 经营租赁中，出租人如何进行会计处理？
9. 融资租赁中，出租人如何进行会计处理？
10. 承租人对租赁业务如何进行报表披露？

六、计算及账务处理题

1. 甲公司于 2020 年 1 月 1 日从乙公司租入一台全新设备，租赁合同的主要条款如下：

(1) 租赁期开始日：2020 年 1 月 1 日。

(2) 租赁期限：2020 年 1 月 1 日至 2020 年 10 月 31 日。甲公司应在租赁期满后将设备归还给乙公司。

(3) 租金总额：200 万元。

(4) 租金支付方式：在租赁期开始日预付租金 80 万元，2020 年 6 月末支付租金 60 万元，租赁期满时支付租金 60 万元。假定不考虑在租赁过程中发生的其他相关税费，承租人选择短期租赁方式。

要求：

(1) 编制甲公司与租金支付和确认租金费用有关的会计分录。

(2) 编制乙公司与租金收取和确认租金收入有关的会计分录。

2. 甲公司于 2020 年 12 月与乙公司签署租赁协议，租入管理用固定资产，当月达到预定可使用状态。合同规定，自 2021 年 1 月 1 日起，承租人甲公司在每年年初支付 1 000 万元的租赁付款额，租赁期限为 4 年。由于租赁的内含利率不易确定，承租人甲公司的增量借款年利率为 10%，这反映承租人为借入与使用权资产价值接近的、以相同货币计价的且期限为3年及具有类似担保品的资金而须支付的固定利率。承租人甲公司预计将在租赁期内平均地消耗使用权资产的未来经济利益，因此采用直线法对使用权资产进行折旧。已知：$(P/F, 10\%, 1)=0.90909$，$(P/F, 10\%, 2)=0.82645$，$(P/F, 10\%, 3)=0.75131$，$(P/F, 10\%, 4)=0.68301$。

要求：为甲公司2021年编制与租赁相关的会计分录。

3. 甲公司于2018年12月与乙公司签署租赁协议，甲公司租入乙公司管理用的固定资产以用于甲公司的内部管理。合同规定，自2019年1月1日起，承租人甲公司在每年年末支付1 000万元的租赁付款额，租赁期限为4年。固定资产的剩余使用寿命为4年。该固定资产的账面价值2 000万元，公允价值3 000万元，未担保余值为零；乙公司为该租赁支付初始直接费用170万元。$(P/A, 9\%, 4)=3.2397$，$(P/A, 11\%, 4)=3.1024$。

要求：为乙公司编制2019年与租赁相关的会计分录。

第六章
所得税会计

引导案例

财务人员与税务人员的对话

财务人员：我今年股票从 1 500 万元涨到 2 000 万元了，这赚到的 500 万元要交税吗？

税务人员：赚了这么多钱，当然要交啊！

财务人员：可是 2 000 万元是市场价，我还没卖呢，没钱给你！

税务人员：嗯，也是，那你现在不交，等把股票卖了再交吧。

讨论并思考：

1. 什么是所得税？

2. 什么是所得税会计？

3. 财务人员以后将股票卖了有了收益，这部分没有交过税的收益是要交税的，这属于递延所得税负债吗？

第一节 所得税会计的基本原理

一、所得税会计的概念

众所周知，会计准则与税法的目的有所不同。会计准则的目的是规范企业的对外财务报告，以便如实地反映企业的财务状况、经营成果与现金流量情况。而税法则是以课税为直接目的，强调公平与效率，具有调节社会资源的配置、公平社会财富的分配等功能。

会计准则与税法之间的关系存在两种基本模式：统一模式与分离模式。前者是指会计准则规定与税法规定保持完全一致；后者是指会计准则规定与税法规定在确认、计量方面有所不同，两种模式各有利弊。统一模式的优点是可以节约数据处理成本，便于税务机关实施基于会计数据的税收监管，其缺点是不便于体现会计准则与税法在目标上的差异；分离模式的优点是考虑了会计准则与税法在目标上的不同，可以更好地服务于不同的目标，其缺点是成本较高。

如果采用统一模式，则所得税会计将非常简单。随着社会的发展，越来越多的国家采用分离模式。在分离模式下，如何在对外财务报表上反映与所得税有关的会计信息，便成为一个重要的问题。作为财务会计重要内容的所得税会计，要着重解决的是对外财务报告中与所得税有关的会计确认、计量与披露问题，而不是如何确定应纳税所得额、如何申报纳税等问题。

企业对外提供的财务报表要符合会计准则的要求，企业申报所得税时则要遵循税法的规定。

二、所得税会计的基本问题

服务于财务会计的目标，对于所得税会计，需要面对以下几个不同层次的问题：

第一层次：是否确认所得税的影响。按照这一标准，可以将所得税的会计处理方法分为应付税款法与纳税影响会计法两种。应付税款法是一种不进行所得税跨期分摊的方法；纳税影响会计法则试图将所得税在不同会计期间进行合理分摊，使所得税有恰当的归属。

第二层次：基于何种视角反映所得税的会计影响。按照这一标准，可以将纳税影响会计法分为基于利润表的纳税影响会计法和基于资产负债表的纳税影响会计法两种。

第三层次：基于资产负债表债务法，应当如何进行会计确认、计量和报告。

三、应付税款法

应付税款法是一种以税法规定计算的应交所得税作为本期所得税费用的方法。该方法不反应会计准则与税收法规之间差异的跨期影响。

【例 6-1】 甲公司于 2010 年年初成立，当年实现税前会计利润 200 000 元，适用的所得税税率为 25%。当年发生下列与纳税有关的事项：

(1) 会计上确认了 2 000 元的国库券利息收入，而按照税法规定不交所得税。

(2) 当年发生工资费用 150 000 元,而按税法核定的计税工资为 120 000 元。

(3) 由于违法经营被罚款 3 000 元。

(4) 年初购入的一台新设备,成本为 10 000 元,预计无残值,税法规定采用直线法折旧,折旧年限为 5 年,会计上也采用直线法折旧,折旧年限为 10 年。

上述各项中,前三项属于永久性差异,第四项属于时间性差异。

按税法规定计算的年折旧额=10 000÷5=2 000(元)

按会计准则规定计算的年折旧额=10 000÷10=1 000(元)

由于折旧年限不同而形成的时间性差异=2 000−1 000=1 000(元)

甲公司 2010 年应纳税所得额=200 000−2 000+(150 000−120 000)+3 000−1 000=230 000(元)

甲公司 2010 年应交所得税=230 000×25%=57 500(元)

根据上述计算结果,如果该公司采用应付税款法确认所得税费用,则确认所得税费用的会计分录如下:

借:所得税费用　　57 500

　贷:应交税费——应交所得税　　57 500

应付税款法的最大优点是简单,易操作。但这种方法也存在明显的缺点,从利润表的角度来看,由于应付税款法对时间性差异的所得税影响不进行跨期分摊,会导致所确认的所得税费用与税前会计利润之间不配比,容易引起报表使用者的误解。从资产负债表的角度来看,应付税款法只对资产负债表上反映法定的应交所得税,而不确认所得税因素会导致未来经济利益流出企业的递延所得税负债,以及会导致未来经济利益流入企业的递延所得税资产,这就使得资产负债表不能如实地反映企业的财务状况,也不利于利润表如实地反映企业的经营成果。

四、基于利润表的纳税影响会计法

该方法将关注的焦点放在利润表中的所得税费用的确定上,因而重视从特定期间的角度分析会计准则与税收法规之间的具体差异,着眼于税前会计利润与应纳税所得额之间的差异。

五、基于资产负债表的纳税影响会计法

该方法将关注的焦点放在资产负债表上的递延所得税负债与递延所得税资产的确认和计量上,因而重视从特定时点的角度分析会计准则与税收法规之间的具体差异,着眼于资产、负债的账面价值与其计税基础之间的差异。这种方法又称为资产负债表债务法。我国所得税会计采用资产负债表债务法。

【例 6-2】 2019 年年末甲公司以银行存款 150 000 元购入管理用的设备,并投入使用,会计规定采用直线法计提折旧,折旧年限 5 年,无残值,按税法规定采用直线法计提折旧,折旧年限 3 年,不考虑减值,进一步假设每年计提折旧前的税前会计利润为 100 000 元,第一年年初无递延税款余额,所得税税率为 25%,企业不存在任何其他会计与税收差异。

(1) 2020 年：

本年会计折旧＝150 000/5＝30 000(元)

本年税前会计利润＝100 000－30 000＝70 000(元)

本年计税折旧＝150 000/3＝50 000(元)

本年应纳税时间性差异＝50 000－30 000＝20 000(元)

本年应确认递延税款贷项＝20 000×25％＝5 000(元)

本年应纳税所得额＝本年税前会计利润－本年应纳税时间性差异＝70 000－20 000＝50 000(元)

本年应交所得税＝50 000×25％＝12 500(元)

本年所得税费用＝本年税前会计利润×25％＝70 000×25％＝17 500(元)

应编制如下会计分录：

借：所得税费用	17 500	
贷：应交税费——应交所得税		12 500
递延税款		5 000

(2) 2021 年与 2020 年相同。

(3) 2022 年与 2020 年相同。

(4) 2023 年：

本年会计折旧＝150 000/5＝30 000(元)

本年税前会计利润＝100 000－30 000＝70 000(元)

本年计税折旧＝0

本年应纳税时间性差异＝0－30 000＝－30 000(元)

本年应转回递延税款贷项＝－30 000×25％＝－7 500(元)

本年应纳税所得额＝本年税前会计利润－本年应转回的应纳税时间性差异＝70 000＋30 000＝100 000(元)

本年应交所得税＝100 000×25％＝25 000(元)

本年所得税费用＝本年税前会计利润×25％＝70 000×25％＝17 500(元)

应编制如下会计分录：

借：所得税费用	17 500	
递延税款	7 500	
贷：应交税费——应交所得税		25 000

(5) 2024 年与 2023 年相同。

六、所得税会计的一般程序

企业一般应于每一资产负债表日进行所得税的核算。企业合并等特殊交易或事项发生时，在确认因交易或事项取得的资产、负债时，即确认相关的所得税影响。

企业进行所得税核算一般应遵循以下程序：

(1) 确定资产负债表中除递延所得税资产和递延所得税负债以外的其他资产和负债项目的账面价值。

（2）按照资产和负债计税基础的确定方法，以适用的税收法规为基础，确定资产负债表中有关资产和负债项目的计税基础。

（3）比较资产和负债项目的账面价值与计税基础，两者之间存在差异的，分析其性质，除企业会计准则中规定的特殊情况外，分别按应纳税暂时性差异与可抵扣暂时性差异，确定该资产负债表日递延所得税负债和递延所得税资产的应有金额，并与期初递延所得税负债和递延所得税资产的余额相比，确定当期应予进一步确认的递延所得税资产和递延所得税负债金额或应予转销的金额，作为递延所得税。

（4）按照适用的税法规定计算确定当期应纳税所得额，将应纳税所得额与适用的所得税税率计算的结果确认为当期应交所得税，即当期所得税。

（5）确定利润表中的所得税费用。

企业计算确定了当期所得税和递延所得税后，两者之和（或之差）作为利润表中应予确认的所得税费用。

第二节　资产、负债的计税基础

一、资产的计税基础

资产的计税基础是指企业收回资产账面价值过程中，计算应纳税所得额时按照税法规定可以自应税经济利益中抵扣的金额。

通常情况下，资产在取得时其入账价值与计税基础是相同的，后续计量过程中因企业会计准则规定与税法规定不同，可能产生资产的账面价值与其计税基础的差异。

（一）固定资产

计税基础 = 实际成本 − 税法累计折旧

账面价值 = 实际成本 − 会计累计折旧 − 固定资产减值准备

1. 折旧方法、折旧年限不同产生的差异

因计提固定资产减值准备产生的差异分析固定资产的计税基础与账面价值的差异，需要关注两个时点：一是固定资产取得时点；二是会计期末。

（1）固定资产取得时计税基础与账面价值的差异。企业以各种方式取得的固定资产，初始确认时按照会计准则规定确认的入账价值基本上是被税法认可的，即取得时其账面价值一般等于计税基础，但是也有例外。

【例 6-3】 乙公司是一家经营核电站的公司，2019 年 12 月 15 日建造一座核电站，交付使用。该核电站的建造成本为 40 亿元，估计弃置费用的现值为 2 亿元。

按照现行会计准则的规定，核电站的弃置费用应当计入固定资产的入账价值，但是税法不予认可。因此，2019 年 12 月 15 日固定资产的入账金额为 42 亿元，计税基础为 40 亿元，产生应纳税暂时性差异 2 亿元。

（2）会计期末计税基础与账面价值的差异。固定资产在持有期间进行后续计量时，由于会计准则与税法规定就折旧年限、折旧方法以及固定资产减值准备的提取等处理的不同，可能造成会计期末计税基础与账面价值的差异。

【例 6-4】 2019 年年末甲公司以银行存款 150 000 元购入管理用 A 设备，并投入使用，会计规定采用直线法计提折旧，折旧年限 5 年，而按税法规定采用直线法计提折旧，折旧年限 3 年。

2020 年确认计税折旧费 50 000 元，剩余 100 000 元计税折旧费可以在以后年度确认。这意味着以后年度在对该固定资产所产生的经济利益(金额不确定也不需要确定)征税时有 100 000 元不需要纳税(可以抵扣)，因此：

2020 年年末固定资产的计税基础为 100 000 元，账面价值为 120 000 元，相应的暂时性差异为应纳税暂时性差异 20 000 元(120 000－100 000)；

2021 年年末固定资产的计税基础为 50 000 元，账面价值为 90 000 元，相应的暂时性差异为应纳税暂时性差异 40 000 元(90 000－50 000)；

2022 年年末固定资产的计税基础为 0，账面价值为 60 000 元，相应的暂时性差异为应纳税暂时性差异 60 000 元(60 000－0)；

2023 年年末固定资产的计税基础为 0，账面价值为 30 000 元，相应的暂时性差异为应纳税暂时性差异 30 000 元(30 000－0)；

2024 年年末固定资产的计税基础为 0，账面价值为 0，相应的暂时性差异为应纳税暂时性差异 0。

2. 因计提固定资产减值准备产生的差异

持有固定资产的期间内，在对固定资产计提了减值准备以后，因税法规定企业计提的资产减值准备在发生实质性损失前不允许税前扣除，也会造成固定资产的计税基础与账面价值的差异。

【例 6-5】 甲企业于 2017 年 12 月 20 日取得的某项环保用固定资产，原价为 750 万元，预计使用年限为 10 年，会计上采用年限平均法计提折旧，净残值为零。税法规定该类(由于技术进步、产品更新换代快)固定资产采用加速折旧法计提的折旧可予税前扣除，该企业在计税时采用双倍余额递减法计提折旧。2019 年 12 月 31 日，甲企业估计该项固定资产的可收回金额为 550 万元。

2019 年 12 月 31 日，该项固定资产的账面余额＝750－75×2＝600(万元)，该账面余额大于其可收回金额 550 万元，两者之间的差额应计提 50 万元的固定资产减值准备。

2019 年 12 月 31 日，该项固定资产的账面价值＝750－75×2－50＝550(万元)

其计税基础＝750－750×20％－600×20％＝480(万元)

该项固定资产的账面价值 550 万元与其计税基础 480 万元之间的 70 万元差额，将于未来期间计入企业的应纳税所得额。

(二) 无形资产

与固定资产类似，分析无形资产的计税基础与账面价值的差异，也需要关注两个时点：一是无形资产取得时点；二是会计期末。

1. 无形资产取得时计税基础与账面价值的差异

在企业取得无形资产的时点，初始确认时按照会计准则规定确定的入账价值与按照税法规定确定的计税成本之间一般不存在差异。

无形资产为内部研究开发形成的，税法对于企业的研究开发有优惠措施，允许对符合条件的研究开发费用采用加计扣除的办法：企业为开发新技术、新产品、新工艺发生的研究开发费用，未形成无形资产计入当期损益的，在按照规定据实扣除的基础上，按照研究开发费用的 50%加计扣除；形成无形资产的，可以按照无形资产成本的 150%摊销，在这种情况下形成的无形资产，按照会计准则规定确定的成本的 150%摊销，则其计税基础应在会计入账价值的基础上加计 50%，因而产生计税基础与账面价值在初始确认时的差异。

【例 6-6】 甲公司 2019 年为开发新技术发生研究开发支出共计 4 000 万元。其中：研究阶段支出 800 万元，开发阶段符合资本化条件前发生的支出为 200 万元，符合资本化条件后至达到预定用途前发生的支出为 3 000 万元。税法规定，企业为开发新技术、新产品、新工艺发生的研究开发费用，未形成无形资产计入当期损益的，在按照规定据实扣除的基础上，按照研究开发费用的 50%加计扣除；形成无形资产的，可以按照无形资产成本的 150%摊销。假定开发形成的无形资产在当年末已达到预定用途，但尚未开始摊销。

甲公司 2019 年发生的研究开发支出中，按照会计准则规定应予费用化的金额为 1 000 万元，形成无形资产的成本为 3 000 万元，2019 年年末所形成无形资产的账面价值为 3 000 万元。甲公司 2019 年发生的 4 000 万元研究开发支出，按照税法规定可在当期税前扣除的金额为 1 500 万元，所形成无形资产在未来期间可予税前扣除的金额为 4 500 万元，其计税基础为 4 500 万元，形成可抵扣暂时性差异 1 500 万元。

2. 会计期末无形资产计税基础与账面价值的差异

无形资产在后续计量时，会计与税收的差异主要产生于是否需要摊销及无形资产减值准备的计提。

会计准则规定，应根据无形资产的使用寿命情况，区分为使用寿命有限的无形资产与使用寿命不确定的无形资产。对于使用寿命不确定的无形资产，不要求摊销，但持有期间每年应进行减值测试。税法规定，企业取得的无形资产成本，应在一定期限内摊销。对于使用寿命不确定的无形资产，会计处理时不予摊销，但计税时按照税法规定确定的摊销额允许税前扣除，造成该类无形资产账面价值与计税基础的差异。

在对无形资产计提减值准备的情况下，因税法规定计提的无形资产减值准备在转变为实质性损失前不允许税前扣除，即无形资产的计税基础不会随减值准备的计提发生变化，从而造成无形资产的账面价值与计税基础的差异。

【例 6-7】 甲公司 2019 年 1 月 1 日取得一项无形资产，其取得成本为 3 000 万元。取得该项无形资产后，根据各方面情况判断，甲公司无法合理预计其使用期限，将其作为使用寿命不确定的无形资产。2019 年 12 月 31 日，对该项无形资产进行减值测试表明其发生了减值，甲公司对其计提了 100 万元的减值准备。按照税法规定，对该项无形资产按照 10 年的期限摊销，摊销金额允许税前扣除。

会计上将该项无形资产作为使用寿命不确定的无形资产，因未发生减值，其在 2019 年 12 月 31 日的账面价值为 2 900 万元(3 000－100)。

该项无形资产在 2019 年 12 月 31 日的计税基础为 2 700 万元(3 000－300)。

该项无形资产的账面价值 2 900 万元与其计税基础 2 700 万元之间的差额 200 万元，属于应纳税暂时性差异。

(三) 以公允价值计量的金融资产

(1) 对于以公允价值计量且其变动计入当期损益的金融资产，其于某一会计期末的账面价值为该时点的公允价值。税法规定，企业以公允价值计量的金融资产、金融负债以及投资性房地产等，持有期间公允价值的变动不计入应纳税所得额。在实际处置或结算时，处置取得的价款扣除其历史成本或以历史成本为基础确定的处置成本后的差额应计入处置或结算期间的应纳税所得额。按照该规定，以公允价值计量的金融资产等在持有期间公允价值的波动在计税时不予考虑，因此账面价值与计税基础之间会存在差异。

(2) 企业持有的以公允价值计量且其变动计入其他综合收益的金融资产，其计税基础与公允价值计量且其变动计入当期损益的金融资产类似，可比照处理。

【例 6-8】 2020 年 10 月 15 日，甲公司自公开市场购买乙公司股票 100 万股，支付价款 3 000 万股，作为交易性金融资产核算，2020 年 12 月 31 日，该投资的市价为 3 200 万元。

该交易性金融资产的期末市价为 3 200 万元，按照会计准则规定进行核算的，其在 2020 年资产负债表日的账面价值为 3 200 万元。

因税法规定交易性金融资产在持有期间的公允价值变动不计入应纳税所得额，其在 2020 年资产负债表日的计税基础应维持原取得成本不变，为 3 000 万元。

该交易性金融资产的账面价值 3 200 万元与其计税基础 3 000 万元之间产生了 200 万元的应纳税暂时性差异，该应纳税暂时性差异在未来期间转回时会使得转回期间的应纳税所得额在税前会计利润的基础上增加 200 万元。

(四) 其他资产

因企业会计准则规定与税法规定不同，企业持有的其他资产，可能造成其账面价值与计税基础之间存在差异。

1. 投资性房地产

企业持有的投资性房地产进行后续计量时，会计准则规定可以采用两种模式：一种是成本模式，采用该模式计量的投资性房地产，其账面价值和计税基础的确定与固定资产、无形资产相同；另一种是在符合规定条件的情况下可以采用公允价值模式对投资性房地产进行后续计量。对于采用公允价值模式进行后续计量的投资性房地产，其计税基础的确定类似于以公允价值计量且其变动计入当期损益的金融资产。

【例 6-9】 甲公司于 2019 年 1 月 1 日将其自用房屋用于对外出租，该房屋的成本为 750 万元，预计使用年限为 20 年，转为投资性房地产之前，已使用 4 年，企业按照年限平均法计提折旧，预计净残值为零。转为投资性房地产核算后，能够持续可靠地取得该投资性房地产的公允价值，甲公司采用公允价值对该投资性房地产进行后续计量。假定税法规定的折旧方法、折旧年限及净残值与会计规定相同。同时，税法规定资产在持有期间公允价值的变动不计入应纳税所得额，待处置时一并计算确定应计入应纳税所得额的金额。该项投资性房地产在 2019 年 12 月 31 日的公允价值为 900 万元。

该项投资性房地产在 2019 年 12 月 31 日的公允价值为 900 万元。其计税基础为取得成本扣除按照税法规定允许税前扣除的折旧额后的金额，即其计税基础 $=750-750\div 20\times 5=562.5$(万元)。

该项投资性房地产的账面价值900万元与其计税基础562.5万元之间产生了337.5万元的暂时性差异，会增加企业在未来期间的应纳税所得额。

2. 其他计提了资产减值准备的各项资产

有关资产计提了减值准备后，其账面价值会随之下降，而税法规定企业计提的资产减值准备在发生实质性损失前不允许税前扣除，即其计税基础不会因减值准备的提取而变化，造成在计提减值准备以后资产的账面价值与计税基础之间的差异。

【例6-10】 甲公司于2019年1月1日购入原材料成本为5 000万元，因部分生产线停工，当年未领用任何原材料，2019年资产负债表日估计该原材料的可变现净值为4 000万元，假定该原材料在2019年的期初余额为零。

该项原材料因期末可变现净值低于成本，应计提的存货跌价准备＝5 000－4 000＝1 000（万元）。计提该存货跌价准备后，该项原材料的账面价值为4 000万元。

该项原材料的计税基础不会因存货跌价准备的提取而发生变化，其计税基础为5 000万元不变。

该原材料的账面价值4 000万元与其计税基础5 000万元之间产生了1 000万元的暂时性差异，该差异会减少企业在未来期间的应纳税所得额。

二、负债的计税基础

负债的计税基础是指负债的账面价值减去未来期间计算应纳税所得额时按照税法规定可予抵扣的金额。

短期借款、应付票据、应付账款等负债的确认和偿还，通常不会对当期损益和应纳税所得额产生影响，其计税基础即账面价值。但在某些情况下，负债的确认可能会影响损益，并影响不同期间的应纳税所得额，使其计税基础与账面价值之间产生差额。比如，上述企业因某事项在当期确认了100万元负债，计入当期损益。假定按照税法规定，与确认该负债相关的费用，在实际发生时准予税前扣除，该负债的计税基础为零，其账面价值与计税基础之间形成可抵扣暂时性差异。

（一）预计负债

按照《企业会计准则第13号——或有事项》的规定，企业应将预计提供售后服务发生的支出满足有关确认条件时，在销售当期确认为费用，同时确认预计负债。但税法规定，与销售产品有关的支出可于实际发生时税前扣除。由于该类事项产生的预计负债在期末的计税基础为其账面价值与未来期间可税前扣除的金额之间的差额，因此其计税基础为0。

【例6-11】 2019年丙公司因销售产品承诺提供3年的保修服务，在当年利润表中确认了800万元的销售费用，同时确认为预计负债，当年未发生任何保修支出，假定按照税法规定，与产品售后服务相关的费用在实际发生时允许税前扣除。

2019年12月31日预计负债的账面价值＝800（万元）

2019年12月31日预计负债的计税基础＝账面价值－未来期间计算应纳税所得额时按照税法规定可予抵扣的金额＝800－0＝800（万元）

2019年12月31日的可抵扣暂时性差异＝800－0＝800（万元）

(二) 预收账款

企业在收到客户预付的款项时，因不符合收入确认条件，会计上将其确认为负债。

税法中对于收入的确认原则一般与会计规定相同，即会计上未确认收入时，计税时一般也不计入应纳税所得额，该部分经济利益在未来期间计税时可予税前扣除的金额为零，计税基础等于账面价值。某些情况下，因不符合会计准则规定的收入确认条件，未确认为收入的预收款项，按照税法规定应计入当期应纳税所得额时，有关预收账款的计税基础为零，即因其产生时已经计算交纳所得税，未来期间可全额税前扣除。

【例 6-12】 甲公司于 2019 年 12 月 20 日自客户收到一笔合同预付款，金额为 2 500 万元，作为预收账款核算，按照适用税法规定，该款项应计入取得当期应纳税所得额计算交纳所得税。

该预收账款在甲公司 2019 年 12 月 31 日资产负债表中的账面价值为 2 500 万元。

该预收账款的计税基础＝账面价值－未来期间计算应纳税所得额时按照税法规定可予抵扣的金额＝2 500－2 500＝0

该项负债的账面价值 2 500 万元与其计税基础零之间产生的 2 500 万元暂时性差异，该项暂时性差异的含义为在未来期间企业按照会计规定确认收入，产生经济利益流入时，因其在产生期间已经计算交纳了所得税，未来期间则不再计入应纳税所得额，从而会减少企业于未来期间的所得税税款流出。

(三) 应付职工薪酬

会计准则规定，企业为获得职工提供的服务给予的各种形式的报酬以及其他相关支出均应作为企业的成本费用，在未支付之前确认为负债。税法中对于合理的职工薪酬基本允许税前扣除，但税法中规定了税前扣除标准的，按照会计准则规定计入成本费用支出的金额超过规定标准的部分，应进行纳税调整。因超过部分在发生当期不允许税前扣除，在以后期间也不允许税前扣除，即该部分差额对未来期间计税不产生影响，所产生应付职工薪酬负债的账面价值等于计税基础。

【例 6-13】 甲公司 2020 年 12 月计入成本费用的职工工资总额为 4 000 万元，至 2020 年 12 月 31 日尚未支付，按照税法规定，当期计入成本费用的 4 000 万元工资支出中，可予税前扣除的合理部分为 3 000 万元。

该项应付职工薪酬负债于 2020 年 12 月 31 日的账面价值为 4 000 万元。

该项应付职工薪酬负债于 2020 年 12 月 31 日的计税基础＝账面价值－未来期间计算应纳税所得额时按照税法规定可予抵扣的金额＝4 000－0＝4 000(万元)

该项负债的账面价值 4 000 万元与其计税基础 4 000 万元相同，不形成暂时性差异。

(四) 其他负债

其他负债如企业应交的罚款和滞纳金等，在尚未支付之前按照会计规定确认为费用，同时作为负债反映。税法规定，罚款和滞纳金不能税前扣除，即该部分费用无论是在发生当期还是在以后期间均不允许税前扣除，其计税基础为账面价值减去未来期间计税时可予税前扣除的金额零之间的差额，即计税基础等于账面价值。

第三节　暂时性差异

暂时性差异是指资产、负债的账面价值与其计税基础不同产生的差异。因资产、负债的账面价值与其计税基础不同，产生了在未来收回资产或清偿负债的期间内，应纳税所得额增加或减少并导致未来期间应交所得税增加或减少的情况，形成企业的资产或负债在有关暂时性差异发生当期，符合确认条件的情况下，应当确认相关的递延所得税负债或递延所得税资产。

根据暂时性差异对未来期间应纳税所得额的影响，暂时性差异分为应纳税暂时性差异和可抵扣暂时性差异。

除因资产、负债的账面价值与其计税基础不同产生的暂时性差异以外，按照税法规定可以结转以后年度的未弥补亏损和税款抵减，也视同可抵扣暂时性差异处理。

一、应纳税暂时性差异

应纳税暂时性差异，是指在确定未来收回资产或清偿负债期间的应纳税所得额时，将导致产生应税金额的暂时性差异，即在未来期间不考虑该事项影响的应纳税所得额的基础上，由于该暂时性差异的转回，会进一步增加转回期间的应纳税所得额和应交所得税金额，在其产生当期，应当确认相关的递延所得税负债。

应纳税暂时性差异通常产生于以下情况。

（一）资产的账面价值大于其计税基础

资产的账面价值代表的是企业在持续使用及最终出售该项资产时将取得的经济利益的总额，而计税基础代表的是资产在未来期间可予税前扣除的金额之后的差额。资产的账面价值大于其计税基础，该项资产未来期间产生的经济利益不能全部税前抵扣，两者之间的差额需要交税，产生应纳税暂时性差异。例如，一项资产的账面价值为 500 万元，计税基础如为 375 万元，两者之间的差额会造成未来期间应纳税所得额和应交所得税的增加，在其产生当期，应确认相关的递延所得税负债。

（二）负债的账面价值小于其计税基础

负债的账面价值为企业预计在未来期间清偿该项负债时的经济利益流出，而其计税基础代表的是账面价值在扣除税法规定未来期间允许扣除的金额之后的差额。负债的账面价值与其计税基础不同产生的暂时性差异，实质上是税法规定就该项负债在未来期间可以税前扣除的金额(即与该项负债相关的费用支出在未来期间可予税前扣除的金额)。负债的账面价值小于其计税基础，则意味着就该项负债在未来期间可以税前抵扣的金额为负数，即应在未来期间应纳税所得额的基础上调增，增加未来期间的应纳税所得额和应交所得税金额，产生应纳税暂时性差异，应确认相关的递延所得税负债。

二、可抵扣暂时性差异

可抵扣暂时性差异，是指在确定未来收回资产或清偿负债期间的应纳税所得额时，将导致产生可抵扣金额的暂时性差异。该差异在未来期间转回时会减少转回期间的应纳税所得额，减少未来期间的应交所得税。在可抵扣暂时性差异产生当期，符合确认条件时，应当确认相关的递延所得税资产。

可抵扣暂时性差异一般产生于以下情况。

（一）资产的账面价值小于其计税基础

资产的账面价值小于其计税基础，意味着资产在未来期间产生的经济利益少，按照税法规定允许税前扣除的金额多，两者之间的差额可以减少企业在未来期间的应纳税所得额并减少应交所得税，符合有关条件时，应当确认相关的递延所得税资产。例如，一项资产的账面价值为500万元，计税基础为650万元，则企业在未来期间就该项资产可以在其自身取得经济利益的基础上多扣除150万元，未来期间应纳税所得额会减少，应交所得税也会减少，形成可抵扣暂时性差异。

（二）负债的账面价值大于其计税基础

负债的账面价值大于其计税基础，负债产生的暂时性差异实质上是税法规定就该项负债可以在未来期间税前扣除的金额。即：

$$\text{负债产生的暂时性差异}=\text{账面价值}-\text{计税基础}=\text{账面价值}-\left(\text{账面价值}-\text{未来期间计税时按照税法规定可予税前扣除的金额}\right)=\text{未来期间计税时按照税法规定可予税前扣除的金额}$$

负债的账面价值大于其计税基础，意味着未来期间按照税法规定与负债相关的全部或部分支出可以自未来应税经济利益中扣除，减少未来期间的应纳税所得额和应交所得税。符合有关确认条件时，应确认相关的递延所得税资产。

三、特殊项目产生的暂时性差异

（一）未作为资产、负债确认的项目产生的暂时性差异

某些交易或事项发生以后，因为不符合资产、负债确认条件而未体现为资产负债表中的资产或负债，按照税法规定能够确定其计税基础的，其账面价值零与计税基础之间的差异也构成暂时性差异。

【例6-14】 甲公司2020年12月发生了2 000万元广告费支出，发生时已经作为销售费用计入当期损益。税法规定，该类支出不超过当年销售收入15%的部分允许当期税前扣除，超过部分允许向以后年度结转税前扣除。甲公司2020年实现销售收入10 000万元。

该广告费支出因按照会计准则规定在发生时已计入当期损益，不体现为期末资产负债表中的资产，如果将其视为资产，其账面价值为0。

因按照税法规定，该类支出税前列支有一定的标准限制，根据当期甲公司销售收入15%计算，当期可予税前扣除1 500万元（10 000×15%），当期未予税前扣除的500万元可以向以后年度结转，其计税基础为500万元。

该项资产的账面价值0与其计税基础500万元之间产生了500万元的暂时性差异，该暂时性差异在未来期间可减少企业的应纳税所得额，为可抵扣暂时性差异，符合确认条件时，应确认相关的递延所得税资产。

（二）可抵扣亏损及税款抵减产生的暂时性差异

按照税法规定可以结转以后年度的未弥补亏损及税款抵减，虽不是因资产、负债的账面价值与计税基础不同产生的，但与可抵扣暂时性差异具有同样的作用，均能够减少未来期间

的应纳税所得额，进而减少未来期间的应交所得税，会计处理上视同可抵扣暂时性差异，符合条件的情况下，应确认与其相关的递延所得税资产。

【例 6-15】 甲公司于 2020 年因政策性原因发生经营亏损 2 000 万元，按照税法规定，该亏损可用于抵减以后 5 个年度的应纳税所得额。该公司预计其于未来 5 年期间能够产生足够的应纳税所得额弥补该亏损。

该经营亏损不是资产、负债的账面价值与其计税基础不同产生的，但从性质上可以减少未来期间企业的应纳税所得额和应交所得税，属于可抵扣暂时性差异。企业预计未来期间能够产生足够的应纳税所得额利用该可抵扣暂时性差异抵扣亏损时，应确认相关的递延所得税资产。

第四节　递延所得税负债及递延所得税资产的确认

一、递延所得税负债的确认和计量

（一）递延所得税负债的确认

一般情况下，企业对于应纳税暂时性差异应当确认相应的递延所得税负债，但是下列情况除外：

（1）商誉初始确认形成的应纳税暂时性差异不能确认相应的递延所得税负债。企业合并产生的商誉，在确定应纳税所得额时不允许将其账面价值的减值损失作为费用予以抵扣；终止经营、处置资产时，原来确认入账的与此相关的商誉也不允许税前抵扣。因此，商誉的计税基础为零，并产生一项应纳税暂时性差异，金额等于商誉的账面价值。但是，会计准则不允许确认相应的递延所得税负债，原因在于商誉是一项剩余值，确认递延所得税负债会增加商誉的入账金额，而商誉入账金额的增加又会形成新的应纳税暂时性差异这样会导致循环往复，没有终结。与此相联系，既然由商誉的初始确认产生的应纳税暂时性差异不能确认相应的递延所得税负债的增加，那么，这部分应纳税暂时性差异的后续减少也不能确认相应的递延所得税负债的减少。

【例 6-16】 甲公司 2019 年 5 月 1 日吸收合并乙公司。该项合并为非同一控制下的合并，甲公司按照会计准则规定确认合并商誉 500 万元。2019 年 12 月 31 日对该商誉进行减值测试，计提了 100 万元的商誉减值准备，确认了 100 万元的商誉减值损失。

2019 年 5 月 1 日，该商誉的入账价值为 500 万元，计税基础为零，因此形成了 500 万元的应纳税暂时性差异。但是不能确认与这 500 万元的应纳税暂时性差异相关的递延所得税负债。

2019 年 12 月 31 日，按照会计准则的规定，计提了 100 万元的商誉减值准备之后，商誉的账面价值为 400 万元，计税基础为零，年末的应纳税暂时性差异减少为 400 万元，但是仍然不能确认相关的递延所得税负债。

（2）如果交易不是企业合并，且交易发生时既不影响会计利润也不影响应纳税所得额的，那么该交易中产生的资产或负债的初始确认所形成的应纳税暂时性差异不能确认相应的递延所得税负债。

因为在这种情况下，对于一项资产或负债因其入账金额与计税基础不同而形成的应纳税暂时性差异，如果确认递延所得税负债，会难以确定相应的借记项目：首先，不能借记所得税费用，因为交易发生时既不影响会计利润也不影响应纳税所得额；其次，不能借记初始确认的资产或负债，因为如果这样处理，就会增加相关资产的入账金额或减少相关负债的入账金额，必然导致形成新的应纳税暂时性差异，需要追加确认新的递延所得税负债，以致循环往复，无穷无尽。这样不但会增加会计处理的复杂性，而且会损害会计信息的有用性。

【例 6-17】 沿用[例 6-3]的资料，乙公司 2019 年 12 月 15 日建造一座核电站，交付使用。该核电站的建造成本为 40 亿元，估计弃置费用的现值为 2 亿元。产生应纳税暂时性差异 2 亿元。

由于该项应纳税暂时性差异属于固定资产入账时点的差异，该项固定资产不是企业合并交易所形成的，而且交易发生时既不影响会计利润也不影响应纳税所得额，因此对于这 2 亿元的应纳税暂时性差异不能确认相应的递延所得税负债。

(3) 企业对与子公司、联营企业投资相关的应纳税暂时性差异，当同时满足以下两个条件时，也不能确认相应的递延所得税负债：①投资企业能够控制暂时性差异转回的时间；②该暂时性差异在可预见的未来很可能不会转回。

(二) 递延所得税负债的计量

1. 当期所得税负债的计量

资产负债表日，对于当期和以前期间形成的当期所得税负债，应当按照税法规定的预期应缴纳的所得税金额计量。

2. 递延所得税负债的计量

(1) 资产负债表日，对于递延所得税负债，应当依据税法规定，按照预期清偿该负债期间的适用税率计量。

(2) 适用税率发生变化的，应对已确认的递延所得税负债进行重新计量，除直接在权益中确认的交易或事项产生的递延所得税负债以外，应当将其影响数计入变化当期的所得税费用。

(3) 递延所得税负债的计量，应当反映资产负债表日企业预期清偿负债方式的纳税影响，即在计量递延所得税负债时，应当采取与清偿负债的预期方式相一致的税率和计税基础。

(4) 企业不应当对递延所得税负债进行折现，不允许对递延所得税负债进行折现的原因在于，对递延所得税负债进行折现要求具体推定每一项暂时性差异转回的时间，这并不切实可行，同时，折现可能使得企业之间确认递延所得税负债缺乏可比性。

二、递延所得税资产的确认和计量

(一) 递延所得税资产的确认

企业在特定时点形成的可抵扣暂时性差异，并非都能够确认相应的递延所得税资产。确认递延所得税资产，需要遵循以下原则：

(1) 递延所得税资产的确认金额应当以企业很可能取得用来抵扣可抵扣暂时性差异的应纳税所得额为限。可抵扣暂时性差异是使未来产生可抵扣金额的暂时性差异，因此可抵扣暂时性差异的转回可以抵扣转回期间的应纳税所得额。但是，只有当企业有足够的应纳税所得额用以抵销该抵扣时，该抵扣导致的所得税支付额的减少所带来的经济利益才能流入企业。因此，只有当很可能获得能利用可抵扣暂时性差异的应纳税所得额时，企业才能确认一项递延所得税资产。这是企业确认递延所得税资产的前提条件，而递延所得税负债的确认没有这样的前提条件。

（2）如果交易不是企业合并，且交易发生时既不影响会计利润也不影响应纳税所得额的，那么该交易中产生的资产或负债的初始确认所形成的可抵扣暂时性差异不能确认相应的递延所得税资产。因为在这样的情况下，对于一项资产或负债因其入账金额与计税基础不同而形成的可抵扣暂时性差异，如果确认递延所得税资产，会难以确定相应的贷记项目：首先，不能贷记所得税费用，因为交易发生时既不影响会计利润也不影响应纳税所得额；其次，不能贷记初始确认的资产或负债，因为如果这样处理，就会减少相关资产的入账金额或增加相关负债的入账金额，必然导致形成新的可抵扣暂时性差异，需要追加确认新的递延所得税资产，以致循环往复，无穷无尽。这样不但会增加会计处理的复杂性，而且会损害会计信息的有用性。

（3）资产负债表日，如果有确凿证据表明未来期间很可能获得足够的应纳税所得额用来抵扣可抵扣暂时性差异的，应当确认以前期间未确认的递延所得税资产。

（4）企业对与子公司、联营企业及合营企业投资相关的可抵扣暂时性差异，当同时满足以下两个条件时，应当确认相应的递延所得税资产：①暂时性差异在可预见的未来很可能转回；②未来很可能获得用来抵扣暂时性差异的应纳税所得额。

（5）对于能够结转以后年度的可抵扣亏损和税款抵减，应当确认相应的递延所得税资产，确认金额以很可能获得的用来抵扣亏损和税款抵减的未来应纳税所得额为限。

（二）递延所得税资产的计量

1. 当期所得税资产的计量

资产负债表日，对于当期和以前期间形成的当期所得税负债（或资产），应当按照税法规定的预期应缴纳（或返还）的所得税金额计量。

2. 递延所得税资产的计量

（1）资产负债表日，对于递延所得税资产或递延所得税负债，应当依据税法规定，按照预期收回资产或清偿负债期间的适用税率计量。

（2）适用税率发生变化的，应对已确认的递延所得税资产进行重新计量，除直接在权益中确认的交易或事项产生的递延所得税资产（负债）以外，应当将其影响数计入变化当期的所得税费用。

（3）递延所得税资产的计量，应当反映资产负债表日企业预期收回资产或清偿负债方式的纳税影响，即在计量递延所得税资产时，应当采取与收回资产或清偿负债方式相一致的税率和计税基础。

（4）企业不应当对递延所得税资产进行折现。

（5）资产负债表日，企业应当对递延所得税资产的账面价值进行复核。如果未来期间很可能无法获得足够的应纳税所得额用以抵扣递延所得税资产的利益，应当减记递延所得税资产的账面价值。在很可能获得足够的应纳税所得额时，减记的金额应当转回。

三、特殊交易或事项中涉及递延所得税的情况

企业当期所得税和递延所得税应当作为所得税费用或收益计入当期损益，但不包括下列情况产生的所得税。

(1) 企业合并。

(2) 直接在所有者权益中确认的交易或事项。与直接计入所有者权益的交易或事项相关的当期所得税和递延所得税，应当计入所有者权益。例如，企业会计准则规定，以公允价值计量且其变动计入其他综合收益的金融资产的公允价值变动损益计入其他综合收益，由此形成的暂时性差异的所得税影响也应相应调整其他综合收益，而不是计入所得税费用。

【例 6-18】 2019 年 12 月甲公司以银行存款 150 000 元购入管理用的设备，并投入使用，会计规定采用直线法计提折旧，折旧年限 5 年，无残值，按税法规定采用直线法计提折旧，折旧年限 3 年，不考虑减值。进一步假设甲公司每年计提折旧前的税前会计利润为 100 000 元，第一年年初无递延税款余额，所得税税率为 25%，不存在任何其他会计与税收差异。

(1) 2020 年：

年末账面价值＝150 000－30 000＝120 000(元)

年末计税基础＝150 000－50 000＝100 000(元)

年末应纳税暂时性差异＝120 000－100 000＝20 000(元)

年末与设备有关的递延所得税负债的应有余额＝20 000×25%＝5 000(元)

本年应确认的与设备有关的递延所得税负债＝5 000(元)

应编制如下会计分录：

借：所得税费用——递延所得税费用　　5 000
　贷：递延所得税负债　　5 000

本年应交所得税＝(100 000－50 000)×25%＝12 500(元)

借：所得税费用——当期所得税费用　　12 500
　贷：应交税费——应交所得税　　12 500

120 000 元的账面价值意味着报告主体未来可以获得 120 000 元的经济利益，计税基础 100 000 元意味着在 120 000 元的经济利益中有 100 000 元不需要纳税，因此纳税主体应确认的未来纳税义务为 5 000 元[(120 000－100 000)×25%]，即第一年年末的递延所得税负债余额为 5 000 元。

(2) 2021 年：

年末账面价值＝120 000－30 000＝90 000(元)

年末计税基础＝100 000－50 000＝50 000(元)

年末应纳税暂时性差异＝90 000－50 000＝40 000(元)

年末与设备有关的递延所得税负债的应有余额＝40 000×25%＝10 000(元)

本年应确认的与设备有关的递延所得税负债＝10 000－5 000＝5 000(元)

应编制如下会计分录：

借：所得税费用——递延所得税费用　　5 000
　贷：递延所得税负债　　5 000

本年应交所得税＝(100 000－50 000)×25％＝12 500(元)

借：所得税费用——当期所得税费用　　12 500
　　贷：应交税费——应交所得税　　12 500

2021 年年末 90 000 元的账面价值意味着报告主体未来可以获得 90 000 元的经济利益，计税基础 50 000 元意味着在 90 000 元的经济利益中有 50 000 元不需要纳税，因此 2021 年年末的递延所得税负债余额为 10 000 元[(90 000－50 000)×25％]。

(3) 2022 年：

年末账面价值＝90 000－30 000＝60 000(元)

年末计税基础＝50 000－50 000＝0

年末应纳税暂时性差异＝60 000－0＝60 000(元)

年末与设备有关的递延所得税负债的应有余额＝60 000×25％＝15 000(元)

本年应确认的与设备有关的递延所得税负债＝15 000－10 000＝5 000(元)

应编制如下会计分录：

借：所得税费用——递延所得税费用　　5 000
　　贷：递延所得税负债　　5 000

本年应交所得税＝(100 000－50 000)×25％＝12 500(元)

借：所得税费用——当期所得税费用　　12 500
　　贷：应交税费——应交所得税　　12 500

2022 年年末 60 000 元的账面价值意味着报告主体未来可以获得 60 000 元的经济利益，计税基础 0 元意味着这 60 000 元都需要纳税，因此 2022 年年末的递延所得税负债余额为 15 000 元[(60 000－0)×25％]。

(4) 2023 年：

年末账面价值＝60 000－30 000＝30 000(元)

年末计税基础＝0

年末应纳税暂时性差异＝30 000－0＝30 000(元)

年末与设备有关的递延所得税负债的应有余额＝30 000×25％＝7 500(元)

本年应调整减少的与设备有关的递延所得税负债＝15 000－7 500＝7 500(元)

应编制如下会计分录：

借：递延所得税负债　　7 500
　　贷：所得税费用——递延所得税费用　　7 500

本年应交所得税＝(100 000－0)×25％＝25 000(元)

借：所得税费用——当期所得税费用　　25 000
　　贷：应交税费——应交所得税　　25 000

2023 年年末 30 000 元的账面价值意味着报告主体未来可以获得 30 000 元的经济利益，计税基础为 0 意味着这 30 000 元都需要纳税，因此 2022 年年末的递延所得税负债余额为

7 500 元[(30 000－0)×25%]。

(5) 2024 年：

年末账面价值＝0

年末计税基础＝0

年末应纳税暂时性差异＝0

年末与设备有关的递延所得税负债的应有余额＝0

本年应调整减少的与设备有关的递延所得税负债＝7 500－0＝7 500(元)

应编制如下会计分录：

借：递延所得税负债　　7 500
　贷：所得税费用——递延所得税费用　　7 500

本年应交所得税＝(100 000－0)×25%＝25 000(元)

借：所得税费用——当期所得税费用　　25 000
　贷：应交税费——应交所得税　　25 000

2024 年年末的账面价值和计税基础均为 0，因此 2024 年年末的递延所得税负债余额为 0；当年应冲减 7 500 元的递延所得税负债。

第五节　所得税费用的确认和计量

所得税会计的主要目的之一是确定当期应交所得税以及利润表中的所得税费用。在按照资产负债表债务法核算所得税的情况下，利润表中的所得税费用包括当期所得税和递延所得税两个部分。

一、当期所得税

当期所得税，是指企业按照税法规定计算确定的针对当期发生的交易或事项，应缴纳的所得税金额，即应交所得税，应以适用的税收法规为基础计算确定，其公式如下：

当期所得税＝当期应交所得税

企业在确定当期所得税时，对于当期发生的交易或事项，会计处理与税收处理不同的，应在会计利润的基础上，按照适用税收法规的要求进行调整，计算出当期应纳税所得额，按照应纳税所得额与适用的所得税税率计算确定当期应交所得税。其公式如下：

应纳税所得额＝会计利润±纳税调整项目

(一) 纳税调整增加额

(1) 按会计准则规定核算时不作为收益计入财务报表，但在计算应纳税所得额时作为收益需要交纳所得税。

(2) 按会计准则规定核算时确认为费用或损失计入财务报表，但在计算应纳税所得额时则不允许扣减。

(二)纳税调整减少额

(1)按会计准则规定核算时作为收益计入财务报表,但在计算应纳税所得额时不确认为收益。

(2)按会计准则规定核算时不确认为费用或损失计入财务报表,但在计算应纳税所得额时则允许扣减。

二、递延所得税

递延所得税,是指按照企业会计准则规定应予确认的递延所得税资产和递延所得税负债在期末应有的金额相对于原已确认金额之间的差额,即递延所得税资产和递延所得税负债的当期发生额,但不包括直接计入所有者权益的交易或事项即企业合并的所得税影响。其用公式表示如下:

$$\text{递延所得税}=\left(\text{递延所得税负债的期末余额}-\text{递延所得税负债的期初余额}\right)-\left(\text{递延所得税资产的期末余额}-\text{递延所得税负债的期初余额}\right)$$

企业因确认递延所得税资产和递延所得税负债产生的递延所得税,一般应当计入所得税费用,但以下两种情况除外:

(1)某项交易或事项按照会计准则规定应计入所有者权益的,由该交易或事项产生的递延所得税资产和递延所得税负债及其变化也应计入所有者权益,不构成利润表中的递延所得税费用。

(2)企业合并中取得的资产、负债,其账面价值与计税基础不同,应确认相关递延所得税的,该递延所得税的确认影响合并中产生的商誉或是计入当期损益的金额,不影响所得税费用。

【例 6-19】 甲公司持有的某项以公允价值计量且其变动计入其他综合收益的其他债权投资,成本为 500 万元,会计期末,其公允价值为 600 万元。该公司适用的所得税税率为 25%。除该事项外,该公司不存在其他会计与税收之间的差异,且递延所得税资产和递延所得税负债不存在期初余额。

会计期末在确认 100 万元的公允价值变动时,账务处理为:

借:其他债权投资	1 000 000	
贷:其他综合收益		1 000 000

确认应纳税暂时性差异的所得税影响时,账务处理为:

借:其他综合收益	1 000 000	
贷:递延所得税负债		1 000 000

三、所得税费用

利润表中的所得税费用由当期所得税和递延所得税两个部分组成。其公式如下:

$$\text{所得税费用}=\text{当期所得税}+\text{递延所得税}$$

计入当期损益的所得税费用或收益不包括企业合并和直接在所有者权益中确认的交易或事项产生的所得税影响。与直接计入所有者权益的交易或事项相关的当期所得税和递延所得税,应当计入所有者权益。

【例 6-20】 甲公司 2020 年度利润表中利润总额为 3 000 万元，该公司适用的所得税税率为 25%，且递延所得税资产和递延所得税负债不存在期初余额。与所得税核算有关的情况如下。

2020 年发生的有关交易和事项中，会计处理与税收处理存在差别的有：

(1) 2020 年 1 月开始计提折旧的一项固定资产，成本为 1 500 万元，使用年限为 10 年，净残值为 0，会计处理按双倍余额递减法计提折旧，税法处理按直线法计提折旧，假定税法规定的使用年限及净残值与会计规定相同。

(2) 向关联企业捐赠现金 500 万元，假定按照税法规定，企业向关联方的捐赠不允许税前扣除。

(3) 当期取得作为交易性金融资产核算的股票投资成本为 800 万元，2020 年 12 月 31 日的公允价值为 1 200 万元，税法规定，以公允价值计量的金融资产持有期间市价变动不计入应纳税所得额。

(4) 违反环保法规定应支付罚款 250 万元。

(5) 期末对持有的存货计提了 75 万元的存货跌价准备。

2020 年度当期应交所得税：

应纳税所得额＝3 000＋150＋500－400＋250＋75＝3 575(万元)

应交所得税＝3 575×25%＝893.75(万元)

2020 年度递延所得税：

递延所得税资产＝225×25%＝56.25(万元)

递延所得税负债＝400×25%＝100(万元)

递延所得税＝100－56.25＝43.75(万元)

利润表中应确认的所得税费用：

所得税费用＝893.75＋43.75＝937.50(万元)

确认所得税费用的账务处理如下：

借：所得税费用	9 375 000	
递延所得税资产	562 500	
贷：应交税费——应交所得税		8 937 500
递延所得税负债		1 000 000

该公司 2020 年资产负债表相关项目金额及其计税基础如表 6-1 所示。

表 6-1 资产负债表相关项目金额及其计税基础

单位：万元

项目	账面价值	计税基础	差异	
			应纳税暂时性差异	可抵扣暂时性差异
存货	2 000	2 075		75
固定资产：				
固定资产原价	1 500	1 500		

(续表)

项目	账面价值	计税基础	差异	
			应纳税暂时性差异	可抵扣暂时性差异
减:累计折旧	300	150		
固定资产账面价值	1 200	1 350		150
交易性金融资产	1 200	800	400	
其他应付款	250	250		
总计			400	225

第六节　所得税费用的列报

一、当期所得税资产及当期所得税负债以抵销后的净额列示

同时满足以下条件的,企业应当将当期所得税资产及当期所得税负债以抵销后的净额列示:

(1)企业拥有以净额结算的法定权利。

(2)意图以净额结算或取得资产、清偿负债同时进行。

对于当期所得税资产及当期所得税负债以抵销后的净额列示是指当企业实际缴纳的所得税税款大于按照税法规定计算的应交所得税时,超过部分在资产负债表中应当列示为“其他流动资产”;当企业实际缴纳的所得税税款小于按照税法规定计算的应交所得税时,差额部分应当作为资产负债表中的“应交税费”项目列示。

二、递延所得税资产和递延所得税负债以抵销后的净额列示

同时满足以下条件的,企业应当将当期所得税资产及当期所得税负债以抵销后的净额列示:

(1)企业拥有以净额结算当期所得税资产及当期所得税负债的法定权利。

(2)递延所得税资产及递延所得税负债是与同一税收征管部门对同一纳税主体征收的所得税相关或者是与不同的纳税主体相关,但在未来每一具有重要性的递延所得税资产及负债转回的期间内,涉及的纳税主体意图以净额结算当期所得税资产和负债或是同时取得资产、清偿负债。

三、合并财务报表

在合并财务报表中,被纳入合并范围的企业,一方的当期所得税资产或递延所得税资产与另一方的当期所得税负债或递延所得税负债一般不能予以抵销,除非所涉及的企业具有以净额结算的法定权利并且意图以净额结算。

同步测试题

一、名词解释

1. 应付税款法
2. 纳税影响会计法
3. 所得税会计
4. 永久性差异
5. 时间性差异
6. 暂时性差异
7. 递延所得税资产
8. 递延所得税负债
9. 递延所得税
10. 当期所得税

二、单项选择题

1. 资产或负债的账面价值与其计税基础之间的差额,称为(　　)。

A. 永久性差异　　B. 时间性差异
C. 税务性差异　　D. 暂时性差异

2. 甲公司2019年税前会计利润为310万元,某项固定资产税法规定按平均年限法计提折旧90万元,会计按年数总和法计提折旧180万元,适用的所得税税率为25%,2019年应交所得税为(　　)万元。

A. 77.5　　B. 55
C. 100　　D. 400

3. 一台设备的原值为200万元,在当期和以前期间已抵扣折旧40万元,假定税法折旧等于会计折旧,那么此时该项设备的计税基础为(　　)万元。

A. 200　　B. 40
C. 160　　D. 0

4. 甲公司在开始正常生产经营活动之前发生了1 000万元的筹建费用,在发生时已计入当期损益。按照税法规定,甲公司在筹建期间发生的费用,允许在开始正常生产经营活动之后5年内分期计入应纳税所得额。假定甲公司在2019年开始正常生产经营活动,当期税前扣除了200万元,那么该项费用支出在2019年年末的计税基础为(　　)万元。

A. 0　　B. 800
C. 200　　D. 1 000

5. 下列各项投资收益中,按税法规定免交所得税,在计算应纳税所得额时应予以调整的项目是(　　)。

A. 国债利息收入　　B. 股票转让净收益
C. 处置固定资产净收益　　D. 公司债券转让净收益

6. 甲公司2019年因为关联方提供债务担保确认了预计负债600万元,假定税法规定与该预计负债有关的损失不允许税前扣除。那么,2019年年末该预计负债的计税基础为(　　)万元。

A. 600　　B. 0

C. 300　　D. 无法确定

7. 直接计入所有者权益的交易或事项,相关资产、负债的账面价值与计税基础之间形成暂时性差异的,在确认递延所得税资产或递延所得税负债的同时,应计入(　　)。

A. 当期所得税　　B. 所得税费用

C. 资本公积　　D. 商誉

8. 下列项目中,不属于可抵扣暂时性差异的是(　　)。

A. 计提产品保修费用

B. 计提存货跌价准备

C. 固定资产按照税法规定采用加速折旧法,而会计采用直线法计提折旧

D. 计提无形资产减值准备

9. 甲公司采用资产负债表债务法核算所得税,2017年适用的所得税税率为15%,"递延所得税资产"账户的借方余额为300万元,2018年适用的所得税税率为25%,2017年计提无形资产减值准备400万元,2017年年初已计提的存货跌价准备400万元,2017年年初已计提的存货跌价准备与本期转回200万元。则甲公司2017年"递延所得税资产"账户的发生额为(　　)万元。

A. 贷方50　　B. 借方250

C. 借方100　　D. 借方400

10. 下列差异属于永久性差异的是(　　)。

A. 计提存货跌价准备　　B. 会计和税法计提折旧年限不同

C. 企业支付的税收罚款　　D. 交易性金融资产的公允价值变动收益

三、多项选择题

1. 下列关于所得税的说法中正确的有(　　)。

A. 本期递延所得税资产发生额不一定会影响本期所得税费用

B. 企业应将所有应纳税暂时性差异确认为递延所得税负债

C. 企业应将所有可抵扣暂时性差异确认为递延所得税资产

D. 资产的账面价值大于其计税基础产生应纳税暂时性差异

2. 下列表述中正确的有(　　)。

A. 递延所得税资产的确认应以未来期间可能抵扣的应纳税所得额为限

B. 按照税法规定可以结转以后年度的为弥补亏损和税款抵减

C. 与直接计入所有者权益的交易或事项相关的可抵扣暂时性差异,相应的递延所得税资产应计入所有者权益

D. 因分类为以公允价值且其变动计入其他综合收益的金融资产公允价值下降应确认递延所得税负债

3. 下列项目中,可能使本期所得税费用减少的有(　　)。

A. 本期应交所得税　　B. 本期递延所得税资产借方发生额

C. 本期递延所得税资产贷方发生额　　D. 本期递延所得税负债借方发生额

4. 下列情形中,会产生应纳税暂时性差异的有(　　)。

A. 资产的账面价值大于其计税基础　　B. 资产的账面价值小于其计税基础

C. 负债的账面价值大于其计税基础　　D. 负债的账面价值小于其计税基础

5. 下列关于计税基础的说法中,正确的有(　　)。

A. 资产的计税基础=资产的成本一以前期间已税前列支的金额

B. 资产的计税基础=资产的账面价值一以前期间已税前列支的金额

C. 负债的计税基础=账面价值一以前期间已税前列支的金额

D. 资产的计税基础=账面价值一以前期间已税前列支的金额

6. 在不考虑其他因素的情况下,企业发生的下列交易或事项中,期末会引起"递延所得税资产"增加的有(　　)。

A. 本期计提固定资产减值准备

B. 本期转回存货跌价准备

C. 本期发生的净亏损,税法允许在未来5年内在税前补亏

D. 根据预计的未来将发生的产品售后保修费用,确认预计负债

7. 下列事项中,会产生暂时性差异的有(　　)。

A. 对固定资产计提减值准备

B. 期末分类为以公允价值计量且其变动计入其他综合收益的金融资产的公允价值发生变动

C. 企业的非公益性对外捐赠支出

D. 企业违反合同协议而支付的违约金,尚未支付

8. 企业在确认递延所得税时,其应计入的项目可能有(　　)。

A. 企业所得税费用

B. 商誉

C. 资本公积

D. 投资收益

9. 下列关于递延所得税资产、负债的说法中正确的有(　　)。

A. 递延所得税资产的确认应以未来期间可能抵扣的应纳税所得额为限

B. 确认递延所得税负债一定会增加利润表中的所得税费用

C. 资产负债表日应该对递延所得税资产进行复核

D. 递延所得税资产或递延所得税负债的确认均不要求折现

10. 下列各项目,在计算应纳税所得额时,应进行纳税调减的有(　　)。

A. 期末分类为以公允价值计量且其变动计入其他综合收益的金融资产公允价值上升

B. 期末分类为以公允价值计量且其变动计入其他综合收益的金融资产公允价值下降

C. 期末交易性金融资产公允价值上升

D. 期末确认国债利息收入

四、是非判断题

1. 在资产负债表债务法下,期末递延所得税资产或递延所得税负债的余额等于期末所有

暂时性差异与现行税率的乘积。（ ）

2. 购入交易性金融资产后，公允价值持续增加，这将形成可抵扣暂时性差异。（ ）
3. 如果不存在暂时性差异，企业确认的本期所得税费用等于本期应交所得税。（ ）
4. 对于可抵扣暂时性差异，应一律确认递延所得税资产。（ ）
5. 企业应当对递延所得税资产和递延所得税负债进行折现。（ ）
6. 按照现行会计准则规定，企业利润表中的所得税费用等于当期应纳税所得额乘以所得税税率。（ ）
7. 企业在本期转回已确认的暂时性差异对所得税的影响金额时，应采用当期的现行税率。（ ）
8. 企业合并中产生的商誉，其账面价值与计税基础不同形成的应纳税暂时性差异不应确认递延所得税负债。（ ）
9. 资产或负债账面价值与计税基础之间的差额产生的可抵扣暂时性差异，都应确认递延所得税资产。（ ）
10. 企业内部研发形成的无形资产，在初始确认时账面价值与计税基础之间存在差异，企业应确认相应的递延所得税。（ ）

五、简述题

1. 什么是所得税会计处理的资产负债表债务法？它有何主要的特点？
2. 什么是暂时性差异？它和时间性差异之间有何异同？
3. 在资产负债表债务法下，所有的应纳税暂时性差异都应确认为递延所得税负债吗？为什么？
4. 在资产负债表债务法下，所有的应纳税暂时性差异都应确认为递延所得税资产吗？为什么？
5. 在资产负债表债务法下，所有的递延所得税资产都源于可抵扣暂时性差异吗？为什么？

六、业务处理题

1. 甲公司2019年开始对某项设备计提折旧，该设备税法规定按4年采用直线法提取折旧，会计按6年采用直线法提取折旧，该项设备原值120万元。甲公司2019年实现税前会计利润300万元，其中取得国债利息收益20万元。甲公司的所得税税率为25%，无其他纳税调整事项。

   要求：计算2019年年末甲公司设备的账面价值、计税基础、暂时性差异及递延所得税负债（或资产）的发生额、应纳税所得额、应交所得税和所得税费用（列出计算过程。）

2. 甲公司持有某分类为以公允价值计量且其变动计入其他综合收益的金融资产，成本为80 000元，2019年年末该金融资产的公允价值为100 000元；甲公司2019年因产品售后服务确认了100 000元的预计负债，除上述项目外，甲公司其他资产和负债的账面价值与其计税基础之间不存在差异，甲公司2019年实现税前会计利润60万元，甲公司的所得税税率为25%，期初的递延所得税负债（或资产）均无余额。

   要求：

   (1) 计算2019年年末甲公司下列项目金额：应纳税暂时性差异、可抵扣暂时性差异及递延所得税负债（或资产）的发生额、应纳税所得额、应交所得税和所得税费用。

(2) 编制确认递延所得税和所得税费用的会计分录。

3. 甲公司于2018年年初成立,当年实现税前会计利润200 000元,适用的税率为25%。当年发生下列与纳税有关的事项:

(1) 会计上确认了2 000元的国库券利息收入,而按照税法规定不交所得税。

(2) 当年发生工资费用150 000元,而按税法核定的计税工资为120 000元。

(3) 由于违法经营被罚款3 000元。

(4) 年初购入的一台新设备,成本为10 000元,预计无残值,税法规定采用直线法折旧,折旧年限为5年,会计上也采用直线法折旧,折旧年限为10年。

要求:作出必要的会计处理。

4. 2019年年末甲公司以银行存款150 000元购入管理用的设备,并投入使用,会计规定采用直线法计提折旧,折旧年限5年,无残值,按税法规定采用直线法计提折旧,折旧年限3年,不考虑减值。进一步假设甲公司每年计提折旧前的税前会计利润为100 000元,第一年年初无递延税款余额,所得税税率为25%,不存在任何其他会计与税收差异。

要求:作出必要的会计处理。

第七章

外币会计

引导案例

单一交易观与两项交易观的比较

中国某公司于2020年年末向境外公司赊销商品，双方约定账款按美元结算，收入额为10 000美元，于下一年年初结算。该中国公司以人民币为记账本位币，在销售和结算期间，汇率几经变动，发出货物日的汇率为1美元=7.01元人民币；12月31日的汇率为1美元=6.98元人民币；收取货款日的汇率为1美元=6.99元人民币。

讨论并思考：

1. 请列出该中国公司采用一笔业务观点进行会计处理时应作的会计分录。
2. 请列出该中国公司采用两笔业务观点进行会计处理时应作的会计分录。
3. 比较一笔业务观点与两笔业务观点会计处理方法。

第一节 与外币业务相关的概念

一、记账本位币、报告货币与外币

外币业务核算的特点是对以外币计价的经济业务进行会计处理。然而在一定情况下，企业往往可能涉及多种外币计价业务的会计处理。作为一个会计主体，在多种货币计价的经济环境中，必然要选取一种统一的货币作为记账本位币，并以这种货币来表示和处理各项经济业务。所以说，记账本位币是指企业经营所处的主要经济环境中的货币。

我国企业一般应选择人民币作为记账本位币。业务收支以人民币以外的货币为主的企业，可以选定其中一种货币作为记账本位币，但是，编报的财务报表应当折算为人民币。报告货币是指企业列报财务报表时所采用的货币。关于记账本位币、报告货币概念的认识应注意以下两点：

第一，记账本位币的选择与企业报告货币的关系。在一般情况下，这两种货币应尽可能保持一致，使会计汇总和编制工作更为简便和顺利，但在特殊情况下，这两种货币也可能不一致。因为，对于会计主体而言，记账本位币是可以选择的，而报告货币是不能选择的，不同的国家都有各自的规定。

第二，企业一定时期所采用的记账本位币可能是一种，也可能同时选用两种，或者选用两种以上的货币。如果将两种货币同时作为记账本位币，则取决于企业经营业务的特点。例如，企业经营的进出口业务大量采用美元结算，而在国内原材料采购和加工费的支付均采用人民币支付，这时，美元和人民币两种货币在企业经营业务中都发挥着重要的作用。为了企业核算的方便，或出于某种会计处理和经营管理的需要，企业可同时选用人民币和美元作为企业的记账本位币，这便出现了多种本位币记账的情况。

二、外汇与外币

(一) 外币

外币的含义有狭义和广义之分。狭义的外币是指本国货币以外的其他国家或地区的货币，包括各种纸币和铸币等。广义的外币是指所有以外国货币表示的、能够用于国际结算的支付手段。除国外的纸币和铸币外，外币还包括企业所拥有的外国有价证券，如以外币表示的政府公债、国库券、公司债券、股票和息票等；也包括外币支付凭证，如以外币表示的票据；还包括其他外币资金，如各种外币汇款、进出口贸易的外币性货款等。功能性货币是指企业经营所在地的主要经济环境中的货币。会计学上的外币，通常指记账本位币（或功能性货币）以外的货币。

(二) 外汇

外汇是指以外币表示的用于国际结算的各种支付手段。国际货币基金组织把外汇解释为："外汇是货币行政当局以银行存款，国库券，长、短期政府债券等形式所有的在国际收支逆差时可以使用的债权。"我国《外汇管理暂行条例》规定，外汇具体包括：

(1) 外国货币,包括钞票、铸币等。

(2) 外国有价证券,包括政府公债、国库券、公司债券、股票、息票等。

(3) 外汇收支凭证,包括票据、银行存款凭证、邮政储蓄凭证等。

(4) 其他外汇资金。

概括地说,外汇是以外币表示的资产,它是可以兑换成其他支付手段的外币资产,或者说是在国外可以得到偿付的外币债权。

三、外汇交易与外币交易

(一) 外汇交易

外汇交易是指以外汇为对象的买卖活动。外汇交易按以外汇买卖交割时间的长短划分可分为即期交易和远期交易两种。即期外汇交易是指外汇交易成交后一般在 2 个营业日内进行交割的外汇交易;远期外汇交易是指在外汇成交后,根据合同规定,在约定的到期日按约定的汇率办理交割的外汇交易。

(二) 外币交易

外币交易又称外币业务。它是指以记账本位币以外的货币进行款项收付、往来结算以及计价等业务及交易活动。诸如在外汇市场上买进或卖出外汇,取得外币借款,购销以外币结算的商品,提供或接受以外币结算的劳务,以外币结算清偿债权、债务以及以外币对外投资或吸收投资等。外汇交易包括在外币交易之中。

具体来看,外币交易主要包括:

(1) 买入或卖出以外币计价的商品或劳务。

(2) 借入或借出外币资金。

(3) 其他以外币计价或者结算的交易。

四、汇率及其标价法

汇率也称汇价、兑换率或外汇牌价等。其基本含义是指一个国家的货币兑换成另一个国家货币的比率,或者是指两种不同货币之间的比价。

(一) 直接标价法与间接标价法

汇率按其是以本国货币还是以外国货币作为折算基础来表示本国货币与外国货币的价格比值,可分为直接标价法和间接标价法两种。

1. 直接标价法

直接标价法也称直接汇率法。它是以一定数量的外国货币来表示其可兑换多少本国货币的金额作为计价标准的汇率。例如,1 美元兑换 8 元人民币(USD 1=RMB 8)。在直接汇率的标价下,应假设外币的金额固定不变,所折合的本国货币数额是随着外国货币与本国货币之间的币值变动而变动的。当汇率上升时,表示要换得同样数额的外国货币,需要付出更多的本国货币,币值下降;反之,则表示换取同样数额的外国货币,可少付出本国货币,反映了本国货币币值的上升。因此,直接标价法也称应付标价法。目前,世界上大多数国家,包括我国在内采用的都是直接标价法。

2. 间接标价法

间接标价法又称间接汇率法，它是以一定数量的本国货币来表示其可兑换多少外国货币的金额作为计价标准的汇率。例如，1 元人民币可兑换 0.125 美元(RMB 1=USD 0.125)。在间接汇率的标价法下，应假设本国货币的金额固定不变，所折合的外国货币金额随着本国货币与外国货币之间的币值的变动而变动，即汇率的变化是由于外国货币价值变动引起的。当汇率上升时，表示相对同样数额的本国货币能兑换到更多的外国货币，反映本国货币币值上升；反之，则表示相对同样数额的本国货币，只能换到较少的外国货币，反映了本国货币币值的下降。因此，间接标价法也称应收标价法。长期以来，英国是唯一实行间接标价法的国家。1987 年 9 月起，美国为了与国际外汇市场上对美元的标价相一致，而改用了间接标价法。

一般而言，直接标价与间接标价之间成互为倒数的关系。一个国家在一定时期内，其外币的标价方法只能采用一种。

(二) 买入汇率、卖出汇率、中间汇率

买入汇率是指银行向客户买入外币时所采用的折算汇率。

卖出汇率是指银行向客户出让外币时所采用的折算汇率。

中间汇率也称中间比率，是指银行买入汇率和卖出汇率之间的平均汇率，即将银行买入汇率加上卖出汇率之和，再除上 2 所得的平均数。

(三) 即期汇率和即期汇率的近似汇率

即期汇率通常是指中国人民银行公布的当日人民币外汇牌价的中间价。

即期汇率的近似汇率是指按照系统合理的方法确定的、与交易发生日即期汇率近似的汇率，通常采用当期平均汇率或加权平均汇率等。

企业通常采用即期汇率进行折算，汇率变动不大的，也可以采用即期汇率的近似汇率进行折算。

(四) 记账汇率和账面汇率

记账汇率又称现行汇率，是指当企业发生涉及外币的经济业务并进行会计处理时，会计记账当时所采用的汇率。这个汇率可以是记账当天的汇率，也可以是当月 1 日的汇率。

账面汇率又称历史汇率，是指企业以往外币业务发生时所采用的已经登记入账的汇率。

(五) 固定汇率和浮动汇率

固定汇率是指某一国家的货币与别国货币的兑换比率是基本固定不变的；也指因某种限制而在一定幅度内进行波动的汇率。

浮动汇率是指某一国家的货币与别国货币的兑换比率根据外币市场的供求情况决定汇率的涨落而不受限制的汇率。

第二节 外币业务的会计处理

一、外币业务核算中的两种观点

企业在生产经营活动中会发生各种各样的外币业务事项。在外币业务的核算中，从业务的发生日到货款的结算日一般需要一定的时间，部分货款的结算还可能跨年度。由于交易发生日、报表编制日和货款结算的各个时点上的外汇汇率都可能发生变动，而如何对汇率变动所产生的外币折算损益进行会计处理，就成为外币业务会计核算中亟待解决的问题。对此，国际上存在着两种不同的观点，即一笔业务观点和两笔业务观点，并由此产生了不同的会计处理方法。

（一）一笔业务观点

一笔业务观点是将外币业务的发生和以后外币账款的结算视为一笔业务的两个阶段，从交易发生日到账款结算日的期间内，由于有关汇率发生变动而引起的应收或应付外币账户折算金额的变动，可作为这笔业务发生时所取得的资产的成本或销货取得的收入的增减来处理，而不将折算金额的变动确认为汇兑损益。

依照一笔业务观点的会计处理方法为：

(1) 在业务发生日，按当日的即期汇率将发生的外币金额折合为记账本位币入账。

(2) 若这项业务从发生日、结算日中跨越财务报表编制日，在编表日应按编表日的汇率对外币应收、应付账款进行调整，同时等额调整有关存货或收入账户。

(3) 在结算日按结算日的即期汇率折算，确定应收、应付的外币金额等值，抵销应收、应付外币账户的账面金额，其差额同样可用来调整相应存货或收入账户的金额。

【例 7-1】 兴赣公司于 2019 年 12 月 1 日向美国某公司购进商品一批，价值 200 000 美元，双方约定 2020 年 1 月 31 日付款，该公司以人民币作为记账本位币，采用外币业务发生时的市场汇率核算。12 月 1 日、12 月 31 日和 1 月 31 日三个时点上人民币对美元的汇率分别为 USD 1＝RMB 8.279、USD 1＝RMB 8.310、USD 1＝RMB 8.2634。在一笔业务观点下，该公司应作如下会计处理：

(1) 业务发生日：12 月 1 日购进商品时，按当日汇率折合为记账本位币入账，购货成本和应付账款的人民币金额为 1 655 800 元(200 000×8.279)。其会计分录为：

借：库存商品	1 655 800	
贷：应付账款		1 655 800

(2) 报表编制日：12 月 31 日由于业务发生日与报表编制日的汇率不同，所发生的折合人民币的差额为 6 200 元[200 000×(8.310－8.279)]，据以调整已入账的购货成本和应付账款。其会计分录为：

借：库存商品	6 200	
贷：应付账款		6 200

(3) 业务结算日：1 月 31 日由于报表编制日与业务结算日汇率不同，所发生的折合人民币的差额为－9 320 元[200 000×(8.2634－8.310)]，应据以调整购货成本和应付账款。其会计分录为：

借：应付账款	9 320	
贷：库存商品		9 320

(4) 1 月 31 日，支付结算款 200 000 美元，并按当日汇率将结算款折合为人民币记账。其会计分录为：

借：应付账款	1 652 680	
贷：银行存款(200 000×8.2634)		1 652 680

由此可见，在一笔业务观点下，只有以外币偿还货款后，以人民币表示的购货成本才能最终确定。

(二) 两笔业务观点

两笔业务观点把外币购销与外币账款结算视为两笔交易，认为从事进出口业务的外贸企业在进行外币业务活动中，必然存在着汇率风险；如何规避或降低这一风险，属于企业的财务决策，而不属于企业的购销业务决策。因此，所确认的购货成本或销货收入应决定于购销业务发生日的汇率。购销业务发生后，因汇率变动所产生的折算差额，不应涉及购入资产的采购成本或销货的收入，而应以“汇兑损益”科目来反映。

按照两笔业务观点的会计处理方法为：

(1) 在业务发生日按当日汇率折算确认入账，并以此将购货成本或销货收入的金额确定下来。

(2) 若账款结算日不跨期、不跨年度而在编表日之前，在此期间内汇率发生变动，则确认为已实现的汇兑损益，计入当期损益。

(3) 若结算日在下一个会计期间，则在本期期末(编表日)按期末汇率把外币账款调整为记账本位币等值，并把这一调整额确认为未实现的汇兑损益。

对于未实现的汇兑损益又有两种不同的会计处理方法：一种是作为已实现的损益，计入当期利润表；另一种是作为未实现的递延损益，计入当期资产负债表，待业务结算时再作为已实现的损益处理。

现仍以[例 7-1]说明两笔业务观点的两种会计处理方法。

第一种方法：

(1) 业务发生日：12 月 1 日按当日汇率将购进商品成本和应付账款折合成人民币记账。其会计分录为：

借：库存商品	1 655 800	
贷：应付账款		1 655 800

(2) 报表编制日：12 月 31 日按当日汇率调整应付账款，并将外币折算差额 6 200 元，确认为当期汇兑损益。其会计分录为：

借：汇兑损益	6 200	
贷：应付账款		6 200

(3) 业务结算日：1 月 31 日按当日汇率调整应付账款，并将外币折算差额−9 320 元计入当期损益。其会计分录为：

借：应付账款	9 320	
贷：汇兑损益		9 320

(4) 1 月 31 日,以 200 000 美元偿付进口商品款,并按当日汇率将结算款折合为人民币记账。其会计分录为:

借:应付账款　　1 652 680
　　贷:银行存款　　1 652 680

第二种方法:

(1) 业务发生日:12 月 1 日按当日汇率将所购商品成本和应付账款折合成人民币记账。其会计分录为:

借:库存商品　　1 655 800
　　贷:应付账款　　1 655 800

(2) 报表编制日:12 月 31 日按当日汇率调整应付账款,并将外币折算差额 6 200 元记入“递延收益”科目。其会计分录为:

借:递延收益　　6 200
　　贷:应付账款　　6 200

(3) 业务结算日:1 月 31 日按当日汇率调整应付账款,并将外币折算差额－9 320 元记入“递延收益”科目。其会计分录为:

借:应付账款　　9 320
　　贷:递延收益　　9 320

(4) 1 月 31 日以 200 000 美元偿付所购商品货款,并按当日汇率折合成人民币记账,同时将“递延收益”科目的递延收益额转入“汇兑损益”科目。其会计分录为:

借:应付账款　　1 652 680
　　贷:银行存款　　1 652 680
借:递延收益　　3 120
　　贷:汇兑损益　　3 120

一笔业务观点和两笔业务观点在债权、债务处理上有所不同,但对于不同货币直接兑换业务的处理则是相同的,都要单独计算汇兑损益,并计入当期报表。由于一笔业务观点在汇兑损益的披露上只反映货币直接兑换的报表,故称为部分披露法;而两笔业务观点则将各种类型业务发生的汇兑损益都予以反映,故称为全部披露法。

在外币业务的实际工作中,大多数企业之所以采用两笔业务观点来确认汇兑损益,是因为一笔业务观点有以下三个缺点:①在会计处理上,一笔业务观点需要追溯调整,手续比较麻烦,工作量大,特别当购销业务与其债权、债务的结算发生在不同的会计期间,或跨年度清算时,要对原有的购货成本或销售收入进行追溯调整将更为复杂。有时,当购入的原材料已经耗用,企业收入已经结转时,还要追溯调整是十分困难的。②一笔业务观点对原有账户进行潜在调整,而不单独设账反映,使企业不能更加清晰地反映因许多变动而对企业带来一定时期损益的影响,不能集中反映外币业务中外币的风险程度和提供对企业更有用的决策信息。③一笔业务观点把不同货币之间兑换而产生的汇兑损益单独设账反映,而将购销业务的汇兑损益排斥在汇兑损益反映之外，这样，把同是汇率变动而产生的对企业损益的影响分割成两部分，既不利于汇兑损益的计算，也不利于会计信息的全面披露。

根据美国财务会计准则委员会公布的第 52 号准则和国际会计准则委员会公布的第 21 号准则有关采用两笔业务观点的建议，我国会计制度要求企业在处理外币业务所产生的汇兑损益时，应采用两笔业务观点。

二、外币业务的记账方法及账户设置

(一) 外币业务的记账方法

外币业务的记账方法一般有外币统账法和外币分账法两种。

(1) 外币统账法。外币统账法是指企业在发生外币业务时，必须及时折算为记账本位币，并以此编制会计报表的方法。我国的会计实务就是以人民币作为记账本位币来记录企业发生的外币业务的，即将发生的多种外币金额都折合为人民币加以反映，外币在账上作为辅助记录。所以，这种方法又称记账本位币法。这种方法主要适用于涉及外币种类少且外币业务不多的企业。

(2) 外币分账法。外币分账法也称原币记账法，是指在外币业务发生时，直接用原币记入账户，而不需要按一定汇率折算为记账本位币的方法。采用这种方法，要求对每种货币都单独设置账户，分别反映其增减变化情况。期末时，应将所有用外币记账的各账户的外币金额按期末市场汇率折算为记账本位币金额，并汇总计算汇兑损益。采用外币分账法，可以减少日常外币金额的折算工作，简化核算手续，并能准确、及时地反映外币资金的增减变化情况。这种方法目前只有银行等少数金融企业采用。

(二) 账户的设置

为核算外币业务，企业应当设置相应的外币账户，具体包括外币库存现金、外币银行存款和外币债权债务账户。外币债权、债务账户包括短期借款、长期借款、应付账款、应付票据、应付职工薪酬、预收账款等。当发生外币业务，在有关外币账户上登记时，企业还应将外币金额折合为记账本位币金额。其折算汇率可以按外币业务发生时的市场汇率，也可以按外币业务发生当月 1 日的市场汇率。在月份终了，企业应按期末市场汇率对各外币账户上的外币期末金额进行折算，折合为记账本位币金额，将折算后的记账本位币金额与折算前的记账本位币金额进行比较，两者之间的差额即属于不同时间汇率变化所产生的差额，应作为本期汇兑损益处理。

三、外币业务及其会计处理

(一) 外币兑换业务的会计处理

外币兑换业务是指企业从银行及其他金融机构购入外汇或向银行及其他金融机构卖出外汇的业务。企业购入外汇也就是银行及其他金融机构卖出外汇。企业为购买外汇而付出的记账本位币的金额应按外汇卖出价计算。企业卖出外汇也就是银行及其他金融机构购入外汇。企业出售外汇而收入的记账本位币的金额应按外汇买入价计算。企业买入外汇时，一方面应按实际付出的人民币金额记账，另一方面按照买入的外币金额登记相应的外币账户；同时，按照当时的市场汇率将买入的外汇折算为记账本位币，并登记入账，实际付出的外汇记账本位币金额与购入的外币按照当日市场汇率，折合为记账本位币数额之间的差额，则作为当期汇兑损益，记入“汇兑损益”账户。

【例 7-2】 兴赣公司 2019 年 12 月 5 日，因外汇支付的需要从银行购入 30 000 美元，当日银行美元卖出价为 USD 1＝RMB 8.37，当日的市场汇率为 USD 1＝RMB 8.27。对于这项业务，兴赣公司在美元存款账户作增加记录；在记录的同时，按照当日的市场汇率将美元折算为人民币记账；对银行存款人民币账户则按美元的卖出价折算为人民币金额作减少记录，两者之间的差额作当期汇兑损益处理。其会计分录为：

借：银行存款——美元户（30 000×8.27）	248 100	
汇兑损益	3 000	
贷：银行存款——人民币户（30 000×8.37）		251 100

汇兑损益 3 000 元是指银行卖出外汇与企业买入外汇时的汇率差额，－3 000 元［(8.27－8.37)×30 000］是企业买入外汇所发生的兑换损失。

（二）外币筹资业务的会计处理

由于经济全球化进程的加速，企业筹集资金的领域不断扩大，企业不仅可以在国内金融市场筹集资金，还可以在国际金融市场筹集资金，即企业可以在国外证券市场发行股票债券，或向国际金融机构借款。企业根据募集资金时所签订的合同、协议、招股说明书等文件的规定，要求进行相应的会计处理。

（1）向国际金融机构借款。企业向国际金融机构借款，应签订借款合同。在借款合同中，具体列明借款金额、借款期限、借款利率利息支付方式、债务担保等条款。企业借入外币资金时，应按借入外币时的市场汇率折合记账本位币记账，按照借入的金额记入相应的外币账户。

【例 7-3】 兴赣公司 2019 年 12 月 31 日，从国际货币基金组织取得贷款 100 万美元，3 年期，年利率为 10%，按复利计算，本利和到期一次支付。该笔贷款已通过中国银行转入兴赣公司美元存款账户，当日市场汇率为 USD 1＝RMB 8.29。此时，兴赣公司应按照外币借款当日的市场汇率将借入的美元折合成记账本位币，分别登记银行存款账户和长期借款账户。其会计分录为：

借：银行存款——美元户（1 000 000×8.29）	8 290 000	
贷：长期借款——美元户		8 290 000

3 年后，兴赣公司偿还向国际货币基金组织借入的长期借款 100 万美元，利息 33.1 万美元，本利和共计 133.1 万美元。当日的市场汇率为 USD 1＝RMB 8.40。其会计分录为：

借：长期借款——美元户	11 180 400	
贷：银行存款——美元户		11 180 400

（2）发行债券。这种筹资方式一般是由中国政府有关部门担保，并委托国际金融机构代理发行。

【例 7-4】 南华集团承担了国家重点工程建设项目，由于资金不足，经批准决定在美国发行建设债券 1 亿美元，委托美国一家证券公司代理发行。建设债券为 2 年期，年利率为 5%，单利计算，到期一次还本付息，按面值发行，代理发行费用按募集资金的 5%计算，直接从募集款中扣除。通过中国银行,企业已收到债券款 9 950 万美元,支付代增发行费用 50 万美元。代理发行费用记入“长期待摊费用”账户,在债券存续期内分期推销。当日市场汇率为 USD 1=RMB 8.28。其会计分录为:

借:银行存款——美元户(99 500 000×8.28)	823 860 000	
长期待摊费用(500 000×8.28)	4 140 000	
贷:应付债券——美元户(100 000 000×8.28)		828 000 000

(3) 接受外币资本投资。接受外币资本投资分两种情况:一种是接受直接的投入货币资金、机器设备、专有技术等;另一种是间接投资,即通过证券市场发行股票而募集资金。对于发行股票所募集的资金,应按收到款项当日的市场汇率折合记账本位币记账。采取直接投资方式的外币资本投资,其实收资本的入账金额为合同约定的汇率折算的金额。

(三) 外币购销业务

企业从国外或境外购进原材料、商品或引进设备,按照当日的即期汇率将支付的外币或应支付的外币折算为人民币记账,以确定购入原材料等货物及债务的入账价值,同时按照外币的金额登记有关外币账户。

【例 7-5】 兴赣公司外币采用业务发生时的即期汇率折算。本期从境外购入不需要安装的设备 1 台,设备价款为 250 000 美元,购入该设备时即期汇率为 USD 1=RMB 8.35,款项尚未支付。其会计分录为:

借:固定资产(250 000×8.35)	2 087 500	
贷:应付账款——美元户		2 087 500

企业出口商品或产品时,按照当日的即期汇率将外币销售收入折算为人民币记账;对于出口销售取得的款项或发生的债权,按照折算为人民币的金额入账,同时按照外币的金额登记有关外币账户。

【例 7-6】 兴赣公司属于增值税一般纳税人,其外币交易采用业务发生时的即期汇率折算。本期出口销售商品 12 000 件,销售合同规定的销售价格为每件 250 美元,当日的即期汇率为 USD 1=RMB 8.25。假设不考虑相关税费,其会计分录为:

借:应收账款——美元户	24 750 000	
贷:主营业务收入(12 000×250×8.25)		24 750 000

(四) 期末汇兑损益的计算及会计处理

汇兑损益是指持有外币货币性资产和负债期间,由于外币汇率变动而引起的价值变动所产生的损益。根据我国现行会计制度的规定,企业在月份、季度、年度终了时,应计算汇兑损益。汇兑损益的计算,实际上就是将期末外币账户的外币金额按照期末市场汇率重新折算为记账本位币金额,然后与该账户原账面记账本位币金额进行比较,其差额则为本期发生的汇兑损益。

【例 7-7】 兴赣公司采用当日市场汇率对外币业务进行折算,并按月计算汇兑损益。2019 年 11 月 30 日,市场汇率为 USD 1=RMB 8.29,当日有关外币账户的外币金额和记账本位币金额如表 7-1 所示。

表 7-1　外币账户的外币金额和记账本位币金额

项目	外币金额(美元)	汇率	记账本位币金额(元人民币)
银行存款	40 000	8.29	331 600
应收账款	200 000	8.29	1 658 000
应付账款	10 000	8.29	82 900
短期借款	200 000	8.29	1 658 000

2019 年 12 月 31 日的市场汇率为 USD 1＝RMB 8.29，有关外币账户的外币金额和记账本位币金额如表 7-2 所示。

表 7-2　外币账户的外币金额和记账本位币金额

项目	外币金额(美元)	记账本位币金额(元人民币)
银行存款	1 120 000	9 283 000
应收账款	200 000	1 656 800
应付账款	10 000	83 800
短期借款	200 000	1 658 000
长期借款	1 000 000	

兴赣公司 2019 年 12 月份汇兑损益的计算如下。

(1) 银行存款的汇兑损益：

1 120 000×8.30－9 283 000＝13 000(元)

(2) 应收账款的汇兑损益：

200 000×8.30－1 656 800＝3 200(元)

(3) 应付账款的汇兑损益：

10 000×8.30－83 800＝－800(元)

(4) 短期借款的汇兑损益：

200 000×8.30－1 658 000＝2 000(元)

(5) 长期借款的汇兑损益：

1 000 000×8.30－8 290 000＝10 000(元)

根据上述计算结果，兴赣公司 12 月份汇兑损益的会计处理为：

借：银行存款——美元户	13 000	
应收账款——美元户	3 200	
应付账款——美元户	800	
贷：短期借款——美元户		2 000
长期借款——美元户		10 000
汇兑损益		5 000

兴赣公司12月31日计算调整汇兑损益后有关外币账户外币金额和记账本位币金额如表7-3所示。

表7-3 外币账户外币金额和记账本位币金额

项目	外币金额(美元)	汇率	记账本位币金额(人民币)
银行存款	1 120 000	8.30	9 296 000
应收账款	200 000	8.30	1 660 000
应付账款	10 000	8.30	83 000
短期借款	200 000	8.30	1 660 000
长期借款	1 000 000	8.30	8 300 000

第三节 外币财务报表折算

一、外币财务报表折算的含义

外币财务报表折算是指为特定的目的,将以某种货币编报的报表折算成以另一种特定货币编报的财务报表的过程。

外币报表折算完全不同于外币兑换业务。外币兑换业务是以一种货币兑换成另一种货币,它要发生实际货币的等值交换;而外币财务报表折算并不涉及不同货币的实际交换,它仅仅是将报表各项目的表述语言从一种货币改变为另一种货币单位。因此,外币财务报表折算不应该影响资产和负债的计量基础,或影响收入与费用的确认时间,也不改变计量项目的属性。

二、进行外币财务报表折算的原因

外币财务报表折算的原因是多方面的,具体表现如下:

(1) 编制合并财务报表的需要。为了全面、综合地反映整体的财务状况、经营成果及其变动情况,跨国公司每个会计期末都需将国外子公司的个别财务报表与母公司的财务报表进行合并,以编制整个跨国公司的合并财务报表。在一般情况下,国外子公司的财务报表采用其所在国的货币编报,其编报货币与母公司的编报货币不同,所以应在编制合并财务报表之前,先将以外币表述的子公司财务报表折算为母公司编报货币时所表述的报表,然后再进行合并,以满足跨国公司的投资者及其他会计信息使用者进行决策的需要。

(2) 汇总报告国际分支机构业务的需要。除了跨国公司以外,其他国际分支机构也受总机构的控制,它的业务往往是总机构业务活动的组成部分。其有关经济和财务活动只有通过外币财务报表的折算,总机构才能进行控制,并在会计报表上予以汇总。

(3) 进行国际融资的需要。随着国际投资业务的不断扩大,设在一个国家独立经营的公司，日益需要把会计信息传送到其他国家现在的和潜在的投资者和债权人手中。当某个公司想在国外发行股票、债券，即想在国际金融市场上筹资时，特别需要公布计量单位统一的财务报表，也需要进行外币财务报表的折算。

三、外币财务报表折算所带来的主要会计问题

外币财务报表折算所带来的主要会计问题如下：

（1）折算汇率的选择。由于汇率不断波动，在财务报表折算时，存在着历史汇率、现行汇率和平均汇率之别。财务报表中不同项目对汇率波动的反应不尽相同，其折算汇率选择不同，折算结果必然不同，因此，选择适当的折算汇率就成为外币财务报表折算的一个重要问题。

（2）折算损益的处理。由于汇率的波动，使得同样一笔外币资产或负债，在其发生日或国外子公司报表编制日所折合的本国货币等值与报表折算的本国货币等值是不一致的，且不同时期的资产负债表上所反映的资产和负债也存在一定的差额。例如，在外币贬值的情况下，外币资产会面临折算调整的损失；当外币升值时，则会产生折算利得，而负债的情况刚好相反。对这些利得或损失若不加以调整，必然出现折算后的不平衡，这在会计上是不允许的，因此必须进行调整。

四、外币财务报表的折算

（一）对外币报表的折算

对外币报表的折算，常见的方法一般有以下四种：

（1）流动和非流动法，即境外经营的资产负债表中的流动资产和流动负债项目按资产负债表日的现时汇率折算，非流动资产和非流动负债及实收资本等项目按取得时的历史汇率折算，留存收益项目为依资产负债表的平衡原理轧差计算而得。利润表上折旧与摊销费用按相应资产取得时的历史汇率折算，其他收入和费用项目按报告期的平均汇率折算，销货成本根据“期初存货＋本期购货－期末存货”的关系确定。形成的折算损失计入报告企业的合并损益中，形成的折算收益，已实现部分予以确认，未实现部分予以递延，以抵销以后期间形成的损失。该种方法的优点在于能够反映境外经营的营运资金的报告货币等值，并不改变境外经营的流动性。其不足之处：一是流动性与非流动性的划分与汇率的变动无关；二是对折算结果的处理，掩盖了汇率变动对合并净收益的影响，平滑了各期收益，与实际情况不符。

（2）货币性与非货币性法，即货币性资产和负债按期末现时汇率折算，非货币性资产和负债按历史汇率折算。该种方法的优点在于货币性与非货币性的分类恰当地考虑了汇率变动对资产和负债的影响，改正了流动和非流动法的缺点。其不足之处在于：用分类法来解决外币报表的折算没有考虑会计计量问题，结果使得有些项目分类未必与所选的汇率相关，如存货项目，根据本方法属于非货币性项目，应采用历史汇率折算，但当存货采用成本与市价孰低计量时，对以市价计量的存货用历史汇率折算显然不合适。

（3）时态法，即资产负债表各项目以过去价值计量的，采用历史汇率，以现在价值计量的，采用现时汇率，产生的折算损益应计入当年的合并净收益。利润表各项目的折算与流动

和非流动法下利润表的折算相同。这种方法不仅考虑了会计计量基础，而且改正了上述货币性与非货币性法的缺点。但是，该种方法是从报告企业的角度考虑问题，境外的子公司、分支机构等均被认为是报告企业经营活动在境外的延伸与报告企业本身的外币交易原则相一致，这样做实际上忽视了境外经营作为相对独立的实体的情况。另外，按照这种方法对外币报表进行折算，由于各项目使用的折算汇率不同，产生的折算结果不可能保持外币报表在折算前的原有比率关系。

(4) 现行汇率法，即资产和负债项目均应按现时汇率折算，实收资本按历史汇率折算，利润表各项目按当期平均汇率折算，产生的折算损益作为所有者权益的一个单独项目予以列示。这种方法考虑了境外经营作为相对独立的实体的情况，着重于汇率变动对报告企业在境外经营的投资净额的影响，折算的结果使境外经营的会计报表中原有财务关系不因折算而改变，所改变的仅是其表现方式。这种方法改正了时态法的缺点，却产生了另外的问题，例如，对以历史成本计价的固定资产等按现时汇率折算将显得不伦不类。

(二) 我国会计准则采用的折算方法

在对外币财务报表进行折算前，应当调整境外经营的会计期间和会计政策，使之与企业会计期间和会计政策相一致，根据调整后会计期间和会计政策编制相应货币(记账本位币以外的货币)的财务报表，再按照以下方法对外币财务报表进行折算：

(1) 资产负债表中的资产和负债项目，采用资产负债表日的即期汇率折算，所有者权益项目除“未分配利润”项目外，其他项目采用发生时的即期汇率折算。

(2) 利润表中的收入和费用项目，采用交易发生日的即期汇率或即期汇率的近似汇率折算。

(3) 产生的外币财务报表折算差额，在编制合并会计报表时，应在合并资产负债表中所有者权益项目下单独作为“外币报表折算差额”项目列示。

【例 7-8】 母公司 A 公司以人民币为记账本位币。该母公司在境外有一子公司 B 公司，其会计核算以美元为记账本位币。根据合同约定，A 公司拥有 B 公司 70%的股权，并能够对 B 公司的财务和经营政策施加重大影响。A 公司采用当期平均汇率折算 B 公司利润表项目。B 公司的有关资料如下：

2019 年 12 月 31 日的汇率为 USD 1＝RMB 7.7，2019 年的平均汇率为 USD 1＝RMB 7.6，实收资本、资本公积发生日的即期汇率为 USD 1＝RMB 8。2019 年 12 月 31 日的股本为 500 万美元，折算成人民币为 4 000 万元；累计盈余公积为 50 万美元，折算成人民币为 405 万元，累计未分配利润为 120 万美元，折算成人民币为 972 万元，A 公司、B 公司均在年末提取盈余公积，B 公司当年提取的盈余公积为 70 万美元。

报表折算如表 7-4、表 7-5 和表 7-6 所示。

表 7-4 利润表

2019 年

项目	期末数(美元)	折算汇率	人民币金额
一、营业收入	20 000 000	7.6	152 000 000
减：营业成本	15 000 000	7.6	114 000 000

（续表）

项目	期末数(美元)	折算汇率	人民币金额
税金及附加	400 000	7.6	3 040 000
管理费用	1 000 000	7.6	7 600 000
财务费用	100 000	7.6	760 000
加:投资收益	300 000	7.6	2 280 000
二、营业利润	3 800 000	7.6	28 880 000
加:营业外收入	400 000	7.6	3 040 000
减:营业外支出	200 000	7.6	1 520 000
三、利润总额	4 000 000	7.6	30 400 000
减:所得税费用	1 200 000		9 120 000
四、净利润	2 800 000	7.6	21 280 000
五、每股收益			

表 7-5　所有者权益变动表

项目	实收资本			盈余公积			未分配利润		外币报表折算差额	股东权益合计
	美元	折算汇率	人民币	美元	折算汇率	人民币	美元	人民币		人民币
一、本年年初余额	5 000 000	8	40 000 000	500 000		4 050 000	1 200 000	9 720 000		53 770 000
二、本年增减变动金额										
(一)净利润							2 800 000	21 280 000		21 280 000
(二)直接计入所有者权益的利得和损失										−1 900 000
其中:外币报表折算差额									−1 900 000	−1 900 000
(三)利润分配										
提取盈余公积				700 000	7.6	5 320 000	−700 000	−5 320 000		0
三、本年年末余额	5 000 000	8	40 000 000	1 200 000		9 370 000	3 300 000	25 680 000	−1 900 000	73 150 000

表 7-6 资产负债表

2019 年 12 月 31 日

资产	期末数（美元）	折算汇率	折算为人民币金额	负债和股东权益	期末数（美元）	折算汇率	折算为人民币金额
流动资产：				流动负债：			
货币资金	1 900 000	7.7	14 630 000	短期借款	450 000	7.7	3 465 000
应收账款	1 900 000	7.7	14 630 000	应付账款	2 850 000	7.7	21 945 000
存货	2 400 000	7.7	18 480 000	其他流动负债	1 100 000	7.7	8 470 000
其他流动资产	2 000 000	7.7	15 400 000	流动负债合计	4 400 000	—	33 880 000
流动资产合计	8 200 000	—	63 140 000	非流动负债：			
非流动资产：				长期借款	1 400 000	7.7	10 780 000
长期应收款	1 200 000	7.7	9 240 000	应付债券	800 000	7.7	6 160 000
固定资产	5 500 000		42 350 000	其他非流动负债	900 000	7.7	6 930 000
在建工程	800 000		6 160 000	非流动负债合计	3 100 000	7.7	23 870 000
无形资产	1 000 000		7 700 000	负债合计	7 500 000		57 750 000
其他非流动资产	300 000		2 310 000	股东权益：			
非流动资产合计	8 800 000	7.7	67 760 000	股本	5 000 000	8	40 000 000
				盈余公积	1 200 000		9 370 000
				未分配利润	3 300 000		25 680 000
				外币报表折算差额			−1 900 000
				股东权益合计	9 500 000		73 150 000
资产总计	17 000 000		130 900 000	负债和股东权益总计	17 000 000		130 900 000

当期计提的盈余公积采用当期平均汇率折算，期初盈余公积为以前年度计提的盈余公积，按相应年度平均汇率折算后金额的累计，期初未分配利润记账本位币金额为以前年度未分配利润记账本位币金额的累计。

外币报表折算差额为以记账本位币反映的净资产减去以记账本位币反映的实收资本、累计盈余公积及累计未分配利润后的余额。

(三) 恶性通货膨胀经济中的境外经营的财务报表折算

恶性通货膨胀经济，通常按照以下特征进行判断：

(1) 3 年累计通货膨胀率接近或超过 100%。

(2) 利率、工资和物价与物价指数挂钩。

(3) 一般公众不是以当地货币而是以相对稳定的外币为单位作为衡量货币金额的基础。

(4) 一般公众倾向于以非货币性资产或相对稳定的外币来保存自己的财富,持有的当地货币立即用于投资以保持购买力。

(5) 即使信用期限很短,赊销、赊购交易仍按信用期预计购买力损失的价格成交。

企业在并入处于恶性通货膨胀经济中的境外经营的财务报表时,应当按照下列规定进行折算:

(1) 对资产负债表项目运用一般物价指数予以重述,对利润表项目运用一般物价指数变动予以重述。

(2) 按照最近资产负债表日的即期汇率进行折算。

(3) 境外经营不再处于恶性通货膨胀经济中时,停止重述;按照停止之日的价格水平重述的财务报表进行折算。

企业在处置境外经营企业时,应当将已列入并入后的资产负债表中所有者权益项目下的、与该境外经营相关的外币财务报表折算差额,自所有者权益项目转入处置当期损益;部分处置境外经营企业的,应当按处置的比例计算处置部分的外币财务报表折算差额,转入处置当期损益。

同步测试题

一、名词解释

1. 外币
2. 外汇
3. 记账本位币
4. 一笔业务观点
5. 两笔业务观点

二、单项选择题

1. 某公司为一般纳税人,本期进口原材料价款共计 1 500 万美元,交易发生日的即期汇率为 1 美元=8.30 人民币,另用人民币支付进口关税 1 867.5 万元,支付进口增值税 243.41 万元,货款尚未支付。该项存货的入账价值为(　　)万元人民币。

A. 14 317.5　　B. 16 751.55

C. 12 450　　D. 2 019.15

2. 外商投资企业采用交易发生日的即期汇率折算外币业务,期初即期汇率为 1 美元=8.23 元人民币,本期收到外商作为投资而投入的设备一台,投资各方确认价值为 45 万美元,交易发生日的即期汇率为 1 美元=8.25 元人民币,另发生运杂费 4.5 万元人民币,进口关税 11.25 万元人民币,安装调试费 6.75 万元人民币。该设备的入账价值为(　　)万元人民币。

A. 392.85　　B. 382.5

C. 391　　D. 393.75

3. 某企业采用交易发生日的即期汇率折算外币业务,本月 15 日将 15 000 美元售给中国银行,当日银行买入价为 1 美元=8.20 元人民币,当日银行卖出价为 1 美元=8.22 元人民币,交易发生日的即期汇率为 1 美元=8.24 元人民币,企业出售时应确认的汇兑收益为(　　)元人民币。

A. −150　　B. 600

C. −600　　D. 300

4. 某企业采用交易发生日的即期汇率折算外币业务,因进口业务向银行购买外汇 2 250 万美元,当日银行买入价为 1 美元=8.28 元人民币,当日银行卖出价为 1 美元=8.22 元人民币,交易发生日的即期汇率为 1 美元=8.27 元人民币,该项外币兑换业务导致企业汇兑损失为(　　)万元人民币。

A. 112.5　　B. −112.5

C. 22.5　　D. −22.5

5. 甲公司为境内上市公司,其记账本位币为人民币。2019 年甲公司下列境外经营经济业务的处理正确的是(　　)。

A. 通过收购,持有香港乙上市公司发行在外有表决权股份的 55%,从而拥有该公司的绝对控制权,乙上市公司的记账本位币为港币。因此,乙上市公司是甲公司的境外经营

B. 甲公司与境外某公司合资在南京兴建 A 公司,A 公司的记账本位币为美元,甲公司参与 A 公司的财务和经营政策的决策,境外投资公司控制这些政策的制定。因此,A 公司不是甲公司的境外经营

C. 应近期欧洲市场销量增加的需要,甲公司在德国设立一个分支机构乙公司,乙公司所需资金由甲公司提供,其任务是负责从甲公司进货并在欧洲市场销售,然后将销售款直接汇回甲公司。因此,乙公司是甲公司的境外经营

D. 甲公司与境外丙公司合资在丙公司所在地合建一工程项目,甲公司提供技术资料,丙公司提供场地、设备及材料,该项目竣工后予以出售,甲公司与丙公司按 7:3 分配税后利润,双方合作结束,丙公司的记账本位币为美元,除上述项目外,甲公司与丙公司无任何关系,因此,丙公司是甲公司的境外经营

6. 我国外币报表折算中产生的外币财务报表折算差额,应反映在(　　)。

A. 资产负债表　　B. 现金流量表

C. 利润表　　D. 报表附注

7. 某中外合资企业注册资本为 400 万美元,合同约定分两次投入。中外投资者分别于 2019 年 1 月 1 日和 3 月 1 日投入 300 万美元和 100 万美元。2019 年 1 月 1 日、3 月 1 日、3 月 31 日和 12 月 31 日,美元对人民币的汇率分别为 1∶8.2、1∶8.25、1∶8.24 和 1∶8.3。假定该企业采用人民币作为记账本位币,外币业务采用业务发生日的汇率折算。该企业 2019 年年末资产负债表中“实收资本”项目的金额为(　　)万元人民币。

A. 3 280　　B. 3 296

C. 3 285　　D. 3 320

8. 某公司一境外子公司编报货币为美元,期初美元对人民币的汇率为 1∶8.4。该公司利润和利润分配表采用平均汇率折算。资产负债表中“盈余公积”项目期初数为 50 万美

元，折合人民币 405 万元，本期提取盈余公积 70 万美元，则本期该公司资产负债表“盈余公积”项目的期末数额应该是（　　）万元人民币。

A. 581　　B. 1 008

C. 99　　D. 986

9. 某股份有限公司对外币业务采用业务发生日的汇率折算，按月计算汇兑损益。2019 年 6 月 20 日该公司从境外购买零配件一批，价款总额 500 万美元，货款尚未支付，当日的市场美元对人民币的汇率为 1∶8.21，6 月 30 日美元对人民币的汇率为 1∶8.22，7 月 31 日美元对人民币的汇率为 1∶8.23。该外币债务 7 月份发生的汇兑损失为（　　）万元人民币。

A. －10　　B. －5

C. 5　　D. 10

10. 某外商投资企业收到外商作为实收资本投入的固定资产一台，协议作价 20 万美元，当日的市场美元对人民币的汇率为 1∶8.25，另发生运杂费 2 万元人民币，进口关税 5 万元人民币，安装调试费 3 万元人民币。该设备的入账价值为（　　）万元人民币。

A. 164　　B. 170

C. 174　　D. 175

三、多项选择题

1. 按照外币折算准则的规定，外币财务报表项目中允许采用系统合理的方法确定的、与交易发生日即期汇率近似的汇率折算的有（　　）。

A. “主营业务收入”　　B. “长期待摊费用”

C. “资本公积”　　D. “所得税费用”

E. “应交税费”

2. 下列正确的表述有（　　）。

A. 外币货币性资产在汇率上升时产生汇兑收益

B. 外币货币性资产在汇率上升时产生汇兑损失

C. 外币货币性负债在汇率下降时产生汇兑收益

D. 外币货币性负债在汇率下降时产生汇兑损失

3. 企业发生各类外币业务形成的折算差额，根据不同业务可能记入的科目有（　　）。

A. “公允价值变动损益”　　B. “财务费用”

C. “在建工程”　　D. “资本公积”

E. “制造费用”

4. 当期末市场汇率上升时，以下外币账户会产生汇兑收益的有（　　）。

A. “应付账款”　　B. “应收账款”

C. “短期借款”　　D. “银行存款”

E. “实收资本”

5. 下列项目中，不应计入当期损益的有（　　）。

A. 符合资本化条件的外币一般借款汇兑差额

B. 外币兑换业务的折算差额

C. 外币财务报表折算差额
D. 符合资本化条件的外币专门借款汇兑差额
E. 应付账款期末折算差额

6. 企业发生外币业务形成的折算差额,可能记入的科目有(　　)。
A. "资本公积"　　B. "长期待摊费用"
C. "财务费用"　　D. "盈余公积"
E. "在建工程"

7. 在下列业务中,可以采用业务发生当期期初的市场汇价作为折合汇率的有(　　)。
A. 买卖外汇　　B. 收回应收账款
C. 支付应付账款　　D. 取得借款
E. 接受外币资本投入

8. 下列项目中,可以作为汇兑损益计入当期损益的有(　　)。
A. 外币资本折算差额　　B. 买卖外汇时发生的折算差额
C. 外币财务报表折算差额　　D. 期末"应收账款"科目的折算差额
E. 期末"应付账款"科目的折算差额

9. 下列属于非货币性项目的有(　　)。
A. "交易性金融资产"　　B. "存货"
C. "长期股权投资"　　D. "固定资产"
E. "无形资产"

10. 我国外币财务报表中,可以采用合并报表决算日的市场汇价折算的项目有(　　)。
A. "固定资产"　　B. "短期借款"
C. "实收资本"　　D. "主营业务收入"
E. "管理费用"

四、是非判断题

1. 凡是采用外币计价和结算的经济业务,均为外币业务。(　　)
2. 即使在本期未发生外币业务,仍可能存在外币汇兑损益的核算。(　　)
3. 对于生产经营期间发生的汇兑损益,应作为待摊费用,分期摊销计入各期损益。(　　)
4. 日常外币业务中,无论是借贷业务、购销业务还是外币兑换业务都可能产生汇兑损益。(　　)
5. 外币货币性负债在汇率下降时,会产生汇兑收益。(　　)
6. 在中华人民共和国境外发生的业务都是非外币业务。(　　)
7. 现行汇率与历史汇率是相对的,今天的现行汇率对于未来的资产负债表日则就是历史汇率。(　　)
8. 在本期未发生外币交易的情况下,不会产生汇兑损益。(　　)
9. 对于某一企业来说,不论其当期是否发生外币业务,只要当期市场不发生变动,则不会产生汇兑损益。(　　)
10. 对于外币财务报表的折算差额,我国企业会计准则规定必须将其全部计入当期损益。(　　)

五、思考题

1. 外币的含义是什么？它与外汇在概念上有什么区别？
2. 什么是记账本位币？它有什么作用？
3. 外币业务的主要内容有哪些？
4. 汇兑损益的含义是什么？它是如何产生的？
5. 什么是汇率？汇率有哪几种？汇率有哪几种标价方法？
6. 如何理解外币与外汇？两者有无区别？
7. 怎样选择一个跨国公司的记账本位币？
8. 简述外币交易的折算与兑换的区别与联系。
9. 按照期末汇率对外币账户进行调整计算时，对于已无外币余额的外币账户，是否需要计算其汇兑损益？为什么？
10. 企业外币账户期末时所调整计算的汇兑损益一定会对当期损益产生影响吗？

六、业务处理题

1. 某工业企业采用当日汇率对外币业务进行折算，并按月计算汇兑损益。

(1) 该企业2019年12月31日有关外币账户期末余额如下(期末汇率为1美元=8.4元人民币)，应收账款100万美元；应付账款50万美元；银行存款200万美元。

(2) 该企业2020年1月份发生如下外币业务：

1月5日对外销售产品一批，销售收入为100万美元，当日的汇率为1美元=8.3元人民币，款项尚未收回。

1月10日从银行借入短期外币借款20万美元，当日的汇率为1美元=8.3元人民币。

1月12日从国外进口原材料一批，共计50万美元，当日的汇率为1美元=8.3元人民币。

1月20日收到1月5日赊销款100万美元，当日的汇率为1美元=8.35元人民币。

1月31日偿还1月10日借入的外币借款20万美元，当日的汇率为1美元=8.35元人民币。

要求：

(1) 编制该企业1月份外币业务的会计分录。

(2) 计算1月份的汇兑损益并作出相应的会计分录。

2. 金欣股份有限公司外币业务采用每月月初市场汇率进行折算，按季核算汇兑损益。2019年3月31日有关外币账户余额如表7-7所示。

表7-7 有关外币账户余额

项目	外币金额(万美元)	折算汇率	折算人民币金额(万元)
银行存款(借)	300	8.26	2 478
应收账款(借)	250	8.26	2 065
长期借款(贷)	1 000	8.26	8 260
应付利息(贷)	30	8.26	247.8

长期借款1 000万美元，系2018年10月借入的专门用于生产线建造的外币借款，借款期限为24个月，年利率为12%，按季计提利息，每年1月和7月支付半年的利息。至2019年3月31日该生产线正处于生产建设过程中，已使用借款650万美元，预计将于2019年12月完工。

2019年第二季度各月月初、月末市场汇率如表7-8所示。

表7-8 市场汇率情况

日期	市场汇率
4月1日	1美元=8.26元人民币
4月30日	1美元=8.24元人民币
5月1日	1美元=8.24元人民币
5月31日	1美元=8.26元人民币
6月1日	1美元=8.26元人民币
6月30日	1美元=8.27元人民币

2019年4～6月该公司发生如下外币业务，假定不考虑增值税等相关税费：

(1) 4月1日为建造该生产线进口一套设备，并以外币银行存款70万美元支付设备购置价款，设备于当月投入安装。

(2) 4月20日，将80万美元兑换成人民币，当日银行美元买入价为市场1美元=8.20元人民币，卖出价为1美元=8.30元人民币。兑换所得的人民币已存入银行。

(3) 5月1日，以外币银行存款向外国公司支付生产线安装费用120万美元。

(4) 5月15日，收到第一季度发生的应收账款200万美元。

(5) 6月30日，计提外币专门借款利息，假定外币专门借款通过“应计利息”科目核算。

要求：

(1) 编制2019年第二季度外币业务的会计分录。

(2) 计算2019年第二季度计入在建工程和当期损益的汇兑净损益。

(3) 编制2019年与期末汇兑损益相关的会计分录。

3. 2019年12月1日，南都公司以赊销方式向美国S公司销售商品一批，商品价款为400 000美元，当日汇率为USD 1=RMB 8.2391。12月31日，USD 1=RMB 8.3201。货款结算日为2020年1月31日，结算日汇率为USD 1=RMB 8.2980。双方约定货款以美元结算。该公司选择人民币作为记账本位币。

要求：

(1) 用一笔业务观点进行有关的会计处理。

(2) 用两笔业务观点进行有关的会计处理。

4. 金欣股份有限公司对外币业务采用发生时的汇率折算，按月计算汇兑损益。2019年6月30日市场汇价为1美元=8.25元人民币，2019年6月30日有关外币账户余额如表7-9所示。

表 7-9　外币账户的期末余额

项目	外币(美元)金额	折算汇率	折合人民币金额
银行存款	100 000	8.25	825 000
应收账款	500 000	8.25	4 125 000
应付账款	200 000	8.25	1 650 000

金欣股份有限公司 2019 年 7 月份发生以下外币业务：

(1) 7 月 15 日收到某外商投入的外币资本 50 万美元，当日的市场汇价为 1 美元＝8.24 元人民币，款项已由银行收存。

(2) 7 月 18 日进口一台机器设备，设备价款 40 万美元尚未支付，当日的汇率为 1 美元＝8.23 元人民币。该机器设备正处于安装调试过程中，预计将于 2019 年 11 月完工交付使用。

(3) 7 月 20 日，对外销售产品一批，价款共计 20 万美元，当日的市场汇价为 1 美元＝8.22 元人民币，款项尚未收到。

(4) 7 月 28 日，以外币存款偿还 6 月份发生的应付账款 20 万美元，当日的汇率为 1 美元＝8.21 元人民币。

(5) 收到 6 月份发生的应收账款 30 万美元，当日的汇率为 1 美元＝8.20 元人民币。

要求：

(1) 编制该公司 7 月份外币业务的会计分录。

(2) 计算 7 月份的汇兑损益并进行相应的会计处理。

第八章
衍生金融工具会计

引导案例

宝庆公司套期保值案

宝庆公司于2019年10月31日与境外某公司签订合同，约定于2020年1月31日以每桶55美元的价格购入2 000桶原油，为了规避购入原油的外汇风险，宝庆公司于当日又与甲金融机构签订一项合约，合约约定：2020年1月30日，宝庆公司按2019年10月31日的3个月远期汇率从甲金融机构购入110 000美元，结算方式为按净额结算，有关汇率和利率资料为：①2019年10月31日，3个月的美元对人民币远期汇率为1美元=6.86元人民币；②2019年12月31日，1个月的美元对人民币远期汇率为1美元=6.84元人民币；③2020年1月30日，美元对人民币即期汇率为1美元=6.83元人民币，人民币的市场利率为3%，不考虑增值税等相关税费。

讨论并思考：

1. 什么是衍生金融工具？
2. 什么是套期保值？
3. 宝庆公司如何对确定承诺进行的套期保值活动进行会计处理？

第一节　金融工具概述

一、金融工具的相关概念

(一) 金融工具

金融工具是指形成一个企业的金融资产,并形成其他单位的金融负债或权益工具的合同。金融工具包括金融资产、金融负债和权益工具。

(二) 金融资产、金融负债、权益工具

1. 金融资产

金融资产是指企业持有的现金、其他方的权益工具以及符合下列条件之一的资产:

(1) 从其他方收取现金或其他金融资产的合同权利。

(2) 在潜在有利条件下,与其他方交换金融资产或金融负债的合同权利。

(3) 将来须用或可用企业自身权益工具进行结算的衍生工具合同,且企业根据该合同将收到可变数量的自身权益工具。

(4) 将来须用或可用企业自身权益工具进行结算的衍生工具合同,但以固定数量的自身权益工具交换固定金额的现金或其他金融资产的衍生工具合同除外。

2. 金融负债

金融负债是指企业的下列负债:

(1) 向其他单位交付现金或其他金融资产的合同义务。

(2) 在潜在不利条件下,与其他方交换金融资产或金融负债的合同义务。

(3) 将来须用或可用企业自身权益工具进行结算的衍生工具合同义务,企业根据该合同将交付非固定数量的自身权益工具。

(4) 将来须用或可用企业自身权益工具进行结算的衍生工具的合同义务,但以固定数量的自身权益工具交换固定金额的现金或其他金融资产的衍生工具合同义务除外。

3. 权益工具

权益工具指能证明拥有某个企业在扣除所有负债后的资产中剩余利益的合同。同时满足下列条件的,发行方应当将发行的金融工具分类为权益工具:

(1) 该金融工具不包括交付现金或其他金融资产给其他方,或在潜在不利条件下与其他方交换金融资产或金融负债的合同义务;

(2) 将来须用或可用企业自身权益工具进行结算该金融工具的,如果该金融工具为非衍生工具,不包括交付可变数量的自身权益工具进行结算的合同义务;如果该金融工具为衍生工具,企业只能通过以固定金额的现金或其他金融资产换取固定数量的自身权益工具结算该金融工具。

二、金融工具的分类

服务于不同的分类目的,金融工具可以有不同的分类标准。按金融工具风险管理的需

要，金融工具可分为高风险的金融工具、一般风险的金融工具和低风险的金融工具；按金融工具会计研究的需要，金融工具可按其发展顺序进行分类，分为基础金融工具和衍生金融工具。

（一）基础金融工具

基础金融工具，即传统的金融工具，基本上已构成传统财务报表项目。基础金融工具的以下两个特点使其有别于衍生金融工具：①基础金融工具的取得或发生通常伴随着资产的流入或流出；②基础金融工具的价值取决于标的物本身的价值。

基础金融工具主要包括：现金、存放于金融机构的款项等货币资金，普通股和优先股等股权证券，代表在未来期间收取金融资产的合同权利或支付金融资产的合同义务的债权投资、应付债券，应收账款、应收票据、其他应收款、应付账款、应付票据、其他应付款、存入保证金、存出保证金，客户贷款、客户存款等。

（二）衍生金融工具

衍生金融工具是相对于基础金融工具而言的金融工具，又称派生金融工具或衍生品。

1. 衍生金融工具的概念界定

衍生金融工具是指金融工具确认和计量准则涉及的、具有下列特征的金融工具或其他合同：

（1）其价值随着特定利率、金融价格、商品价格、汇率、价格指数、费率指数、信用等级、信用指数或其他类似变量的变动而变动，变量为非金融变量的，该变量与合同的任一方不存在特定关系。衍生金融工具的价值变动取决于标的变量的变化。例如，人民币债券远期合同的价值变化主要取决于人民币基准利率的变化。衍生金融工具的结算金额，也往往通过标的变量作用于衍生金融工具的名义金额来确定。其中，衍生金融工具的名义金额既指一定数量的货币金额，也可能指一定数量的股份，还可能指衍生金融工具合同所约定的一定数量的其他项目。衍生金融工具的结算金额也可能不需要通过名义金额确定，而是通过合同中明确的结算条款确定。例如，某衍生金融工具要求合同的一方在 6 个月期的 LIBOR（即伦敦银行同业贷款利率）上涨幅度超过 100 点时支付另一方 1 000 万元，就属于此种情形。

（2）不要求初始净投资，或与对市场情况变动有类似反应的其他类型合同相比，要求很少的初始净投资。企业从事衍生金融工具交易不要求初始净投资，通常指签订某项衍生金融工具合同时不需要支付现金或现金等价物。例如，某企业与其他企业签订一项将来买入债券的远期合同，就不需要在签订合同时支付将来购买债券所需的现金。但是，不要求初始净投资，并不排除企业按照约定的交易惯例或规则相应缴纳一笔保证金，比如企业进行期货交易时要求缴纳一定的保证金。缴纳保证金不构成一项企业解除负债的现时支付，因为保证金仅具有"保证"性质。在某些情况下，企业在从事衍生金融工具交易时也会遇到要求进行现金支付的情况，但该现金支付只是相对很少的初始净投资。例如，从市场上购入备兑认股权证，就需要先支付一笔款项。但相对于行权时购入相应股份所需支付的款项，此项支付往往是很小的。又如，企业进行货币互换时，通常需要在合同签订时支付某种货币表示的一笔款项，但同时也会收到以另一种货币表示的"等值"的一笔款项。无论是从该企业的角度，还是从其对手（合同的另一方）看，初始净投资均为零。

（3）在未来某一日期结算。衍生金融工具在未来某一日期结算，表明衍生金融工具结算需要经历一段特定期间。但是，"在某一日期结算"不能理解为只在未来某一日期进行一次结算。例如,利率互换可能涉及合同到期前多个结算日期。另外,有些期权可能由于是价外期权而到期不行权,也是在未来日期结算的一种方式。需要指出的是,如买卖非金融项目的合同,根据企业预期购买、出售或使用要求,以获取或交付非金融项目为目的而签订,那么,此类合同不符合衍生金融工具的定义。但是,当此类合同可以通过现金或其他金融工具净额结算或通过交换金融工具结算,或者合同中的非金融项目可以方便地转换为现金时,这些合同应当比照衍生金融工具进行会计处理。例如,可以采用现金净额方式进行结算的商品期货合约。

2. 衍生金融工具的特点

与基础金融工具相比,衍生金融工具最主要的特点如下:

(1) 衍生性。衍生金融工具派生于基础金融工具,其价值受特定利率、金融工具价格、商品价格、汇率、价格或利率指数、信用等级或信用指数或其他变量变动的影响,其之所以得以衍生,始于人们规避风险(套期保值)和投机套利的需求。

(2) 杠杆性。衍生金融工具不要求初始净投资或要求很小的初始净投资,并往往采用净额结算。正是这种以小博大的杠杆效应,才能够满足人们规避风险(套期保值)和投机套利的需要。

3. 常见的衍生金融工具

按照交易方式和特点,衍生金融工具可分为以下四类:

(1) 远期合约。远期合约又称远期合同,是指交易双方为购买或售出一定数量的金融工具、商品或外币,以事先确定的价格在未来某一特定日期交割或结算的合约。到期日的结算可根据合约中规定的条款进行实物交割,也可以通过净额结算。远期合约的主要特征包括:①远期合约是在未来某一时刻按照事先约定价格买入或卖出某种资产的合约;②远期合约在场外市场交易;③远期合约在利率交易和外汇交易中最为流行。

(2) 期货合约。期货合约又称期货合同,是指由期货交易所统一制定的、规定在将来某一特定的时间和地点交割一定数量标的物的标准化合约。期货合约与远期合约非常相似,可以说期货合约就是标准化了的远期合约。期货合约主要有以下特点:①集中交易与统一清算。期货合约是在期货交易所内集中进行交易,交易双方并不直接接触,交易所负责匹配买卖,撮合成交,集中清算。我国的期货交易所主要有大连商品交易所、郑州商品交易所、中国金融期货交易所、上海期货交易所。②交易的对象是标准化合约,期货合约除了价格这一变量,商品数量、规格等级、交割日期等都是严格标准化的。③期货合约最终进行实物交割的比例很小。这是因为期货合约一般都是为了规避风险或者进行投机,因此绝大多数合约在到期前择机转手平仓。④实行保证金和逐日盯市制度。在期货开始交易之前,期货的买卖双方都必须在期货经纪公司设立专门的保证金账户,并存入一定数量的保证金。期货合约的保证金除了起到防止交易各方违约的作用,还是票据交易所结算制度的基础。按缴纳的时间和比例不同,保证金可以分为初始和追加保证金。当保证金低于最低余额时,交易者必须在规定的时间内补充保证金;否则在下一个交易日,交易所有权实施强制平仓。逐日盯市制度是指结算部门在每日闭市后结算、检查保证金账户余额,通过实时发出保证金追加单,使保证金余额维持在一定水平之上,防止负债发生的结算制度。

(3) 期权合约。期权合约是一种法律合约,它赋予购买者在特定期间或特定时日以事先约定的价格购买或出售一定数量特定金融工具、商品或外币的权利，但非义务。这种权利的购买者可以不行权；但一旦行权，则出售者必须履行合约。根据期权合约标的物的不同，期权合约可以分为股票期权、利率期权、外汇期权、股票指数期权等。根据可行权的时间不同，期权合约可以分为欧式期权和美式期权，其中，欧式期权是只有在期权到期才可行权的期权；而美式期权则是买入期权的一方在合约到期前的任何工作时间都可以行权的期权。

(4) 互换合约。互换合约是指两个或两个以上的当事人按照共同约定的条件，在规定的时间内相互交换某种资产的合约。互换合约的形式有很多，其中，最基本的互换类型是利率互换和货币互换。

利率互换是指同种债务货币以不同的利率进行调换的一种金融交易。假设有甲、乙两家公司，甲公司打算从 A 银行借款 1 000 万元，乙公司打算从 B 银行借款 1 000 万元，甲公司的信用级别高于乙公司。如表 8-1 所示，A 银行为甲公司提供了两种计息方式：固定利率 10%，浮动利率 LIBOR＋0.3%；B 银行为乙公司提供了两种计息方式：固定利率 12%，浮动利率 LIBOR＋1%，(LIBOR 为伦敦银行间同业拆借利率，LIBOR 经常作为国际金融市场贷款的参考利率)。

表 8-1　两家银行提供给甲、乙两家公司的借款利率

银行	公司	固定利率	浮动利率
A 银行	甲公司(AAA)	10%	LIBOR＋0.3%
B 银行	乙公司(A)	12%	LIBOR＋1%

Ⅰ. 由甲公司出面借款有绝对优势(此方法不被允许)。甲公司从 A 银行借款 2 000 万元，再将 1 000 万元借给乙公司。此时，甲、乙两家公司取得借款的利率之和为最小，甲公司无论是选择浮动利率还是固定利率方式均相对于乙公司有绝对优势。

Ⅱ. 甲、乙两家公司自己借款或合作。甲、乙两家公司的借款方式可有以下几种组合：a. 甲公司选择固定利率，乙公司选择固定利率——各自按自己的需要借款；b. 甲公司选择固定利率，乙公司选择浮动利率(利率之和为 LIBOR＋11%)——各自按自己的需要借款；c. 甲公司选择固定利率，乙公司选择固定利率(利率之和为 LIBOR＋12.3%)——互换；d. 甲公司选择浮动利率乙公司选择浮动利率——各自按自己的需要借款。由以上 4 种组合可以看出，组合 b 的利率之和比组合 c 的利率之和低 1.3%，当甲公司打算以浮动利率借款、乙公司打算以固定利率借款时，我们发现将组合 c 转换成组合 b 的方式，利率之和可以降低。

Ⅲ. 甲公司和乙公司选择利率互换。甲公司选择以固定利率方式向 A 银行借款，乙公司选择以浮动利率方式向 B 银行借款，甲公司和乙公司之间签订利率互换协议。

Ⅳ. 甲公司和乙公司签订利率互换协议。a. 降低的总利率 1.3%平均分配；b. 甲公司按浮动利率支付给乙公司，乙公司按浮动利率支付给 B 银行；c. 乙公司按固定利率支付给甲公司，甲公司按固定利率支付给 A 银行。由此，甲公司取得浮动借款的利率降低为 LIBOR＋0.3%－0.65%；乙公司取得固定借款的利率降低为 11.35%(12%－0.65%)。

货币互换又称货币掉期，是指在相同的利率水平上，以不同货币的债务进行调换的一种金融交易。简单来说，货币互换是不同货币债务间的调换。货币互换双方互换的是货币，这期间，双方的债权债务关系并没有发生变化。货币互换的目的在于降低融资成本及防止汇率变动风险造成的损失。假如英镑对美元汇率为1.5，甲公司想借入5年期的1 000万英镑借款，乙公司想借入5年期的1 500万美元借款，但由于甲公司的信用等级高于乙公司，两国金融市场对甲、乙两家公司的熟悉状况不同，因此市场向它们提供的固定利率也不同，如表8-2所示。

表8-2　市场向甲、乙两家公司提供的借款利率

公司	美元	英镑
甲公司	8%	11.6%
乙公司	10%	12%

从表8-2中的数据可以看出，甲公司的借款利率比乙公司的低，即甲公司在两个市场都具有绝对优势，但绝对优势大小不同。甲公司在美元市场上的绝对优势为2%，在英镑市场上的绝对优势只有0.4%，这就是说，甲公司在美元市场上有比较优势，而乙公司在英镑市场上有比较优势。这样，双方就可以利用各自的比较优势借款，然后通过互换得到自己想要的资金，并通过分享互换收益，降低1.6%[(11.6%+10%)-(12%+8%)]的融资成本。两者共享降低的融资成本，各节省0.8%。于是，甲公司以8%的利率借入5年期的1 500万美元借款，乙公司以12%利率借入5年期的1 000万英镑；然后，双方先进行本金的交换，即甲公司向乙公司支付1 500万美元，乙公司向甲公司支付1 000万英镑。假定甲、乙两家公司商定双方平分互换收益，则甲、乙两家公司都将使融资成本降低0.8%，即双方最终的实际成本分别为甲公司实际支付10.8%(11.6%-0.8%)的英镑利率，而乙公司实际支付9.2%(10%-0.8%)的美元利率。

三、金融资产和金融负债的分类和重分类

(一) 金融资产的分类

企业应当根据其管理金融资产的业务模式和金融资产的合同现金流量特征，将金融资产划分为以下三类：

(1) 以摊余成本计量的金融资产。

(2) 以公允价值计量且其变动计入其他综合收益的金融资产。

(3) 以公允价值计量且其变动计入当期损益的金融资产。

(二) 金融负债的分类

除下列各项外，企业应当将金融负债分类为以摊余成本计量的金融负债：

(1) 以公允价值计量且其变动计入当期损益的金融负债，包括交易性金融负债(含属于金融负债的衍生工具)和指定为以公允价值计量且其变动计入当期损益的金融负债。

(2) 金融资产转移不符合终止确认条件或继续涉入被转移金融资产所形成的金融负债。对此类金融负债，企业应当按照《企业会计准则第23号——金融资产转移》相关规定进行计量。

(3) 部分财务担保合同,以及不属于以公允价值计量且其变动计入当期损益的金融负债、以低于市场利率贷款的贷款承诺。

在非同一控制下的企业合并中,企业作为购买方确认的或有对价形成金融负债的,该金融负债应当按照以公允价值计量且其变动计入当期损益进行会计处理。

(三) 金融工具的重分类

1. 金融工具重分类的原则

企业改变其管理金融资产的业务模式时,应当按照规定对所有受影响的相关金融资产进行重分类。企业对所有金融负债均不得进行重分类。

企业对金融资产进行重分类,应当自重分类日起采用未来适用法进行相关会计处理,不得对以前已经确认的利得、损失或利息进行追溯调整。重分类日,是指导致企业对金融资产进行重分类的业务模式发生变更后的首个报告期间的第一天。

2. 金融工具重分类的计量

1) 以摊余成本计量的金融资产的重分类

(1) 企业将一项以摊余成本计量的金融资产重分类为以公允价值计量且其变动计入当期损益的金融资产的,应当按照该资产在重分类日的公允价值进行计量。原账面价值与公允价值之间的差额计入当期损益。

(2) 企业将一项以摊余成本计量的金融资产重分类为以公允价值计量且其变动计入其他综合收益的金融资产的,应当按照该资产在重分类日的公允价值进行计量。原账面价值与公允价值之间的差额计入其他综合收益。该金融资产重分类不影响其实际利率和预期信用损失的计量。

2) 以公允价值计量且其变动计入其他综合收益的金融资产的重分类

(1) 企业将一项以公允价值计量且其变动计入其他综合收益的金融资产重分类为以摊余成本计量的金融资产的,应当将之前计入其他综合收益的累计利得或损失转出,调整该金融资产在重分类日的公允价值,并以调整后的金额作为新的账面价值,即视同该金融资产一直以摊余成本计量。该金融资产重分类不影响其实际利率和预期信用损失的计量。

(2) 企业将一项以公允价值计量且其变动计入其他综合收益的金融资产重分类为以公允价值计量且其变动计入当期损益的金融资产的,应当继续以公允价值计量该金融资产。同时,企业应当将之前计入其他综合收益的累计利得或损失从其他综合收益转入当期损益。

3) 以公允价值计量且其变动计入当期损益的金融资产的重分类

(1) 企业将一项以公允价值计量且其变动计入当期损益的金融资产重分类为以摊余成本计量的金融资产的,应当以其在重分类日的公允价值作为新的账面余额进行计量。

(2) 企业将一项以公允价值计量且其变动计入当期损益的金融资产重分类为以公允价值计量且其变动计入其他综合收益的金融资产的,应当继续以公允价值计量该金融资产。

对以公允价值计量且其变动计入当期损益的金融资产进行重分类的,企业应当根据该金融资产在重分类日的公允价值确定其实际利率。同时,企业应当自重分类日起对该金融资产适用金融资产减值的相关规定,并将重分类日视为初始确认日。

第二节 金融负债和权益工具的区分

一、金融负债和权益工具的区分

(一) 金融负债和权益工具区分的总体要求

企业发行金融工具，应当按照该金融工具的合同条款及其所反映的经济实质而非法律形式，以及金融资产、金融负债和权益工具的定义，在初始确认时将该金融工具或其组成部分分类为金融资产、金融负债和权益工具。

1. 金融负债和权益工具的定义

金融负债是指企业符合下列条件之一的负债：

(1) 向其他方交付现金或其他金融资产的合同义务，如发行的承诺支付固定利息的公司债券。

(2) 在潜在不利条件下，与其他方交换金融资产或金融负债的合同义务，如签出的外汇期权。

(3) 将来须用或可用企业自身权益工具进行结算的非衍生金融工具合同，且企业根据该合同将交付可变数量的自身权益工具。例如，企业取得一项金融资产，并承诺两个月后向卖方交付本企业发行的普通股，交付的普通股数量根据交付时的股价确定，则该项承诺是一项金融负债。

(4) 企业须用或可用企业自身权益工具进行结算的衍生金融工具合同(以固定数量的自身权益工具交换固定金额的现金或其他金融资产的衍生金融工具合同除外)，如以普通股净额结算的股票期权。企业对全部现有同类别非衍生自身权益工具的持有方(如普通股股东)同比例发行配股权、期权或认股权证，使之有权按比例以固定金额的任何货币换取固定数量的该企业自身权益工具的，该类配股权、期权或认股权证应当分类为权益工具。

权益工具是指能证明拥有某个企业在扣除所有负债后的资产中的剩余权益的合同。在同时满足下列条件的情况下，企业应当将发行的金融工具分类为权益工具：

(1) 该金融工具应当不包括交付现金或其他金融资产给其他方，或在潜在不利条件下与其他方交换金融资产或金融负债的合同义务。

(2) 将来须用或可用企业自身权益工具结算该金融工具。如为非衍生金融工具，该金融工具应当不包括交付可变数量的自身权益工具进行结算的合同义务；如为衍生金融工具，企业只能通过以固定数量的自身权益工具交换固定金额的现金或其他金融资产结算该金融工具。

2. 区分金融负债和权益工具需考虑的因素

(1) 合同所反映的经济实质。在判断一项金融工具是否应划分为金融负债或权益工具时，应当以相关合同条款及其所反映的经济实质而非以法律形式为依据，运用金融负债和权益工具区分的原则，正确地确定该金融工具或其组成部分的会计分类。对金融工具合同所反映经济实质的评估应基于合同的具体条款。企业不应仅依据监管规定或工具名称进行划分。

(2) 工具的特征。有些金融工具(如企业发行的某些优先股)可能既有权益工具的特征,又有金融负债的特征。因此,企业应当全面细致地分析此类金融工具各组成部分的合同条款,以确定其显示的是金融负债还是权益工具的特征,并进行整体评估,以判定整个工具应划分为金融负债或权益工具,还是既包括金融负债成分又包括权益工具成分的复合金融工具。

(二) 金融负债和权益工具区分的基本原则

(1) 如果企业不能无条件地避免交付现金或其他金融资产来履行一项合同义务,则该合同义务符合金融负债的定义。

(2) 如果企业能够无条件地避免交付现金或其他金融资产,例如能够根据相应的议事机制自主决定是否支付股息,同时所发行的金融工具没有到期日且合同对手方没有回售权,或虽有固定期限但发行方有权无限期递延,则此类交付现金或其他金融资产的结算条款不构成金融负债。如果发放股利由发行方根据相应的议事机制自主决定,则股利是累积股利还是非累积股利本身均不会影响该金融工具被分类为权益工具。

(三) 以外币计价的配股权、期权或认股权证

一般来说,如果企业的某项合同是通过固定金额的外币交换固定数量的自身权益工具进行结算,由于固定金额的外币代表的是以企业记账本位币计价的可变金额,因此不符合“固定换固定”原则。但是,对以外币计价的配股权、期权、或认股权证,使之有权按比例以固定金额的任何货币交换固定数量的该企业自身权益工具的,该类配股权、期权、或认股权证应当分类为权益工具。

(四) 或有结算条款

附有或有结算条款的金融工具,是指是否通过交付现金或其他金融资产进行结算,或者是否以其他导致该金融工具成为金融负债的方式进行结算,需要由发行方和持有方均不能控制的未来不确定事项的发生或不发生来确定的金融工具。

(五) 结算选择权

对于存在结算选择权的衍生金融工具,发行方应当将其确认为金融负债或金融资产;如果可供选择的结算方式均表明该衍生金融工具应当确认为权益工具,则应当确认为权益工具。

(六) 合并财务报表中金融负债和权益工具的区分

合并财务报表中对金融工具(或其组成部分)进行分类时,企业应考虑集团成员和金融工具的持有方之间达成的所有条款和条件,以确定集团作为一个整体是否由于该工具而承担了以其他导致该工具分类为金融工具而承担了交付现金或其他金融资产的义务,或者承担了以其他导致该工具分类为金融负债的方式进行结算的义务。例如,某集团一子公司发行一项权益工具,同时其母公司或集团其他成员与该工具的持有方达成了其他附加协议,母公司或集团其他成员可能对相关的支付金额(如股利)作出担保;或者集团另一成员可能承诺在该子公司不能支付预期款项时购买这些股份。在这种情形下,尽管集团子公司(发行方)在没有考虑这些附加协议的情况下,在其个别财务报表中将这项工具分类为权益工具,但是在合并财务报表中,集团与该工具的持有方之间的附加协议的影响意味着集团作为一个整体无法避免经济利益的转移,导致其分类为金融负债。因此,合并财务报表应当考虑这些附加协议或条款,以确保从集团整体的角度反映所签订的所有合同和相关交易。

（七）特殊金融工具的区分

1. 可回售工具

可回售工具，是指根据合同约定，持有方有权将该工具回售给发行方以获取现金或其他金融资产的权利，或者在未来某一不确定事项发生或者持有方死亡或退休时，自动回售给发行方的金融工具。例如，某些合作制法人的可随时回售的“权益”或者某些开放式基金的可随时赎回的基金份额。

符合金融负债定义，但同时具有下列特征的可回售工具，应当分类为权益工具：

(1) 赋予持有方在企业清算时按比例份额获得该企业净资产的权利。企业净资产，是指扣除所有优先于该工具对企业资产要求权之后的剩余资产。按比例份额是指清算时将企业的净资产分拆为金额相等的单位，并且将单位金额乘以持有方所持有的单位数量。

(2) 该工具所属的类别次于其他所有工具类别，即该工具在归属于该类别前无须转换为另一种工具，且在清算时对企业资产没有优先于其他工具的要求权。

(3) 该类别的所有工具具有相同的特征(例如，它们必须都具有可回售特征，并且用于计算回购或赎回价格的公式或其他方法都相同)。

(4) 除了发行方应当以现金或其他金融资产回购或赎回该工具的合同义务外，该工具不满足金融负债定义中的任何其他特征。

(5) 该工具在存续期内的预计现金流量总额，应当实质上基于该工具存续期内企业的损益、已确认净资产的变动、已确认和未确认净资产的公允价值变动(不包括该工具的任何影响)。

2. 发行方仅在清算时才有义务向另一方按比例交付其净资产的金融工具

符合金融负债定义，但同时具有下列特征的发行方仅在清算时才有义务向另一方按比例交付其净资产的金融工具，应当分类为权益工具：

(1) 赋予持有方在企业清算时按比例份额获得该企业净资产的权利。

(2) 该工具所属的类别次于其他所有工具类别。

(3) 在次于其他所有类别的工具类别中，发行方对该类别中所有工具都应当在清算时承担按比例份额交付其净资产的同等合同义务。

产生上述合同义务的清算确定将会发生并且不受发行方的控制，或者发生与否由该工具的持有方决定。

3. 特殊金融工具分类为权益工具的其他条件

分类为权益工具的可回售工具，或发行方仅在清算时才有义务向另一方按比例交付其净资产的金融工具，除应当具有上述 1 和 2 所述特征外，其发行方应当没有同时具备下列特征的其他金融工具或合同：

(1) 现金流量总额实质上基于企业的损益、已确认净资产的变动、已确认和未确认净资产的公允价值变动(不包括该工具或合同的任何影响)。

(2) 实质上限制或固定了工具持有方所获得的剩余回报。

（八）金融负债和权益工具之间的重分类

由于发行的金融工具原合同条款约定的条件或事项随着时间的推移或经济环境的改变而发生变化，可能会导致已发行金融工具的重分类。例如，企业拥有可回售工具和其他工具，本来可回售工具并非最次级类别，并不符合分类为权益工具的条件。如果企业赎回其已发行的全部其他工具后，发行在外的可回售工具符合了分类为权益工具的全部特征和全部条件，那么，企业应从其赎回全部其他工具之日起将可回售工具重分类为权益工具。反之，如果原来被分类为权益工具的可回售工具因为更次级的新工具的发行，而不再满足分类为权益工具的条件，则企业应在新权益工具的发行日将可回售工具重分类为金融负债。

（九）收益和库存股

1. 发行方对利息、股利、利得或损失的处理

金融工具或组成部分属于金融负债的，相关利息、股利、利得或损失，以及赎回或再融资产生的利得或损失等，应当计入当期损益。金融工具或组成部分属于权益工具的，其发行（含再融资）、回购、出售或注销时，发行方应当作为权益的变动处理；发行方不应当确认权益工具的公允价值变动；发行方对权益工具持有方的分配应作利润分配处理，发放的股票股利不影响所有者权益总额。

2. 库存股

回购自身权益工具（库存股）支付的对价和交易费用，应当减少所有者权益，不得确认金融资产。库存股可由集团合并范围内的其他成员购回和持有。如果企业持有库存股之后又将其重新出售，反映的是不同所有者之间的转让，而非企业本身的利得或损失，因此，这些库存股的公允价值如何波动，企业应直接将支付或收取的任何对价在权益中确认，而不产生任何影响。

3. 对每股收益计算的影响

企业应当按照每股收益的规定计算每股收益，企业存在发行在外的除普通股以外的金融工具的，在计算每股收益时，应当按照以下原则处理：

（1）基本每股收益的计算。在计算基本每股收益时，基本每股收益中的分子，即归属于普通股股东的净利润，不应包含其他权益工具的股利或利息。其中，对于发行的不可累积优先股等其他权益工具应扣除当期宣告发放的股利，对于发行的累积优先股等其他权益工具，无论当期是否宣告发放股利，均应予以扣除。基本每股收益中的分母，为发行在外普通股的加权平均股数。对于同普通股股东一起参加剩余利润分配的其他权益工具，在计算普通股每股收益时，归属于普通股股东的净利润不应包含根据可参加机制计算的应归属于其他权益工具持有者的净利润。

（2）稀释每股收益的计算。企业发行的金融工具中包含转股条款的，即存在潜在稀释性的，在计算稀释每股收益时考虑的因素与企业发行可转换公司债券、认股权相同。

二、复合金融工具

企业应对发行的非衍生金融工具进行评估，以确定所发行的工具是否为复合金融工具。企业所发行的非衍生金融工具可能同时包含金融负债成分和权益工具成分。对于复合金融工具，发行方应于初始确认时将各组成部分分别分类为金融负债、金融资产或权益工具。企业所发行的一项非衍生金融工具同时包含金融负债成分和权益工具成分的，应于初始计量时先确定金融负债成分的公允价值（包括其中可能包含的非权益性嵌入衍生金融工具的公允价值），再从复合金融工具公允价值中扣除金融负债成分的公允价值，作为权益工具成分

的价值。

可转换债券等可转换工具可能被分类为复合金融工具。发行方对该类可转换工具进行会计处理时，应当注意以下方面：

（1）在可转换工具转换时，应终止确认负债部分，并将其确认为权益。原来的权益成分仍旧保留为权益（从权益的一个项目结转到另一个项目，如从“其他权益工具”转入“资本公积——资本溢价或股本溢价”）。可转换工具转换时不产生损益。

（2）企业通过在到期日前赎回或回购而终止一项仍具有转换权的可转换工具时，应在交易日将赎回或回购所支付的价款以及发生的交易费用分配至该工具的负债成分和权益工具成分。分配价款和交易费用的方法与该工具发行时采用的分配方法一致。价款以及交易费用分配后，所产生的利得或损失应分别根据负债成分和权益成分所适用的会计原则进行处理，分配至权益成分的款项计入权益，与负债成分相关的利得或损失计入当期损益。

（3）企业可能修订可转换工具的条款以促成持有方提前转换。例如，提供更有利的转换比率或在特定日期前转换则支付额外的对价。在条款修订日，对于持有方根据修订后的条款进行转换所能获得的对价的公允价值与根据原有条款进行转换所能获得的对价的公允价值之间的差额，企业（发行方）应将其确认为一项损失。

（4）企业发行认股权和债权分离交易的可转换公司债券，所发行的认股权符合有关权益工具定义的，应当确认为一项权益工具（其他权益工具），并以发行价格减去不附认股权且其他条件相同的公司债券公允价值后的净额进行计量。认股权持有方到期没有行权的，应当在到期时将原计入其他权益工具的部分转入资本公积（资本溢价）。

三、永续债的会计处理

（一）永续债发行方会计分类应当考虑的因素

永续债发行方在确定永续债的会计分类是权益工具还是金融负债（以下简称会计分类）时，应同时考虑下列因素。

1. 关于到期日

永续债发行方在确定永续债会计分类时，应当以合同到期日等条款内含的经济实质为基础，判断是否能无条件地避免交付现金或其他金融资产的合同义务。当永续债合同其他条款未导致发行方承担交付现金或其他金融资产的合同义务时，发行方应当区分下列情况处理：

（1）永续债合同明确规定无固定到期日且持有方在任何情况下均无权要求发行方赎回永续债或清算的，通常表明发行方没有交付现金或其他金融资产的合同义务。

（2）永续债合同未明确规定固定到期日且同时规定了未来赎回时间（即初始期限）的：①当该初始期限仅约定为发行方清算日时，通常表明发行方没有交付现金或其他金融资产的合同义务。但清算确定将会发生且不受发行方控制，或者清算发生与否取决于该永续债持有方的，发行方仍具有交付现金或其他金融资产的合同义务。②当该初始期限不是发行方清算日且发行方能自主决定是否赎回永续债时，发行方应当审慎分析自身是否能无条件地自主决定不行使赎回权。如不能，通常表明发行方有交付现金或其他金融资产的合同义务。

2. 关于清偿顺序

永续债发行方在确定永续债会计分类时，应当考虑合同中关于清偿顺序的条款。当永续债合同其他条款未导致发行方承担交付现金或其他金融资产的合同义务时，发行方应当区分下列情况处理：

（1）合同规定发行方清算时永续债劣后于发行方发行的普通债券和其他债务的，通常表明发行方没有交付现金或其他金融资产的合同义务。

（2）合同规定发行方清算时永续债与发行方发行的普通债券和其他债务处于相同清偿顺序的，应当审慎考虑此清偿顺序是否会导致持有方对发行方承担交付现金或其他金融资产的合同义务的预期，并据此确定其会计分类。

3. 关于利率跳升和间接义务

永续债发行方在确定永续债会计分类时，应当考虑"间接义务"。永续债合同规定没有固定到期日、同时规定了未来赎回时间、发行方有权决定未来是否赎回且如果发行方决定不赎回则永续债票息率上浮的，发行方应当结合所处实际环境考虑该利率跳升条款是否构成交付现金或其他金融资产的合同义务。如果跳升次数有限、有最高票息限制（即封顶）且封顶利率未超过同期同行业同类型工具平均的利率水平，或者跳升总幅度较小且封顶利率未超过同期同行业同类型工具平均的利率水平，可能不构成间接义务；如果永续债合同条款虽然规定了票息封顶，但该封顶票息超过同期同行业同类型工具平均的利率水平，通常构成间接义务。

（二）关于永续债持有方会计分类的要求

除符合长期股权投资规定适用范围外，永续债持有方应当按下列规定对永续债进行会计处理：持有方在判断持有的永续债是否属于权益工具投资时，应当遵循金融资产和金融负债的分类和重分类以及金融负债和权益工具的区分中的相关规定。对于属于权益工具投资的永续债，持有方应当将其分类为以公允价值计量且其变动计入当期损益的金融资产，或在符合条件时对非交易性权益工具投资初始指定为以公允价值计量且其变动计入其他综合收益的金融资产。对于不属于权益工具投资的永续债，持有方应当将其分类为以摊余成本计量的金融资产，以公允价值计量且其变动计入其他综合收益的金融资产，或以公允价值计量且其变动计入当期损益的金融资产。在判断永续债的合同现金流量特征时，持有方应当考虑永续债中包含的选择权。

第三节　金融工具的计量

一、金融资产或金融负债的初始计量

企业初始确认金融资产或金融负债，应当按照公允价值计量。对于以公允价值计量且其变动计入当期损益的金融资产或金融负债，相关交易费用应当直接计入当期损益；对于其他类别的金融资产或金融负债，相关交易费用应当计入初始确认金额。交易费用，是指可直接归属于购买、发行或处置金融工具的增量费用。增量费用是指企业没有发生购买、发行或处置金融工具的情形就不会发生的费用，包括支付给代理机构、咨询公司、券商、证券交易所、政府有关部门等的手续费、佣金、相关税费以及其他必要支出，不包括债券溢价、折价、融资费用、内部管理成本和持有成本等与交易不直接相关的费用。

企业应当根据公允价值计量的规定，确定金融资产和金融负债在初始确认时的公允价值。公允价值通常为相关金融资产或金融负债的交易价格。金融资产或金融负债公允价值与交易价格存在差异的，企业应当区别下列情况进行处理：

（1）在初始确认时，金融资产或金融负债的公允价值依据相同资产或负债在活跃市场上的报价或者以仅使用可观察市场数据的估值技术确定的，企业应当将该公允价值与交易价格之间的差额确认为一项利得或损失。

（2）在初始确认时，金融资产或金融负债的公允价值以其他方式确定的，企业应当将该公允价值与交易价格之间的差额递延。初始确认后，企业应当根据某一因素在相应会计期间的变动程度将该递延差额确认为相应会计期间的利得或损失。该因素应当仅限于市场参与者对该金融工具定价时将予考虑的因素，包括时间等。

企业取得金融资产所支付的价款中包含的已宣告但尚未发放的债券利息或现金股利，应当单独确认为应收项目进行处理。

二、金融资产的后续计量

（一）金融资产后续计量原则

金融资产的后续计量与金融资产的分类密切相关。企业应当对不同类别的金融资产，分别以摊余成本、以公允价值计量且其变动计入其他综合收益或以公允价值计量且其变动计入当期损益进行后续计量。

需要注意的是，企业在对金融资产进行后续计量时，如果一项金融工具以前被确认为一项金融资产并以公允价值计量，而现在它的公允价值低于零，企业应将其确认为一项负债。但对于主合同为资产的混合合同，即使整体公允价值可能低于零，企业应当始终将混合合同整体作为一项资产进行分类和计量。

（二）以摊余成本计量的金融资产的会计处理

1. 实际利率

实际利率法，是指计算金融资产或金融负债的摊余成本以及将利息收入或利息费用分摊计入各会计期间的方法。

实际利率是指将金融资产或金融负债在预计存续期的估计未来现金流量折现为该金融资产账面余额（不考虑减值）或该金融负债摊余成本所使用的利率。在确定实际利率时，应当在考虑金融资产或金融负债所有合同条款的基础上估计预期现金流量，但不应当考虑预期信用损失。

经信用调整的实际利率是指将购入或源生的已发生信用减值的金融资产在预计存续期的估计未来现金流量，折现为该金融资产摊余成本的利率。在确定经信用调整的实际利率时，应当考虑金融资产的所有合同条款以及初始预期信用损失的基础上估计预期现金流量。

企业通常能够可靠估计金融工具（或一组类似金融工具）的现金流量和预计存续期。在极少数情况下，金融工具（或一组类似金融工具）的估计未来现金流量和预计存续期无法可靠估计的，企业在计算确定其实际利率时，应当基于该金融工具在整个合同期内的合同现金流量。

合同各方之间支付或收取的、属于实际利率或经信用调整的实际利率组成部分的各项费用、交易费用及溢价或折价等，应当在确定实际利率或经信用调整的实际利率时予以考虑。

2. 摊余成本

金融资产或金融负债的摊余成本，应当以该金融资产或金融负债的初始确认金额经下列调整确定：

(1) 扣除已偿还的本金。

(2) 加上或减去采用实际利率法将该初始确认金额与到期日金额之间的差额进行摊销形成的累计摊销额。

(3) 扣除计提的累计信用减值准备(仅适用于金融资产)。

对于浮动利率金融资产或浮动利率金融负债，以反映市场利率波动而对现金流量的定期重估将改变实际利率。如果浮动利率金融资产或浮动利率金融负债的初始确认金额等于到期日应收或应付本金的金额，则未来利息付款额的重估通常不会对该资产或负债的账面价值产生重大影响。

企业与交易对手修改或重新议定合同，未导致金融资产终止确认，但导致合同现金流量发生变化的，或者企业修正了对合同现金流量的估计的，应当重新计算该金融资产的账面余额，应当根据将重新议定或修改的合同现金流量按金融资产的原实际利率折现的现值确定。对于修改或重新议定合同所产生的所有成本或费用，企业应当调整修改后的金融资产账面价值，并在修改后金融资产的剩余期限内摊销。

以摊余成本计量且不属于任何套期关系的金融资产所产生的利得或损失，应当在终止确认、重分类、按照实际利率法摊销或确认减值时，计入当期损益。

【例 8-1】 2013 年 1 月 1 日，甲公司支付价款 1 000 万元(含交易费用)从上海证券交易所购入乙公司同日发行的 5 年期公司债券 12 500 份，债券票面价值总额为 1 250 万元，票面年利率为 4.72%，于年末支付本年度债券利息(即每年利息为 59 万元)，本金在债券到期时一次性偿还。合同约定，该债券的发行方在遇到特定情况时可以将债券赎回，且不需要为提前赎回支付额外款项。甲公司在购买该债券时，预计发行方不会提前赎回。甲公司根据其管理该债券的业务模式和该债券的合同现金流量特征，将该债券分类为一摊余成本计量的金融资产。

假定不考虑所得税、减值损失等因素，计算该债券的实际利率 r：

$$59\times(1+r)^{-1}+59\times(1+r)^{-2}+59\times(1+r)^{-3}+59\times(1+r)^{-4}+(59+1\ 250)\times(1+r)^{-5}=1\ 000(\text{万元})$$

采用插值法，计算得出 $r=10\%$。

情形 1：

根据表 8-3 中的数据，甲公司的有关账务处理如下。

表 8-3 甲公司的有关账务处理

单位：万元

日期	期初摊余成本	实际利息收入	现金流入	期末摊余成本
2013 年	1 000	100	59	1 041
2014 年	1 041	104	59	1 086
2015 年	1 086	109	59	1 136
2016 年	1 136	114	59	1 191
2017 年	1 191	118*	1 309	0

注：* 尾数调整 1 250＋59－1 191＝118(万元)。

(1) 2013 年 1 月 1 日，购入乙公司债券。

借：债权投资——成本　　12 500 000
　贷：银行存款　　10 000 000
　　债权投资——利息调整　　25 000 000

(2) 2013 年 12 月 31 日，确认乙公司债券实际利息收入、收到债券利息。

借：应收利息　　590 000
　债权投资——利息调整　　410 000
　贷：投资收益　　1 000 000
借：银行存款　　590 000
　贷：应收利息　　590 000

(3) 2014 年 12 月 31 日，确认乙公司债券实际利息收入、收到债券利息。

借：应收利息　　590 000
　债权投资——利息调整　　450 000
　贷：投资收益　　1 040 000
借：银行存款　　590 000
　贷：应收利息　　590 000

(4) 2015 年 12 月 31 日，确认乙公司债券实际利息收入、收到债券利息。

借：应收利息　　590 000
　债权投资——利息调整　　500 000
　贷：投资收益　　1 090 000
借：银行存款　　590 000
　贷：应收利息　　590 000

(5) 2016 年 12 月 31 日，确认乙公司债券实际利息收入、收到债券利息。

借：应收利息　　590 000
　债权投资——利息调整　　550 000
　贷：投资收益　　1 140 000
借：银行存款　　590 000
　贷：应收利息　　590 000

(6) 2017 年 12 月 31 日，确认乙公司债券实际利息收入、收到债券利息。

借：应收利息　590 000
　　债权投资——利息调整　590 000
　　贷：投资收益　1 180 000
借：银行存款　590 000
　　贷：应收利息　590 000
借：银行存款　12 500 000
　　贷：债权投资——成本　12 500 000

情形 2：

假定在 2015 年 1 月 1 日，甲公司预计本金的一半(即 625 万元)将会在该年末收回，而另外的一半本金将于 2017 年年末付清。则甲公司应当调整 2015 年年初的摊余成本，计入当期损益；调整时采用最初确定的实际利率。据此，调整上述表中相关数据后如表 8-4 所示。

表 8-4　调整后数据

单位：万元

日期	期初摊余成本	实际利息收入	现金流入	期末摊余成本
2013 年	1 000	100	59	1 041
2014 年	1 041	104	59	1 086
2015 年	1 139*	109	684	569
2016 年	569	114	30**	596
2017 年	596	59***	655	0

注：* $(625+59)\times(1+10\%)^{-1}+30\times(1+10\%)^{-2}+(625+30)\times(1+10\%)^{-3}=1\ 139$(万元)(四舍五入)。
** $625\times4.72\%=30$(万元)(四舍五入)。
*** $625+30-596=59$(万元)(尾数调整)。

根据上述调整，甲公司的账务处理如下：

(1) 2015 年 1 月 1 日，调整期初账面余额。

借：债权投资——利息调整　530 000
　　贷：投资收益　530 000

(2) 2015 年 12 月 31 日，确认乙公司债券实际利息、收回本金等。

借：应收利息　590 000
　　债权投资——利息调整　550 000
　　贷：投资收益　1 140 000
借：银行存款　6 250 000
　　贷：应收利息　6 250 000

(3) 2016 年 12 月 31 日，确认实际利息等。

借：应收利息　300 000
　　债权投资——利息调整　290 000

贷：投资收益 590 000

借：银行存款 300 000

贷：应收利息 300 000

（4）2017 年 12 月 31 日，确认实际利息、收回本金等。

借：应收利息 300 000

债权投资——利息调整 290 000

贷：投资收益 590 000

借：银行存款 300 000

贷：应收利息 300 000

借：银行存款 6 250 000

贷：债权投资——成本 6 250 000

（三）以公允价值进行后续计量的金融资产的会计处理

（1）对于按照公允价值进行后续计量的金融资产，其公允价值变动形成的利得或损失，除与套期会计有关外，应当按照下列规定处理：

第一，分类为以公允价值计量且其变动计入当期损益的金融资产的利得或损失，应当计入当期损益。

第二，分类为以公允价值计量且其变动计入其他综合收益的金融资产所产生的利得或损失，除减值损失或利得和汇兑损益之外，均应当计入其他综合收益，直至该金融资产终止确认或被重分类。但是，采用实际利率法计算的该金融资产的利息应当计入当期损益。该类金融资产计入各期损益的金额应当与视同其一直按摊余成本计量而计入各期损益的金额相等。

该金融资产终止确认时，之前计入其他综合收益的累计利得或损失应当从其他综合收益中转出，计入当期损益。

第三，指定为以公允价值计量且其变动计入其他综合收益的非交易性权益工具投资，除了获得的股利（属于投资成本收回部分的除外）计入当期损益外，其他相关的利得和损失（包括汇兑损益）均应计入其他综合收益，且后续不得转入当期损益。当其终止确认时，之前计入其他综合收益的累计利得或损失应当从其他综合收益中转出，计入留存收益。

（2）企业只有在同时符合下列条件时，才能确认股利收入计入当期损益：①企业收取股利的权利已经确立；②与股利相关的经济利益很可能流入企业；③股利的金额能够可靠计量。

【例 8-2】 2013 年 1 月 1 日，甲公司支付价款 1 000 万元（含交易费用）从上海证券交易所购入乙公司同日发行的 5 年期公司债券 12 500 份，债券票面价值总额为 1 250 万元，票面年利率为 4.72%，于年末支付本年度债券利息（即每年利息为 59 万元），本金在债券到期时一次性偿还。合同约定，该债券的发行方在遇到特定情况时可以将债券赎回，且不需要为提前赎回支付额外款项。甲公司在购买该债券时，预计发行方不会提前赎回。甲公司根据其管理该债券的业务模式和该债券的合同现金流量特征，将该债券分类为以公允价值计量且其变动计入其他综合收益的金融资产。

其他资料如下：

(1) 2013 年 12 月 31 日，乙公司债券的公允价值为 1 200 万元(不含利息)。

(2) 2014 年 12 月 31 日，乙公司债券的公允价值为 1 300 万元(不含利息)。

(3) 2015 年 12 月 31 日，乙公司债券的公允价值为 1 250 万元(不含利息)。

(4) 2016 年 12 月 31 日，乙公司债券的公允价值为 1 200 万元(不含利息)。

(5) 2017 年 1 月 20 日，通过上海证券交易所出售了乙公司债券 12 500 份，取得价款 1 260 万元。

假定不考虑所得税、减值等因素，计算该债券的实际利率 r：

$$59\times(1+r)^{-1}+59\times(1+r)^{-2}+59\times(1+r)^{-3}+59\times(1+r)^{-4}+(59+1\ 250)\times(1+r)^{-5}=1\ 000(\text{万元})$$

采用插值法，计算得出 $r=10\%$。相关数据计算如表 8-5 所示。

表 8-5　相关数据

单位：万元

日期	现金流入	实际利息收入	已收回的本金	摊余成本余额	公允价值	公允价值变动额	公允价值变动累计金额
2013 年 1 月 1 日				1 000	1 000	0	0
2013 年 12 月 31 日	59	100	−41	1 041	1 200	159	159
2014 年 12 月 31 日	59	104	−45	1 086	1 300	55	214
2015 年 12 月 31 日	59	109	−50	1 136	1 250	−100	114
2016 年 12 月 31 日	59	113	−54	1 190	1 200	−104	10

甲公司的有关账务处理如下：

(1) 2013 年 1 月 1 日，购入乙公司债券：

借：其他债权投资——成本　　12 500 000
　贷：银行存款　　10 000 000
　　其他债权投资——利息调整　　2 500 000

(2) 2013 年 12 月 31 日，确认乙公司债券实际利息收入、公允价值变动，收到债券利息：

借：应收利息　　590 000
　其他债权投资——利息调整　　410 000
　贷：投资收益　　1 000 000

(3) 2014 年 12 月 31 日，确认乙公司债券实际利息收入、公允价值变动，收到债券利息：

借：应收利息　　590 000
　其他债权投资——利息调整　　450 000
　贷：投资收益　　1 040 000
借：银行存款　　590 000
　贷：应收利息　　590 000
借：其他债权投资——公允价值变动　　550 000
　贷：其他综合收益——其他债权投资公允价值变动　　550 000

(4) 2015 年 12 月 31 日，确认乙公司债券实际利息收入、公允价值变动，收到债券利息：

借：应收利息	590 000	
其他债权投资——利息调整	500 000	
贷：投资收益		1 090 000
借：银行存款	590 000	
贷：应收利息		590 000
借：其他债权投资——公允价值变动	1 000 000	
贷：其他综合收益——其他债权投资公允价值变动		1 000 000

(5) 2016 年 12 月 31 日，确认乙公司债券实际利息收入、公允价值变动，收到债券利息：

借：应收利息	590 000	
其他债权投资——利息调整	540 000	
贷：投资收益		1 130 000
借：银行存款	590 000	
贷：应收利息		590 000
借：其他综合收益——其他债权投资公允价值变动	1 040 000	
贷：其他债权投资——公允价值变动		1 040 000

(6) 2017 年 1 月 20 日，确认出售乙公司债券实现的损益。

借：银行存款	12 600 000	
其他综合收益——其他债权投资公允价值变动	100 000	
其他债权投资——利息调整	600 000	
贷：其他债权投资——成本		12 500 000
其他债权投资——公允价值变动		100 000
投资收益		700 000

三、金融负债的后续计量

(一) 金融负债后续计量原则

企业应当按照以下原则对金融负债进行后续计量：

(1) 以公允价值计量且其变动计入当期损益的金融负债，应当按照公允价值后续计量。

(2) 金融资产转移不符合终止确认条件或继续涉入被转移金融资产所形成的金融负债。对此类金融负债，企业应当按照《企业会计准则第 23 号——金融资产转移》相关规定进行计量。

(3) 不属于指定为以公允价值计量且其变动计入当期损益的金融负债的财务担保合同或没有指定为以公允价值计量且其变动计入当期损益并将以低于市场利率贷款的贷款承诺，企业作为此类金融负债发行方的，应当在初始确认后按照损失准备金额以及初始确认金额扣除累计摊销额后的余额孰高进行计量。

(4) 上述金融负债以外的金融负债，应当按照摊余成本进行后续计量。

(二) 金融负债后续计量的会计处理

(1) 对于以公允价值进行后续计量的金融负债，其公允价值变动形成利得或损失，除与套期会计有关外，应当计入当期损益。

【例 8-3】 2016 年 7 月 1 日，甲公司经批准在全国银行间债券市场公开发行 10 亿元人民币短期融资券，期限为 1 年，票面年利率 5.58%，每张面值为 100 元，到期一次还本付息。所筹资金主要用于公司购买生产经营所需的原材料及配套件等。甲公司将该短期融资券指定为以公允价值计量且其变动计入当期损益的金融负债。假定不考虑发行短期融资券相关的交易费用以及企业自身信用风险变动。

2016 年 12 月 31 日，该短期融资券市场价格每张 120 元（不含利息）；2017 年 6 月 30 日，该短期融资券到期兑付完成。

据此，甲公司账务处理如下：（金额单位：万元）

(1) 2016 年 7 月 1 日，发行短期融资券。

借：银行存款　　100 000
　　贷：交易性金融负债　　100 000

(2) 2016 年 12 月 31 日，年末确认公允价值变动和利息费用。

借：公允价值变动损益　　20 000
　　贷：交易性金融负债　　20 000
借：财务费用　　2 790
　　贷：应付利息　　2 790

(3) 2017 年 6 月 30 日，短期融资券到期。

借：财务费用　　2 790
　　贷：应付利息　　2 790
借：交易性金融负债　　120 000
　　应付利息　　5 580
　　贷：银行存款　　105 580
　　　　公允价值变动损益　　20 000

(2) 以摊余成本计量且不属于任何套期关系的一部分的金融负债所产生的利得或损失，应当在终止确认时计入当期损益或在按照实际利率法摊销时计入相关期间损益。

企业与交易对手修改或重新议定合同，未导致金融负债终止确认，但导致合同现金流量发生变化的，应当重新计算该金融负债的账面价值，并将相关利得或损失计入当期损益。重新计算的该金融负债的账面价值，应当根据将重新议定合同所产生的所有成本或费用，企业应当调整修改后的金融负债账面价值，并在修改后金融负债的剩余期限内进行摊销。

【例 8-4】 甲公司发行公司债券为建造专用生产线筹集资金。有关资料如下：

(1) 2013 年 12 月 31 日，委托证券公司以 7 755 万元的价格发行 3 年期分期付息公司债券。该债券面值为 8 000 万元，票面年利率 4.5%，实际年利率 5.64%，每年付息一次，到期后按面值偿还。假定不考虑发行公司债券相关的交易费用。

(2) 生产线建造工程采用出包方式，于 2014 年 1 月 1 日开始动工，发行债券所得款项当日全部支付给建造承包商，于 2015 年 12 月 31 日所建造生产线达到预定可使用状态。

(3) 假定各年度利息的实际支付日期均为下年度的 1 月 10 日，2017 年 1 月 10 日支付

2016年度利息，一并偿付面值。

（4）所有款项均以银行存款支付。

据此，甲公司计算得出该债券在各年年末的摊余成本、应付利息金额、当年应予资本化或费用化的利息金额、利息调整的本年摊销和年末余额。有关结果如表8-6所示。

表8-6 有关结果

单位：万元

时间		2013年12月31日	2014年12月31日	2015年12月31日	2016年12月31日
年末摊余成本	面值	8 000	8 000	8 000	8 000
	利息调整	−245	−167.62	−85.87	0
	合计	7 755	7 832.38	7 914.13	8 000
当年应予以资本化或费用化的利息金额			437.38	441.75	445.87
年末应付利息金额			360	360	360
"利息调整"本年摊销额			77.38	81.75	85.87

相关账务处理如下：

（1）2013年12月31日，发行债券：

借：银行存款　77 550 000
　　应付债券——利息调整　2 450 000
　　贷：应付债券——面值　80 000 000

（2）2014年12月31日，确认和结转利息：

借：在建工程　4 373 800
　　贷：应付利息　3 600 000
　　　　应付债券——利息调整　773 800

（3）2015年1月10日，支付利息：

借：应付利息　3 600 000
　　贷：银行存款　3 600 000

（4）2015年12月31日，确认和结转利息：

借：在建工程　4 417 500
　　贷：应付利息　3 600 000
　　　　应付债券——利息调整　817 500

（5）2016年1月10日，支付利息：

借：应付利息　3 600 000
　　贷：银行存款　3 600 000

(6) 2016 年 12 月 31 日,确认和结转利息:

借:在建工程	4 458 700	
贷:应付利息		3 600 000
应付债券——利息调整		858 700

(7) 2017 年 1 月 10 日,债券到期兑付:

借:应付利息	3 600 000	
应付债券——面值	80 000 000	
贷:银行存款		83 600 000

四、金融工具的减值

(一) 金融工具减值概述

我们对金融工具减值的规定称为预期信用损失法。该方法与过去规定的、根据实际已经发生减值损失确认损失准备的方法有着根本性不同。在预期信用损失法下,减值准备的计提不以减值的实际发生为前提,而是以未来可能的违约事件造成的损失的期望值来计量当前(资产负债表日)应当确认的损失准备。

企业应当以预期信用损失为基础,对下列项目进行减值会计处理并确认损失准备:

(1) 分类为以摊余成本计量的金融资产和以公允价值计量且其变动计入其他综合收益的金融资产。

(2) 租赁应收款。

(3) 合同资产。

(4) 部分贷款承诺和财务担保合同。

损失准备是指针对以摊余成本计量的金融资产、租赁应收款和合同资产的预期信用损失计提的准备,按照以公允价值计量且其变动计入其他综合收益的金融资产的累计减值金额以及针对贷款承诺和财务担保合同的预期信用损失计提的准备。

预期信用损失是指以发生违约的风险为权重的金融工具信用损失的加权平均值。

信用损失是指企业按照原实际利率折现的、根据合同应收的所有合同现金流量与预期收取的所有现金流量之间的差额,即全部现金短缺的现值。其中,对于企业购买或源生的已发生信用减值的金融资产,应按照该金融资产经信用调整的实际利率折现。由于预期信用损失考虑付款的金额和时间分布,因此即使企业预计可以全额收款但收款时间晚于合同规定的到期期限,也会产生信用损失。

在估计现金流量时,企业应当考虑金融工具在整个预计存续期的所有合同条款。企业所考虑的现金流量应当包括出售所持担保品获得的现金流量,以及属于合同条款组成部分的其他信用增级所产生的现金流量。

企业通常能够可靠估计金融工具的预计存续期。在极少数情况下,金融工具预计存续期无法可靠估计的,企业在计算确定预期信用损失时,应当基于该金融工具的剩余合同期间。

(二) 金融工具减值的三阶段

一般情况下,企业应当在每个资产负债表日评估相关金融工具的信用风险自初始确认后是否已显著增加，可以将金融工具发生信用减值的过程分为三个阶段，并按照下列情形分别计量其损失准备、确认预期信用损失及其变动。

1. 第一阶段：信用风险自初始确认后未显著增加

对于处于该阶段的金融工具，企业应当按照未来12个月的预期信用损失计量损失准备，并按其账面余额(即未扣除减值准备)和实际利率计算利息收入(若该工具为金融资产，下同)。

2. 第二阶段：信用风险自初始确认后已显著增加但尚未发生信用减值

对于处于该阶段的金融工具，企业应当按照该工具整个存续期的预期信用损失计量损失准备，并按其账面余额和实际利率计算利息收入。

3. 第三阶段：初始确认后发生信用减值

对于处于该阶段的金融工具，企业应当按照该工具整个存续期的预期信用损失计量损失准备，但对利息收入的计算不同于处于前两阶段的金融资产。对于已发生信用减值的金融资产，企业应当按其摊余成本和实际利率计算利息收入。

上述三阶段的划分，适用于购买或源生时未发生信用减值的金融工具。对于购买或源生时已发生信用减值的金融资产，企业应当仅将初始确认后整个存续期内预期信用损失的变动确认为损失准备，并按其摊余成本和经信用调整的实际利率计算利息收入。

(三) 特殊情形

在以下两类情形下，企业无须就金融工具初始确认时的信用风险与资产负债表日的信用风险进行比较分析：

(1) 较低信用风险。

(2) 应收款项、租赁应收款和合同资产。

(四) 预期信用损失的计量

企业计量金融工具预期信用损失的方法应当反映下列各项要素：

(1) 通过评价一系列可能的结果而确定的无偏概率加权平均金额。

(2) 货币时间价值。

(3) 在资产负债表日无须付出额外的成本或努力即可获得的有关过去事项、当前状况以及未来经济状况预测的合理且有依据的信息。

企业应当按照下列方法确定有关金融工具的信用损失：

(1) 对于金融资产，信用损失应为企业应收取的合同现金流量与预期收取的现金流量之间差额的现值。

(2) 对于租赁应收款项，信用损失应为企业应收取的合同现金流量与预期收取的现金流量之间差额的现值。其中，用于确定预期信用损失的现金流量，应与按照《企业会计准则第21号——租赁》用于计量租赁应收款项的现金流量保持一致。

(3) 对于未提用的贷款承诺，信用损失应为在贷款承诺持有人提用相应贷款的情况下，企业应收取的合同现金流量与预期收取的现金流量之间差额的现值。企业对贷款承诺预期信用损失的估计，应当与其对贷款承诺提用情况的预期保持一致。

(4) 对于财务担保合同，信用损失应为企业就该合同持有人发生的信用损失向其作出赔付的预计付款额，减去企业预期向该合同持有人、债务人或任何其他方收取的金额之间的差额。

(5) 对于资产负债表日已发生信用减值但并非购买或源生已发生信用减值的金融资

产,信用损失应为该金融资产账面余额与按原实际利率折现的估计未来现金流量的现值之间的差额。

(五) 金融工具减值的账务处理

1. 减值准备的计提和转回

企业应当在资产负债表日计算金融工具(或金融工具组合)预期信用损失。如果该预期信用损失大于该金融工具(或组合)当期减值准备的账面金额,企业应当将其差额确认为减值损失,借记“信用减值损失”科目,根据金融工具的种类,贷记“贷款损失准备”“债权投资减值准备”“坏账准备”“合同资产减值准备”“租赁应收款减值准备”“预计负债”或“其他综合收益”等科目(上述贷记科目,以下统称“贷款损失准备”等科目);如果资产负债表日计算的预期信用损失小于该工具(或组合)当前减值准备的账面金额,则应当将差额确认为减值利得,做相反的会计分录。

2. 已发生信用损失金融资产的核销

企业实际发生信用损失,认定相关金融资产无法收回,经批准予以核销的,应当根据批准的核销金额,借记“贷款损失准备”等科目,贷记相应的资产科目,如“贷款”“应收账款”“合同资产”“应收租赁款”等,若核销金额大于已经计提的损失准备,还应按其差额借记“信用减值损失”科目。

第四节 套期会计

一、套期会计概述

(一) 套期保值的概念

套期保值(以下简称套期)是指企业为规避外汇风险、利率风险、商品价格风险、股票价格风险、信用风险等,指定一项或一项以上套期工具,使套期工具的公允价值或现金流量变动,预期抵销被套期项目全部或部分公允价值或现金流量变动。

(二) 套期保值的基本特征

套期保值的基本做法是,在现货市场和期货市场对同一种类的商品同时进行数量相等但方向相反的买卖活动,即在买进或卖出现货的同时,在期货市场上卖出或买进同等数量的期货,经过一段时间,当价格变动使现货买卖上出现盈亏时,可由期货交易上的亏盈得到抵销或弥补,从而在“现”与“期”之间、近期和远期之间建立一种对冲机制,以使价格风险降低到最低限度。

(三) 套期保值的逻辑原理

套期之所以能够保值,是因为同一种特定商品的期货和现货的主要差异在于交货日期前后不一,而它们的价格则受相同的经济因素和非经济因素影响和制约,而且期货合约到期必须进行现货交割的规定性,使现货价格与期货价格还具有趋合性,即当期货合约临近到期日时,两者价格的差异接近于零,否则就有套利的机会,因而,在到期日前,期货和现货价格具有高度的相关性。在相关的两个市场中,反向操作,必然有相互冲销的效果。

套期保值就是对现货保值，简单地说，就是在现货市场买进(或卖出)商品的同时，在期货市场卖出(或买进)相同数量的同种商品，这样当市场价格出现波动时，一个市场上的亏损可以通过另一个市场上的盈利来补偿。

【例 8-5】 金林粮油公司于 2019 年 1 月在现货市场上预销 10 000 吨大豆，2019 年 5 月交货，预销价是 2 800 元/吨。该公司担心交货时大豆价格会上涨而不能保证实际利润甚至面临亏损，于是就在期货市场上买进 10 000 吨大豆期货合约，价格是 2 850 元/吨。到 5 月份交货时，大豆价格果然上涨到 3 200 元/吨，每吨比预销价高 400 元，势必引起亏损。由于现货和期货受同一经济因素的影响，两者价格具有趋同性，这时期货价格也上涨到 3 250 元/吨，该公司以 3 250 元/吨的价格卖出原来买进的全部合约，经过对冲，期货每吨盈利 400 元，这样现货与期货的盈亏抵销，保障了边际利润的实现，避免了价格波动带来的风险。

套期保值是期货市场产生的原动力。无论是农产品期货市场，还是金属、能源期货市场，其产生都是源于生产经营过程中面临现货价格剧烈波动而带来风险时自发形成的买卖远期合同的交易行为。这种远期合约买卖的交易机制经过不断完善，如将合约标准化、引入对冲机制、建立保证金制度等，从而形成现代意义的期货交易。企业通过期货市场为生产经营买了保险，保证了生产经营活动的可持续发展。可以说，没有套期保值，期货市场也就不是期货市场了。

(四) 套期保值的要素

套期保值的要素是指定一项或多项套期工具，以其公允价值或现金流量变动预期抵销被套期项目全部或部分的公允价值或现金流量变动。套期保值主要涉及套期工具、被套期项目和套期关系三个要素。

1. 套期工具

套期工具通常是企业指定的衍生金融工具，其公允价值或现金流量的预期可以抵销被套期项目的公允价值和现金流量的变动。衍生金融工具通常被认为是为交易而持有或为套期而持有的金融工具，包括期权、期货、远期合约、互换等比较常用的品种。非衍生金融资产或金融负债，只有用于对外汇风险进行套期时，才能被指定为套期工具。

2. 被套期项目

被套期项目是指使企业面临风险损失，即使企业面临公允价值或未来现金流量变动风险、被指定为被套期的单项或一组具有类似风险特征的资产、负债、确定承诺、很可能发生的预期交易，或在境外经营的净投资。

3. 套期关系

套期关系是指套期工具和被套期项目之间的关系。按照套期关系可以将企业为规避资产、负债、确定承诺、很可能发生的预期交易，或在境外经营的净投资有关的外汇风险、利率风险、股票价格风险、信用风险等而开展的套期保值业务，区分为公允价值套期、现金流量套期和境外经营净投资套期三类。

二、套期保值的分类

(一) 公允价值套期

公允价值套期是指对已确认资产或负债、尚未确认的确定承诺(或该资产、负债或确定承诺中可辨认的一部分)的公允价值变动风险进行的套期,该类价值变动源于某特定风险,且将影响企业的损益。

以下是公允价值套期的例子:

(1) 企业对承担的固定利率负债的公允价值变动风险进行的套期。

(2) 航空公司签订了一项3个月后以固定外币金额购买飞机的合同(未确认的确定承诺),为规避外汇风险对该确定承诺的价格变动风险进行套期。

(3) 电力公司签订了一项6个月后以固定外币金额购买煤炭的合同(未确认的确定承诺),为规避价格变动风险对该确定承诺的价格变动风险进行套期。

(二) 现金流量套期

现金流量套期是指对现金流量变动风险进行的套期,该类现金流量变动源于与已确认资产或负债(如浮动利率债务的全部或部分未来利息支付)、很可能发生的预期交易(如预期的购买或出售)有关的特定风险,且将影响企业的损益。

(三) 境外经营净投资套期

境外经营净投资套期是指对境外经营净投资外汇风险的套期。境外经营净投资是指报告企业在境外经营净资产中的权益份额。

三、套期工具

套期工具是指企业为进行套期而指定的、其公允价值或现金流量变动预期可抵销被套期项目的公允价值或现金流量变动的衍生工具。对外汇风险进行套期还可以将非衍生金融资产或非衍生金融负债作为套期工具。

(一) 可以作为套期工具的金融工具

首先,衍生金融工具通常可以作为套期工具。衍生金融工具包括远期合同、期货合同、互换和期权,以及具有远期合同、期货合同、互换和期权中一种或一种以上特征的工具。例如,某企业为规避库存铜价格下跌的风险,可以卖出一定数量铜期货合同。其中的铜期货合同就是套期工具。

其次,非衍生金融资产或非衍生金融负债通常不能作为套期工具,但被套期风险为外汇风险时,某些非衍生金融资产或非衍生金融负债可以作为被套期工具。例如,某种外币借款可以作为对同种外币结算的销售承诺的套期工具。

再次,无论是衍生金融工具还是非衍生金融资产或非衍生金融负债,其作为套期工具的基本条件就是其公允价值应当能够可靠地计量。

最后,在运用套期会计方法时,只有涉及报告主体以外的主体的工具(含符合条件的衍生金融工具或非衍生金融资产或非衍生金融负债)才能作为套期工具。

(二) 对套期工具的指定

首先,企业在确立套期关系时,应当对套期工具整体或其一定比例(不含套期工具剩余期限内的某一时段)进行指定,但下列情况除外:①对于期权,企业可以将期权的内在价值和时间价值分开,只就内在价值变动将期权指定为套期工具;②对于远期合同,企业可以将远期合约的利息和即期价格分开,只就即期价格变动将远期合同指定为套期工具。这样规定是因为,期权的内在价值和远期合同的贴水通常可以单独计量,既考虑期权合同的内在价值，又考虑时间价值的动态套期策略，符合套期会计的条件。

其次，企业通常可将单项衍生金融工具指定为对一种风险进行套期，但同时满足下列条件的，可以指定单项衍生金融工具对一种以上的风险进行套期：①各项被套期风险可以清晰辨认；②套期有效性可以证明；③可以确保该衍生金融工具与不同风险头寸之间存在具体指定关系。套期有效性是指套期工具的公允价值或现金流量变动能够抵销被套期风险引起的被套期项目公允价值或现金流量变动的程度。

最后，对于外汇风险套期，企业可以将两项或两项以上非衍生金融工具的组合或该组合的一定比例，或将衍生金融工具和非衍生金融工具的组合或该组合的一定比例指定为套期工具。

对于利率上下限期权或由一项发行的期权和一项购入的期权组成的期权，其实质相当于企业发行的一项期权的（即企业收取了净期权费），不能将其指定为套期工具。

四、被套期项目

被套期项目是指使企业面临公允价值或现金流量变动风险，且被指定为被套期对象的下列项目：①单项已确认资产、负债、确定承诺、很可能发生的预期交易，或境外经营净投资；②一组具有类似信用风险特征的已确认资产、负债、确定承诺、很可能发生的预期交易，或境外经营净投资的组合；③分担同一被套期利率风险的金融资产或金融负债组合的一部分（仅适用于利率风险公允价值组合套期）。

确定承诺是指在未来某特定日期或期间，以约定价格交换特定数量资源、具有法律约束力的协议。预期交易是指尚未承诺但预期会发生的交易。

（一）可以作为被套期项目的项目

某一项目能够作为被套期项目，应当使企业面临公允价值或现金流量变动风险（即被套期风险），在本期或未来期间会影响企业的损益。与之相关的被套期风险，通常包括外汇风险、利率风险、商品价格风险、股票价格风险、信用风险等。

（1）企业的一般经营风险（如固定资产毁损风险等）不能作为被套期风险，因为这些风险不能具体辨认和单独计量。同样在企业合并交易中，购买另一个企业的与确定承诺相关的风险（不包括外汇风险）也不能作为被套期风险。

（2）通常情况下，被套期项目可以是单项已确认资产、负债、确定承诺、很可能发生的预期交易或境外经营净投资，以及一组具有类似信用风险特征的已确认资产、负债、确定承诺、很可能发生的预期交易，或境外经营净投资的组合。此外，与利率风险组合套期相适应，分担同一被套期利率风险的金融资产或金融负债组合的一部分，也可以作为被套期项目。

（3）在企业合并中获得的该企业的确定承诺，除非是针对汇兑风险的，否则不能成为被套期项目，因为被套期的其他风险无法单独辨认和计量。这些其他的风险属于一般的商业风险。

（4）采用权益法核算的投资不能成为公允价值套期中的被套期项目，因为权益法计入当期损益的是投资人在关联方损益中的份额，而不是这项投资公允价值的变动。出于类似的原因，在公允价值套期中，对合并的子公司的投资不能成为被套期项目，因为合并中计入当期损益的是子公司的损益，而不是这项投资公允价值的变动。对国外业务净投资的套期则不同，因为这种套期是对外汇敞口的套期，而不是对该投资价值变动的公允价值套期。

(5) 如果将金融资产或金融负债现金流的一部分指定为被套期项目,被指定部分必须小于该资产或负债所产生的总的现金流。

(6) 如果固定利率的金融工具在其产生一段时间后才被套期,而利率在该时间内已经发生变动,企业能够指定的部分等于比支付该项目的合同利率更高的基准利率。如果实际利率的计算是建立在假定企业从最先指定被套期项目的那一天起购入该工具计算的利率,倘若基准利率低于实际利率,那么企业也能如此指定。

(7) 在套期会计中,只有涉及企业以外的某一方的资产、负债、确定承诺或极可能发生的预期交易才可能被指定为被套期项目。因而,只有在同一集团内各企业或分部的单独或独立的财务报表中,而不是整个集团的合并财务报表中,套期会计才适用于同一集团内企业或分部之间的交易。例外的是,如果集团内货币性项目的外汇风险(例如,两个子公司之间的应付款项或应收款项)造成了汇率利得或损失的风险敞口,且该风险敞口在合并时不能被完全抵销,则集团内货币性项目的外汇风险在合并财务报表中可能不符合被套期项目的要求。

(二) 对被套期项目的指定

1. 将金融项目指定为被套期项目

由企业集团内部交易形成的货币性项目的汇兑收益或损失,不能在合并财务报表中全额抵销的,该货币性项目的外汇风险可以在合并财务报表中指定为被套期项目。企业集团内部很可能发生的预期交易,按照进行此项交易的主体的记账本位币以外的货币标价(即按外币标价),且相关的外汇风险将影响合并利润或损失的,该外汇风险可以在合并财务报表中指定为被套期项目。对于与金融资产或金融负债现金流量或公允价值的一部分相关的风险,其套期有效性可以计量的,企业可以就该风险将金融资产或金融负债指定为被套期项目。在金融资产或金融负债组合的利率风险公允价值套期中,企业可以将某货币金额(如人民币、美元或欧元)的资产或负债指定为被套期项目。企业可以将金融资产或金融负债现金流量的全部指定为被套期项目。

但金融资产或金融负债现金流量的一部分被指定为被套期项目的,被指定部分的现金流量应当少于该金融资产或金融负债现金流量总额。具体来说:

(1) 如果被套期项目是金融资产或金融负债,则在套期有效性可以计量的情况下,可以只是作为与其现金流量风险或公允价值(如一项或多项指定的合同现金流量或其中的一部分、公允价值的某一百分比)风险有关的被套期项目。例如,一项带息资产或带息负债的利率风险的某一部分,如果可以单独区分和计量则可被指定为被套期风险(如被套期金融工具的利率风险中与无风险利率或基准利率相关的部分)。

(2) 在金融资产或金融负债组合的利率风险敞口的公允价值套期中(仅在这种套期情况下),被套期部分可以为货币的金额(如美元、欧元、英镑),而不是单个资产(或负债)。出于风险管理的目的,虽然该组合可能包括资产或负债,但被指定的是资产的数额或者负债的数额。指定资产或负债的净额为被套期部分是不被允许的。企业可能对与被指定数额相关的利率风险的一部分进行套期。例如,在对包含提前支付资产的组合套期情况下,企业可能在预期的基础上,而不是合同约定的重新定价日,对被套期利率变动引起的公允价值变动进行套期。

在判定被套期项目公允价值变动时，如果被套期部分是基于预期的重新定价日，应将被套期利率变动对预期重新定价日的影响包括在内。相应的，如果用非提前支付的衍生金融工具对包含提前支付项目组合进行套期，被套期组合项目预期提前支付的日期被修改，或者实际提前支付的日期与预期的提前支付的日期不同，将会导致套期无效性。

2. 将非金融项目指定为被套期项目

根据《企业会计准则》的规定，非金融资产或非金融负债指定为被套期项目的，被套期风险应当是该非金融资产或非金融负债相关的全部风险或外汇风险。

非金融资产或非金融负债中某一要素或部分的价格变动通常不会对这个项目的价格产生可预测、能单独计量的影响，而这种影响类似于市场利率变动对债券价格的影响。因此，非金融资产或非金融负债只有在作为一个整体或针对汇兑风险时才能作为被套期项目。如果套期工具和被套期项目的条款之间存在差异（如用按类似条款购买哥伦比亚咖啡的远期合同作为预期购买巴西咖啡的套期），只要规定的所有条件得以满足，包括套期预期是高度有效的，则这种实际的对冲关系仍然符合成为套期关系的条件。为此，如果这样一来提高了套期关系的有效性，则套期工具的金额可能大于或小于被套期项目的金额。例如，可以用回归分析在被套期项目（如巴西咖啡的交易）和套期工具（如哥伦比亚咖啡的交易）之间建立起统计关系。如果在这两个变量（即巴西咖啡和哥伦比亚咖啡的单位价格）之间存在有效的统计关系，则回归直线的斜率可以用来确定使预期的套期有效性最大化的套期比例。例如，回归直线的斜率是 1.02，则数量为 0.98 的被套期项目与数量为 1.00 的套期工具所形成的套期比率，可以使预期的套期有效性最大化。但是，套期关系也可能无效，这种无效性要计入套期关系的期间损益。

3. 将若干项目的组合指定为被套期项目

根据《企业会计准则》的规定，对具有类似风险特征的资产或负债组合进行套期时，该组合中的各单项资产或单项负债应当同时承担被套期风险，且该组合内各单项资产或单项负债由被套期风险引起的公允价值变动，应当预期与该组合由被套期风险引起的公允价值整体变动基本成比例。具体来说，只有当组合中的单项资产或负债存在共同的风险敞口，且该风险敞口被指定为被套期风险时，这些类似资产或类似负债才应合并在一起，作为一个资产组或负债组进行套期，并且可归属于该组合内各项目的被套期风险敞口的公允价值变动，预期大致会与可归属于该组合的被套期风险的公允价值总额的变动同步。

由于套期的有效性必须通过比较套期工具（或类似套期工具的组合）和被套期项目（或类似被套期项目的组合）的公允价值或现金流量的变动来评价，因此，将某项套期工具和净头寸总额进行比较，并不符合套期会计的要求。

五、套期会计方法及其应用条件

套期会计方法是指企业将套期工具和被套期项目产生的利得或损失在相同会计期间计入当期损益（或其他综合收益）以反映风险管理活动影响的方法。

公允价值套期、现金流量套期或境外经营净投资套期同时满足下列条件的，才能运用套期会计方法进行处理：

（1）套期关系仅由符合条件的套期工具和被套期项目组成。

（2）在套期开始时，企业正式指定了套期工具和被套期项目，并准备了关于套期关系和企业从事套期的风险管理策略和风险管理目标的书面文件。该文件至少载明了套期工具、被套期项目、被套期风险的性质以及套期有效性评估方法（包括套期无效部分产生的原因分析以及套期比率确定方法）等内容。

（3）套期关系符合套期有效性要求。套期有效性是指套期工具的公允价值或现金流量变动能够抵销被套期风险引起的被套期项目的公允价值或现金流量变动的程度。套期工具的公允价值或现金流量变动大于或小于被套期风险引起的被套期项目的公允价值或现金流量变动的部分为套期无效部分。

六、套期会计基本规范

（一）科目设置

1. “套期工具”科目

企业应设置“套期工具”科目，核算指定为套期工具的衍生金融工具和其他套期工具。当已确认的衍生金融工具、以公允价值计量且其变动计入当期损益的非衍生金融资产或非衍生金融负债等金融资产或金融负债被指定为套期工具时，应将其账面价值自“衍生工具”等科目转入“套期工具”科目。资产负债表日，对于公允价值套期，应当按照套期工具产生的利得借记本科目，贷记“套期损益”“其他综合收益——套期损益”科目；套期工具产生的损失，做相反的会计分录。对于现金流量套期，应当按照套期工具产生的利得借记本科目，按照套期有效部分的变动额，贷记“其他综合收益——套期储备”科目，按照套期工具产生的利得减去套期有效部分的变动额之后的差额，贷记“套期损益”科目；套期工具产生的损失，做相反的会计分录。

金融资产或金融负债不再作为套期工具核算的，应当按照套期工具形成的资产或负债，借记或贷记有关资产或负债科目，贷记或借记本科目。

本科目的借方余额，反映企业套期工具形成的资产的公允价值；本科目的贷方余额，反映套期工具形成的负债的公允价值。

2. “被套期项目”科目

与“套期工具”科目相对应，企业还应根据套期会计需要，设置“被套期项目”科目。本科目核算开展套期保值业务被套期项目公允价值变动形成的资产或负债。

当企业将已确认的资产或金融负债指定为被套期工具时，应按其账面价值，借记或贷记“被套期项目”科目，贷记或借记“库存商品”“长期投资”等科目。已计提跌价准备或减值准备的，还应同时结转跌价准备或减值准备。

资产负债表日，对于有效套期，应按被套期项目产生的利得，借记“被套期项目”科目，贷记“公允价值变动损益”“资本公积——其他资本公积”等科目；被套期项目产生损失时，作相反的会计分录。

资产或负债不再作为被套期项目的，应按被套期项目形成的资产或负债，借记或贷记有关科目，贷记或借记“被套期项目”科目。

“被套期项目”科目期末借方余额反映企业被套期项目形成资产的公允价值，贷方余额反映企业被套期项目形成负债的公允价值。

3. "套期损益"科目

企业可以设置"套期损益"科目，用来核算套期工具和被套期项目价值变动形成的利得或损失。

资产负债表日，对于公允价值套期，按照套期工具产生的利得，借记"套期工具"科目，贷记本科目；套期工具产生的损失，做相反的会计分录。对于现金流量套期，套期工具的利得中属于套期无效的部分，借记"套期工具"科目，贷记本科目；套期工具产生的损失中属于套期无效的部分，做相反的会计分录。资产负债表日，对于公允价值套期，应按照被套期项目因被套期风险敞口形成的损失，做相反的会计分录。

期末，应将本科目的余额转入"本年利润"科目，结转后本科目应无余额。

4. "净敞口套期损益"科目

本科目核算净敞口套期下被套期项目累计公允价值变动转入当期损益的金额或现金流量套期储备转入当期损益的金额。

对于净敞口公允价值套期，企业应在被套期项目影响损益时，将被套期项目因被套期风险敞口形成的累计利得或损失转出，贷记或借记"被套期项目"科目，借记或贷记本科目。

对于净敞口现金流量套期，企业应在将相关现金流量套期储备转入当期损益时，借记或贷记"其他综合收益——套期储备"科目，贷记或借记本科目；将相关现金流量套期储备转入资产或负债的，当资产或负债影响损益时，借记或贷记资产科目（或其备抵科目）、负债科目，贷记或借记本科目。

期末，应将本科目的余额转入"本年利润"科目，结转后本科目应无余额。

"其他综合收益"下的相关明细科目：一方面，企业应在"其他综合收益"科目下，设置"套期损益"明细科目，核算公允价值套期下对被指定为以公允价值计量且其变动计入其他综合收益的非交易性权益工具投资或其组成部分进行套期时，套期工具和被套期项目公允价值变动形成的利得或损失。另一方面，企业还应在"其他综合收益"科目下，设置"套期储备"明细科目，核算现金流量套期下累计公允价值变动中的有效套期部分。

（二）确认与计量的原则

1. 公允价值套期

（1）套期工具产生的利得或损失应当计入当期损益。如果套期工具是对选择以公允价值计量且其变动计入其他综合收益的非交易性权益工具投资（或其组成部分）进行套期的，套期工具产生的利得或损失应当计入其他综合收益。

（2）被套期项目因被套期风险敞口形成的利得或损失应当计入当期损益，同时调整未以公允价值计量的已确认被套期项目的账面价值。

2. 现金流量套期的确认与计量

（1）套期工具产生的利得或损失中属于套期有效的部分，作为现金流量套期储备的金额计入其他综合收益。该金额应当按照下列两项的绝对额中的较低者确定：一是套期工具自套期开始的累计利得或损失；二是被套期项目自套期开始的预计未来现金流量现值的累计变动额。

（2）套期工具产生的利得或损失中属于套期无效的部分（即扣除计入其他综合收益后的其他利得或损失），应当计入当期损益。

(3) 计入其他综合收益的现金流量套期储备的金额的后续处理方法是:①被套期项目为预期交易,且该预期交易使企业随后确认一项非金融资产或一项非金融负债的,或者非金融资产或非金融负债的预期交易形成一项适用于公允价值套期会计的确定承诺时,企业应将原计入其他综合收益中的现金流量套期储备金额转出,计入该资产或负债的初始确认金额。②对于不属于①中所涉及的现金流量套期,企业应当在被套期的预期现金流量影响损益的相同期间,将原在其他综合收益中确认的现金流量套期储备金额转出,计入当期损益。③如果在其他综合收益中确认的现金流量套期储备金额是一项损失,且该损失全部或部分预计在未来会计期间不能弥补的,企业应当在预计不能弥补时,将预计不能弥补的部分从其他综合收益中转出,计入当期损益。

3. 境外经营净投资套期的确认与计量

对境外经营净投资的套期,与现金流量套期的会计处理原则相类似,即:

(1) 套期工具产生的利得或损失中属于套期有效的部分,应当计入其他综合收益。全部或部分处置境外经营时,上述计入其他综合收益的套期工具利得或损失应当相应转出,计入当期损益。

(2) 套期工具产生的利得或损失中属于套期无效的部分,应当计入当期损益。

4. 终止运用套期会计的情形

企业发生下列情形之一的,应当终止运用套期会计:

(1) 因风险管理目标发生变化,导致套期关系不再满足风险管理目标。

(2) 套期工具已到期、被出售、合同终止或已行使。

(3) 被套期项目与套期工具之间不再存在经济关系,或者被套期项目与套期工具经济关系产生的价值变动中,信用风险的影响开始占主导地位。

(4) 套期关系不再满足套期会计准则所规定的运用套期会计方法的其他条件。在适用套期关系再平衡的情况下,企业应当先考虑套期关系再平衡,然后评估套期关系是否满足会计准则所规定的运用套期会计方法的条件。

七、套期会计处理举例

【例 8-6】 2019 年 1 月 1 日,A 公司为规避存货甲公允价值变动风险,与某金融机构签订了一项衍生金融工具合同(即乙衍生工具),并将其指定为 2020 年上半年存货甲价格变化引起的公允价值变动风险的套期。乙衍生工具的标的资产与被套期项目在数量、质次、价格变动和产地方面相同。

2019 年 1 月 1 日,乙衍生工具的公允价值为零,被套期项目(存货甲)的账面价值和成本均为 1 000 000 元,公允价值为 1 100 000 元。2020 年 6 月 30 日,乙衍生工具的公允价值上涨了 25 000 元,存货甲的公允价值下降了 25 000 元,当日,A 公司将存货甲出售,并将乙衍生工具结算。

A 公司采用比率分析法评价套期有效性,即通过比较乙衍生工具和存货甲的公允价值变动评价套期有效性,A 公司预期该套期完全有效。

假定不考虑乙衍生工具的时间价值、商品销售相关的增值税及其他因素,A 公司的账务处理如下:

(1) 2019 年 1 月 1 日：

借：被套期项目——存货甲　　1 000 000
　　贷：库存商品——存货甲　　1 000 000

(2) 2019 年 6 月 30 日：

借：套期工具——乙衍生工具　　25 000
　　贷：套期损益　　25 000
借：套期损益　　25 000
　　贷：被套期项目——存货甲　　25 000
借：应收账款或银行存款　　1 075 000
　　贷：主营业务收入　　1 075 000
借：主营业务成本　　975 000
　　贷：被套期项目——存货甲　　975 000
借：银行存款　　25 000
　　贷：套期工具——乙衍生工具　　25 000

由于 A 公司采用了套期策略，规避了存货甲的公允价值变动风险，因此其存货公允价值下降没有对预期毛利额 100 000 元(1 100 000－1 000 000)产生不利影响。

假定 2019 年 6 月 30 日，乙衍生工具的公允价值上涨了 22 500 元，存货甲的公允价值下降了 25 000 元，其他资料不变，则 A 公司的账务处理如下：

(1) 2019 年 1 月 1 日：

借：被套期项目——存货甲　　1 000 000
　　贷：库存商品——存货甲　　1 000 000

(2) 2019 年 6 月 30 日：

借：套期工具——乙衍生工具　　22 500
　　贷：套期损益　　22 500
借：套期损益　　25 000
　　贷：被套期项目——存货甲　　25 000
借：应收账款或银行存款　　1 075 000
　　贷：主营业务收入　　1 075 000
借：主营业务成本　　975 000
　　贷：被套期项目——存货甲　　975 000
借：银行存款　　22 500
　　贷：套期工具——乙衍生工具　　22 500

两种情况的差异在于前者不存在“无效套期损益”，后者存在“无效套期损益”2 500 元，从而对 A 公司当期利润总额的影响相差 2 500 元。

(一) 现金流量套期会计

1. 现金流量套期会计处理原则

现金流量套期满足运用套期会计方法条件的，应当按照下列规定处理：

(1) 套期工具利得或损失中属于有效套期的部分,应当直接确认为其他综合收益,并单列项目反映,该有效套期的部分的金额,按照下列两项的绝对额中较低者确定:①套期工具自套期开始的累计利得或损失;②被套期项目自套期开始的预计未来现金流量现值的累计变动额。

(2) 套期工具利得或损失中属于无效套期的部分(即扣除直接确认为其他综合收益后的其他利得或损失),应当计入当期损益。

(3) 在风险管理策略的正式书面文件中,载明了在评价套期有效性时将排除套期工具的某部分利得或损失或相关现金流量的影响,被排除的该部分利得或损失的处理适用《企业会计准则第22号——金融工具确认和计量》

2. 套期工具利得或损失的后续处理要求

(1) 被套期项目为预期交易,且该预期交易使企业随后确认一项金融资产或一项金融负债的,原直接确认为其他综合收益后的其他利得或损失,应当在该金融资产或金融负债影响企业损益的相同期间转出,计入当期损益。但是,企业预期原直接在其他综合收益中确认的净损失全部或部分在未来会计期间不能弥补时,应当将不能弥补的部分转出,计入当期损益。

(2) 被套期项目为预期交易,且该预期交易使企业随后确认一项非金融资产或一项非金融负债的,企业可以选择下列方法处理:①原直接在所有者权益中确认的相关利得或损失,应当在该非金融资产或非金融负债影响企业损益的相同期间转出,计入当期损益。但是,企业预期原直接在所有者权益中确认的净损失全部或部分在未来会计期间不能弥补时,应当将不能弥补的部分转出,计入当期损益。②将原直接在所有者权益中确认的相关利得或损失转出,计入该非金融资产或非金融负债的初始确认金额。

非金融资产或非金融负债的预期交易形成了一项确定承诺时,该确定承诺满足运用套期保值准则规定的套期会计方法条件的,也应当选择上述两种方法之一处理。

企业选择了上述两种方法之一作为会计政策后,应当一致地运用于相关的所有预期交易套期,不得随意变更。

(3) 不属于以上(1)(2)所指情况的,原直接计入其他综合收益中的套期工具利得或损失,应当在被套期预期交易影响损益的相同期间转出,计入当期损益。

3. 终止使用现金流量套期会计方法的条件

(1) 套期工具已到期、被出售、合同中止或者被行使。套期工具展期或被另一项套期工具替换时,如展期或替换是企业正式书面文件所载明套期策略的组成部分,不作为已到期或合同中止处理。

(2) 该套期不再符合运用套期会计方法的条件。

(3) 对预期交易的现金流量套期,预期交易预计不会发生。

(4) 企业撤销了套期关系的指定。

(二) 现金流量套期会计处理举例

【例8-7】 2019年1月1日,A公司预期在2019年6月30日将销售一批商品甲,数量为100 000吨。为规避该预期销售有关的现金流量变动风险,于2019年1月1日与某金融机构签订了一项衍生金融工具合同(即乙衍生工具),并将其指定为该预期商品销售的套期工具。乙衍生工具的标的资产与被套期项目在数量、质次、价格变动和产地方面相同。而且乙衍生工具的结算日和预期商品销售日均为2019年6月30日。

2019年1月1日，乙衍生工具的公允价值为零，商品的预期销售价格为1 100 000元，2019年6月30日，乙衍生工具的公允价值上涨了25 000元，预期销售价格下降了25 000元，当日，A公司将商品甲出售，并将乙衍生工具结算。

A公司采用比率分析法评价套期有效性，即通过比较乙衍生工具和商品甲的公允价值变动评价套期有效性，A公司预期该套期完全有效。

假定不考虑衍生工具的时间价值、商品销售相关的增值税及其他因素，则A公司的账务处理如下：

(1) 2019年1月1日A公司不作账务处理。

(2) 2019年6月30日：

借：套期工具——乙衍生工具　　25 000

　贷：资本公积——其他资本公积(套期工具价值变动)　　25 000

(确认乙衍生工具的价值变动)

借：应收账款或银行存款　　1 075 000

　贷：主营业务收入　　1 075 000

(确认商品甲的销售)

借：银行存款　　25 000

　贷：套期工具——乙衍生工具　　25 000

(确认乙衍生工具的结算)

借：资本公积——其他资本公积(套期工具价值变动)　　25 000

　贷：主营业务收入　　25 000

(确认原计入资本公积的套期工具价值变动转出，调整销售收入)

(三) 境外经营净投资套期会计

1. 境外经营净投资套期会计处理原则

对境外经营净投资的套期，企业应按类似于现金流量套期会计的规定处理：

(1) 套期工具利得或损失中属于有效套期的部分，应当直接确认为其他综合收益，并单列项目反映。处置境外经营时，上述在所有者权益中单列项目反映的套期利得或损失应当转出，计入当期损益。

(2) 套期工具利得或损失中属于无效套期的部分，应当计入当期损益。

2. 境外经营净投资套期会计处理举例

【例8-8】 2019年10月1日，A公司(记账本位币为人民币)在其境外子公司B公司有一项境外净投资外币5 000万元(即FC5 000万元)。为规避境外经营净投资外汇风险，A公司与某境外金融机构签订了一项外汇远期合同，约定于2020年4月1日卖出FC5 000万元。A公司每季度对境外净投资余额进行检查，且依据检查结果调整对净投资价值的套期。其他有关资料如表8-7所示。

表 8-7 境外经营净投资套期

单位：元

日期	即期汇率（FC/人民币）	远期汇率（FC/人民币）	远期合同的公允价值
2015年10月1日	1.71	1.70	0
2015年12月31日	1.64	1.63	3 430 000
2016年12月31日	1.60	不适用	5 000 000

A公司在评价套期有效性时，将远期合同的时间价值排除在外。假定A公司的上述套期满足运用套期会计方法的所有条件。A公司的账务处理如下：

(1) 2019年10月1日：

借：被套期项目——境外经营净投资　　85 500 000
　贷：长期股权投资　　85 500 000

外汇远期合同的公允价值为零，不作账务处理。

(2) 2019年12月31日：

借：套期工具——外汇远期合同　　3 430 000
　汇兑损益　　70 000
　贷：资本公积——其他资本公积　　3 500 000

（确认远期合同的公允价值变动）

借：外币报表折算差额　　3 500 000
　贷：被套期项目——境外经营净投资　　3 500 000

（确认对子公司净投资的汇兑损益）

(3) 2020年3月31日：

借：套期工具——外汇远期合同　　1 570 000
　汇兑损益　　430 000
　贷：资本公积——其他资本公积　　2 000 000

（确认远期合同的公允价值变动）

借：外币报表折算差额　　2 000 000
　贷：被套期项目——境外经营净投资　　2 000 000

（确认对子公司净投资的汇兑损益）

借：银行存款　　5 000 000
　贷：套期工具——外汇远期合同　　5 000 000

（确认外汇远期合同的结算）

境外经营净投资套期产生的利得在所有者权益中列示，直至子公司被处置。

第五节　金融工具的披露

一、金融工具一般信息披露要求

企业应当披露编制财务报表时对金融工具所采用的重要会计政策、计量基础和与理解财务报表相关的其他会计政策等信息，主要包括：

（1）对于指定为以公允价值计量且其变动计入当期损益的金融资产或金融负债，应当披露下列信息：①指定的金融资产的性质；②企业如何满足运用指定的标准。企业应当披露该指定所针对的确认或计量不一致的描述性说明。

（2）对于指定为以公允价值计量且其变动计入当期损益的金融负债，企业应当披露下列信息：①指定的金融负债的性质；②初始确认时对上述金融负债做出指定的标准；③企业如何满足运用指定的标准。

（3）如何确定每类金融工具的利得或损失。需要指出的是：①风险投资机构、共同基金以及类似主体持有的、在初始确认时按照《企业会计准则第 22 号——金融工具确认和计量》的规定以公允价值计量且其变动计入当期损益的金融资产，应当按照金融工具列报准则进行列报。②如果企业发行了一项既包含负债成分又含权益成分的工具，且该工具嵌入了多重衍生特征（如可赎回的可转换债务工具），则应披露体现在其中的这些特征。

二、资产负债表相关信息的披露

（1）企业应当在资产负债表或相关附注中列报下列金融资产或金融负债的账面价值。①以摊余成本计量的金融资产。②以摊余成本计量的金融负债。③以公允价值计量且其变动计入其他综合收益的金融资产，并分别反映：A. 分类为以公允价值计量且其变动计入其他综合收益的金融资产；B. 指定为以公允价值计量且其变动计入其他综合收益的非交易性权益工具投资。④以公允价值计量且其变动计入当期损益的金融资产，并分别反映：A. 分类为以公允价值计量且其变动计入当期损益的金融资产；B. 指定为以公允价值计量且其变动计入当期损益的金融资产；C. 根据《企业会计准则第 24 号——套期会计》使用信用风险敞口的公允价值选择权在初始确认或后续计量时指定为以公允价值计量且其变动计入当期损益的金融资产。⑤以公允价值计量且其变动计入当期损益的金融负债，并分别反映：A. 分类为以公允价值计量且其变动计入当期损益的金融负债；B. 指定为以公允价值计量且其变动计入当期损益的金融负债；C. 根据《企业会计准则第 24 号——套期会计》使用信用风险敞口的公允价值选择权在初始确认或后续计量时指定为以公允价值计量且其变动计入当期损益的金融负债。

（2）企业将本应按摊余成本或以公允价值且其变动计入其他综合收益计量的一项或一组金融资产指定为以公允价值计量且其变动计入当期损益的金融资产的，应当披露下列信息：①该金融资产在资产负债表日使企业面临的最大信用风险敞口；②企业通过任何相关信用衍生金融工具或类似工具使得该最大信用风险敞口；③该金融资产因信用风险变动引起的公允价值本期变动额和累计变动额；④相关信用衍生工具或类似工具自该金融工具被指定以来的公允价值本期变动额和累计变动额。

(3) 企业将一项金融负债指定为以公允价值计量且其变动计入当期损益的金融负债，且企业自身信用风险变动引起的该金融负债公允价值的变动金额计入其他综合收益的，应当披露下列信息：①该金融负债因自身信用风险变动引起的公允价值本期变动额和累计变动额；②该金融负债的账面价值与按合同约定到期应支付债权人金额之间的差额；③该金融负债的累计利得或损失本期从其他综合收益转入留存收益的金额和原因。

(4) 企业将一项金融负债指定为以公允价值计量且其变动计入当期损益的金融负债，且该金融负债的全部利得或损失计入当期损益的，应当披露下列信息：①该金融负债因自身信用风险变动引起的公允价值本期变动额和累计变动额；②该金融负债的账面价值与按合同约定到期应支付债权人金额之间的差额。

(5) 企业将非交易性权益投资指定为以公允价值计量且其变动计入其他综合收益的，应当披露下列信息：①企业每一项指定为以公允价值计量且其变动计入其他综合收益的权益工具投资；②企业做出该指定的原因；③企业每一项指定为以公允价值计量且其变动计入其他综合收益的权益工具投资的期末公允价值；④本期确认的股利收入，其中对与本期终止确认的权益工具投资相关的股利收入和与资产负债表日仍持有的权益工具投资相关的股利收入应当分别单独披露；⑤该权益工具投资的累计利得和损失本期从其他综合收益转入留存收益的金额及其原因。

三、利润表信息的披露

企业应当披露与金融工具有关的下列收入、费用、利得或损失：①以公允价值计量且其变动记入当期损益的金融资产和金融负债所产生的利得或损失。②对于指定为以公允价值计量且其变动记入当期损益的金融负债，企业应当分别披露本期在其他综合收益中确认的和在当期损益中确认的利得或损失。③分类为以公允价值计量且其变动记入当期损益的金融资产，企业应当分别披露当期在其他综合收益中确认以及当期终止时从其他综合收益转入当期损益的利得或损失。④指定为以公允价值计量且其变动记入其他综合收益的非交易性权益工具投资，企业应当分别披露在其他综合收益中确认的利得和损失以及在当期损益中确认的股利收入。⑤除以公允价值计量且其变动记入当期损益的金融资产和金融负债外，按实际利率法计算的金融资产或金融负债产生的利息收入或利息费用总额，以及在确定实际利率时未予包括并直接计入当期损益的手续费收入或支出。⑥企业通过信托和其他托管活动代他人持有资产或进行投资而形成的，直接计入当期损益的手续费收入或支出。

四、公允价值相关信息的披露

(1) 除特别说明外，企业应当披露每一类金融资产和金融负债的公允价值，并与账面价值进行比较。对于在资产负债表中相互抵销的金融资产和金融负债，其公允价值应当以抵销后的金额披露。

(2) 金融资产和金融负债初始确认的公允价值与交易价格存在差异时，如果其公允价值并非基于相同资产或负债在活跃市场中的报价确定的，也非基于仅使用可观察市场数据估值技术确定的，企业在初始确认金融资产和金融负债时不应确认利得或损失。在此情况下，企业应当按金融资产和金融负债的类型披露下列信息：①企业在损益中确认交易价格与初始确认的公允价值之间差额时所采用的会计政策，以反映市场参与者对资产或负债进行定价时所考虑的因素的变动；②该项差异期初和期末未在损益中确认的总额和本期变动额的调节表；③企业如何认定交易价格并非公允价值的最佳证据，以及确定公允价值的证据。

（3）企业可以不披露下列金融资产或金融负债的公允价值信息：①账面价值与公允价值差异很小的金融资产或金融负债；②包含相机分红特征且其公允价值无法可靠计量的合同；③租赁负债。

五、金融工具风险信息披露

（一）定性和定量信息

（1）企业应当披露与各类金融工具风险相关的定性和定量信息，以便财务报表使用者评估报告期末金融工具产生的风险的性质和程度，更好地评价企业所面临的风险敞口。相关风险包括信用风险、流动性风险、市场风险等。

（2）对金融工具产生的各类风险，企业应当披露下列定性信息：①风险敞口及其形成原因，以及在本期发生的变化；②风险管理目标、政策和程序以及计量风险的方法及其在本期发生的变化。

（3）对金融工具产生的各类风险，企业应当按类别披露下列定量信息：①期末风险敞口的汇总数据；②信用风险披露的信息；③期末风险集中度信息。

（二）信用风险披露

（1）为使财务报表使用者了解信用风险对未来现金流量的金额、时间和不确定性的影响，企业应当披露与信用风险有关的下列信息：①企业信用风险管理实务的相关信息及其与预期信用损失的确认和计量的关系，②有助于财务报表使用者评价在财务报表中确认的预期信用损失金额的定量和定性信息；③企业的信用风险敞口；④其他有助于财务报表使用者了解信用风险对未来现金流量金额、时间和不确定性的影响的信息。

（2）企业应当披露与信用管理事务有关的下列信息：①企业评估信用风险自初始确认后是否已显著增加的方法，并披露下列信息：A.在资产负债表日只具有较低的信用风险的金融工具及其确定依据；B. 逾期超过 30 日，而信用风险自初始确认后未被认定为显著增加的金融资产及其确定依据；②企业对违约的界定及其原因；③以组合为基础评估预期信用风险的金融工具的组合方法；④确定金融资产已发生信用减值的依据；⑤企业直接减记金融工具的政策；⑥评估合同现金流量修改后金融资产的信用风险的，企业应当披露其信用风险的评估方法以及下列信息：A.对于损失准备相当于整个存续期信用损失的金融资产于该资产未来 12 个月内预期信用损失的金额确认计量其损失准备；B. 对于符合 A 中所述的金融资产，企业应当披露其如何监控后续该金融资产的信用风险是否显著增加，从而按照相当于整个存续期预期信用损失的金额重新计量损失准备。

（3）企业应当披露金融工具减值所采用的输入值、假设和估值技术等相关信息，具体包括：①用于确定下列各事项或数据的输入值、假设和估值技术：A.未来 12 个月内预期信用损失和整个存续期的预期信用损失的计量；B. 金融工具的信用风险自初始确认后是否已显著增加；C.金融资产是否已发生信用减值。②确定预期信用损失时如何考虑前瞻性信息；③报告期估计技术或重大假设的变更及其原因。

（4）企业应当以表格形式按金融工具的类别编制损失准备期初余额与期末余额的调节表，分别说明下列项目的变动情况：①按相当于未来 12 个月预期信用损失的金额计量的损失准备；②按相当于整个存续期预期信用损失的金额计量的下列各项损失准备：A.自初始确认后信用风险已显著增加但并未发生信用减值的金融工具；B. 对于资产负债表日已发生信用减值但并非购买或源生的已发生信用减值的金融资产；C.应收账款、合同资产和租赁应收款的减值损失准备。③购买或源生的已发生信用减值的金融资产的变动。除调节表外，企业应当披露本期初始确认的该类金融资产在初始确认时未折现的预期信用损失总额。

（三）流动性风险披露

流动性风险是指企业在履行以交付现金或其他金融资产的方式结算的义务时发生资金短缺的风险。流动性风险应披露的信息包括：

（1）企业应当披露金融负债按剩余到期期限进行的到期期限分析，以及管理这些金融负债流动性风险的方法：①对于非衍生金融负债（包括财务担保合同），到期期限分析应当基于合同剩余到期期限。对于包含嵌入衍生金融工具的混合金融工具，应当将其整体视为非衍生金融负债进行披露。②对于衍生金融负债，如果合同到期期限是理解现金流量时间分布的关键因素，到期期限分析应当基于合同剩余到期期限。

（2）企业在披露到期期限分析时，应当运用职业判断确定恰当的时间段。列入各时间段内披露的金额，应当是未经折现的合同现金流量。企业可以但不限于按下列时间段进行到期期限分析：①一个月以内；②一个月至三个月以内；③三个月至一年以内；④一年至五年以内；⑤五年以上。

（3）债权人可以选择收回债权时间的，债务人应当将相应的金融负债列入债权人可以要求收回债权的最早时间段内。

（4）企业应当披露流动性风险敞口汇总定量信息的确定方法。此类汇总定量信息中的现金（或另一项金融资产）流出符合以下条件之一的，应当说明相关事实，并提供有助于评价该风险程度的额外定量信息：①该现金的流出可能显著早于汇总定量信息中所列示的时间；②该现金的流出可能与汇总定量信息中所列示的金额存在重大差异。

（四）市场风险披露

金融工具的市场风险是指金融工具的公允价值或未来现金流量因市场价格变动而发生波动的风险，包括汇率风险、利率风险和其他价格风险。汇率风险是指金融工具的公允价值或未来现金流量因外汇汇率变动而发生波动的风险。利率风险是指金融工具的公允价值或未来现金流量因市场利率变动而发生波动的风险。其他价格风险是指汇率风险和利率风险以外的市场价格变动而发生波动的风险。对于市场风险，主要披露如下信息：

（1）在对市场风险进行敏感性分析时，应当以整个企业为基础，披露下列信息：①资产负债表日所面临的各类市场风险的敏感性分析。②本期敏感性分析所使用的方法和假设，以及本期发生的变化和原因。

（2）企业采用风险价值法或类似方法进行敏感性分析能够反映金融风险变量之间的关联性，且企业已采用该种方法管理金融风险的，可不进行披露。但应当披露下列信息：①用于该种敏感性分析的方法、选用的主要参数和假设。②所用方法的目的，以及该方法提供的信息在反映相关资产和负债公允价值方面的局限性。

同步测试题

一、名词解释

1. 金融工具
2. 基础金融工具
3. 衍生金融工具
4. 套期保值
5. 金融资产
6. 金融资产转移

二、单项选择题

1. 下列选项中，不符合金融工具定义的是(　　)。

A. 应交所得税　　B. 金融资产

C. 金融负债　　D. 权益工具

2. A公司于2019年7月1日从二级市场购入B公司于2018年1月1日发行的面值为2 000万元，票面利率为6%，3年期，每半年付息一次(即每年6月30日、12月31日付息)，到期一次还本的债券，根据管理该债券的业务模式以及该债券的合同现金流量特征，A公司将其划分为以公允价值计量且其变动计入其他综合收益的金融资产，A公司实际支付价款2 200万元，另支付交易费用5万元。B公司2019年度上半年的债券利息推迟至2019年7月5日发放。不考虑其他因素，A公司取得该项债券投资的初始入账金额为(　　)万元。

A. 2 205　　B. 1 590

C. 2 145　　D. 2 134

3. 2019年10月12日，甲公司以每股10元的价格从二级市场购入乙公司股票10万股，支付价款100万元，另支付相关交易费用2万元。甲公司将购入的乙公司股票直接指定为以公允价值计量且其变动计入其他综合收益的金融资产核算。甲公司2019年10月12日购入乙公司股票的入账价值是(　　)万元。

A. 102　　B. 100

C. 98　　D. 180

4. 甲公司为一家中外合作经营企业，成立于2018年1月1日，经营期限为30年。按照相关合同约定，甲公司的营运资金及主要固定资产均来自双方股东投入，经营期间甲公司按照合作经营合同进行经营；经营到期时，该企业的净资产根据合同约定按出资比例向合作双方偿还。甲公司应将该金融工具分类为(　　)。

A. 金融资产　　B. 金融负债

C. 复合金融工具　　D. 权益工具

5. 企业初次确认金融资产或金融负债，应当按照(　　)计量。
A. 公允价值　　B. 摊余成本
C. 现值　　D. 净值

6. 对于与金融资产或金融负债现金流量或公允价值的一部分相关的风险，其(　　)可以计量的，企业可以就该风险将金融资产或金融负债指定为被套期项目。
A. 预期价值　　B. 风险报酬率
C. 套期有效性　　D. 现金流量

7. 在金融资产或金融负债组合的利率风险(　　)中，可以将某货币金额(如人民币、美元或欧元金额)的资产或负债指定为被套期项目。
A. 公允价值套期　　B. 现金流量套期
C. 境外经营净投资套期　　D. A、B、C 三者均可

8. 非金融资产或非金融负债指定为被套期项目的，被套期风险应当是该非金融资产或非金融负债相关的(　　)。
A. 利率风险和信用风险　　B. 利率风险和外汇风险
C. 全部风险　　D. 全部风险或外汇风险

9. 企业至少应当在编制(　　)时对套期有效性进行评价。
A. 月财务报告　　B. 季度财务报告
C. 中期或年度财务报告　　D. 合并财务报表

10. 企业可以将金融资产或金融负债现金流量的全部指定为被套期项目。但金融资产或金融负债现金流量的一部分被指定为被套期项目的，被指定部分的现金流量应当(　　)该金融资产或金融负债现金流量总额。
A. 多于　　B. 等于
C. 少于　　D. A、B、C 三者均可

三、多项选择题

1. 金融资产是指企业持有的现金、其他方的权益工具以及符合(　　)条件之一的资产。
A. 从其他方收取现金或其他金融资产的合同权利
B. 在潜在有利条件下与其他方交换金融资产或金融负债的合同权利
C. 将来须用或可用企业自身权益工具进行结算的非衍生金融工具合同
D. 将来须用或可用企业自身权益工具进行结算的非衍生金融工具合同，但以固定数量的自身权益工具交换固定金额的现金或其他资产的衍生金融工具合同除外

2. 下列各项目中，属于金融负债的有(　　)。
A. 向其他方交付现金或其他金融资产的合同义务
B. 在潜在不利条件下，与其他方交换金融资产或金融负债的合同义务
C. 将来须用或可用企业自身权益工具进行结算的非衍生金融工具合同，且企业根据该合同将交付可变数量的自身权益工具
D. 将来须用或可用企业自身权益工具进行结算的衍生金融工具合同，不包括以固定数量的自身权益工具交换固定金额的现金或其他金融资产的衍生金融工具合同

3. 企业计量金融工具预期信用损失的方法应当反映的要素包括(　　)。

A. 通过评价一系列可能的结果而确定的无偏概率加权平均金额
B. 公允价值
C. 货币时间价值
D. 在资产负债表日无须付出额外的成本或努力即可获得的有关过去事项、当前状况以及未来经济状况预测的合理且有依据的信息

4. 企业将一项以摊余成本计量的金融资产重分类为其他金融资产时，下列相关处理正确的有(　　)。
A. 将其重分类为以公允价值计量且其变动计入当期损益的金融资产的，应当按照该资产在重分类日的摊余成本进行计量
B. 将其重分类为以公允价值计量且其变动计入当期损益的金融资产的，原账面价值与公允价值之间的差额应计入当期损益
C. 将其重分类为以公允价值计量且其变动计入其他综合收益的金融资产的，应当按照该金融资产在重分类日的公允价值进行计量
D. 将其重分类为以公允价值计量且其变动计入其他综合收益的金融资产的，原账面价值与公允价值之间的差额计入其他综合收益

5. 金融工具包括(　　)。
A. 金融资产　　B. 金融负债
C. 权益工具　　D. 衍生金融工具

6. 金融资产可分类为(　　)。
A. 以摊余成本计量的金融资产
B. 以公允价值计量且其变动计入其他综合收益的金融资产
C. 以公允价值计量且其变动计入当期损益的金融资产
D. 以摊余成本计量且其变动计入当期损益的金融资产

7. 增量费用不包括(　　)等与交易不相关的费用。
A. 债券溢价　　B. 债券折价
C. 内部管理成本　　D. 持有成本

8. 企业应当对不同类别的金融资产，分别以(　　)进行后续计量。
A. 摊余成本
B. 以公允价值计量且其变动计入其他综合收益
C. 以公允价值计量且其变动计入当期损益
D. 以摊余成本计量且其变动计入其他综合收益

9. 套期保值主要涉及(　　)几个要素。
A. 套期工具　　B. 被套期项目
C. 套期关系　　D. 套期有效性

10. 企业在确立套期关系时，应当将套期工具整体或其一定比例(不含套期工具剩余期限内的某一时段)进行指定，但(　　)的情况除外。
A. 对于期权，企业可以将期权的内在价值和时间价值分开
B. 对于期货，企业可以将期货的内在价值和时间价值分开

C. 对于远期合同,企业可以将远期合同的利息和即期价格分开

D. 对于远期合同,企业可以将远期合同的利息和远期价格分开

四、是非判断题

1. 金融工具合同通常采用书面形式,非合同的资产和负债不属于金融工具。 ( )
2. 金融工具会计会涉及长期股权投资和货币资金的处理。 ( )
3. 增量费用是指企业发生购买、发行或处置相关金融工具就不会发生的费用。 ( )
4. 无论任何种类的金融资产或金融负债,企业在对它们进行初始确认时,均应按照公允价值计量。 ( )
5. 企业运用衍生金融工具对以外币结算的应收账款进行套期,就是为了消除汇率变动可能给企业带来的风险。 ( )
6. 以公允价值计量且其变动计入当期损益的金融负债,应当按照公允价值计量,但须扣除将来结清金融负债时可能发生的交易费用。 ( )
7. 企业用远期外汇合同对已购进资产进行套期保值,因规避了风险从而一定会增加企业的净收益。 ( )
8. 套期工具是指企业为进行套期而指定的,其公允价值或现金流量变动预期可抵销被套期项目的公允价值或现金流量变动的衍生金融工具。 ( )
9. 套期有效性是指套期工具的公允价值变动能够抵销被套期项目现金流量变动的程度。 ( )
10. 外汇期货合约既可服务于套期保值,也可以用于投机。 ( )

五、思考题

1. 简述金融工具的含义、特点及其分类。
2. 简述金融工具的创新对传统财务会计模式的影响。
3. 如何进行套期保值的确认与计量?
4. 什么是金融资产、金融负债和权益工具?如何区分金融负债和权益工具?
5. 如何进行金融工具的初始计量和后续计量?
6. 衍生金融工具有什么主要作用?
7. 简述远期外汇交易?我国已开展的远期外汇交易品种是什么?
8. 简述套期保值的基本原理。
9. 为什么要采用套期会计方法?应如何判断套期有效性?
10. 应怎样区分公允价值套期和现金流量套期?两者的会计处理有何不同?

六、业务处理题

1. 2020 年 1 月 1 日,甲上市公司决定采用某衍生金融工具对库存商品进行公允价值套期。套期开始时,衍生金融工具的公允价值为零,库存商品的账面价值为 20 000 元,公允价值为 22 000 元。2020 年 4 月 30 日,衍生金融工具的公允价值上升 2 500 元,库存商品公允价值下降 1 500 元。

   要求:假定不考虑其他因素,作出甲上市公司的会计处理。

2. 2020 年 1 月 1 日,乙上市公司决定采用衍生工具对库存商品(成本总额为 360 000 元)预期出售相关的现金流量变动进行套期。当日,衍生金融工具的公允价值为零。套期期

间结束时,库存商品的预期出售数量为200件,预期售价为2 200元;衍生金融工具的公允价值上升3 500元,库存商品实际售价总额下降2 500元。

要求:假定不考虑其他因素,作出乙上市公司的会计处理。

3. 2020年10月1日,A公司(记账本位币为人民币)在其境外子公司B公司有一项境外净投资外币6 000万元(即FC 6 000万元)。为规避境外经营净投资外汇风险,A公司与某境外金融机构签订了一项外汇远期合同,约定于2021年4月1日卖出FC 6 000万元。A公司每季度对境外净投资余额进行检查,且依据检查结果调整对净投资价值的套期。其他有关资料如表8-8所示。

表8-8　有关资料

日期	即期汇率(FC/人民币)	远期汇率(FC/人民币)	远期合同的公允价值(元)
2020年10月1日	1.71	1.70	0
2020年12月31日	1.64	1.63	4 000 000
2021年12月31日	1.60	不适用	6 000 000

A公司在评价套期有效性时,将远期合同的时间价值排除在外。假定A公司的上述套期满足运用套期会计方法的所有条件。

要求:作出A公司的套期保值的会计处理。

4. 甲公司2020年6月30日拥有10 000桶原油,原油现货价格为每桶70美元。但甲公司担心到年底时原油价格会下降,于是签了一个原油远期卖出合同(6个月)按照每桶68美元(这是目前的6个月原油期货价格)的价格售出10 000桶原油。假设到了2020年12月31日,原油现货价格为每桶60美元。

要求:作出有关套期保值的会计处理。

5. 我国A出口商于2020年11月1日向美国销售一批商品,售价为100 000美元,购销合同订明美国企业应于2021年2月1日支付货款。为避免这笔应收账款可能承受的外汇变动风险,我国A出口商于同日与外汇经纪银行签订了一项按90天远期汇率向银行卖出＄100 000的远期外汇合约,有关汇率如下(不考虑增值税):

2020年11月1日即期汇率:＄1=￥8.14。

2020年11月1日90天远期汇率:＄1=￥8.20。

2020年12月31日即期汇率:＄1=￥8.30。

2021年2月1日即期汇率:＄1=￥8.35。

要求:作出相关的会计处理。

第九章

企业合并会计

引导案例

金松公司合并天地公司的行为

金松公司2019年3月通过公开市场购入天地公司600万股股票，占天地公司公开发行在外股份的2%，该部分股份取得以后，金松公司将其作为以公允价值计量且其变动计入当期损益的金融资产核算。2020年，金松公司与天地公司签订以下协议：

(1) 金松公司以其占100%股权的三家公司股权对天地公司投资，在双方确定的评估基准日——2020年6月30日，三家公司股权的评估价值为65 000万元。

(2) 双方应于2020年7月31日前办妥上述三家公司股权过户手续。

(3) 天地公司应于2020年8月31日前通过股东大会决议，以发行本公司普通股16 250万股(每股4元)作为接受投资的对价。

(4) 2020年8月10日，天地公司股东大会通过以下决议，该股份发行后，金松公司向天地公司董事会派出4名成员(天地公司董事会由7人组成)，日常生产经营决策和财务管理由董事会决定，金松公司持有天地公司发行在外股份的36.43%。除金松公司所持股份外，天地公司其他股东持有其股份的情况为：股东甲持股10%，股东乙持股8%，股东丙持股7%，股东丁持股6%，其他社会公众(持股比较分散)最高持有不到1%。

讨论并思考：

1. 什么是企业合并？
2. 企业合并的实质是什么？
3. 金松公司合并天地公司的行为属于哪种企业合并类型？

第一节　企业合并概述

一、企业合并的实质

企业合并这一概念在世界各国有不同的表述，如联合、购并、兼并等，这些概念都是指企业间的交易或事项，将两个或两个以上企业的资产置于一个共同管理集团的控制之下，实质上成为一个经济主体。也正是因为如此，《企业会计准则第 20 号——企业合并》对企业合并下了如下的定义："企业合并是指将两个或两个以上单独的企业合并形成一个报告主体的交易或事项。"我们认为，企业间的合并，实质上是企业间资产及所有权的重组。尽管这种重组并未增加社会生产性要素的供给，但却改变了经济资源的结构。所以，企业之间的合并是市场经济运行中社会经济资源最优配置得以实现的方式之一。

二、企业合并的动因

企业合并最根本的目的在于追求价值的最大化。企业合并最主要的原因是能促使企业加速成长、降低成本、减少或规避风险。企业的发展扩张有其内在动力和外在压力，而与其他企业的合并，是其谋求利益、增强竞争力的有效途径。换句话说，企业合并既有内在动因，也有外在动因。

（一）内在动因

企业合并的内在动因主要有以下几个方面：

(1) 节约成本。一般来说，一家企业通过合并其他企业取得所需的设备和生产能力，要比自己新建同样的设备、形成同样的生产能力成本要低。

(2) 降低风险。购买已有的产品生产线，接受现有的市场，要比开发新产品、开拓新市场的风险要小。当企业以分散风险为目标进行企业合并时尤其如此。

(3) 能较早利用生产能力。通过企业合并取得的生产设备能够在短期内投入运行，转化为生产能力；而企业新建设备要花较长时间，可能贻误生产时机。

(4) 取得特殊资产。取得特殊资产往往是企业合并的重要动因。特殊资产可能是一些对企业发展至关重要的专门资产。例如，土地是企业发展的重要资源，一些有实力、有发展前景的企业往往由于狭小的空间而难以扩展，而另一些经营不善、市场不景气的企业却占有较多的土地和优越的地理位置，这时，优势企业就可能合并劣势企业以获取土地等特殊的资源。另外，通过企业合并，也可以获取目标企业所拥有的专利权、转营权、技术诀窍、优越的地理位置、有经验的员工等特殊资产。

(5) 税收优惠。税法一般有亏损的递延条款，若被合并企业前几年发生亏损，且未能经由前抵所吸收时，这一亏损可以后抵至以后产生盈余的年度。某些国家，如美国，税法上允许将这一亏损转移给合并企业。若合并企业的所得税为正数，则该亏损可以作为其课税所得的减项，因而减少其所得税负担。此外，若合并以后，合并企业及被合并企业法律上仍为独立个体，则可事先规划，采取合并报税或分开报税的方式，使企业整体的税负达到最低。

(6) 谋求管理协同效应。对于企业管理者来说,可以通过企业合并扩大企业规模,从而提高它们的地位。若企业有一支高效率的管理队伍,有剩余的管理能力,则该企业可以合并那些管理效率低下的企业,实现管理资源的融合,提高管理资源的利用效率。

(二) 外在动因

企业合并的外在动因主要有以下几个方面:

(1) 国家的产业政策。产业结构是指一个国家产业间的比例及相互关系。一个国家产业结构的调整,产业政策的变化,在一定程度上会加剧企业间的合并。

(2) 企业产权结构和治理结构的状况。企业的合并活动深受企业产权结构和治理结构的影响。如果企业的股权比较分散,市场在企业治理结构中起导向作用,则合并容易发生;反之,则合并较难发生。

(3) 市场竞争的程度。市场竞争越激烈,为增强竞争力,就需要不断地发展壮大自己,也就越激发企业的合并行为。

(4) 资本市场和信用制度的发达程度。资本市场和信用制度的发达,可以大大降低企业合并的成本,另外,资本的国际化程度也制约着企业合并的范围。

(5) 法律法规。企业合并有时可能导致垄断,而市场经济的要求是维护竞争,反对垄断,因此对企业合并的法律法规上的限制和保护必不可少。这样,法律法规上的限制和保护在一定程度上影响着企业合并的方式和合并的活跃程度。

三、企业合并的分类

企业合并可按不同的标志进行分类。

(一) 企业合并的产业模式

从合并体的产业性质而言,企业合并有横向合并、纵向合并和混合合并三种。

1. 横向合并

横向合并又称水平式合并,是指同属一个产业或行业部门,生产和销售同类产品的企业间的合并行为。横向合并可以扩大现有经营范围的规模,使生产进一步社会化,可使企业获得规模效益,推动生产力的发展。

2. 纵向合并

纵向合并又称垂直式合并,是指生产过程或经营环节相互衔接,联系密切的企业间的合并行为。纵向合并可以扩大生产经营规模,节约通用设备等;可以加强生产过程各环节的配合,有利于协作化生产;还可以加速生产流程,缩短生产周期,节省运输仓储费用和其他资源等。

3. 混合合并

混合合并又称复合合并,它是指相互之间没有直接的投入产出关系和技术经济联系的、不同行业的企业间合并行为。混合合并可使企业降低经营风险,获取稳定的利润。

(二) 企业合并的产权模式

从合并的产权模式来说,企业合并有吸收合并、创立合并和控股合并。

1. 吸收合并

吸收合并又称存续合并，是指一个或几个企业并入一个企业的交易行为。这种合并的主要特征如下：

(1) 合并后，被合并企业放弃法人资格，宣布解散或成为合并企业的一个部门，其所有的资产由合并企业接管；合并企业保持原有名称并接受被合并企业的资产、债务等。

(2) 企业合并是有偿的，通过有偿转让，使一方所有权转让给另一方。

(3) 企业财产所有权和法人所有权同时有偿转让，企业资产实物形态随合并的完成而整体流动。

2. 创立合并

创立合并又称新设合并，是指两个或两个以上企业合并成立一个新企业的交易行为。这种合并的主要特征如下：

(1) 各自以丧失自身法人资格为代价，以新的法人面貌组成新的经济主体。

(2) 合并建立在平等的基础上，合并各方法人所有权的转让是无偿的，并连带将各自企业资产的使用权、支配权、收益权等一并转让给合并后新成立的企业。

(3) 合并各方的资产的所有权没有转让，其终结所有权仍属于合并各方的所有者，只是以合并后企业所有权形式的转换出现。

3. 控股合并

控股合并是指一个企业购并另一个企业有投票表决权的股份，且达到控制的状态，从而建立母子公司关系。母公司或控股公司是指对其他企业拥有控制权的企业，而被母公司控制的企业则成为子公司或附属公司。控股合并的主要特征如下：

(1) 合并后，无论是母公司还是子公司，在法律上都是独立的经济主体和法律主体，各公司仍然继续存在。

(2) 合并企业通过购并对被合并企业的股票实施了控制，但对被合并企业原有的债务不负连带责任，而只以入股的金额为限承担风险。

(三) 企业合并的类型

在企业合并会计准则中，根据参与合并的企业是否受同一方或相同的多方最终控制，将企业合并分为同一控制下的企业合并与非同一控制下的企业合并两类。

1. 同一控制下的企业合并

所谓同一控制下的企业合并，是指参与合并的企业在合并前后均受同一方或相同的多方最终控制且该控制并非暂时性的。这种合并的主要特征如下：

(1) 从最终实施控制方的角度来看，其所能够实施控制的净资产没有发生变化。

(2) 由于参与合并的企业是受同一方或相同的多方控制，有些合并不是企业自愿的，所以交易往往不是按公允价值进行的，很难以双方议定的价格作为核算基础。

2. 非同一控制下的企业合并

所谓非同一控制下的企业合并，是指参与合并的企业在合并前后不受同一方或相同的多方最终控制且该控制是暂时性的。这种合并的主要特征如下：

(1) 参与合并的企业不受同一方或相同的多方控制，企业合并大多是出自企业自愿的行为。

(2) 交易过程中各方出于自身利益的考虑会进行激烈的讨价还价,交易以公允价值为基础,作价相对公平合理。

为了正确地理解这两类企业合并的定义,至少应当明确以下几个问题:

(1) 关于"同一方"和"相同的多方"。所谓同一方,是指对参与合并的企业在合并前后均实施最终控制的投资者。所谓相同的多方,通常是指根据投资者之间的协议约定,在对被投资单位的生产经营决策行使表决权时发表一致意见的两个或两个以上的投资者。这就明确了一个非常重要的问题:投资是此处所称"控制"的前提。

(2) 关于"控制"和"最终控制"。所谓控制,是指投资方拥有对被投资方的权力,通过参与被投资方的相关活动而享有可变回报,而且有能力运用对被投资方的权力影响其回报金额。在直接控制的情况下,控制方对被控制方的控制就应该是最终控制;在间接控制的情况下,间接控制方拥有对被控制方的最终控制,能够对参与合并各方在合并前后均实施最终控制的一方,通常是指企业集团中的母公司。

(3) 关于"控制并非暂时性"。控制并非暂时性,是指参与合并的各方在合并前后较长的时间内受同一方或相同的多方最终控制。较长的时间通常指1年以上(含1年)。

四、企业合并中的会计问题

企业合并中的会计问题涉及会计理论和会计实务两方面。从会计理论角度看,企业合并突破了传统的会计主体、持续经营、会计期间等基本假设,并对会计确认和计量提出了新的问题;从会计实务角度看,企业合并的会计问题包括合并过程的会计处理方法和合并以后的合并会计报表编制问题。

(一) 合并过程的会计处理方法

前已述及,根据参与合并的企业是否受同一方或相同的多方最终控制,将企业合并分为同一控制下的企业合并与非同一控制下的企业合并两类,非同一控制下的企业合并和同一控制下的企业合并的会计处理见本章的第二节与第三节。

(二) 合并以后的合并财务报表编制

在吸收合并、创立合并、控股合并三种方式中,吸收合并结束后,被合并的企业全部解散,只有实施合并的企业在合并后仍是一个单一的法律主体和会计主体;创立合并完成后,原来的企业均不复存在,新创立的企业仍然是一个单一的法律主体和会计主体。因此,吸收合并和创立合并后的会计处理问题仍然属于传统财务会计问题,不会产生新的会计问题,其后编制会计报表的方法与普通企业的编制方法相同。

在控股合并过程中,母公司与子公司法人资格继续存在,均为独立的法律主体,分别编制自身的财务报表,不存在解散清算程序和接管资产及负债问题。控股合并并不是法律意义上的合并,但由于它们之间的控股与被控股关系,在经营决策和财务决策上控股企业可以对被控股企业间接实施控制。在生产经营方面,两者成为事实上的一个整体。为了反映这一事实整体的财务状况,就需要另外编制反映这一事实整体的财务报表,即合并财务报表。有关合并财务报表的编制问题,将在第十章中进行讨论。

第二节 非同一控制下的企业合并的会计处理

一、非同一控制下的企业合并的含义及其特点

所谓非同一控制下的企业合并，是指参与合并的企业在合并前后不受同一方或相同的多方最终控制且该控制是暂时性的企业合并。非同一控制下的企业合并一般发生在两个或两个以上独立的企业之间。非同一控制下的企业合并的特点主要如下：一是在非关联企业之间进行；二是合并以市价为基础，交易对价相对公平合理。

二、非同一控制下的企业合并的核算方法

按照企业会计准则的规定，非同一控制下的企业合并应当按照购买法核算。其中，取得对参与合并的另一方或多方控制权的一方为购买方，购买方实际取得被购买方控制权的日期为购买日。

（一）购买法核算的科目设置

一个企业用现金兼并另一个企业，可能产生三种情况：第一种情况是购买成本等于所获净资产的公允价值；第二种情况是购买成本大于所获净资产的公允价值；第三种情况是购买成本小于所获净资产的公允价值。在第一种情况下，通常不用增设新的会计科目；第二种情况下则应当设置"商誉"科目；第三种情况下也不需要增设新的会计科目，而将两者的差额直接计入当期损益。

若购买企业采用分期付款方式支付产权转让款，对于尚未支付的产权转让款可以根据付款期的长短在"其他应付款"或"长期应付款"科目下增设"应付产权转让款"明细科目进行核算。

采用购买法会涉及合并商誉的会计处理这一难题。关于合并商誉涉及两个层面的问题：一是要不要在企业并购发生时将购买成本大于所取得的可辨认净资产的公允价值的差额作为一项资产入账或入表；二是如果将该差额作为一项资产入账或入表，后续期间应该如何进行会计处理。

1. 正商誉的确认和计量

（1）系统摊销法。系统摊销法将外购商誉作为一项没有实物形态的特殊资产予以确认，并在特定的期间内摊销。

（2）永久保留法。永久保留法把商誉作为永久性资产，不予摊销，除非有证据表明其价值确实发生了持续下跌。

（3）直接冲销法。直接冲销法将外购商誉作为购买方所有者权益的抵减项目，直接冲减留存收益。

【例 9-1】 甲公司 2019 年 1 月 1 日以银行存款 2 200 000 元和每股市价 10 元、面值为 1 元的普通股 200 000 股购买乙公司流通在外的有表决权的普通股的 40%(取得控制权)；另外，甲公司支付股票发行与登记等相关费用 200 000 元，为购买乙公司的股票所发生的评估和咨询等相关费用为 50 000 元。购买日，乙公司资产负债的账面价值和公允价值资料如表 9-1 所示。

表 9-1 乙公司 2018 年 12 月 31 日资产负债的账面价值和公允价值

报表项目	账面价值	公允价值
货币资金	500 000	500 000
应收账款	1 000 000	1 000 000
应收票据	800 000	800 000
交易性金融资产	200 000	200 000
存货	2 500 000	2 900 000
固定资产——净额	5 000 000	6 500 000
资产总计	10 000 000	11 900 000
短期借款	1 000 000	1 000 000
应付账款	500 000	500 000
长期应付款	1 000 000	900 000
股本(每股面值 1 元,计 1 000 000 股)	1 000 000	
资本公积	2 000 000	
未分配利润	4 500 000	
负债和股东权益总计	10 000 000	

2019 年乙公司实现净利润 1 000 000 元,年末对外宣布发放现金股利 500 000 元,年初存货已全部售出,长期应付款 5 年后到期,固定资产按 20 年计提折旧,商誉不进行摊销,根据《企业会计准则第 8 号——资产减值》的规定,企业合并所形成的商誉,至少应当于每年年终进行减值测试。

甲公司按权益法对这一长期股权投资处理如下:

(1) 计算投资成本差额。

长期股权投资成本(2 200 000+200 000×10)　　4200 000

所获乙公司股权的账面价值(7 500 000×40%)　　3 000 000

投资成本差额　　1 200 000

(2) 编制投资成本差额分配表(见表 9-2)。

表 9-2 投资成本差额分配表

分配项目	公允价值	账面价值	投资比例	分配金额
存货	2 900 000	2 500 000	400 000×40%	160 000
固定资产	6 500 000	5 000 000	1 500 000×40%	600 000
长期应付款	900 000	1 000 000	(100 000)×40%	(40 000)
可辨认净资产分配额				800 000
商誉				400 000
投资成本差额				1 200 000

(3) 2019 年 1 月 1 日,登记长期股权投资分录。

借:长期股权投资——乙公司　　4 200 000
　　贷:股本　　200 000
　　　　资本公积　　1 800 000
　　　　银行存款　　2 200 000
借:资本公积　　200 000
　　管理费用　　50 000
　　贷:银行存款　　250 000

(4) 2019 年 12 月 31 日,确认当年投资收益和登记应收股利。

借:长期股权投资——乙公司　　400 000
　　贷:投资收益(1 000 000×40%)　　400 000
借:应收股利——乙公司　　200 000
　　贷:长期股权投资——乙公司(500 000×40%)　　200 000

(5) 计算和登记当年投资成本差额中可辨认净资产公允价值升值部分摊销额。

计算当年投资成本差额中可辨认净资产公允价值升值部分的摊销额(见表 9-3)。

表 9-3　当年投资成本差额中可辨认净资产公允价值升值部分的摊销表

项目	投资成本差额	摊销年限(或比例)	摊销额
存货	160 000	100%	160 000
固定资产	600 000	5%	30 000
长期应付款	(40 000)	20%	(8 000)
商誉	400 000	0	0
合计	1 200 000		198 000

登记当年投资成本差额中可辨认净资产公允价值升值部分的摊销额。

借:投资收益　　198 000
　　贷:长期股权投资——乙公司　　198 000

2. 负商誉的确认和计量

企业的合并成本有可能低于所取得的被购买方可辨认净资产公允价值的份额,这一差额可称为负商誉。对于负商誉的处理,目前,比较通行的处理方法是直接计入当期损益。

【例 9-2】 甲公司 2019 年 1 月 1 日以银行存款 2 200 000 元和每股市价 10 元、面值为 1 元的普通股 200 000 股购买乙公司流通在外的有表决权的普通股的 50%;其他资料同[例 9-1]。购买日,乙公司资产负债的账面价值和公允价值资料如表 9-1 所示。

甲公司按权益法对这一长期股权投资处理如下:

(1) 计算投资成本差额。

长期股权投资成本(2 200 000+200 000×10)　　4 200 000
所获乙公司股权的账面价值(7 500 000×50%)　　3 750 000
投资成本差额　　450 000

(2) 编制投资成本差额分配表(见表 9-4)。

表 9-4 投资成本差额分配表

分配项目	公允价值	账面价值	投资比例	分配金额
存货	2 900 000	2 500 000	400 000×50%	200 000
固定资产	6 500 000	5 000 000	1 500 000×50%	750 000
长期应付款		1 000 000	(100 000)×50%	(50 000)
可辨认净资产分配额				1 000 000
商誉				(550 000)
投资成本差额				450 000

表 9-4 中,计算出商誉为—550 000 元,即负商誉。

(3) 具体会计分录如下:

借:长期股权投资——乙公司 4 200 000
　　贷:股本 200 000
　　　　资本公积 1 800 000
　　　　银行存款 2 200 000
借:资本公积 200 000
　　管理费用 50 000
　　贷:银行存款 250 000
借:长期股权投资——乙公司 550 000
　　贷:营业外收入 550 000

(二) 一次交换交易实现企业合并的会计处理

按照企业会计准则的规定,非同一控制下的企业合并应当区分一次交换交易实现的企业合并和多次交换交易实现的企业合并。

1. 一次交换交易实现的企业合并的合并成本

通过一次交换交易实现的企业合并,其合并成本为购买方在购买日为取得另一方的控制权或净资产而付出的资产、发生或承担的负债及发行的权益性证券的公允价值。另外,对于以下两种经济事项,也应计入合并成本。

(1) 购买方为进行企业合并而发生的审计费用、评估费用等各项直接相关费用,应计入企业合并成本,而不是作为当期费用处理。

(2) 在合并合同或协议中对可能影响合并成本的事项作出约定的,购买日如果估计未来事项很可能发生而且对合并成本的影响金额能够可靠计量的,购买方应当将其计入合并成本。

2. 一次交换交易实现的企业合并的被购买方可辨认净资产公允价值的确定

被购买方可辨认净资产公允价值,是指合并中购买方取得的被购买方可辨认净资产公允价值减去负债及或有负债公允价值后的余额。

按照企业会计准则的规定,被购买方各项可辨认净资产、负债及或有负债,符合下列条件的，应当单独予以确认：

（1）合并中取得的被购买方除无形资产以外的其他各项资产（不仅限于被购买方原已确认的资产），其所带来的经济利益很能够流入企业，且公允价值能够可靠计量的，应当单独确认并按照公允价值计量。

（2）合并中取得被购买方除或有负债以外的其他各项负债，履行有关的义务很可能导致经济利益流出企业且公允价值能够可靠计量的，应当单独确认并按照公允价值计量。

（3）合并中取得被购买方或有负债，其公允价值能够可靠计量的，应当单独确认并按照公允价值计量。

按照企业会计准则的规定，购买方按照以下规定确定被购买方各项可辨认净资产、负债及或有负债的公允价值：

（1）货币资金。其公允价值按照购买日被购买方的账面价值确定。

（2）有活跃市场的股票、债券、基金等金融工具。其公允价值按照购买日活跃市场中的市场价格确定。

（3）应收账款。其中的短期应收款项，一般按照应收取的金额作为公允价值；长期应收款项，应按适当的利率折现后的现值确定其公允价值。

（4）存货。对其中的产成品和商品按其估计售价减去估计的销售费用、相关税费以及购买方出售类似产成品和商品估计可能实现的利润确定；在产品按完工产品的估计售价减去至完工仍将发生的成本、估计的销售费用、相关税费以及基于同类或类似产成品的基础上估计出售可能实现的利润确定；原材料按重置成本确定。

（5）不存在活跃市场的金融工具如权益性投资，应当参照金融工具确认与计量准则的规定，采用估值技术确定其公允价值。

（6）房屋建筑物、机器设备、无形资产。存在活跃市场的，应以购买日的市场价格为基础确定其公允价值，不存在活跃市场的，但同类或类似资产存在活跃市场的，应参照同类或类似资产的市场价格为基础确定其公允价值；应参照同类或类似资产也不存在活跃市场的，应采用估值技术确定其公允价值。

（7）应付账款、应付票据、应付职工薪酬、应付债券、长期应付款。其中的短期负债，一般按照应支付的金额确定其公允价值；长期负债，应按适当的折现率折现后的现值确定其公允价值。

（8）取得的被购买方的或有负债。其公允价值在购买日能够可靠计量的，应确认为预计负债。此项负债应当按照假定第三方愿意代购买方承担，就其所承担义务需要购买方支付的金额作为其公允价值。

（9）递延所得税资产和递延所得税负债，取得的被购买方各项可辨认净资产、负债及或有负债的公允价值与其计税基础之间存在差额的，按照所得税准则的规定确认相应的递延所得税资产和递延所得税负债，所确认的递延所得税资产和递延所得税负债的金额不应折现。

3. 一次交换交易实现企业合并的账务处理

在一次交换交易实现企业合并中会出现三种情况：第一种情况是购买成本等于所获净资产的公允价值；第二种情况是购买成本大于所获净资产的公允价值；第三种情况是购买成本小于所获净资产的公允价值。以下分别不同情况介绍具体的账务处理方法：

(1) 购买成本等于所获净资产的公允价值的账务处理。购买成本等于所获净资产的公允价值的情况下,购买企业按照公允价值将所购入净资产入账。

(2) 购买成本大于所获净资产的公允价值的账务处理。购买成本大于所获净资产的公允价值的情况下,购买企业按照公允价值将所购入净资产入账。购买成本大于所获净资产的公允价值之间的差额作为商誉,记入"商誉"账户的借方。

(3) 购买成本小于所获净资产的公允价值的账务处理。购买成本小于所获净资产的公允价值的情况下,购买企业按照公允价值将所购入净资产入账。购买成本小于所获净资产的公允价值之间的差额计入当期损益。

4. 反向购买

1) 反向购买的定义

非同一控制下的企业合并,以发行权益性证券交换股权的方式进行的,通常发行权益性证券的一方为购买方,但在某些企业合并中,发行权益性证券的一方因其生产经营决策在合并后被参与合并的另一方所控制的,发行权益性证券的一方虽然为法律上的母公司,但其为会计上的被购买方,该类企业合并通常称为"反向购买"。

例如,甲公司为一家上市公司,乙公司为一家非上市公司。乙公司拟通过收购甲公司的方式达到上市目的,但该交易是通过甲公司向乙公司原股东发行普通股用以交换乙公司原股东持有的对乙公司股权的方式实现。完成该项交易后,乙公司原控股股东持有甲公司50%以上股权,甲公司也持有乙公司50%以上股权。

2) 反向购买的会计处理

(1) 企业合并成本。反向购买中,法律上的子公司(购买方)的企业合并成本是指其如果以发行权益性证券的方式为获取在合并后报告主体的股份比例,应向法律上母公司(被购买方)的股东发行的权益性证券数量与其公允价值计算的结果。购买方的权益性证券在购买日存在公开报价的,通常应以公开报价作为其公允价值;购买方的权益性证券在购买日不存在公开报价的,应参照购买方的公允价值和被购买方的公允价值两者之中有更为明显证据支持的一个作为基础,确定购买方假定应发行权益性证券的公允价值。

(2) 合并财务报表的编制。反向购买后,法律上的母公司应当遵从以下原则编制合并财务报表:

第一,合并财务报表中,法律上子公司的资产、负债应以其在合并前的账面价值进行确认和计量。

第二,合并财务报表中的留存收益和其他权益余额应当反映的是法律上子公司在合并前的留存收益和其他权益余额。

第三,合并财务报表中的权益性工具的金额应当反映法律上子公司合并前发行在外的股份面值以及假定在确定该项企业合并成本过程中新发行的权益性工具的金额。但是,在合并财务报表中的权益结构应当反映法律上母公司的权益结构,即法律上母公司发行在外权益性证券的数量和种类。

第四,法律上母公司的有关可辨认资产、负债在并入合并财务报表时,应以其在购买日确定的公允价值进行合并,企业合并成本大于合并中取得的法律上母公司(被购买方)可辨认净资产公允价值的份额体现为商誉,小于合并中取得的法律上母公司(被购买方)可辨认净资产公允价值的份额确认为合并当期损益。

第五，合并财务报表的比较信息应当是法律上子公司的比较信息(即法律上子公司的前期合并财务报表)。

第六，法律上子公司的有关股东在合并过程中未将其持有的股份转换为法律上母公司股份的，该部分股东享有的权益份额在合并财务报表中应作为少数股东权益列示。因法律上子公司的部分股东未将其持有的股份转换为法律上母公司的股权，其享有的权益份额仍仅限于对法律上子公司的部分，该部分少数股东权益反映的是少数股东按持股比例计算享有法律上子公司合并前净资产账面价值的份额。另外，对于法律上母公司的所有股东，虽然该项合并中其被认为是被购买方，但其享有合并形成报告主体的净资产及损益，不应作为少数股东权益列示。

上述反向购买的会计处理原则仅适用于合并财务报表的编制。法律上母公司在该项合并中形成的对法律上子公司长期股权投资成本的确定，应当遵从《企业会计准则第 2 号——长期股权投资》的相关规定。

3) 每股收益的计算

发生反向购买当期，用于计算每股收益的发行在外普通股加权平均数为:①自当期期初至购买日，发行在外的普通股数量应假定为在该项合并中法律上母公司向法律上子公司股东发行的普通股数量。②反向购买后对外提供比较合并财务报表的，其比较前期合并财务报表中的基本每股收益，应以法律上子公司在每一比较报表期间归属于普通股股东的净损益除以在反向购买中法律上母公司向法律上子公司股东发行的普通股股数计算确定。

上述假定法律上子公司发行的普通股股数在比较期间内和自反向购买发生期间的期初至购买日之间未发生变化。如果法律上子公司发行的普通股股数在此期间发生了变动，计算每股收益时应适当考虑其影响进行调整。

【例 9-3】 甲上市公司于 2019 年 7 月 31 日通过定向增发本公司普通股对乙公司进行合并，取得乙公司 100%股权，甲上市公司与乙公司在合并前简化资产负债表，如表 9-5 所示。

表 9-5　甲上市公司与乙公司在合并前简化资产负债表

单位:万元

项目	甲上市公司		乙公司	
	账面价值	公允价值	账面价值	公允价值
流动资产	6 500	6 500	9 000	10 000
非流动资产	13 500	15 500	46 000	46 000
资产总额	20 000	22 000	55 000	56 000
流动负债	3 600	3 600	5 000	5 000
非流动负债	4 400	4 400	8 000	8 000
负债总额	8 000	8 000	13 000	13 000
所有者权益:				
股本	1 500		900	

（续表）

项目	甲上市公司		乙公司	
	账面价值	公允价值	账面价值	公允价值
资本公积	2 000		7 000	
盈余公积	2 500		6 100	
未分配利润	6 000		28 000	
所有者权益总额	12 000		42 000	

其他资料：

(1) 2019 年 7 月 31 日，甲上市公司通过定向增发本公司普通股，以 3 股换 1 股的比例自乙公司原股东处取得了乙公司全部股权。

(2) 甲上市公司普通股在 2019 年 7 月 31 日的公允价值为 10 元。

(3) 假设甲上市公司的非流动资产公允价值不等于账面价值是源于一项固定资产。

(4) 假定甲上市公司与乙公司在合并前不存在任何关联方关系。

甲上市公司在 2019 年 7 月 31 日当天的相关会计处理如下：

甲上市公司通过定向增发 2 700 万股股票获取了乙公司 100%的控制权，但是其对自身的股权比例下降至 1 500÷(1 500+2 700)<50%，说明甲上市公司原有股东丧失了对甲上市公司的控制权，乙公司原有股东对甲上市公司的控股比例达到 2 700÷(1 500+2 700)>50%。因此，甲上市公司控制了乙公司但又被乙公司原有股东控制的局面属于“反向购买”。这时，需要由甲上市公司出面编制合并资产负债表，但是甲上市公司的资产、负债应该按照购买日当天的公允价值列示于合并资产负债表上，而乙公司的资产、负债应该按照购买日当天的账面价值列示。

关于合并成本的计算，依据前述反向购买方式下合并成本的定义，需要假设甲上市公司没有发行 2 700 万股股票，而是改由乙公司出面定向增发股票以获取对甲上市公司的控制权，持股比例达到 2 700÷(1 500+2 700)>50%。假设乙公司发行的股票数量为 X，则得到以下计算公式：

$900\div(900+X)=2\ 700\div(1\ 500+2\ 700)$

计算得到，$X\approx500$ 万股，因此，乙公司的合并成本=500×30=15 000(万元)。

由于甲上市公司股票和乙公司股票的置换比例为 3∶1，所以乙公司发行 500 万股股票可以换取甲上市公司全部股权，因此合并商誉=15 000−(12 000+2 000)×100%=1 000(万元)。

综上所述，我们将甲上市公司编制的合并资产负债表简略如表 9-6 所示。

表 9-6　合并资产负债表(简表)

2019 年 7 月 31 日　　单位：万元

资产	购买日金额	期初金额	权益	购买日金额	期初金额
流动资产			流动负债	8 600	
非流动资产(不含商誉)			非流动负债	12 400	

（续表）

资产	购买日金额	期初金额	权益	购买日金额	期初金额
商誉			负债合计	21 000	
			股本	1 400	
			资本公积	21 500	
			盈余公积	6 100	
			未分配利润	28 000	
资产总计	78 000		权益总计	78 000	

如果假设乙公司的股东并没有都参与到此项反向购买中来，例如，只有其中的90%股权持有者愿意换取甲上市公司增发的普通股，应该如何处理？

其实会计处理的思路与上述做法基本一致，只是将乙公司中没有参与此项合并的10%股权“置身事外”划分为少数股东单独处理，如果只是换取乙公司90%股权的话，甲上市公司应发行的普通股股数为2 430万股（900×90%×3）。假设乙公司发行的股票数量为Y，则得到以下计算公式：

$$(900\times 90\%)\div[Y+(900\times 90\%)]=2\ 430\div(1\ 500+2\ 430)$$

计算得到，Y=500万股，所以，乙公司的合并成本还是15 000万元，其合并商誉仍然是1 000万元。

乙公司未参与股权交换的股东划分为少数股东，其拥有的所有者权益在合并财务报表中应作为少数股东权益列示，金额为4 200万元（42 000×10%）。

此时，甲上市公司编制的合并资产负债表简略如表9-7所示。

表9-7　合并资产负债表（简表）

2019年7月31日　　　　单位：万元

资产	购买日金额	期初金额	权益	购买日金额	期初金额
流动资产	15 500		流动负债	8 600	
非流动资产（不含商誉）	61 500		非流动负债	12 400	
商誉	1 000		负债合计	21 000	
			股本	1 310	
			资本公积	20 800	
			盈余公积	5 490	
			未分配利润	25 200	
			归属于母公司股东权益合计	52 800	
			少数股东权益	4 200	
资产总计	78 000		权益总计	78 000	

(三) 多次交换交易实现企业合并的会计处理

如果企业合并并非通过一次交换交易实现,则企业在每一单项交易发生时应确认对被购买方的投资。投资企业在持有被投资单位的部分股权后,通过增加持股比例等达到对被投资单位形成控制的,应分别每一单项交易的成本与该交易发生时被投资单位可辨认净资产公允价值的份额进行比较,确定每一单项交易中产生的商誉。达到企业合并时点应确认的商誉(或合并财务报表中应确认的商誉)为每一单项交易中应确认的商誉之和。对于通过多次交易分步实现的企业合并,应按以下顺序进行处理:

(1) 对长期股权投资的账面余额进行调整。达到企业合并前长期股权投资采用成本法核算的,其账面余额一般无须调整;达到企业合并前长期股权投资采用权益法核算的,应进行调整,将其账面价值调整至取得投资时的初始投资成本,相应调整留存收益等。

(2) 比较达到企业合并时每一单项交易的成本与交易时应享有被投资单位可辨认净资产公允价值的份额,确定每一单项交易应予确认的商誉或是应计入发生当期损益的金额。购买方在购买日确认的商誉(或计入损益的金额)应为每一单项交易产生的商誉(或应予确认损益的金额)之和。

(3) 对于被购买方在购买日与交易日之间可辨认净资产公允价值的变动,相对于原持股比例的部分,在合并财务报表(吸收合并情况下则指购买方个别财务报表)中应调整所有者权益相关项目,其中属于原取得投资后被投资单位实现净损益增加的资产价值量,应调整留存收益等,差额调整资本公积。

【例 9-4】 甲公司于 2017 年以 5 000 万元取得乙公司 10%的股份,取得投资时乙公司净资产的公允价值为 45 000 万元。因未以任何方式参与乙公司的生产经营决策,甲公司对持有的该投资采用成本法核算,2018 年,甲公司另支付 25 000 万元取得乙公司 50%的股份,能够对乙公司实施控制。购买日乙公司可辨认净资产公允价值为 47 500 万元,乙公司自 2017 年甲公司取得投资后至 2018 年进一步购买股份前实现的留存收益为 1 500 万元,未进行利润分配。

(1) 购买日甲公司应确认取得的对乙公司的投资:

借:长期股权投资	250 000 000	
贷:银行存款等		250 000 000

(2) 计算达到企业合并时点应确认的商誉:

原持有 10%股份应确认的商誉=5 000-45 000×10%=500(万元)

进一步取得 50%股份应确认的商誉=25 000-47 500×50%=1 250(万元)

合并财务报表中应确认的商誉=500+1 250=1 750(万元)

(3) 资产增值的处理:

原持有 10%股份在购买日对应的可辨认净资产公允价值=47 500×10%=4 750(万元)

原取得投资时应享有乙公司净资产公允价值的份额=45 000×10%=4 500(万元)

两者之间的差额为 250 万元,在合并财务报表中属于乙公司在投资以后实现留存收益的部分为150万元(1 500×10%),调整合并财务报表中的盈余公积和未分配利润,剩余部分100万元调整资本公积。

第三节　同一控制下的企业合并的会计处理

一、同一控制下的企业合并的含义

所谓同一控制下的企业合并,是指参与合并的企业在合并前后均受同一方或相同的多方最终控制且该控制并非暂时性的企业合并。

同一控制下的企业合并一般发生于集团公司内部,多数情况下为集团内的一种重组方式。例如,集团内某一子公司从母公司处取得对集团内另一子公司的控制权、集团内某一子公司从另一子公司处取得对某一孙公司的控制权等。同一控制下的企业合并中,取得对另一方或多方控制权的一方为合并方,合并方取得对被合并方控制权的日期为合并日。

二、合并方与合并日的确定

在企业合并过程中,确定合并方与合并日对于进行合并的会计处理是非常重要的。

(一) 合并方的确定

在同一控制下的企业合并中,取得其他参与合并企业控制权的一方为合并方,其他参与合并企业则为被合并企业。

(二) 合并日的确定

在企业合并中,合并方(或购买方)应当在合并日(或购买日)确认因合并取得的资产或负债。在同一控制下的企业合并中,合并日是指合并方实际取得对被合并方控制权的日期。同时满足下列条件的,通常可以确认为实现了控制权的转移:

(1) 企业合并合同或协议已经股东大会通过。

(2) 企业合并事项需要经过国家有关主管部门审批的,已获得批准。

(3) 参与合并各方已办理了必要的财产转移手续。

(4) 合并方已经支付了合并价款的大部分(一般应超过50%),而且有能力、有计划支付剩余款项。

(5) 合并方实际上已经控制了被合并方的财务和经营决策,并享有相应的利益,承担相应的风险。

三、同一控制下的企业合并的特点及核算方法

(一) 同一控制下的企业合并的特点

同一控制下的企业合并具有以下两个特点:

(1) 从最终控制方的角度来看,其能够实施控制的净资产没有发生变化,因此可以用账面价值来反映净资产。

(2) 由于合并发生于关联方之间,交易价格往往是一种内部转让价格,而不是公平交易价格。如果以双方议定的价格作为核算基础,容易产生利润操纵,因此应当以账面价值作为核算基础。

(二) 同一控制下的企业合并的核算方法

按照企业会计准则的规定,对于同一控制下的企业合并应采用类似于权益结合法的核算方法。权益结合法视企业合并为企业资源的结合,认为是两家或两家以上原企业所有者风险和利益的结合,因此不要求对被购买企业的资产加以重估,即按原有账面价值入账。由于合并前企业及合并后形成的企业均受同一方最终控制,从能够实施最终控制的一方来看,其能够控制的资产、负债在合并前后没有发生变化,合并方对于合并中取得的资产和负债原则上应当按照被合并方的原账面价值确认和计量。

(1) 同一控制下的企业合并中,合并方对于合并中取得的资产和负债原则上应当按照被合并方的原账面价值确认,而且合并方所确认的资产和负债仅限于被合并方原已确认的资产和负债,即合并中不产生新的资产和负债。

若被合并方采用的会计政策与合并方不同的,应当按照合并方的会计政策对被合并方有关的资产和负债的账面价值进行调整后确认。

合并方对于合并中取得的被合并方净资产账面价值与支付的合并对价账面价值之间的差额,应当调整资本公积;资本公积不足冲减的,调整留存收益。

(2) 同一控制下的企业合并中,合并方为进行企业合并而发生的各项直接相关费用,如为进行企业合并发生的审计费用、评估费用、法律服务费用等,应当于发生时计入当期损益。

为进行企业合并而发行的债券或承担其他债务所支付的手续费、佣金等,应当计入所发行债券及其他债务的初始计量金额。企业合并中因发行权益性证券而发生的手续费、佣金等,应当抵减权益性证券溢价收入;溢价收入不足冲减的,调整留存收益。

【例 9-5】 兴赣公司持有紫金公司 100%的股权,持有中山公司 100%的股权。2019 年 1 月 1 日,紫金公司购买了中山公司 100%的股权,支付现金 2 400 万元。中山公司此后依然存在。紫金公司发行的股票每股面值为 40 元,中山公司原股东持有的股票每股面值为 10 元,紫金公司以 1 股换 2 股,另外还以现金支付了其他相关费用 50 000 元。表 9-8 是紫金公司、中山公司在 2019 年 12 月 31 日的资产负债表数据。

表 9-8 紫金公司、中山公司资产负债表

2019 年 12 月 31 日 单位:万元

项目	紫金公司	中山公司
库存现金	25	18
应收账款	25	18
存货	52	20
固定资产净值	138	136
无形资产	100	24

（续表）

项目	紫金公司	中山公司
资产总额	340	216
短期借款	30	40
长期借款	10	70
实收资本	220	60
资本公积	10	20
留存收益	70	26
负债与所有者权益总额	340	216

要求：分析紫金公司在合并日取得股权的会计处理。

分析：(1) 兴赣公司持有紫金公司100%的股权，持有中山公司100%的股权，由于紫金公司和中山公司同时受兴赣公司控制，由此可以判断，该合并为同一控制下的企业合并。中山公司原有股份每股面值为10元，股本原账面价值60万元，中山公司原有股份为6万股。紫金公司应发行3万股，由于紫金公司发行的股票每股面值为40元，所以，在合并日，紫金公司发行的股票总面值为120万元。因紫金公司发行的股票总面值为120万元，而中山公司的净资产账面价值合计为106万元(60+20+26)，两者的差额为14万元(120－106)，紫金公司的资本公积只够冲减10万元，剩下的4万元应冲减紫金公司的留存收益，冲减后紫金公司的留存收益为66万元。

紫金公司在合并日(2019年1月1日)取得股权的会计分录为：

借：长期股权投资——对中山公司的投资　　1 060 000
　　资本公积　　100 000
　　留存收益　　40 000
　　贷：实收资本——普通股(每股40元)　　1 200 000

(2) 以现金支付了其他相关费用50 000元，应当计入当期损益。其会计分录为：

借：管理费用　　50 000
　　贷：库存现金　　50 000

四、同一控制下吸收合并的账务处理

在同一控制下的企业合并，合并方可以通过支付现金、转让非现金资产、承担债务以及发行权益性证券等方式实现对其他企业的吸收合并。

(一) 支付现金方式进行吸收合并的账务处理

【例9-6】 兴赣公司、紫金公司均为中山公司的子公司。兴赣公司于2019年1月1日，完成对紫金公司的兼并，合并日兴赣公司的资产、负债和所有者权益的账面价值如表9-9所示。

表 9-9 兴赣公司资产负债情况

2019 年 1 月 1 日　　单位:元

项目	账面价值
资产:	
库存现金	60 000
银行存款	2 200 000
应收账款(净额)	1 800 000
存货	400 000
无形资产——土地使用权	3 200 000
固定资产——房屋(净值)	4 500 000
固定资产——设备(净值)	6 200 000
合计	18 360 000
负债:	
短期借款	2 000 000
应付账款	4 460 000
应付票据	1 100 000
合计	7 560 000
净资产	10 800 000

紫金公司的资产、负债和所有者权益的账面价值如表 9-10 所示。

表 9-10 紫金公司资产负债情况

2019 年 1 月 1 日　　单位:元

项目	账面价值
资产:	
银行存款	100 000
应收账款(净额)	300 000
存货	400 000
无形资产——土地使用权	100 000
固定资产——房屋(净值)	600 000
固定资产——设备(净值)	500 000
合计	2 000 000
负债:	
应付账款	200 000
应付票据	300 000
合计	500 000
净资产	1 500 000

兴赣公司、紫金公司的股东权益表如表9-11所示。

表9-11 兴赣公司、紫金公司的股东权益表

2019年1月1日 单位：元

科目	兴赣公司	紫金公司	总计
股本	2 000 000	400 000	2 400 000
资本公积	8 000 000	800 000	8 800 000
投入资本总额	10 000 000	1 200 000	11 200 000
盈余公积	600 000	240 000	840 000
未分配利润	200 000	60 000	260 000
净资产总计	10 800 000	1 500 000	12 300 000

(1) 兴赣公司以现金1 200 000元兼并紫金公司，其支付的现金小于紫金公司的净资产总额，则紫金公司的资产、负债和所有者权益均按其账面价值转为兴赣公司的相应项目，支付的现金小于紫金公司的净资产总额的差额确认为兴赣公司的资本公积。

合并日，兴赣公司编制会计分录如下：

借：银行存款 100 000
　　应收账款(净额) 300 000
　　存货 400 000
　　无形资产——土地使用权 100 000
　　固定资产——房屋(净值) 600 000
　　　　　　——设备(净值) 500 000
　　贷：应付账款 200 000
　　　　应收票据 300 000
　　　　资本公积 300 000
　　　　银行存款 1 200 000

合并后，中山公司控制的净资产总额仍然为12 300 000元(11 100 000+1 200 000)。

(2) 假如兴赣公司以现金1 500 000元兼并紫金公司，其支付的现金等于紫金公司的净资产总额，则紫金公司的资产、负债和所有者权益均按其账面价值转为兴赣公司的相应项目。

合并日，兴赣公司编制会计分录如下：

借：银行存款 100 000
　　应收账款(净额) 300 000
　　存货 400 000
　　无形资产——土地使用权 100 000
　　固定资产——房屋(净值) 600 000
　　　　　　——设备(净值) 500 000
　　贷：应付账款 200 000
　　　　应收票据 300 000
　　　　银行存款 1 500 000

合并后，中山公司的股东权益结构仍为：

股本	2 000 000
资本公积	8 000 000
盈余公积	600 000
未分配利润	200 000
股东权益总额	10 800 000

合并后，中山公司控制的净资产总额仍然为 12 300 000 元(10 800 000+1 500 000)。

(3) 兴赣公司以现金 1 800 000 元兼并紫金公司，其支付的现金大于紫金公司的净资产总额，则紫金公司的资产、负债和所有者权益均按其账面价值转为新欣公司的相应项目，而支付的现金大于紫金公司的净资产总额的差额应冲减兴赣公司的资本公积。

合并日，兴赣公司编制会计分录如下：

借：银行存款	100 000	
应收账款(净额)	300 000	
存货	400 000	
无形资产——土地使用权	100 000	
固定资产——房屋(净值)	600 000	
——设备(净值)	500 000	
资本公积	300 000	
贷：应付账款		200 000
应收票据		300 000
银行存款		1 800 000

合并后，中山公司的股东权益结构仍为：

股本	2 000 000
资本公积	7 700 000
盈余公积	600 000
未分配利润	200 000
股东权益总额	10 500 000

合并后，中山公司控制的净资产总额仍然为 12 300 000 元(10 500 000+1 800 000)。

(4) 假如合并前兴赣公司的资本公积为 600 000 元，盈余公积为 8 000 000 元。合并时兴赣公司支付现金 2 500 000 元，则支付的现金与紫金公司的净资产账面价值之间的差额 1 000 000 元，应先冲减资本公积 600 000 元，不足的部分冲减盈余公积 400 000 元，则合并日，兴赣公司编制会计分录如下：

借：银行存款	100 000
应收账款(净额)	300 000
存货	400 000
无形资产——土地使用权	100 000
固定资产——房屋(净值)	600 000
——设备(净值)	500 000

资本公积	600 000
盈余公积	400 000
贷：应付账款	200 000
应收票据	300 000
银行存款	2 500 000

(二) 以转让非现金资产方式进行吸收合并的账务处理

【例 9-7】 承[例 9-6]，若兴赣公司以一块土地的使用权兼并紫金公司。

(1) 若土地使用权账面价值为 1 200 000 元，小于紫金公司的净资产总额，则紫金公司的资产、负债和所有者权益均按其账面价值转为兴赣公司的相应项目，土地使用权账面价值小于紫金公司的净资产总额的差额确认为兴赣公司的资本公积。

合并日，兴赣公司编制会计分录如下：

借：银行存款	100 000
应收账款(净额)	300 000
存货	400 000
无形资产——土地使用权	100 000
固定资产——房屋(净值)	600 000
——设备(净值)	500 000
贷：应付账款	200 000
应收票据	300 000
资本公积	300 000
无形资产——土地使用权	1 200 000

合并后，中山公司的股东权益结构仍为：

股本	2 000 000
资本公积	8 300 000
盈余公积	600 000
未分配利润	200 000
股东权益总额	11 100 000

(2) 若土地使用权账面价值为 1 500 000 元，等于紫金公司的净资产总额，则紫金公司的资产、负债和所有者权益均按其账面价值转为兴赣公司的相应项目。

合并日，兴赣公司编制会计分录如下：

借：银行存款	100 000
应收账款(净额)	300 000
存货	400 000
无形资产——土地使用权	100 000
固定资产——房屋(净值)	600 000
——设备(净值)	500 000
贷：应付账款	200 000
应收票据	300 000
无形资产——土地使用权	1 500 000

合并后，中山公司的股东权益结构不变。

(3) 若土地使用权账面价值为 1 800 000 元，大于紫金公司的净资产总额，则紫金公司的资产、负债和所有者权益均按其账面价值转为兴赣公司的相应项目，土地使用权账面价值大于紫金公司的净资产总额的差额应冲减兴赣公司的资本公积。

合并日，兴赣公司编制会计分录如下：

借：银行存款　　100 000
　应收账款(净额)　　300 000
　存货　　400 000
　无形资产——土地使用权　　100 000
　固定资产——房屋(净值)　　600 000
　　　　——设备(净值)　　500 000
　资本公积　　300 000
　贷：应付账款　　200 000
　　应收票据　　300 000
　　无形资产——土地使用权　　1 800 000

(三) 以承担债务方式进行吸收合并的账务处理

【例 9-8】 承[例 9-7]，假如合并日紫金公司应付账款的账面价值为 1 200 000 元，其资产负债情况如表 9-12 所示。

表 9-12　紫金公司资产负债情况

单位：元

项目	账面价值
资产：	
银行存款	100 000
应收账款(净额)	300 000
存货	400 000
无形资产——土地使用权	100 000
固定资产——房屋(净值)	600 000
固定资产——设备(净值)	500 000
合计	2 000 000
负债：	
应付账款	1 200 000
应付票据	300 000
合计	1 500 000
净资产	500 000

假如兴赣公司以承担 1 500 000 元债务为条件兼并紫金公司，则合并日，兴赣公司编制会计分录如下：

借：银行存款	100 000	
应收账款（净额）	300 000	
存货	400 000	
无形资产——土地使用权	100 000	
固定资产——房屋（净值）	600 000	
——设备（净值）	500 000	
贷：应付账款		1 200 000
应收票据		300 000
资本公积		500 000

（四）以发行权益性证券方式进行吸收合并的账务处理

【例 9-9】 承[例 9-7]，若兴赣公司以发行 1 200 000 股，每股面值为 1 元为条件兼并紫金公司，则合并日，兴赣公司编制会计分录如下：

借：银行存款	100 000	
应收账款（净额）	300 000	
存货	400 000	
无形资产——土地使用权	100 000	
固定资产——房屋（净值）	600 000	
——设备（净值）	500 000	
贷：应付账款		200 000
应收票据		300 000
股本		1 200 000
资本公积		300 000

若兴赣公司以发行 1 500 000 股，每股面值以 1 元为条件兼并紫金公司，则合并日，兴赣公司编制会计分录如下：

借：银行存款	100 000	
应收账款（净额）	300 000	
存货	400 000	
无形资产——土地使用权	100 000	
固定资产——房屋（净值）	600 000	
——设备（净值）	500 000	
贷：应付账款		200 000
应收票据		300 000
股本		1 500 000

若兴赣公司以发行 1 800 000 股，每股面值以 1 元为条件兼并紫金公司，则合并日，兴赣公司编制会计分录如下：

借：银行存款	100 000	
应收账款（净额）	300 000	
存货	400 000	
无形资产——土地使用权	100 000	

固定资产——房屋(净值) 600 000
——设备(净值) 500 000
资本公积 300 000
贷:应付账款 200 000
应收票据 300 000
股本 1 800 000

五、同一控制下新设合并的账务处理

两个或两个以上的企业合并成立一个新的企业,就是新设合并。例如,甲公司和乙公司合并,成立了丙公司。和吸收合并一样,新设合并中合并方在合并日取得资产和负债的入账价值,应当按照被合并方的原账面价值确认;取得的净资产账面价值与所放弃净资产账面价值的差额,以及发行权益性证券方式确认的净资产账面价值与发行股份面值之间的差额,应调整资本公积和留存收益。下面以发行权益性证券为例,举例说明其账务处理方法。

【例 9-10】 若兴赣公司和紫金公司合并,成立新紫公司。若新紫公司发行股票 9 000 000股,每股面值为 1 元,其中,8 000 000 股给紫金公司,以换取兴赣公司、紫金公司两公司的全部净资产。此时,新紫公司发行的股本总额 9 000 000 元小于兴赣公司、紫金公司两公司的全部净资产之和 12 300 000 元,两者之差为 3 300 000 元。则合并时,新紫公司编制会计分录如下:

借:库存现金 60 000
银行存款 2 300 000
应收账款(净额) 2 100 000
存货 800 000
无形资产——土地使用权 3 300 000
固定资产——房屋(净值) 5 100 000
——设备(净值) 6 700 000
贷:短期借款 2 000 000
应付账款 4 660 000
应付票据 1 400 000
股本 9 000 000
资本公积 3 300 000

若新紫公司发行股票 12 300 000 股,每股面值为 1 元,其中,10 800 000 股给兴赣公司,1 500 000 股交给紫金公司,以换取两公司的全部净资产。则合并时,新紫公司编制会计分录如下:

借:库存现金 60 000
银行存款 2 300 000
应收账款(净额) 2100 000
存货 800 000
无形资产——土地使用权 3 300 000
固定资产——房屋(净值) 5 100 000
——设备(净值) 6 700 000

贷：短期借款　　2 000 000
　　应付账款　　4 660 000
　　应付票据　　1 400 000
　　股本　　12 300 000

六、同一控制下控股合并的账务处理

一家公司购买另一家公司的股份，形成对另一家公司的控制，使另一家公司成为它的子公司，它自己则成为子公司的控股公司，即母公司，这就是控股合并。例如，甲公司购买乙公司的股份，形成对乙公司的控制，则乙公司成为甲公司的子公司，甲公司成为乙公司的母公司。对同一控制下的控股合并，合并方在合并日取得资产和负债的入账价值，应当按照被合并方的原账面价值确认，取得的净资产账面价值与所放弃净资产账面价值的差额，以及发行权益性证券方式确认的净资产账面价值与发行股份面值之间的差额，调整资本公积和留存收益。

【例 9-11】 承[例 9-7]如兴赣公司以现金 160 万元，收购了紫金公司 100%的股权。在合并日，紫金公司净资产账面价值 150 万元，则在合并日兴赣公司作如下会计处理：

借：长期股权投资——紫金公司　　1 500 000
　　资本公积　　100 000
　　贷：银行存款　　1 600 000

同步测试题

一、名词解释

1. 企业合并
2. 吸收合并
3. 创立合并
4. 控股合并
5. 横向合并
6. 纵向合并
7. 同一控制下的企业合并
8. 非同一控制下的企业合并
9. 购买法
10. 权益结合法

二、单项选择题

1. A 公司于 2017 年 6 月 20 日取得 B 公司 10%的股权，于 2017 年 12 月 20 日取得 B 公司 10%的股权并有重大影响，于 2018 年 12 月 20 日又取得 B 公司 40%的股权，假定于当日开始能够对 B 公司实施控制，则企业合并的购买日为(　　)。

A. 2017年6月20日　　B. 2017年12月20日

C. 2018年12月20日　　D. 2019年1月1日

2. 甲公司和乙公司同为A集团的子公司，2017年1月1日，甲公司以银行存款760万元取得乙公司所有者权益的80%，同日乙公司所有者权益的账面价值为1 000万元，可辨认净资产公允价值为1 100万元。2017年1月1日，甲公司应确认的资本公积为(　　)万元。

A. 40(借方)　　B. 40(贷方)

C. 0　　D. 120(贷方)

3. 甲公司和乙公司同为A集团的子公司，2017年8月1日甲公司发行600万股普通股(每股面值1元)作为对价取得乙公司60%的股权，普通股每股市价为1.5元，同日乙企业账面净资产总额为1 300万元，公允价值为1 500万元。2017年8月1日甲公司取得的长期股权投资的入账价值为(　　)万元。

A. 900　　B. 750

C. 780　　D. 600

4. 甲公司发行1 000万股普通股(每股面值1元，市价5元)作为合并对价取得乙公司100%的股权，合并后乙公司维持法人资格继续经营，合并双方合并前无关联关系，购买日乙企业的可辨认资产公允价值总额为5 000万元，可辨认负债公允价值总额为2 000万元，则合并成本与享有被购买方可辨认净资产公允价值份额的差额应(　　)。

A. 计入商誉3 000万元

B. 计入资本公积3 000万元

C. 个别报表不作账务处理，编制合并财务报表时确认合并商誉2 000万元

D. 个别报表不作账务处理，编制合并财务报表时确认资本公积2 000万元

5. 非同一控制下企业合并中，以发行权益性证券取得的长期股权投资，其初始投资成本应当按照(　　)确定。

A. 发行权益性证券的公允价值

B. 发行权益性证券的账面价值

C. 发行权益性证券的面值总额

D. 取得的长期股权投资原投资单位的账面价值

6. 甲公司2017年4月1日与乙公司原投资者A公司签订协议，甲公司以存货和承担A公司的短期还贷款义务换取A公司持有的乙公司股权。2017年7月1日合并日乙公司可辨认净资产公允价值为2 000万元，所有者权益账面价值为1 800万元，甲公司取得70%的份额。甲公司投出存货的公允价值为1 000万元，增值税170万元，账面成本800万元，承担归还贷款义务400万元。甲公司和乙公司不属于同一控制下的公司。甲公司取得乙公司长期股权投资的入账价值为(　　)万元。

A. 1 400　　B. 1 260

C. 1 570　　D. 1 117

7. 非同一控制下企业合并中，关于一次交换交易实现的企业合并，其合并成本为(　　)。

A. 购买方在购买日为取得对被购买方的控制权而付出的资产、发生或承担的负债以及

发行的权益性证券的公允价值
B. 被合并方可辨认净资产公允价值
C. 被合并方可辨认净资产账面价值
D. 购买方在购买日为取得对被购买方的控制权而付出的资产、发生或承担的负债以及发行的权益性证券的账面价值

8. 非同一控制下企业合并，购买方对于企业合并成本大于合并中取得的被购买方可辨认净资产公允价值份额的差额，下列会计处理方法不正确的表述是（　　）。
A. 应确认为商誉，控股合并情况下，该差额是指合并财务报表中应列示的商誉
B. 应确认为商誉，吸收合并情况下，该差额是购买方在其账簿及个别财务报表中应确认的商誉
C. 商誉在确认以后，持有期间不要求摊销，每一会计年度末，企业应当按照《企业会计准则第8号——资产减值》的规定对其进行减值测试，按照账面价值与可收回金额孰低的原则计量，对于可收回金额低于账面价值的部分，计提减值准备，有关减值准备在提取以后，不能够转回
D. 商誉在确认以后，应在规定的10年内摊销，同时在每一会计年度末，企业应当按照《企业会计准则第8号——资产减值》的规定对其进行减值测试，按照账面价值与可收回金额孰低的原则计量，对于可收回金额低于账面价值的部分，计提减值准备，有关减值准备在提取以后，可以转回

9. 企业合并后仍维持其独立法人资格继续经营的企业合并形式为（　　）。
A. 控股合并　　B. 吸收合并　　C.换股合并　　D. 新设合并

10. 甲公司以一台固定资产和一项专利权作为对价取得同一集团内乙公司100%的股权。固定资产为一台原价1 000万元、累计折旧400万元的设备；专利权的原价为600万元、累计摊销为150万元。合并日乙公司账面所有者权益总额为1 300万元，甲公司在确认对乙公司的长期股权投资时，确认的资本公积为（　　）。
A. 贷记250万元　　B. 借记250万元
C. 不产生资本公积　　D. 贷记300万元

11. 甲公司和乙公司不属于同一控制下的公司，2017年1月1日，甲公司以一台固定资产投资取得乙公司所有者权益的60%，该固定资产的公允价值为2 000万元，账面价值为1 800万元，同日乙公司所有者权益的账面价值为3 100万元，可辨认净资产公允价值为3 500万元。2017年1月1日，甲公司应确认的合并成本为（　　）万元。
A. 1 860　　B. 1 800
C. 2 000　　D. 2 100

12. 2017年1月1日，甲公司以一台固定资产和银行存款400万元向乙公司投资（甲公司和乙公司不属于同一控制的两个公司），占乙公司注册资本的60%，该固定资产的账面原价为8 000万元，已计提累计折旧500万元，已计提固定资产减值准备200万元，公允价值为7 600万元。同日，乙公司可辨认净资产公允价值为13 000万元。不考虑其他相关税费。甲公司的2017年1月1日应确认的合并成本为（　　）万元。
A. 8 000　　B. 7 600

C. 7 800　　D. 13 000

13. A公司于2017年7月1日以2 000万元取得B公司30%的股权，因能够派人参与B公司的生产经营决策，对所取得的长期股权投资按照权益法核算，并于2017年确认对B公司的投资收益200万元（该项投资的初始投资成本与投资时应享有被投资单位的可辨认净资产公允价值的份额相等）。2018年7月1日，A公司又斥资2 500万元取得B公司另外30%的股权。假定A公司在取得B公司的长期股权投资后，B公司并未宣告发放现金股利或利润。A公司按净利润的10%提取法定盈余公积。2018年7月1日A公司的合并成本为（　　）万元。

A. 2 500　　B. 2 000

C. 4 500　　D. 4700

14. A公司于2017年7月1日以账面价值7 000万元、公允价值9 000万元的资产交换甲公司对B公司100%的股权，使B公司成为A公司的全资子公司，另发生直接相关税费40万元，为控股合并，购买日B公司可辨认净资产公允价值为8 000万元。假如合并各方没有关联关系，A公司合并成本和"长期股权投资"的初始确认金额为（　　）万元。

A. 7 000和8 000　　B. 9 000和8 000

C. 9 040和9 040　　D. 7 000和8 040

15. 甲公司2017年4月1日与乙公司原投资者A公司签订协议，甲公司和乙公司不属于同一控制下的公司。甲公司以存货和承担A公司的短期还贷款义务换取A公司持有的乙公司股权，2017年7月1日合并日乙公司可辨认净资产公允价值为1 100万元，甲公司取得70%的份额。甲公司投出存货的公允价值为500万元，增值税85万元，账面成本400万元，承担归还贷款义务200万元。甲公司的2017年7月1日应确认的合并成本为（　　）万元。

A. 700　　B. 785

C. 770　　D. 585

三、多项选择题

1. 为进行企业合并发生的各项直接相关费用，下列说法中正确的有（　　）。

A. 非同一控制下的企业合并，购买方为进行企业合并发生的各项直接相关费用应当计入企业合并成本

B. 非同一控制下的企业合并，购买方为进行企业合并发生的各项直接相关费用应当计入当期损益

C. 非同一控制下的企业合并，购买方为进行企业合并发生的各项直接相关费用应当计入所有者权益

D. 同一控制下的企业合并，合并方为进行企业合并发生的各项直接相关费用，应当于发生时计入当期损益

E. 同一控制下的企业合并，合并方为进行企业合并发生的各项直接相关费用，应当于发生时计入所有者权益

2. 同一控制下吸收合并在合并日的会计处理，正确的有（　　）。

A. 合并方取得的资产和负债应当按照合并日被合并方的账面价值计量

B. 合并方取得的资产和负债应当按照合并日被合并方的公允价值计量

C. 以支付现金、非现金资产作为合并对价的，发生的各项直接相关费用计入管理费用

D. 合并方取得净资产账面价值与支付的合并对价账面价值的差额调整资本公积

E. 合并方取得净资产账面价值与支付的合并对价账面价值的差额调整未分配利润

3. 对非同一控制下的企业合并时的合并成本，下列说法中正确的有(　　)。

A. 一次交换交易实现的企业合并，合并成本为购买方在购买日为取得对被购买方的控制权而付出的资产、发生或承担的负债以及发行的权益性证券的公允价值

B. 通过多次交换交易分步实现的企业合并，合并成本为每一单项交易成本之和

C. 购买方为进行企业合并发生的各项直接相关费用也应当计入企业合并成本

D. 购买方为进行企业合并发生的各项直接相关费用应当计入当期损益

E. 在合并合同或协议中对可能影响合并成本的未来事项作出约定的，购买日如果估计未来事项很可能发生并且对合并成本的影响金额能够可靠计量的，购买方应当将其计入合并成本

4. 确定购买日的基本原则是控制权转移的时点。企业在实务操作中，应当同时满足了(　　)条件时，一般可认为实现了控制权的转移，形成购买日。

A. 企业合并合同或协议已获股东大会等内部权力机构通过

B. 按照规定，合并事项需要经过国家有关主管部门审批的，已获得相关部门的批准

C. 参与合并各方已办理了必要的财产产权交接手续

D. 购买方已支付了购买价款的大部分(一般应超过50%)，并且有能力支付剩余款项

E. 购买方实际上已经控制了被购买方的财务和经营政策，并享有相应的收益和风险

5. 下列有关同一控制下的企业合并，表述正确的有(　　)。

A. 合并方在合并中确认取得的被合并方的资产、负债仅限于被合并方账面上原已确认的资产和负债，合并中不产生新的资产和负债

B. 合并方在合并中确认取得的被合并方的资产时，不包括被合并方在企业合并前账面上原已确认的商誉

C. 合并方在合并中确认取得的被合并方的资产、负债时，不确认商誉

D. 合并方在合并中确认取得的被合并方的资产时，不包括被合并方在企业合并前账面上原已确认的递延所得税资产和递延所得税负债

E. 合并方在合并中取得的被合并方各项资产、负债应维持其在被合并方的原账面价值不变

6. 下列有关同一控制下的企业合并，表述正确的有(　　)。

A. 合并方在合并中取得的净资产的入账价值相对于为进行企业合并支付的对价账面价值之间的差额，不作为资产的处置损益，不影响合并当期利润表，有关差额应调整所有者权益相关项目

B. 合并方在企业合并中取得的价值量相对于所放弃价值量之间存在差额的，调整合并方的所有者权益时，应先调整资本公积(资本溢价或股本溢价)，资本公积(资本溢价或股本溢价)的余额不足冲减的，应冲减留存收益

C. 合并方在企业合并中取得的价值量与所放弃价值量之间存在差额的，调整合并方的

商誉或计入营业外收入

D. 对于同一控制下的控股合并，合并方在编制合并财务报表时，参与合并各方在合并以前期间实现的留存收益应体现为合并财务报表中的留存收益

E. 合并方在编制合并财务报表时，应以合并方的资本公积(资本或股本溢价)贷方余额为限，在所有者权益内部进行调整，将被合并方在合并日以前实现的留存收益中按照持股比例计算归属于合并方的部分自资本公积转入留存收益

7. 下列关于非同一控制下企业合并确定的合并成本，表述正确的有(　　)。

A. 企业合并成本包括购买方为进行企业合并支付的现金或非现金资产、发行或承担的债务、发行的权益性证券等在购买日的公允价值以及企业合并中发生的各项直接相关费用

B. 参与合并各方在企业合并合同或协议中规定，如果被购买方连续两年净利润超过一定水平，购买方需支付额外对价的，如果合并方在购买日预计被购买方的盈利水平很可能会达到合同规定的标准，则应将按照合同或协议约定需支付的金额并入企业合并成本一并考虑

C. 对于购买方在企业合并时可能需要代被购买方承担的或有负债，在其公允价值能够可靠计量的情况下，应作为合并中取得的负债单独确认

D. 非同一控制下企业合并中发生的与企业合并直接相关的费用，应当计入企业合并成本

E. 为进行企业合并发行的权益性证券或发行的债务相关的手续费、佣金等，应当计入企业合并成本

8. 非同一控制下的企业合并中，购买方对合并成本与合并中取得的被购买方可辨认净资产公允价值份额的差额，下列说法中正确的有(　　)。

A. 购买方对合并成本大于合并中取得的被购买方可辨认净资产公允价值份额的差额，应当确认为商誉

B. 购买方对合并成本大于合并中取得的被购买方可辨认净资产公允价值份额的差额，应当计入当期损益

C. 购买方对合并成本小于合并中取得的被购买方可辨认净资产公允价值份额的差额，应当确认为商誉

D. 购买方对合并成本小于合并中取得的被购买方可辨认净资产公允价值份额的差额，首先对取得的被购买方各项可辨认资产、负债及或有负债的公允价值以及合并成本的计量进行复核，经复核后合并成本仍小于合并中取得的被购买方可辨认净资产公允价值份额的，其差额应当计入当期损益

E. 购买方对合并成本小于合并中取得的被购买方可辨认净资产公允价值份额的差额，应当直接计入所有者权益

9. 下列关于购买方确认的表述中正确的有(　　)。

A. 以支付现金、转让非现金资产或承担负债的方式进行的企业合并，一般支付现金、转让非现金资产或是承担负债的一方为购买方

B. 考虑参与合并各方的股东在合并后主体的相对投票权，其中股东在合并后主体具有

相对较高投票比例的一方一般为购买方

C. 参与合并各方的管理层对合并后主体生产经营决策的主导能力，如果合并导致参与合并一方的管理层能够主导合并后主体生产经营政策的制定，其管理层能够实施主导作用的一方一般为购买方

D. 参与合并一方的公允价值远远大于另一方的，公允价值较大的一方很可能为购买方

E. 企业合并是通过以有表决权的股份换取另一方的现金及其他资产的，则付出现金或其他资产的一方很可能为购买方

四、是非判断题

1. 非同一控制企业合并下，注册和发行权益证券的费用、支付给为实现合并而聘请的会计师、法律顾问、评估师和其他咨询人员的业务费用可以直接计入合并成本。（　　）
2. 同一控制企业合并下，被合并企业在合并日前的盈利作为合并方的投资成本，而不作为合并方利润的一部分并入合并企业的报表。（　　）
3. 不论是从法律角度，还是从经济角度来看，控股合并后的控股企业与被控股企业是一个统一的经济实体。（　　）
4. 企业合并中，只要某一合并方取得一半以上的表决权，就可判定其取得了控制权，成为购买方。（　　）
5. 创立合并是指两个或两个以上的企业联合成立一个新的企业，用新企业的股份代替原来各公司的股份。（　　）
6. 吸收合并完成后，只有合并方仍保持原来的法律地位，而被合并企业失去其原来的法人资格而作为合并企业的一部分从事生产经营活动。（　　）
7. 创立合并结束后，原来的各企业均失去法人资格，而由新成立的企业统一从事生产经营活动。（　　）
8. 在控股合并方式下，被控股的企业失去其独立的法人资格，而作为控股企业的一部分从事生产经营活动。（　　）
9. 母公司因为要编制合并财务报表，所以不用再编制个别财务报表。（　　）
10. 非同一控制企业合并下，要求按公允价值反映被购买企业的资产负债表项目，并将公允价值体现在购买企业的账户和合并后的资产负债表中，所取得的净资产的公允价值与购买成本的差额表现为购买企业时所发生的商誉。（　　）

五、思考题

1. 什么是企业合并？它有什么作用？
2. 简述企业合并的动因。
3. 企业合并有哪些类型？其特点各是什么？
4. 简述企业合并的一般程序。
5. 处理企业合并有哪两种方法？它们的特点及会计处理有何区别？
6. 在反向并购中，如何确定合并方与被合并方？

六、业务处理题

1. A公司以一项账面价值为2 800万元的固定资产（原价4 000万元，累计折旧1 200万元）、一项账面价值为1 200万元的无形资产（原价3 000万元，累计摊销1 800万元）及

一项账面价值为 2 000 万元的交易性金融资产为对价取得同一集团内另一家全资企业 B 公司 100%的股权。对价的账面价值为 6 000 万元。合并日，A 公司和 B 公司所有者权益构成如表 9-13 所示。

表 9-13　A 公司和 B 公司所有者权益构成

单位：万元

A 公司		B 公司	
项目	金额	项目	金额
股本	36 000	股本	2 000
资本公积(资本溢价)	1 000	资本公积	2 000
盈余公积	8 000	盈余公积	3 000
未分配利润	20 000	未分配利润	3 000
合计	65 000	合计	10 000

要求：编制取得长期股权投资的账务处理，以及合并日在合并工作底稿中的抵销分录和调整分录。

2. 2017 年 6 月 30 日，A 公司向 B 公司的股东定向增发 1 500 万股普通股(每股面值为 1 元)对 B 公司进行控股合并。市场价格为每股 3.5 元，取得了 B 公司 70%的股权。假定该项合并为非同一控制下的企业合并，被购买方 B 公司在 2017 年 6 月 30 日有关资产、负债情况如表 9-14 所示。

表 9-14　资产负债情况

2017 年 6 月 30 日　　　　单位：万元

项目	B 公司	
	账面价值	公允价值
资产：		
货币资金	270	270
应收账款	1 200	1 200
存货	153	270
长期股权投资	1 290	2 280
固定资产	1 800	3 300
无形资产	300	900
商誉	0	0
资产总计	5 013	8 220
负债和所有者权益：		
短期借款	1 350	1 350

（续表）

项目	B公司	
	账面价值	公允价值
应付账款	180	180
其他应付款	180	180
负债合计	1 710	1 710
股本	1 500	
资本公积	900	
盈余公积	300	
未分配利润	603	
所有者权益合计	3 303	6 510

B公司的股东对出售B公司股权选择采用免税处理。B公司各项可辨认资产、负债在合并前账面价值与其计税基础相同。各公司适用的所得税税率均为25%。

要求：(1)编制购买日的有关会计分录；(2)编制购买方在购买日合并资产负债表中的调整分录；编制购买方在购买日合并资产负债表中的抵销分录。

第十章
合并财务报表

引导案例

飞天公司应如何编制抵销分录

母公司飞天公司将2 000万元的存货按2 400万元的价格销售给其子公司，子公司当年并未将该批存货售出企业集团。报告期末，子公司的该批存货可变现净值为1 900万元，子公司计提500万元的存货跌价准备。

讨论并思考：

1. 什么是合并财务报表？
2. 编制合并财务报表的程序如何？
3. 飞天公司应如何编制抵销分录？

第一节　合并财务报表概述

一、合并财务报表的含义及其产生和发展的因素

(一) 合并财务报表的含义

合并财务报表又称合并会计报表。它是指反映母公司和其全部子公司所形成的企业集团整体的财务状况、经营成果和现金流量的财务报表。其中,个别财务报表是指企业单独编制的反映企业财务状况、经营成果和现金流量情况的财务报表。将其称为个别财务报表,是为了与合并财务报表相区别。

合并财务报表主要发源于美国。最早的合并财务报表是于 1886 年由美国科顿石油托拉斯公司编制的。在 19 世纪末 20 世纪初,美国出现第一次企业合并高潮期间,合并财务报表得以逐步发展起来。兼并了 169 家企业而成为世界上第一个资产超过 10 亿美元的企业——美国钢铁公司从 1910 年组建时就开始编制合并财务报表,并由此建立了一种编制合并财务报表的模式。

(二) 合并财务报表产生和发展的因素

综观合并财务报表的发展史,不少学者归纳出以下促使合并财务报表产生和发展的因素:第一,企业合并是合并财务报表产生的"物质"基础。合并使企业规模迅速扩大,最具意义的是通过掌握股权而控制其他公司的母公司或子公司的发展,使大量的经济活动都通过企业集团来进行。经济上成为一体的企业集团在会计上被作为一个独立的实体来进行反映。第二,法律成为许多国家发展合并财务报表实务的"推动力"。法律限制了合并财务报表的发展,而要发展合并财务报表又必须依赖法律的强制性。第三,会计职业界的作用。富有创新精神的会计职业界是合并财务报表得以产生的一个重要因素。在合并财务报表的发展与完善过程中,通过解决具体问题,提出新技术、新方法,保持不断创新的趋势,促使合并财务报表不断完善和发展。第四,企业所有者的需要是合并财务报表得以产生和发展的主要原因。

编制合并财务报表的目的是反映和报告在共同控制之下的一个企业集团的财务状况、经营成果和现金流量的总括情况,以满足报表使用者对一个经济主体而不是法律主体的会计信息的需求。关于合并财务报表的目的,美国会计程序委员会于 1959 年发布的第 51 号《会计研究公报——合并财务报表》中有下面一段精确的说明:"合并财务报表的目的主要是为母公司的股东和债权人的利益而编制的,它基本上是将一个集团视为一个拥有一个或多个分支机构或分部的子公司来反映该集团母公司及其子公司的经营成果和状况的。一个基本的理由是:合并财务报表比个别财务报表更有意义,当集团中的一个公司直接或间接拥有其他公司的控制性财务股权时,为了公正反映通常需要合并财务报表。"

合并财务报表也存在着一定的局限性,主要表现在以下几个方面:

(1) 母公司和子公司的债权人对企业的债权求偿权通常是针对独立的法律主体,而不是针对经济主体。合并财务报表中的数据实际上是母公司和子公司的个别财务报表的合并

数，并不能反映每个法律主体的偿债能力，因而不能满足债权人的全部信息要求。对债权人而言，母公司或子公司单独的财务报表比合并财务报表可能更有意义。对于纳税事项，一般也重视母公司或子公司单独的财务报表。

(2) 合并财务报表将母公司及其所有符合条件的子公司的个别财务报表合并起来，子公司的少数股东难以从合并财务报表中直接得到他们所需要的对决策有用的信息。

(3) 合并财务报表虽然向母公司的股东提供整个企业集团的财务状况、经营成果和现金流量的信息，但合并财务报表并不能为股东预测和评价母公司和所有子公司的未来股利分派提供依据。

因此，即使编制了合并财务报表，各企业的个别财务报表也是不可缺少的。国际上的通行做法大致有两类：一类是母公司个别财务报表和合并财务报表同时公布，如英国、法国、德国、荷兰等；另一类是在公布合并财务报表后再公布个别财务报表，如美国。

二、合并财务报表的合并理论与合并范围

(一) 合并财务报表的合并理论

编制合并财务报表最先碰到的问题就是如何界定企业集团的范围，确定哪些被投资企业应当纳入合并财务报表的范围，确定编制合并财务报表时所采用的合并方法等。企业集团的界定、合并范围的确定以及合并方法的选择，直接关系到合并财务报表提供什么样的信息，为谁提供信息等一系列问题，对于合并财务报表的编制具有重要的意义。这些问题的解决，在很大程度上取决于编制合并财务报表所采用的合并理论。根据不同的合并理论，其确定的合并范围和选择的合并方法也各不相同。

目前国际上编制合并财务报表的合并理论，主要有母公司理论、实体理论和所有权理论三种。

1. 母公司理论

母公司将合并财务报表视为母公司本身的财务报表反映范围的扩展来看待，即视为母公司财务报表的延伸。母公司理论认为，合并财务报表主要是为现有的和潜在的母公司或控股公司普通股股东编制的，强调母公司或控股公司的股东利益。按照母公司理论，在企业集团内的股东只包括母公司的股东，将子公司少数股东排除在外，看作是企业集团主体的外界债权人。合并资产负债表中的股东权益和合并利润表中的净收益仅指母公司或控股公司拥有和所得部分，而少数股权的股东权益则被看成母公司的负债，少数股权所享有的净收益则被视作母公司的费用。合并财务报表不过是母公司财务报表的延伸和扩展。母公司理论是以法定控制为基础的，这通常是以持有多数股权和表决权而取得的，但也可以通过使一家公司处于另一家公司的法定支配下的控制协议而实现。

在美国和英国的合并财务报表实务中，采用的主要是母公司理论。国际会计准则委员会制定的有关合并财务报表的准则，采用的基本上也是母公司理论。我国现行会计实务中有关合并财务报表的法规基本上也是体现母公司理论的主要思想。

2. 实体理论

实体理论将母子公司组成的企业集团看成一个经济联合体，合并财务报表是为整个经济实体服务的。这强调的是企业集团中所有成员企业所构成的经济实体。它对构成企

业集团的多数股权的股东和少数股权的股东一视同仁、同等对待，认为只要是企业集团成员企业的股东，不论是拥有多数股权，还是拥有少数股权，都是共同组成经济实体的股东。实体理论认为，子公司虽然为母公司所购买，但是其本身依旧是一个不可分割的整体。因此，合并净收益应属于企业集团全部股东的收益，要在多数股权和少数股权之间加以分配；同理，少数股权是整体企业集团股东权益的一部分，应与多数股权一样列示。

采用实体理论编制的合并财务报表，能够满足企业集团内部管理人员对财务报表的需要，满足对整个企业集团管理生产经营活动的需要。

3. 所有权理论

所有权理论认为在编制合并财务报表时既不强调企业集团中存在的法定控制关系，也不强调企业集团的各成员企业所构成的经济实体，而是强调编制合并财务报表的企业对另一企业的经济活动和财务决策具有重大影响的所有权。在采用所有权理论的情况下，对于其拥有所有权的企业的负债和当期实现损益，按照一定的比例合并记入合并财务报表，即采用比例合并法合并企业在其拥有所有权的企业中的权益。

母公司理论和实体理论均不能解决隶属于两个或两个以上企业集团的企业的合并财务报表的编制问题。例如，某一企业的全部股份是由两个投资企业共同投资形成的，各拥有50%的股份，在这种情况下，其中任何一个投资企业都不能对该企业实施控制，根据母公司理论和实体理论都很难确定该企业的财务报表由哪一投资企业编制。在这种情况下，既没有单一的母公司，也没有少数股权的股东，既不存在着法定支配权，也不存在单一的经济实体。为了弥补母公司理论和实体理论的不足，有的国家在编制合并财务报表时，就提出了所有权理论。按照所有权理论，企业集团是指以投资公司为基础，连同在经济活动和财务决策中对另一公司具有重大影响的所有权部分。所有权理论主要运用于几个公司通过某种协议共同控制被投资公司的特殊情况，一般是与其他合并理论结合起来采用的。法国的法律和惯例是同时以母公司理论和所有权理论为基础的。英、美国家中，所有权理论也作为标准惯例结合使用。

（二）合并财务报表的合并范围

1. 应纳入合并财务报表合并范围的被投资单位

在编制合并财务报表时，应确定哪些企业应纳入合并财务报表，哪些企业不纳入合并财务报表，即要确定合并财务报表的合并范围。合并财务报表的合并范围应当以控制为基础予以确定。控制是指一个企业能够决定另一个企业的财务和经营政策，并能据以从另一个企业的经营活动中获取利益的权利。母公司应当将其控制的所有子公司，无论是小规模的子公司还是经营业务性质特殊的子公司，均应纳入合并财务报表的合并范围。

以控制为基础确定合并财务报表的合并范围，应当强调实质重于形式，综合考虑所有相关事实和因素进行判断，如投资者的持股情况、投资者之间的相互关系、公司治理结构、潜在表决权等。

2. 母公司控制的特殊目的主体也应当纳入合并财务报表的合并范围

判断母公司能否控制特殊目的主体，应当考虑如下主要因素：

(1) 母公司为融资、销售商品或提供劳务等特定经营业务的需要直接或间接设立特殊目的主体。

(2) 母公司具有控制或获得控制特殊目的主体或其资产的决策权。例如,母公司拥有单方面终止特殊目的主体的权力、变更特殊目的主体章程的权力、对变更特殊目的主体章程的否决权等。

(3) 母公司通过章程、合同、协议等具有获取特殊目的主体大部分利益的权力。

(4) 母公司通过章程、合同、协议等承担特殊目的主体的大部分风险。

由于母公司无法对下列被投资单位实施控制,不符合合并财务报表的合并范围的标准,所以,母公司不得将其纳入合并财务报表的合并范围。这些被投资单位包括:

(1) 按照破产程序,已宣布被清理整顿的子公司。

(2) 已宣布破产的子公司。

(3) 非持续经营的所有者权益为负数的子公司。

(4) 母公司不再控制的子公司。

(5) 联合控制主体(合营企业)。

(6) 其他非持续经营的或母公司不能控制的被投资单位。

三、合并财务报表的编制原则与编制程序

(一) 合并财务报表的编制原则

1. 客观性原则

合并财务报表不是直接根据母公司和子公司账簿资料编制的,而是利用母公司和子公司编制的反映各自财务状况和经营成果的个别财务报表提供的数据,并通过合并财务报表的特有方法编制的。以纳入合并范围的母公司和子公司个别财务报表为编制基础,可以说是客观性原则在合并财务报表编制时的具体体现。

2. 一体性原则

合并财务报表反映的是企业集团的财务状况和经营成果,反映由多个法人企业组成的一个会计主体的财务状况和经营成果,在编制合并财务报表时应当将母公司和子公司作为整体来看待,视为同一会计主体;母公司和子公司发生的经营活动都应当从企业集团这一整体角度进行考虑。

3. 重要性原则

由于合并财务报表要涉及多个法人企业,而各个法人企业在经营内容、经营活动上可能存在很大差别,若合并财务报表对所有的内部经济业务都进行抵销处理,既不经济,也无必要。因此,在编制合并财务报表时,必须强调重要性原则的运用,对需要抵销的内部会计事项进行取舍。

(二) 合并财务报表的编制程序

1. 编制合并工作底稿

合并工作底稿是合并财务报表的草稿,是编制合并财务报表的基础。在合并工作底稿中,对母公司和纳入合并范围的子公司的个别财务报表各项目进行汇总和抵销处理,最终计算得出合并报表各项目的合并数。合并工作底稿的基本格式如表 10-1 所示。

表 10-1　合并工作底稿

项目	母公司	子公司 1	子公司 2	合计数	抵销分录		少数股东权益	合并数
					借方	贷方		
利润表项目								
营业收入								
营业成本								
净利润								
利润分配表项目								
年初未分配利润								
未分配利润								
资产负债表项目								
货币资产								
少数股东权益								

2. 过入个别财务报表数字

将纳入合并范围的母公司与子公司的个别财务报表数字过入合并工作底稿，并在合并工作底稿中对母公司与子公司的个别财务报表数字进行加总，计算得出个别资产负债表、个别利润及利润分配表、现金流量表、所有者权益变动表各项目的合计数额。

3. 编制抵销分录

编制抵销分录，将母公司与子公司之间、子公司相互之间发生的经济业务对个别会计报表有关项目的影响进行抵销处理。

编制抵销分录、进行抵销处理是合并财务报表编制的关键和主要内容。其目的在于将个别财务报表各项目加总数额中重复的因素予以抵销。这是因为母公司和各子公司之间及子公司之间发生的经济业务，从集团的角度看，会有很多虚计的成分。

4. 计算合并数

资产负债表项目可按下列公式计算：

(1) 资产项目：

$$\text{合并数}=\text{各项目合计数}+\text{抵销分录借方发生额}-\text{抵销分录贷方发生额}$$

(2) 负债项目：

$$\text{合并数}=\text{各项目合计数}-\text{抵销分录借方发生额}+\text{抵销分录贷方发生额}$$

(3) 所有者权益项目：

$$\text{合并数}=\begin{matrix}\text{各项目}\\\text{合计数}\end{matrix}-\begin{matrix}\text{抵销分录}\\\text{借方发生额}\end{matrix}+\begin{matrix}\text{抵销分录}\\\text{贷方发生额}\end{matrix}-\begin{matrix}\text{“少数股东收益”}\\\text{项目的数额}\end{matrix}$$

利润及利润分配表各项目可按下列公式计算：

(1) 收入项目：

$$\text{合并数}=\text{各项目合计数}-\text{抵销分录借方发生额}+\text{抵销分录贷方发生额}$$

（2）费用项目：

合并数＝各项目合计数＋抵销分录借方发生额－抵销分录贷方发生额

5. 填列合并会计报表

根据合并工作底稿中计算出的资产、负债、所有者权益、收入、成本费用各项目的合并数，填列合并资产负债表、合并利润及利润分配表。

至于合并现金流量表，则需另外编制，具体见本章第四节的内容。

第二节 合并资产负债表

合并资产负债表是反映企业集团在某一特定日期财务状况的财务报表，由合并资产、负债和所有者权益各项目组成。

一、对子公司的个别财务报表进行调整

在编制合并财务报表时，应将各子公司分为同一控制下企业合并中取得的子公司和非同一控制下企业合并中取得的子公司两类。

（一）属于同一控制下企业合并中取得的子公司

对属于同一控制下企业合并中取得的子公司的个别财务报表，如果不存在与母公司会计政策和会计期间不一致的情况，则不需要对该子公司的个别财务报表进行调整，即不需要将该子公司个别财务报表调整为公允价值反映的财务报表，只需要抵销内部交易对合并财务报表的影响即可。

（二）属于非同一控制下企业合并中取得的子公司

对属于非同一控制下企业合并中取得的子公司，除了存在与母公司会计政策和会计期间不一致的情况，需要对该子公司的个别财务报表进行调整外，还应当根据母公司为该子公司设置的备查簿的记录，以记录该子公司的各项可辨认资产、负债、或有负债等在购买日的公允价值为基础，通过编制调整分录，对该子公司的个别财务报表进行调整，以使该子公司的个别财务报表反映为在购买日公允价值基础上确定的可辨认资产、负债及或有负债在本期资产负债表日的金额。有关对属于非同一控制下企业合并中取得的子公司的可辨认资产、负债及或有负债的金额的调整，请参见第九章的相关内容。

二、按权益法调整对子公司的长期股权投资

《企业会计准则第 33 号——合并财务报表》规定，合并财务报表应当以母公司和其子公司的财务报表为基础，根据其他有关资料，按照权益法调整对子公司的长期股权投资后，由母公司编制，在合并工作底稿中，按权益法调整对子公司的长期股权投资时，应按照《企业会计准则第 2 号——长期股权投资》中所规定的权益法进行调整。

三、编制合并资产负债表时应进行抵销的项目

合并资产负债表是以母公司和子公司的个别资产负债表为基础编制的。个别资产负债

表则是以单个企业为会计主体进行会计核算的结果，它从母公司本身或从子公司本身的财务状况进行反映。这样，对于内部交易，从发生内部迥异的企业来看，发生交易的各方都在其个别资产负债表中进行了反映。例如，企业集团母公司与子公司之间发生的赊购赊销业务，对于赊销企业来说，确认营业收入、结转营业成本、计算营业利润，并在其个别资产负债表中反映为应收账款；而对于赊购企业来说，在内部购入的存货未实现对外销售的情况下，则在其个别资产负债表中反映为存货和应付账款。在这种情况下，资产、负债和所有者权益类各项目的加总金额中，必然包含有重复计算的因素，作为反映企业集团整体财务状况的合并资产负债表，必须将这些重复计算的因素予以扣除，对这些重复计算的因素进行抵销处理。这些需要扣除的重复因素，就是合并财务报表编制时需要进行抵销处理的项目。编制合并资产负债表时需要进行抵销处理的，主要有如下项目：

(1) 母公司对子公司的长期股权投资与母公司在子公司所有者权益中所享有的份额应当相互抵销，同时抵销相应的长期股权投资减值准备。在购买日，母公司对子公司的长期股权投资与母公司在子公司所有者权益中所享有的份额的差额，应当在"商誉"项目列示。商誉发生减值的，应当按照经减值测试后的金额列示。各子公司之间的长期股权投资以及子公司对母公司的长期股权投资，应当比照上述规定，将长期股权投资与其对应的子公司或母公司所有者权益中所享有的份额相互抵销。

(2) 母公司与子公司、子公司相互之间的债权与债务项目应当相互抵销，同时抵销应收款项的坏账准备和债券投资的减值准备。母公司与子公司、子公司相互之间的债券投资与应付债券相互抵销后，产生的差额应当计入"投资收益"项目。

(3) 母公司与子公司、子公司相互之间销售商品(或提供劳务，下同)或其他方式形成的存货、固定资产、工程物资、在建工程、无形资产等所包含的未实现内部销售损益应当抵销。对存货、固定资产、工程物资、在建工程和无形资产等计提的跌价准备或减值准备与未实现内部销售损益相关的部分应当抵销。

(4) 母公司与子公司、子公司相互之间发生的其他内部交易对合并资产负债表的影响应当抵销。

四、报告期内增减子公司的处理

(一) 增加子公司

母公司因追加投资等原因控制了另一家公司，即实现了企业合并。根据《企业会计准则第 20 号——企业合并》的规定，企业合并形成母子公司关系的，母公司应当编制合并日或购买日的合并资产负债表，自企业合并发生当期的期末和以后会计期间，母公司应当根据《企业会计准则第 33 号——合并财务报表》的规定编制合并资产负债表。在编制合并资产负债表时，应当区分同一控制下的企业合并增加的子公司和非同一控制下的企业合并增加的子公司两种情况。

(1) 因同一控制下的企业合并增加的子公司，视同该子公司从设立起就被母公司控制，编制合并资产负债表时，应当调整合并资产负债表所有相关项目的期初数，相应地，合并资产负债表的留存收益项目应当反映母公司如果一直作为一个整体运行至合并日应实现的盈余公积和未分配利润的情况。

(2) 因非同一控制下的企业合并增加的子公司,应当从购买日开始编制合并财务报表,不调整合并资产负债表的期初数。

(二) 处置子公司

在报告期内,如果母公司失去了决定被投资单位的财务和经营政策的能力,不再能够从其经营活动中获取利益,则母公司不再控制被投资单位,被投资单位从本期开始不再是母公司的子公司,不应继续将其纳入合并财务报表的合并范围,不调整合并资产负债表的期初数。

五、子公司发生超额亏损在合并资产负债表中的反映

子公司少数股东分担的当期亏损超过了少数股东在该子公司期初所有者权益中所享有的份额,其余额应当分别下列情况进行处理:

(1) 公司章程或协议规定少数股东有义务承担,而且少数股东有能力予以弥补的,该项余额应当冲减少数股东权益。

(2) 公司章程或协议未规定少数股东有义务承担的,该项余额应当冲减母公司的所有者权益。该子公司以后期间实现的利润,在弥补了由母公司所有者权益所承担的属于少数股东的损失之前,应当全部归属于母公司的所有者权益。

六、合并资产负债表的格式

合并资产负债表的格式综合考虑了企业集团中工商企业和金融企业的财务状况列报的要求,与个别资产负债表的格式基本相同,主要增加了以下项目:一是增加了"商誉"项目;二是在所有者权益项目下增加了"归属于母公司所有者权益(或股东权益)合计"项目;三是在所有者权益项目下增加了"少数股东权益"项目。合并资产负债表的一般格式如表 10-1 所示。

表 10-1 合并资产负债表

会合 01 表

编制单位: ____年____月____日 单位:元

资产	期末余额	上年年末余额	负债和所有者权益(或股东股权)	期末余额	上年年末余额
流动资产:			流动负债:		
货币资金			短期借款		
结算备付金*			向中央银行借款*		
拆出资金*			拆入资金*		
交易性金融资产			交易性金融负债		
衍生金融资产			衍生金融负债		
应收票据			应付票据		
应收账款			应付账款		
应收款项融资			预收款项		

（续表）

资产	期末余额	上年年末余额	负债和所有者权益（或股东股权）	期末余额	上年年末余额
预付款项			合同负债		
应收保费*			卖出回购金融资产款*		
应收分保账款*			吸收存款及同业存放*		
应收分保合同准备金*			代理买卖证券款*		
其他应收款			代理承销证券款*		
买入返售金融资产*			应付职工薪酬		
存货			应交税费		
合同资产			其他应付款		
持有待售资产			应付手续费及佣金*		
一年内到期的非流动资产			应付分保账款*		
其他流动资产			持有待售负债		
流动资产合计			一年内到期的非流动负债		
非流动资产：			其他流动负债		
发放贷款和垫款*			流动负债合计		
债权投资			非流动负债：		
其他债权投资			保险合同准备金*		
长期应收款			长期借款		
长期股权投资			应付债券		
其他权益工具投资			其中：优先股		
其他非流动金融资产			永续债		
投资性房地产			租赁负债		
固定资产			长期应付款		
在建工程			预计负债		
生产性生物资产			递延收益		
油气资产			递延所得税负债		
使用权资产			其他非流动负债		
无形资产			非流动负债合计		
开发支出			负债合计		
商誉			所有者权益（或股东权益）：		

（续表）

资产	期末余额	上年年末余额	负债和所有者权益（或股东股权）	期末余额	上年年末余额
长期待摊费用			实收资本（或股本）		
递延所得税资产			其他权益工具		
其他非流动资产			其中：优先股		
非流动资产合计			永续债		
			资本公积		
			减：库存股		
			其他综合收益		
			专项储备		
			盈余公积		
			一般风险准备*		
			未分配利润		
			归属于母公司所有者权益（或股东权益）合计		
			少数股东权益		
			所有者权益（或股东权益）合计		
资产总计			负债和所有者权益（或股东权益）总计		

注：标注“*”的项目为金融企业专用行项目。

第三节　合并利润表

一、编制合并利润表时应进行抵销处理的项目

合并利润表应当以母公司和子公司的利润表为基础，在抵销母公司与子公司、子公司相互之间发生的内部交易对合并利润表的影响后，由母公司合并编制。利润表作为以单个企业为会计主体进行会计核算的结果，分别从母公司本身和子公司本身反映其在一定期间的经营成果。在以其个别利润表为基础计算的收入和费用等项目的加总金额中，也必然包含重复计算的因素。因此，编制合并利润表时，也需要将这些重复的因素予以剔除。

（1）母公司与子公司、子公司相互之间销售商品所产生的营业收入和营业成本应当抵销。母公司与子公司、子公司相互之间销售商品，期末全部实现对外销售的，应当将购买方

的营业成本与销售方的营业收入相互抵销。母公司与子公司、子公司相互之间销售商品，期末未实现对外销售而形成存货、固定资产、工程物资、在建工程、无形资产等资产的，在抵销销售商品的营业成本和营业收入的同时，应当将各项资产所包含的未实现内部销售损益予以抵销。

(2) 在对母公司与子公司、子公司相互之间销售商品形成的固定资产或无形资产所包含的未实现内部销售损益进行抵销的同时，也应当对固定资产的折旧额或无形资产的摊销额与未实现内部销售损益相关的部分进行抵销。

(3) 母公司与子公司、子公司相互之间持有对方债券所产生的投资收益，应当与其相对应的发行方利息费用相互抵销。

(4) 母公司对子公司、子公司相互之间持有对方长期股权投资的投资收益应当抵销。

(5) 母公司与子公司、子公司相互之间发生的其他内部交易对合并利润表的影响应当抵销。

二、报告期内增减子公司

(一) 增加子公司

母公司因追加投资等原因控制了另一家公司，即实现了企业合并。根据《企业会计准则第 20 号——企业合并》的规定，企业合并形成母子公司关系的，母公司应当编制合并日的合并利润表。在企业合并发生当期的期末和以后会计期间，母公司应当根据《企业会计准则第 33 号——合并财务报表》的规定编制合并利润表，并分别以下两种情况处理。

(1) 因同一控制下企业合并增加的子公司，应视同合并后形成的报告主体自最终实施控制时一直是一体化存续下来的，经营成果应持续计算，因此，在编制合并利润表时，应当将该公司合并当期期初至报告期末的收入、费用、利润纳入合并利润表，而不是从合并日开始纳入合并利润表。由于这部分净利润是因《企业会计准则第 20 号——企业合并》规定的同一控制下企业合并的编表原则所致，而非母公司管理层通过生产经营活动实现的净利润，因此，应当在合并利润表中单列“其中：被合并方在合并前实现的净利润”项目进行反映。

(2) 非同一控制下企业合并增加的子公司，在编制合并利润表时，应当将该子公司购买日至报告期末的收入、费用、利润纳入合并利润表。

(二) 处置子公司

母公司在报告期内处置子公司，应当将该子公司期初至处置日的收入、费用、利润纳入合并利润表。

三、合并利润表的基本格式

合并利润表的格式综合考虑了企业集团和金融企业的经营成果列报的要求。与个别利润表相比，主要增加了两个项目，即在“净利润”项目下增加“归属于母公司股东的净利润”和“少数股东损益”两个项目，分别反映净利润中由母公司所有者所享有的份额，以及非全资子公司当期实现的净利润中属于少数股东权益的份额，即不属于母公司享有的份额。合并利润表的一般格式如表 10-2 所示。

表 10-2 合并利润表

会合 02 表

编制单位：______年____月 单位:元

项目	本期金额	上期金额
一、营业总收入		
其中:营业收入		
利息收入*		
已赚保费*		
手续费及佣金收入*		
二、营业总成本		
其中:营业成本		
利息支出*		
手续费及佣金支出*		
退保金*		
赔付支出净额*		
提取保险责任准备金净额*		
保单红利支出*		
分保费用*		
税金及附加		
销售费用		
管理费用		
研发费用		
财务费用		
其中:利息费用		
利息收入		
加:其他收益		
投资收益(损失以“—”号填列)		
其中:对联营企业和合营企业投资收益		
以摊余成本计量的金融资产终止确认收益		
汇兑收益(损失以“—”号填列)*		
净敞口套期收益(损失以“—”号填列)		
公允价值变动收益(损失以“—”号填列)		
信用减值损失(损失以“—”号填列)		

（续表）

项目	本期金额	上期金额
资产减值损失(损失以"－"号填列)		
资产处置收益(损失以"－"号填列)		
三、营业利润(亏损以"－"号填列)		
加:营业外收入		
减:营业外支出		
四、利润总额(亏损总额以"－"号填列)		
减:所得税费用		
五、净利润(净亏损以"－"号填列)		
(一) 按经营持续性分类		
1. 持续经营净利润(净亏损以"－"号填列)		
2. 终止经营净利润(净亏损以"－"号填列)		
(二) 按所有权归属分类		
1. 归属于母公司股东的净利润(净亏损以"－"号填列)		
2. 少数股东损益(净亏损以"－"号填列)		
六、其他综合收益的税后净额		
(一) 归属于母公司所有者的其他综合收益的税后净额		
1. 不能重分类进损益的其他综合收益		
(1) 重新计量设定受益计划变动额		
(2) 权益法下不能转损益的其他综合收益		
(3) 其他权益工具投资公允价值变动		
(4) 企业自身信用风险公允价值变动		
……		
2. 将重分类进损益的其他综合收益		
(1) 权益法下可转损益的其他综合收益		
(2) 其他债权投资公允价值变动		
(3) 金融资产重分类计入其他综合收益的金额		
(4) 其他债权投资信用减值准备		
(5) 现金流量套期储备		
(6) 外币财务报表折算差额		
……		

（续表）

项目	本期金额	上期金额
（二）归属于少数股东的其他综合收益的税后净额		
七、综合收益总额		
（一）归属于母公司所有者的综合收益总额		
（二）归属于少数股东的综合收益总额		
八、每股收益		
（一）基本每股收益		
（二）稀释每股收益		

注：标注“*”的项目为金融企业专用行项目。

四、子公司发生超额亏损在合并利润表中的反映

《企业会计准则第33号——合并财务报表》规定，子公司少数股东分担的当期亏损超过了少数股东在该子公司期初所有者权益中所享有的份额，其余额应当分别下列情况进行处理：

（1）公司章程或协议规定少数股东有义务承担并且少数股东有能力予以弥补的，该项余额应当冲减少数股东权益。

（2）公司章程或协议未规定少数股东有义务承担的，该项余额应当冲减母公司的所有者权益。该子公司以后期间实现的利润，在弥补了由母公司所有者权益所承担的属于少数股东的损失之前，应当全部归属于母公司的所有者权益。

第四节 合并现金流量表

一、合并现金流量表概述

合并现金流量表应当以母公司和子公司的现金流量表为基础，在抵销母公司与子公司、子公司相互之间发生的内部交易对合并现金流量表的影响后，由母公司合并编制。

现金流量表要求按照收付实现制反映企业发生的交易或事项所引起的现金流入和流出，其编制方法有直接法和间接法两种。我国已经明确规定企业对外报送的现金流量表采用直接法编制。直接法是指将按权责发生制确认的营业收入调整与营业活动有关的流动资产和流动负债的增减变动，列示营业收入和其他收入的收现数，将按照配比原则确认的营业成本和营业费用调整为付现数的方法。在采用直接法的情况下，以合并利润表有关项目的数据为基础，调整得出本期的现金流入和现金流出数量，分别经营活动产生的现金流量、投资活动产生的现金流量、筹资活动产生的现金流量等三大类，反映企业一定期间的现金流量情况。

二、编制合并现金流量表时应进行抵销处理的项目

在以母公司和子公司个别现金流量表为基础编制合并现金流量表时，需要抵销的内容主要如下：

（1）母公司与子公司、子公司相互之间当期以现金投资或收购股权增加的投资所产生的现金流量应当抵销。当母公司从子公司购买其持有的其他企业的股票时，由此所产生的现金流量，在购买股权方的母公司个别现金流量表中，表现为“投资活动产生的现金流量”中的“投资支付的现金”的增加，而在出售股权方的子公司个别现金流量表中则表现为“投资活动产生的现金流量”中的“收回投资收到的现金”的增加。在母公司对子公司投资的情况下，其所产生的现金流量在母公司个别现金流量表中表现为“投资活动产生的现金流量”中的“投资支付的现金”的增加，而在接受投资的子公司个别现金流量表中则表现为“筹资活动产生的现金流量”中的“吸收投资收到的现金”的增加，因此，编制合并现金流量表时应将其抵销。

（2）母公司与子公司、子公司相互之间当期取得投资收益收到的现金，应当与分配股利、利润或偿付利息支付的现金相互抵销。母公司对子公司投资以及子公司之间进行投资分配现金股利或利润时，由此所产生的现金流量，在股利或利润支付方的个别现金流量表中表现为“筹资活动产生的现金流量”中的“分配股利、利润或偿付利息支付的现金”的增加，而在收到股利或利润方的个别现金流量表中则表现为“投资活动产生的现金流量”中的“取得投资收益收到的现金”的增加，为此，在编制合并现金流量表时必须将其抵销。

（3）母公司与子公司、子公司相互之间以现金结算债权与债务所产生的现金流量应当抵销。以现金结算内部债权债务，对于债权方来说表现为现金流入，而对于债务方来说则表现为现金流出。在现金结算的债权与债务属于母公司与子公司、子公司之间内部销售商品和提供劳务所产生的情况下，从其个别现金流量表来说，在债权方的个别现金流量表中表现为“销售商品、提供劳务收到的现金”的增加，而在债务方的个别现金流量表中则表现为“购买商品、接受劳务支付的现金”的增加。在编制合并现金流量表时必须将由此所产生的现金流量抵销。在现金结算的债权与债务属于内部往来所产生的情况下，在债权方的个别现金流量表中表现为“收到的其他与经营活动有关的现金”的增加，在债务方的个别现金流量表中表现为“支付的其他与经营活动有关的现金”的增加，在编制合并现金流量表时也必须将其抵销。

（4）母公司与子公司、子公司相互之间当期销售商品所产生的现金流量应当抵销。母公司与子公司、子公司之间当期销售商品没有形成固定资产、在建工程、无形资产等资产的情况下，该内部销售商品所产生的现金流量，在销售方的个别现金流量表中表现为“销售商品、提供劳务收到的现金”的增加，而在购买方的个别现金流量表中表现为“购买商品、接受劳务支付的现金”的增加。而在母公司与子公司、子公司之间当期销售商品形成固定资产、在建工程、无形资产等资产的情况下，该内部销售商品所产生的现金流量，在购买方的个别现金流量表中表现为“购建固定资产、无形资产和其他长期资产所支付的现金”的增加，为此，在编制合并现金流量表时必须将其抵销。

（5）母公司与子公司、子公司相互之间处置固定资产、无形资产和其他长期资产收回的

现金净额,应当与购建固定资产、无形资产和其他长期资产支付的现金相互抵销。内部处置固定资产时,由于处置固定资产等所产生的现金流量,对于处置方个别现金流量表来说,表现为"处置固定资产、无形资产和其他长期资产收回的现金净额"的增加;对于购置该资产的接受方来说,在其个别现金流量表中表现为"购置固定资产、无形资产和其他长期资产支付的现金"的增加。所以在编制合并现金流量表时必须将由此产生的现金流量抵销。

(6) 母公司与子公司、子公司相互之间当期发生的其他内部交易所产生的现金流量应当抵销。

三、合并现金流量表的格式

合并现金流量表的格式综合考虑了企业集团中一般工商企业和金融企业(包括商业银行、保险公司和证券公司)的现金流入和现金流出列报的要求,与个别现金流量表的格式基本相同,主要增加了反映金融行业特点和经营活动现金流量的项目。合并现金流量表的一般格式如表 10-3 所示。

表 10-3 合并现金流量表

会合 03 表

编制单位: ______年____月 单位:元

项目	本期金额	上期金额
一、经营活动产生的现金流量		
销售商品、提供劳务收到的现金		
客户存款和同业存放款项净增加额*		
向中央银行借款净增加额*		
向其他金融机构拆入资金净增加额*		
收到原保险合同保费取得的现金*		
收到再保业务现金净额*		
保户储金及投资款净增加额*		
收取利息、手续费及佣金的现金*		
拆入资金净增加额*		
回购业务资金净增加额*		
代理买卖证券收到的现金净额*		
收到的税费返还		
收到其他与经营活动有关的现金		
经营活动现金流入小计		
购买商品、接受劳务支付的现金		
客户贷款及垫款净增加额*		
存放中央银行和同业款项净增加额*		

（续表）

项目	本期金额	上期金额
支付原保险合同赔付款项的现金		
拆出资金净增加额*		
支付利息、手续费及佣金的现金*		
支付保单红利的现金*		
支付给职工及为职工支付的现金		
支付的各项税费		
支付其他与经营活动有关的现金		
经营活动现金流出小计		
经营活动产生的现金流量净额		
二、投资活动产生的现金流量		
收回投资收到的现金		
取得投资收益收到的现金		
处置固定资产、无形资产和其他长期资产收回的现金净额		
处置子公司及其他营业单位收到的现金净额		
收到其他与投资活动有关的现金		
投资活动现金流入小计		
购建固定资产、无形资产和其他长期资产支付的现金		
投资支付的现金		
质押贷款净增加额*		
取得子公司及其他营业单位支付的现金净额		
支付其他与投资活动有关的现金		
投资活动现金流出小计		
投资活动产生的现金流量净额		
三、筹资活动产生的现金流量		
吸收投资收到的现金		
其中：子公司吸收少数股东投资收到的现金		
取得借款收到的现金		
收到其他与筹资活动有关的现金		
筹资活动现金流入小计		
偿还债务支付的现金		

（续表）

项目	本期金额	上期金额
分配股利、利润或偿付利息支付的现金		
其中：子公司支付给少数股东的股利、利润		
支付其他与筹资活动有关的现金		
筹资活动现金流出小计		
筹资活动产生的现金流量净额		
四、汇率变动对现金及现金等价物的影响		
五、现金及现金等价物净增加额		
加：期初现金及现金等价物余额		
六、期末现金及现金等价物余额		

注：标注“*”的项目为金融企业专用行项目。

第五节　合并所有者权益变动表

一、合并所有者权益变动表的编制

合并所有者权益变动表是反映构成企业集团所有者权益的各组成部分当期的增减变动情况的财务报表。《企业会计准则第 33 号——合并财务报表》规定，合并所有者权益变动表应当以母公司和子公司的所有者权益变动表为基础，在抵销母公司与子公司、子公司相互之间发生的内部交易对合并所有者权益变动表的影响后，由母公司合并编制。

所有者权益变动表作为以单个企业为会计主体进行会计核算的结果，分别从母公司本身和子公司本身反映其在一定期间所有者权益构成及其变动情况。在以其个别所有者权益变动表为基础计算的各所有者权益构成项目的加总金额中，也必然包含重复计算的因素，因此，编制合并所有者权益变动表时，也需要将这些重复的因素予以剔除。

编制合并所有者权益变动表时需要进行抵销处理的项目主要有：①母公司对子公司的长期股权投资应当与母公司在子公司所有者权益中所享有的份额相互抵销；②母公司对子公司、子公司相互之间持有对方长期股权投资的投资收益应当抵销；③母公司与子公司、子公司相互之间发生的其他内部交易对所有者权益变动的影响应当抵销。

二、合并所有者权益变动表的格式

合并所有者权益变动表的格式与个别所有者权益变动表的格式基本相同。所不同的是在子公司存在少数股东的情况下，合并所有者权益变动表增加“少数股东权益”栏目，用于反映少数股东权益变动的情况。合并所有者权益变动表的一般格式如表 10-4 所示。

表 10-4　合并所有者权益变动表

会合 04 表

编制单位：　　　　　　　　______年度　　　　　　　　单位：元

项目	本年金额														上年金额													
	归属于母公司所有者权益												少数股东权益	所有者权益合计	归属于母公司所有者权益												少数股东权益	所有者权益合计
	实收资本（或股本）	其他权益工具			资本公积	减：库存股	其他综合收益	专项储备	盈余公积	一般风险准备	未分配利润	小计			实收资本（或股本）	其他权益工具			资本公积	减：库存股	其他综合收益	专项储备	盈余公积	一般风险准备	未分配利润	小计		
		优先股	永续债	其他												优先股	永续债	其他										
一、上年年末余额																												
加：会计政策变更																												
前期差错更正																												
其他																												
二、本年年初余额																												
三、本年增减变动金额（减少以“－”号填列）																												
（一）综合收益总额																												
（二）所有者投入和减少资本																												
1. 所有者投入的普通股																												
2. 其他权益工具持有者投入资本																												
3. 股份支付计入所有者权益的金额																												
4. 其他																												
（三）利润分配																												
1. 提取盈余公积																												
2. 提取一般风险准备*																												
3. 对所有者（或股东）的分配																												
4. 其他																												
（四）所有者权益内部结转																												
1. 资本公积转增资本（或股本）																												
2. 盈余公积转增资本（或股本）																												
3. 盈余公积弥补亏损																												
4. 设定受益计划变动额结转留存收益																												
5. 其他综合收益结转留存收益																												
6. 其他																												
四、本年年末余额																												

注：标注“*”的项目为金融企业专用行项目。

第六节　合并财务报表附注

一、合并财务报表附注概述

附注是合并财务报表不可或缺的组成部分，是对合并资产负债表、合并利润表、合并现金流量表和合并所有者权益变动表等报表中列示项目的说明。合并财务报表中的数字是经过分类与汇总后的结果，是对企业发生的交易或事项的高度简化和浓缩，如果没有形成这些数字所使用的会计政策，没有理解这些数字所必需的信息披露，合并财务报表就不可能充分发挥其效用，因此附注与合并资产负债表、合并利润表、合并现金流量表和合并所有者权益变动表具有同等的重要性，合并财务报表使用者应当全面阅读附注。

合并财务报表附注应满足以下基本要求：

(1) 附注披露的信息应是定量和定性信息的结合，从而能从量和质两个角度对企业交易或事项完整地进行反映，满足合并财务报表使用者的决策需求。

(2) 附注应当按照一定的结构进行系统合理的排列和分类，有顺序地披露信息。

(3) 附注披露的信息应当与合并资产负债表、合并利润表、合并现金流量表和合并所有者权益变动表等报表中列示的项目相互参照，以便使用者从整体上更好地理解合并财务报表。

二、附注披露的内容

企业应当按照规定披露合并财务报表附注信息，其包括下列主要内容：

(1) 企业集团的基本情况。

(2) 财务报表的编制基础。

(3) 遵循企业会计准则的声明。

(4) 重要会计政策和会计估计。

(5) 会计政策和会计估计变更以及差错更正的说明。

(6) 报表重要项目的说明。

(7) 或有事项。

(8) 资产负债表日后事项企业应当披露的信息。

(9) 关联方关系及其交易。

(10) 风险管理。

(11) 母公司和子公司信息。

同 步 测 试 题

一、名词解释

1. 母公司理论

2. 实体理论
3. 所有权理论
4. 内部交易
5. 抵销分录

一、单项选择题

1. 下列各项中,在合并现金流量表中不反映的现金流量是(　　)。
   A. 子公司依法减资向少数股东支付的现金
   B. 子公司向其少数股东支付的现金股利
   C. 子公司向母公司支付的现金股利
   D. 子公司吸收少数股东投资收到的现金
2. 对A公司来说,下列说法不属于控制的是(　　)。
   A. A公司拥有B公司50%的权益性资本,B公司拥有C公司90%的权益性资本。A公司和C公司的关系
   B. A公司拥有D公司55%的权益性资本。A公司和D公司的关系
   C. A公司在E公司董事会会议上有半数以上投票权。A公司和E公司的关系
   D. A公司拥有F公司51%的股份,拥有G公司10%的股份,F公司拥有G公司50%的股份。A公司和G公司的关系
3. 下列不属于控制的是(　　)。
   A. 甲公司拥有A公司65%的表决权资本。甲公司和A公司的关系
   B. 甲公司拥有B公司70%的表决权资本,B公司拥有C公司49%的表决权资本。甲公司和C公司的关系
   C. 甲公司拥有D公司51%的表决权资本,D公司拥有E公司60%的表决权资本。甲公司和E公司的关系
   D. 甲公司拥有F公司45%的表决权资本,但甲公司和F公司签订合同约定甲公司对F公司有控制权。甲公司和F公司的关系
4. 将企业集团内部交易形成的前期购入本期仍未出售的存货中包含的未实现内部销售利润抵销时,应当编制的抵销分录为(　　)。
   A. 借记"未分配利润——年初"科目,贷记"存货"科目
   B. 借记"营业收入"科目,贷记"存货"科目
   C. 借记"未分配利润——年初"科目,贷记"未分配利润——年末"科目
   D. 借记"营业成本"科目,贷记"存货"科目
5. 乙公司和丙公司均为纳入甲公司合并范围的子公司。2017年6月1日,乙公司将其产品销售给丙公司作为管理用固定资产使用,售价50万元(不含增值税),销售成本26万元。丙公司购入后按4年的期限、采用直线法计提折旧,预计净残值为零。甲公司在编制2018年度合并财务报表时,应调减"固定资产——累计折旧"科目的金额是(　　)万元。
   A. 3　　　　B. 3.5
   C. 6　　　　D. 9

6. 对于上一年度抵销的内部应收账款计提的坏账准备的金额，在本年度编制合并抵销分录时，应当(　　)。
   A. 借：应收账款——坏账准备
      贷：资产减值损失
   B. 借：资产减值损失
      贷：应收账款——坏账准备
   C. 借：未分配利润——年初
      贷：资产减值损失
   D. 借：应收账款——坏账准备
      贷：未分配利润——年初
7. 甲公司(制造企业)投资的下列各公司中，不应当纳入其合并财务报表合并范围的是(　　)。
   A. 主要从事金融业务的子公司
   B. 设在实行外汇管制国家的子公司
   C. 发生重大亏损的子公司
   D. 与乙公司共同控制的合营公司
8. 下列关于合并报表的叙述中，错误的是(　　)。
   A. 因同一控制下企业合并增加的子公司，在编制合并现金流量表时，应当将该子公司合并当期期初至报告期末的现金流量纳入合并现金流量表
   B. 因非同一控制下企业合并增加的子公司，在编制合并利润表时，应当将该子公司购买日至报告期末的收入、费用、利润纳入合并利润表
   C. 因非同一控制下企业合并增加的子公司，编制合并资产负债表时，应当调整合并资产负债表的期初数
   D. 母公司在报告期内处置子公司，编制合并资产负债表时，不应当调整合并资产负债表的期初数
9. A公司拥有B公司80%的股份，A公司拥有C公司50%的股份，B公司拥有C公司25%的股份，则A公司直接和间接拥有C公司的股份为(　　)。
   A. 50%　　　　B. 75%
   C. 25%　　　　D. 55%
10. 如不考虑其他特殊因素，下列各情形中，C公司应纳入A公司合并范围的是(　　)。
   A. A公司拥有B公司50%的权益性资本，B公司拥有C公司60%的权益性资本
   B. A公司拥有C公司48%的权益性资本
   C. A公司拥有B公司60%的权益性资本，B公司拥有C公司40%的权益性资本
   D. A公司拥有B公司60%的权益性资本，B公司拥有C公司40%的权益性资本，同时A公司直接拥有C公司20%的权益性资本

三、多项选择题

1. 下列公司的股东均按所持股份行使表决权，AS公司编制合并财务报表时应纳入合并范围的公司有(　　)。

A. A公司(AS公司拥有其70%的表决权)
B. B公司(AS公司拥有其50.1%的表决权)
C. C公司(AS公司拥有其30%的表决权,A公司拥有其40%的表决权)
D. D公司(AS公司拥有其20%的表决权,B公司拥有其40%的表决权)
E. E公司(AS公司拥有其40%的表决权,D公司拥有其40%的表决权)

2. 下列被投资企业中,应当纳入甲公司合并财务报表合并范围的有(　　)。
A. 甲公司在报告年度购入其57%股份的境外被投资企业
B. 甲公司持有其40%股份,且受托代管B公司持有其30%股份的被投资企业
C. 甲公司持有其43%股份,甲公司的子公司A公司持有其8%股份的被投资企业
D. 甲公司持有其40%股份,甲公司的母公司持有其11%股份的被投资企业
E. 甲公司持有其38%股份,且甲公司根据章程有权决定其财务和经营政策的被投资企业

3. 下列被投资企业中,投资企业应当将其纳入合并财务报表范围的有(　　)。
A. 直接拥有其半数以上权益性资本的被投资企业
B. 通过子公司间接拥有其半数以上权益性资本的被投资企业
C. 直接和通过子公司合计拥有其半数以上权益性资本的被投资企业
D. 拥有其35%的权益性资本并有权控制其财务和经营政策的被投资企业
E. 拥有其50%的权益性资本并与另一投资者签订协议代行其表决权的被投资企业

4. 在有投资关系的情况下,下列项目中,应纳入其合并财务报表合并范围的有(　　)。
A. 母公司直接或通过子公司间接拥有被投资单位半数以上的表决权
B. 在被投资单位的董事会或类似机构占多数表决权
C. 受所在国外汇管制及其他管制,资金调度受到限制的境外子公司
D. 合营企业
E. 联营企业

5. 关于母公司在报告期增减子公司在合并资产负债表的反映,下列说法中错误的有(　　)。
A. 因同一控制下企业合并增加的子公司,编制合并资产负债表时,不应当调整合并资产负债表的期初数
B. 母公司在报告期内处置子公司,编制合并资产负债表时,应当调整合并资产负债表的期初数
C. 因非同一控制下企业合并增加的子公司,应调整合并资产负债表的期初数
D. 因同一控制下企业合并增加的子公司,编制合并资产负债表时,应当调整合并资产负债表的期初数
E. 因非同一控制下企业合并增加的子公司,不应调整合并资产负债表的期初数

四、是非判断题

1. 合并财务报表是把母公司及其所有被投资单位作为一个经济意义上的会计主体,并由母公司或控股公司编制的反映该会计主体的财务报表。(　　)
2. 就非同一控制下的企业合并而言,会计处理采用的是购买法。购买法下购买日的确定很重要。但有时购买日与企业合并的交易日可能不一致。(　　)
3. 母公司及其子公司的长期股权投资的账面价值为零或该子公司的所有者权益为负数

时，则不应将该子公司纳入合并财务报表的合并范围。 ( )

4. 就分步实现的非同一控制下的控股合并而言，购买股权的交易日是单项投资在购买方财务报表中确认之日，购买日则是获得控制权之日。 ( )
5. 如果企业合并业务中合并方确认了长期股权投资，则该合并一定是控股合并。 ( )
6. 母公司与子公司、子公司相互之间的债券投资与长期债券投资相互抵销后产生的差额计入"投资收益"项目。 ( )
7. 如果企业合并业务中合并方确认了有关资产和负债，则该合并一定是吸收合并或新设合并。 ( )
8. 编制抵销分录是将纳入合并范围的母公司与子公司个别财务报表的各项目在合并工作底稿的加总数据中属于集团内部经济业务的重复因素予以抵销。 ( )
9. 购买法下，购买方在吸收合并中取得的被购买方的各项可辨认资产、负债，应当按其公允价值入账。 ( )
10. 在编制合并财务报表时，母公司只需将其与子公司之间的投资、交易、借贷等内部经济事项进行抵销处理，而对子公司之间发生的上述经济事项，则不需进行抵销处理。 ( )

五、思考题

1. 为什么要编制合并财务报表？其特点是什么？
2. 简述合并财务报表与联合报表、汇总报表的异同点。
3. 简述母公司理论、实体理论和所有权理论的特点。
4. 简述应纳入和不应纳入合并财务报表的范围及其原因。
5. 简述合并财务报表的编制特点和要求与个别财务报表的区别。
6. 在编制合并财务报表时，为什么要编制一系列的抵销分录？

六、业务处理题

1. A股份有限公司(以下简称A公司)为上市公司，按照净利润的10%计提盈余公积。相关资料如下：

(1) 2017年1月1日，A公司以银行存款8 000万元，自B公司购入C公司90%的股份。B公司系A公司的母公司的全资子公司。C公司2017年1月1日股东权益总额为10 000万元，其中股本为2 000万元、资本公积为7 000万元、盈余公积为100万元、未分配利润为900万元。C公司2017年1月1日可辨认净资产的公允价值为12 000万元。

(2) C公司2017年分配2016年现金股利600万元，C公司2017年实现净利润2 000万元，提取盈余公积200万元。当年购入的可供出售金融资产因公允价值上升确认资本公积100万元(已扣除所得税影响)。

要求：(1) 编制2017年1月1日A公司购入C公司90%股权的会计分录。

(2) 编制2017年1月1日合并日有关合并财务报表的抵销分录、调整分录。

(3) 编制A公司2017年度合并财务报表时对C公司长期股权投资的调整分录及相关的抵销分录。

2. A公司有如下业务：不考虑所得税影响。

(1) A公司于2017年1月1日以2 500万元购入乙公司股权30%并对其有重大影响，

取得投资日乙公司净资产公允价值为 9 000 万元，账面价值 7 000 万元，差额为一项待摊销 20 年的土地使用权，其账面价值为 2 000 万元，2017 年乙公司实现净利润为 900 万元。此外 2017 年 11 月，乙公司将其账面价值为 600 万元的商品以 900 万元的价格出售给 A 公司，A 公司将取得的商品作为管理用固定资产核算，预计使用寿命为 10 年，净残值为 0。

(2) 2016 年 1 月 1 日，A 公司以银行存款 6 000 万元取得甲公司 80%的股份，投资时甲公司所有者权益账面价值 6 000 万元，其中股本 4 000 万元，资本公积 1 600 万元，盈余公积 100 万元，未分配利润 300 万元。甲公司一项应折旧 20 年的固定资产账面价值 600 万元，公允价值 700 万元，2016 年甲公司实现净利润 1 000 万元。2017 年 4 月 10 日甲公司分配现金股利 600 万元，A 公司得到 480 万元，2017 年 12 月 31 日甲公司实现净利润 1 200 万元。

要求：(1) 编制 2017 年 A 公司对乙公司长期股权投资的会计处理；

(2) 编制 2017 年 A 公司合并财务报表调整抵销分录。

3. 2017 年 A 公司投资于 B 公司，占 B 公司表决权资本 80%，A 公司所得税率为 25%，税法规定计提的资产减值损失不得税前扣除。A、B 公司均采用应收账款余额百分比法计提坏账准备，计提比例 1%，有关资料如下：

(1) 2017 年 A 公司应收账款中对 B 公司应收账款为 2 000 万元(含增值税)。

(2) 2018 年 A 公司应收账款中对 B 公司应收账款为 5 000 万元(含增值税)。

(3) 2019 年 A 公司应收账款中对 B 公司应收账款为 3 000 万元(含增值税)。

要求：编制各年抵销分录。

《高级财务会计》模拟试卷(一)

一、名词解释(共 5 小题,每小题 2 分,共 10 分)

1. 会计

2. 新设合并

3. 母公司理论

4. 衍生金融工具

5. 套期工具

二、单项选择题(共 10 小题,每小题 1 分,共 10 分)

1. 企业对融资租入固定资产采用与自有固定资产一样的方法进行会计核算,所体现的会计核算原则是(　　)。

   A. 可比性原则　　　　B. 重要性原则

   C. 历史成本原则　　　　D. 实质重于形式原则

2. 甲公司以一项原价 1 000 万元、累计折旧 400 万元的设备和一项原价 600 万元、累计摊销 150 万元的专利权作为对价取得同一集团内另一家全资子公司乙公司 100%的股权。乙公司合并当日的所有者权益总量为 1 300 万元，则甲公司在确认对乙公司的长期股权投资时，对资本公积的处理为(   )。

A. 贷记 250 万元　　B. 借记 250 万元

C. 不作调整　　D. 贷记 30 万元

3. 甲公司 2020 年 2 月 10 日从其拥有 80%股份的被投资企业 A 购进设备一台，该设备成本 70 万元，售价 100 万元，增值税 13 万元，另付运输安装费 3 万元。甲公司已付款且该设备当月投入使用，预计使用 5 年，净残值为 0。甲公司本年末编制合并财务报表时涉及此项业务折旧与费用的正确抵销分录是(   )。

A. 借：固定资产　　200 000
　　贷：管理费用　　200 000

B. 借：固定资产　　83 300
　　贷：管理费用　　83 300

C. 借：固定资产　　50 000
　　贷：管理费用　　50 000

D. 借：固定资产　　78 300
　　贷：管理费用　　78 300

4. 甲公司采用资产负债表债务法核算所得税，2019 年适用的所得税税率为 15%，“递延所得税资产”账户的借方余额为 300 万元，2020 年适用的所得税税率为 25%，2019 年计提无形资产减值准备 400 万元，2019 年年初已计提的存货跌价准备 400 万元，2019 年年初已计提的存货跌价准备与本期转回 200 万元。2019 年甲公司“递延所得税资产”账户的发生额为(   )万元。

A. 贷方　50　　B. 借方　250

C. 借方　100　　D. 借方　400

5. 某股份有限公司对外币业务采用业务发生日的汇率折算，按月计算汇兑损益。6 月 20 日该公司从境外购买零配件一批，价款总额 500 万美元，货款尚未支付，当日的市场美元对人民币的汇率为 1∶8.21，6 月 30 日美元对人民币的汇率为 1∶8.22，7 月 31 日美元对人民币的汇率为 1∶8.23。该外币债务 7 月份发生的汇兑损失为(   )万元人民币。

A. −10　　B. −5

C. 5　　D. 10

6. 在会计核算上，一个最基本的要求是按(   )进行计量。

A. 单一的货币单位　　B. 复合的货币单位

C. 本国货币　　D. 功能性货币

7. 对于与金融资产或金融负债现金流量或公允价值的一部分相关的风险，其(   )可以计量的，企业可以就该风险将金融资产或金融负债指定为被套期项目。

A. 预期价值　　B. 风险报酬率

C. 套期有效性　　D. 现金流量

8. 在金融资产或金融负债组合的利率风险(　　)中,可以将某货币金额(如人民币、美元或欧元金额)的资产或负债指定为被套期项目。

A. 公允价值套期　　B. 现金流量套期

C. 境外经营净投资套期　　D. ABC 三者均可

9. 非金融资产或非金融负债指定为被套期项目的,被套期风险应当是该非金融资产或非金融负债相关的(　　)。

A. 利率风险和信用风险　　B. 利率风险和外汇风险

C. 全部风险　　D. 全部风险或外汇风险

10. 企业至少应当在编制(　　)时对套期有效性进行评价。

A. 月财务报告　　B. 季度财务报告

C. 中期或年度财务报告　　D. 合并财务报表

三、多项选择题(共 10 小题,每小题 1 分,共 10 分)

1. 下列各项中,属于资本性支出的有(　　)。

A. 购置固定资产支付的增值税　　B. 购入某项专利权发生的支出

C. 支付给工程项目建设人员的工资　　D. 支付固定资产的日常修理费

E. 专利技术研制过程中发生的人员工资

2. 即使一方没有取得另一方半数以上有表决权股份,但存在(　　)情况时,一般也可认为其获得了对另一方的控制权

A. 通过与其他投资者签订协议,实质上拥有被购买企业半数以上表决权

B. 按照协议规定,具有主导被购买企业财务和经营决策的权力

C. 有权任免被购买企业董事会或类似权力机构绝大多数成员。这种情况是指虽然投资企业拥有被投资单位 50%或以下表决权资本,但根据章程、协议等有权任免被投资单位董事会或类似机构的绝大多数成员,以达到实质上控制的目的

D. 在被购买企业董事会或类似权力机构具有绝大多数投票权

3. 子公司将其成本为 80 万元的一批产品销售给母公司,含税销售价款为 113 万元,母公司购入该产品全部形成存货,并为该项存货计提跌价准备,其可变现净值 95 万元,本期末编制合并财务报表时,母公司应作的抵销分录有(　　)。(单位万元)

A. 借:未分配利润——年初　　20

　　贷:存货　　20

B. 借:营业收入　　80

　　贷:营业成本　　80

C. 借:存货——存货跌价准备　　5

　　贷:资产减值损失　　5

D. 借:营业收入　　100

　　贷:营业成本　　100

E. 借:营业成本　　20

　　贷:存货　　20

4. 下列关于递延所得税资产、负债的说法中正确的有(　　)。

A. 递延所得税资产的确认应以未来期间可能抵扣的应纳税所得额为限

B. 确认递延所得税负债一定会增加利润表中的所得税费用

C. 资产负债表日应该对递延所得税资产进行复核

D. 递延所得税资产或递延所得税负债的确认均不要求折现

5. 下列属于非货币性项目的有(　　)。

A. “交易性金融资产”　　B. “存货”

C. “长期股权投资”　　D. “固定资产”

E. “无形资产”

6. 境内企业的记账本位币可以有(　　)。

A. 人民币　　B. 外币

C. 外汇　　D. 功能性货币

7. 套期保值主要涉及(　　)等要素。

A. 套期工具　　B. 被套期项目

C. 套期关系　　D. 套期有效性

8. 企业在确立套期关系时,应当将套期工具整体或其一定比例(不含套期工具剩余期限内的某一时段)进行指定,但(　　)情况除外。

A. 对于期权,企业可以将期权的内在价值和时间价值分开

B. 对于期货,企业可以将期货的内在价值和时间价值分开

C. 对于远期合同,企业可以将远期合同的利息和即期价格分开

D. 对于远期合同,企业可以将远期合同的利息和远期价格分开

9. 企业通常可将单项衍生金融工具指定为对一种风险进行套期,但同时满足(　　)条件的,可以指定单项衍生金融工具对一种以上的风险进行套期。

A. 预期收益可以计量

B. 各项被套期风险可以清晰辨认

C. 套期有效性可以证明

D. 可以确保该衍生工具与不同风险头寸之间存在具体指定关系

10. 被套期项目,是指使企业面临公允价值或现金流量变动风险,且被指定为被套期对象的下列项目:

A. 单项已确认资产、负债、确定承诺、很可能发生的预期交易,或境外经营净投资

B. 一组具有类似风险特征的已确认资产、负债、确定承诺、很可能发生的预期交易,或境外经营净投资

C. 被套期风险必须是非金融资产

D. 分担同一被套期利率风险的金融资产或金融负债组合的一部分(仅适用于利率风险公允价值组合套期)

四、是非判断题(共10小题,每小题1分,共10分)

1. 企业一定期间发生亏损,则其所有者权益必定减少。　　(　　)

2. 母公司因为要编制合并财务报表,所以不用再编制个别财务报表。　　(　　)

3. 购买法下，购买方在吸收合并中取得的被购买方的各项可辨认资产、负债，应当按其公允价值入账。（　）
4. 资产或负债账面价值与计税基础之间的差额产生的可抵扣暂时性差异，都应确认递延所得税资产。（　）
5. 对于某一企业来说，不论其当期是否发生外币业务，只要当期市场不发生变动，则不会产生汇兑收益。（　）
6. 区分流动与非流动项目法下，对流动资产和流动负债项目的外币金额都按报表日期的现行汇率折算。（　）
7. 衍生金融工具的层出不穷对传统财务会计理论与实务产生了重大影响和冲击，但是，新会计准则的颁布已从根本上解决了这一难题。（　）
8. 所有的远期金融工具合同都是衍生金融工具。（　）
9. 衍生金融工具对传统财务会计计量的冲击主要表现在对单一历史成本计量属性的挑战。（　）
10. 无论任何种类的金融资产或金融负债，企业在对它们进行初始确认时，均应按照公允价值计量。（　）

五、简答题(共 2 小题，每小题 5 分，共 10 分)

1. 简述企业合并的购买法。

2. 简述两种外币业务会计处理基本方法的比较与选择。

六、业务处理题(共 5 个小题，共 50 分)

（一）2019 年 1 月 2 日南方公司和 S 公司进行企业合并，S 公司解散。南方公司支付给 S 公司 200 000 元，同时，南方公司向 S 公司股东发行 330 000 股的普通股，每股市价为 2.5 元，每股面值为 1 元，另外，合并时南方公司用现金支付了如表 1 所示的费用。

表 1　合并交易费用

单位：元

项目	金额
发起人费用	35 000
会计和律师费	65 000
证券的登记和发行费用	40 000
合计	140 000

2018 年 12 月 31 日，即合并前，两公司的资产负债表和公允价值资料如表 2 所示。

表 2　两公司的资产负债情况

单位：元

项目	南方公司账面价值	S 公司账面价值	S 公司公允价值
货币资金	350 000	30 000	30 000
应收账款（净额）	230 000	50 000	40 000
存货	520 000	80 000	120 000
固定资产——建筑物（净额）	400 000	100 000	150 000
固定资产——设备（净额）	1 000 000	200 000	300 000
无形资产	300 000	300 000	250 000
资产总计	2 800 000	760 000	890 000
应付账款	300 000	40 000	40 000
应付票据	600 000	200 000	180 000
股本（每股面值 1 元）	800 000	300 000	
资本公积	600 000	50 000	
未分配利润	500 000	170 000	
负债和股东权益总计	2 800 000	760 000	

要求：假设采用购买合并，请为南方公司编制 2019 年 1 月 2 日即合并之日的资产负债表。

（二）甲公司 2019 年 1 月 1 日以银行存款 7 500 000 元购买乙公司 100%的股权，购买日，乙公司资产负债表的账面价值和公允价值相等，两公司的资产负债情况如表 3 所示。

表 3　甲公司与乙公司资产负债情况

2019 年 1 月 1 日

单位：元

项目	甲公司	乙公司
货币资金	1 150 000	500 000
应收账款	5 000 000	1 200 000
应收票据	1 000 000	600 000
存货	10 350 000	2 500 000
固定资产	50 000 000	8 000 000

(续表)

项目	甲公司	乙公司
减:累计折旧	(10 000 000)	(2 800 000)
长期股权投资——乙公司	7 500 000	
资产总计	65 000 000	10 000 000
银行借款	10 000 000	1 000 000
应付账款	12 000 000	500 000
长期应付款	10 000 000	1 000 000
股本	5 000 000	1 000 000
资本公积	20 000 000	4 500 000
盈余公积	5 000 000	500 000
未分配利润	3 000 000	1 500 000
负债和股东权益总计	65 000 000	10 000 000

要求:编制合并资产负债表。

(三) 甲公司 2019 年将成本为 8 000 元的 A 商品以 10 000 元的价格出售给乙公司,乙公司从甲公司购进的商品在本期 40%实现对外销售,售价为 4800 元,其余 60%没有实现对外销售而形成期末存货,其成本为 6 000 元。2020 年乙公司将上年从甲公司购进的商品结存部分全部实现对外销售,又从甲公司购入商品 20 000 元,当年销售其中的 50%。甲公司 2019 年与 2020 年的销售毛利率均为 20%,甲公司和乙公司的所得税税率均为 25%。

要求:作出必要的会计处理。

(四) 甲公司于 2019 年年初成立,当年实现税前会计利润 200 000 元,适用的税率为 25%。当年发生下列与纳税有关的事项:

(1) 会计上确认了 2 000 元的国库券利息收入,而按照税法规定不交所得税。

(2) 当年发生工资费用 150 000 元,而按税法核定的计税工资为 120 000 元。

(3) 由于违法经营被罚款 3 000 元。

(4) 年初购入的一台新设备,成本为 10 000 元,预计无残值,税法规定采用直线法折旧,折旧年限为 5 年，会计上也采用直线法折旧，折旧年限为 10 年。

要求：作出必要的会计处理。

（五）南方公司采用当日的汇率作为其记账汇率，2019 年 8 月 31 日的汇率为 CNY 8.38＝USD 1，2019 年 7 月 31 日有关外币账户余额如表 4 所示。

表 4　有关外币账户余额

账户名称	外币金额（美元）	外币汇率	人民币金额（元）
银行存款——美元户	10 000	CNY 8.4＝USD 1	84 000
应收账款——美元户（A 企业）	5 000	CNY 8.4＝USD 1	42 000
应收账款——美元户（B 企业）	5 000	CNY 8.4＝USD 1	42 000
短期借款——美元户	10 000	CNY 8.4＝USD 1	84 000

2019 年 8 月南方公司发生如下外币业务：

（1）8 月 5 日，收回 A 企业上月欠款 5 000 美元，随即出售给中国银行，银行卖出价为 CNY 8.394＝USD 1，买入价为 CNY 8.392＝USD 1。

（2）8 月 7 日，销售商品一批给 A 企业，价款 20 000 美元，款未收回，当日汇率为 CNY 8.395＝USD 1。

（3）8 月 9 日，从 C 公司购进原材料一批，价款 15 000 美元，货已入库，款未付，当日汇率为 CNY 8.392＝USD 1。

（4）8 月 11 日，归还短期借款 10 000 美元，当日汇率为 CNY 8.39＝USD 1。

（5）8 月 13 日，由于需要购入进口设备，向中国银行买入 40 000 美元，银行当日卖出价为 CNY 8.385＝USD 1，买入价为 CNY 8.383＝USD 1。

（6）8 月 30 日，销售商品一批给 B 企业，货款 30 000 美元未收到，当日汇率为 CNY 8.38＝USD 1。

要求：登记相关会计分录和各外币账户，月末按月末汇率调整各外币账户。

《高级财务会计》模拟试卷(二)

一、名词解释(共 5 小题,每小题 2 分,共 10 分)

1. 高级财务会计

2. 特殊目的主体

3. 主体理论

4. 金融资产转移

5. 被套期项目

二、单项选择题(共 10 小题,每小题 1 分,共 10 分)

1. 下列项目中,不属于流动资产的是(　　)。

   A. 应收账款　　　　B. 应收利息

   C. 预付账款　　　　D. 预收账款

2. 甲公司于 2019 年 11 月 25 日取得乙公司 26%的股权,对乙公司的影响程度达到了重大影响，又于2019年12月16日取得了乙公司40%的股权，并基于其拥有的股份达到了对乙公司的控制权，则企业合并购买日为（　　）。

A. 2019年11月25日　　B. 2019年年末

C. 2019年12月16日　　D. 2019年11月30日

3. 母公司期初期末对子公司应收账款余额分别是250万元和200万元，母公司始终按应收账款余额的千分之五提取坏账准备，则母公司期末编制合并财务报表时抵销内部应收账款提取坏账准备分录是（　　）。

A. 借：应收账款　　10 000
　　贷：资产减值损失　　10 000

B. 借：期初未分配利润　　12 500
　　贷：应收账款　　10 000
　　　　资产减值损失　　2 500

C. 借：应收账款　　12 500
　　贷：期初未分配利润　　10 000
　　　　资产减值损失　　2 500

D. 借：应收账款　　12 500
　　贷：期初未分配利润　　12 500
　借：资产减值损失　　2 500
　　贷：应收账款　　2 500

4. 下列差异属于永久性差异的是（　　）。

A. 计提存货跌价准备　　B. 会计和税法上计提折旧年限不同

C. 企业支付的税收罚款　　D. 交易性金融资产的公允价值变动收益

5. 某外商投资企业收到外商作为实收资本投入的固定资产一台，协议作价20万美元，当日的市场美元对人民币的汇率为1∶8.25，另发生运杂费2万元人民币，进口关税5万元人民币，安装调试费3万元人民币，该设备的入账价值为（　　）万元人民币。

A. 164　　B. 170

C. 174　　D. 175

6. 被套期项目因被套期风险形成的利得或损失应当计入当期损益，同时（　　）。

A. 调整被套期项目的账面价值　　B. 确定被套期项目的公允价值

C. 计量被套期项目的市场价值　　D. 确定被套期项目的重置成本

7. 当套期同时满足：①在套期开始及以后期间，该套期预期会高度有效地抵销套期指定期间被套期风险引起的公允价值或现金流量变动；②该套期的实际抵销结果在（　　）的范围内。企业应当认定其为高度有效。

A. 50%至100%　　B. 80%至100%

C. 50%至125%　　D. 80%至125%

8. 对利率风险组合的公允价值套期，在资产负债表中单列的相关项目，也应当按照调整日重新计算的实际利率在调整日至相关的重新定价期间结束日的期间内摊销。采用实际利率法进行摊销不切实可行的，可以采用（　　）进行摊销。

A. 直线法　　B. 双倍余额递减法

C. 年数总和法　　D. 工作量法

9. 2019年12月1日,甲上市公司从美国进口某种商品,货款总计为80 000美元,合同约定于2020年1月30日以美元结算。为规避美元远期汇率升值的风险,在进口交易当天,甲上市公司与银行签订了买入金额为80 000美元、期限为60天的远期合同。通过签订远期合同,甲上市公司可以有效地规避预期美元(　　)的风险,使公司规避了(　　)可能带来的损失。

A. 升水;汇率下降　　B. 贴水;汇率上升

C. 贴水;汇率上升　　D. 升水;汇率上升

10. 丙上市公司是一家中国企业,拥有一家美国子公司,净投资为1 000万美元。2019年10月1日,丙上市公司与某金融机构签订了一份6个月期限的远期合同,将卖出1 000万美元,汇率为1美元=8.4元人民币;2019年12月31日,汇率为1美元=8.35元人民币;2020年4月1日,汇率为1美元=8.28元人民币。丙上市公司利用远期合同进行套期,那么最多能节约(　　)万元人民币。

A. 100　　B. 120

C. 50　　D. 150

三、多项选择题(共10小题,每小题2分,共10分)

1. 我国所有者权益核算的内容由(　　)构成。

A. 实收资本　　B. 留存收益

C. 盈余公积　　D. 资本公积

2. 下列交易或事项,采用非同一控制下的企业控股合并时,影响合并成本的因素有(　　)。

A. 支付合并对价的账面价值

B. 支付合并对价的公允价值

C. 被投资单位收取的已宣告但尚未发放的现金股利或利润

D. 发生的直接相关费用

E. 支付合并对价的账面价值与公允价值的差额

3. 2019年子公司将成本为120万元的一批产品销售给母公司,含税销售价款为150万元,母公司购入该产品未对外销售形成存货。2020年子公司又将成本为210万元的一批产品销售给母公司,含税销售价款为300万元。2020年母公司将上述存货对外销售,销售价格为450万元,销售成本为200万元,采用先进先出法对存货计价。2020年末编制合并报表时,母公司应作的抵销分录有(　　)。(单位:万元)

A. 借:未分配利润——年初　　30
　　贷:存货　　30

B. 借:营业收入　　300
　　贷:营业成本　　300

C. 借:营业成本　　33
　　贷:存货　　33

D. 借：营业成本　　32
　　贷：存货　　32
E. 借：营业成本　　75
　　贷：存货　　75

4. 下列各项目，在计算应纳税所得额时，应进行纳税调减的有(　　)。
A. 期末其他权益工具投资公允价值上升
B. 期末其他权益工具投资公允价值下降
C. 期末交易性金融资产公允价值上升
D. 期末确认国债利息收入

5. 我国外币会计报表中，可以采用合并财务报表决算日的市场汇价折算的项目有(　　)。
A. 固定资产　　B. 短期借款
C. 实收资本　　D. 主营业务收入
E. 管理费用

6. 境外企业的记账本位币有(　　)。
A. 人民币　　B. 企业所在地当地的货币
C. 外汇　　D. 第三种货币

7. 在某负债的实际利率低于伦敦银行同业拆借利率的情况下，企业不能指定(　　)。
A. 负债的整体部分
B. 负债部分等于本金加上按伦敦银行同业拆借利率计算的利息
C. 负债的剩余部分
D. 按伦敦银行同业拆借利率计算的负债利息

8. 以下套期不是完全有效的有(　　)。
A. 套期工具与被套期的资产、负债、确定承诺或很可能发生的预期交易的主要条款相同
B. 套期工具和被套期项目以不同步变动的不同货币来标价
C. 使用远期合同对很可能发生的预期购买商品的交易所进行的套期
D. 使用衍生工具对利率风险进行套期，如果该衍生工具公允价值变动的一部分可归因于对方的信用风险

9. 公允价值套期满足运用套期会计方法条件的，下列处理规定正确的有(　　)。
A. 套期工具为衍生金融工具的，套期工具公允价值变动形成的利得或损失应当计入当期损益
B. 套期工具为非衍生金融工具的，套期工具账面价值因汇率变动形成的利得或损失不应计入当期损益
C. 被套期项目因被套期风险形成的利得或损失应当计入当期损益，同时调整被套期项目的账面价值
D. 被套期项目为按成本与可变现净值孰低进行后续计量的存货、按摊余成本进行后续计量的金融资产或可供出售金融资产的，也应当将形成的利得或损失计入当期损益，同时调整被套期项目的账面价值

10. 企业不应当再按照现金流量套期的规定进行会计处理的情况有(   )。
   A. 套期工具已到期、被出售、合同终止或已行使
   B. 该套期不再满足运用套期会计方法的条件
   C. 预期交易预计不会发生
   D. 企业撤销了对套期关系的指定

四、是非判断题(共 10 小题,每小题 1 分,共 10 分)

1. 法律主体必定是会计主体,会计主体也必定是法律主体。 (   )
2. 非同一控制企业合并下,要求按公允价值反映被购买企业的资产负债表项目,并将公允价值体现在购买企业的账户和合并后的资产负债表中,所取得的净资产的公允价值与购买成本的差额表现为购买企业时所发生的商誉。 (   )
3. 在编制合并财务报表时,母公司只需将其与子公司之间的投资、交易、借贷等内部经济事项进行抵销处理,而对子公司之间发生的上述经济事项,则不需进行抵销处理。 (   )
4. 企业内部研发形成的无形资产,在初始确认时账面价值与计税基础之间存在差异,企业应确认相应的递延所得税。 (   )
5. 对于外币会计报表的折算差额,我国企业会计准则规定必须将其全部计入当期损益。 (   )
6. 区分流动与非流动项目法下,对非流动资产和非流动负债项目的外币金额都按原始交易入账日的历史汇率折算。 (   )
7. 企业用远期外汇合同对已购进资产进行套期保值,因规避了风险从而一定会增加企业的净收益。 (   )
8. 套期工具是指企业为进行套期而指定的,其公允价值或现金流量变动预期可抵销被套期项目的公允价值或现金流量变动的衍生金融工具。 (   )
9. 套期有效性是指套期工具的公允价值变动能够抵销被套期项目现金流量变动的程度。 (   )
10. 外汇期货合约既可服务于套期保值,也可以用于投机。 (   )

五、简答题(共 2 小题,每小题 5 分,共 10 分)

1. 简述企业合并的权益结合法。

2. 简述外币折算与外币兑换的关系。

六、业务处理题(共5个小题,共50分)

(一) 甲上市公司(简称甲公司)于2019年7月31日通过定向增发本企业普通股对乙公司进行合并,取得乙公司100%股权,甲公司与乙公司在合并前资产负债情况,如表1所示。

表1　甲公司与乙公司在合并前资产负债情况

单位:万元

项目	甲公司		乙公司	
	账面价值	公允价值	账面价值	公允价值
流动资产	6 500	6 500	9 000	10 000
非流动资产	13 500	15 500	46 000	46 000
资产总额	20 000	22 000	55 000	56 000
流动负债	3 600	3 600	5 000	5 000
非流动负债	4 400	4 400	8 000	8 000
负债总额	8 000	8 000	13 000	13 000
所有者权益:				
股本	1 500		900	
资本公积	2 000		7 000	
盈余公积	2 500		6 100	
未分配利润	6 000		28 000	
所有者权益总额	12 000		42 000	

其他资料:

(1) 2019年7月31日,甲公司通过定向增发本公司普通股,以3股换1股的比例自乙公司原股东处取得了乙公司全部股权。

(2) 甲公司普通股在2019年7月31日的公允价值为10元。

假设甲公司的非流动资产公允价值不等于账面价值是源于一项固定资产。

假定甲公司与乙公司在合并前不存在任何关联方关系。

要求:分析甲公司在2019年7月31日当天的相关会计处理。

(二) 甲公司2019年1月1日以银行存款7 500 000元和500 000股每股市价为5元(面值1元)的股权购买乙公司100%的股权。乙公司净资产的公允价值大于其账面价值,甲公司和乙公司资产负债的公允价值和账面价值如表2所示。

表 2 甲公司和乙公司资产负债情况(2019 年 1 月 1 日)

单位:元

项目	甲公司	乙公司账面价值	乙公司公允价值
货币资金	1 150 000	500 000	
应收账款	5 000 000	1 200 000	
应收票据	1 000 000	600 000	600 000
存货	10 350 000	2 500 000	2 900 000
固定资产	50 000 000	8 000 000	9 500 000
减:累计折旧	(10 000 000)	(2 800 000)	(2 800 000)
长期股权投资——乙公司	10 000 000		
资产总计	67 500 000	10 000 000	11 900 000
银行借款	10 000 000	1 000 000	1 000 000
应付账款	12 000 000	500 000	500 000
长期应付款	10 000 000	1 000 000	900 000
股本	5 500 000	1 000 000	
资本公积	22 000 000	4 500 000	
盈余公积	5 000 000	500 000	
未分配利润	3 000 000	1 500 000	
负债和股东权益总计	67 500 000	10 000 000	

要求:编制合并资产负债表。

(三) 2019 年 12 月 31 日,甲公司当期应收账款 50 000 元全部为内部应收账款,甲公司当前按应收账款余额的 5‰计提坏账准备。

(1) 2020 年 12 月 31 日,假设甲公司当期应收账款 50 000 元全部为内部应收账款,甲公司当前按应收账款余额的 5‰计提坏账准备。

(2) 2020 年 12 月 31 日,假设甲公司当期应收账款 80 000 元全部为内部应收账款,甲公司当前按应收账款余额的 5‰计提坏账准备。

(3) 2020 年 12 月 31 日,假设甲公司当期应收账款 30 000 元全部为内部应收账款,甲公司当前按应收账款余额的 5‰计提坏账准备。

要求:作出必要的会计处理。

（四）2019 年年末甲公司以银行存款 150 000 元购入管理用的设备，并投入使用，会计准则规定采用直线法计提折旧，折旧年限 5 年，无残值，按税法规定采用直线法计提折旧，折旧年限 3 年，不考虑减值。进一步假设甲公司每年计提折旧前的税前会计利润为100 000元，第一年年初无递延税款余额，所得税税率为 25%，企业不存在任何其他会计与税收差异。

要求：作出必要的会计处理。

（五）美国某公司 2019 年 12 月 1 日向英国一出口商销售商品一批，计 GBP 100 000，货物按英镑结算，合同约定在 2020 年 1 月 30 日付款。该公司为了避免 2 个月后英镑贬值给公司带来损失，同日与银行签订了一份期限为 2 个月的出售英镑期汇合约，英镑兑换美元的有关汇率资料如下：

12 月 1 日	即期汇率	USD 1.6311＝GBP 1
12 月 1 日	2 个月远期	USD 1.6336＝GBP 1
12 月 31 日	即期汇率	USD 1.6409＝GBP 1
12 月 31 日	1 个月远期	USD 1.6422＝GBP 1
1 月 31 日	即期汇率	USD 1.6469＝GBP 1

要求：

(1) 登记上述经济业务的会计分录。

(2) 假设美国公司出售英镑不是为了套期保值，请登记相关会计分录。

(3) 美国公司在上述套期保值中是获益了还是受损了？请说明。套期保值在什么情况下才能规避外汇风险？

参 考 文 献

[1] 中国注册会计师协会.会计[M].北京:中国财政经济出版社,2020.
[2] 石本仁.高级财务会计[M].北京:人民邮电出版社,2019.
[3] 施先旺.高级财务会计[M].大连:东北财经大学出版社,2019.
[4] 苏强.高级财务会计[M].北京:经济科学出版社,2020.
[5] 韩宗英.金融基础知识[M].北京:人民邮电出版社,2020.
[6] 曾尚梅.政府会计[M].北京:经济科学出版社,2020.